차라리
밥 공장을
지어라

한국의료,
진보의 느린 풍경

이 책은 (주)휴온스의 지원으로 제작되었습니다.

차라리 박재영 지음

밥공장을

지어라

한국의료, 진보의 느린 풍경

청년의사

이 책은 2002년에 발간된 졸저 「한국의료, 모든 변화는 진보다(청년의
사)」의 속편 격으로, 필자가 편집주간으로 있는 의료전문 주간지 '청년의
사'에 연재된 'Editor's Note'라는 이름의 칼럼을 모은 것이다. 이 책에
는 2002년 11월부터 2006년 6월 사이에 '청년의사' 지면에 게재한 180
여 편의 칼럼들 가운데 123편과, 2005년 여름 미국 동부의 선진 병원들을
돌아보고 나서 썼던 제법 긴 기행문 한 편이 실려 있다. 시의성이 생명이
라 할 수 있는 칼럼들을 모아서 한 권의 책으로 엮는 것은 면구스러운 일
이 아닐 수 없지만, 격변기를 지나고 있는 한국의료의 여러 단면들을 기
록으로 남김으로써 우리의 의료제도 및 의료문화의 발전에 조금이라도
기여할 수 있지 않을까 하는 생각으로 다시 한번 용기를 냈다.

이 책은 모두 여섯 개의 장으로 이루어져 있다. 제1장 '게걸음 의료정
책'에는 주로 불합리한 의료정책들을 질책하는 내용이 담겨 있다. 의료
정책을 만들고 시행하는 분들의 고충을 모르는 것이 아니지만, 조금 더
합리적이고 선진적인 정책들을 펼쳐 주기를 바라면서 던지는 고언들이
다. 제2장 '달라지는 의료문화'에는 시대의 흐름에 따라 변화하는, 그리
고 시대의 흐름을 따라가지 못한 채 낙후되어 있는 우리의 의료 현실에
대한 스케치가 담겨 있다. 제3장 '국민의 신뢰는 질 관리로부터'에는 의
학교육과 의사면허 등 의사 사회의 질 관리에 관한 내용들이 주로 담겨

있으며, 제4장 '급변하는 세계의 의료 현장'에는 몇몇 다른 나라들의 의료 현장의 변화의 모습이 소개되어 있다. 제5장 '누워서 침 뱉기'에는 우리 의사 사회의 부족한 부분에 대한 비판들이 주로 실려 있으며, 제6장 '의료계의 문사철'에는 신문 '청년의사'와 관련된 이야기들과 의료와 전혀 무관한 몇 편의 소품들이 함께 실려 있다.

이 책의 제목 '차라리 밥 공장을 지어라'는 효율보다는 형평을 지나치게 중시하는 규제 위주의 우리나라 의료정책에 대한 상징적 비판이다. 우리 사회가 의료 분야에서 추구해야 할 가치는 1970년대의 그것과 21세기의 그것이 같지 않다. 심지어 1990년대 중반과 2006년 현재를 비교해도 확연히 다르다. 이미 의료는 사회의 여러 다른 분야들과 복잡하게 얽혀 있는 복합적 문제가 되었고, 개별적인 몇 개의 정책이나 특정한 집단의 이해관계에 의해 돌변할 수도 없는 거대한 흐름이 되었다. 임기응변 식의 정책으로 해결할 수 있는 문제가 아니며, 이상주의에 입각한 탁상공론으로는 더더욱 그 해결이 어렵다. 교묘한 여론 조작으로 의사 집단을 소외시킴으로써 개선될 수 있는 문제도 아니며, 의료 분야에 더 많은 돈을 지출한다고 해서 반드시 좋은 결과를 기대할 수 있는 것도 아니다. 정부―국민―의사 모두가 연관되어 있는 이 게임은 어느 한 쪽이 이기고 다른 한 쪽이 지는 게임이 아니며 그래서도 안 된다. 정부와 국민, 국민과 의사, 정부와 의사 사이의 원활한 의사소통을 통해 삼자 모두가 승리할 수 있다는 가능성을 발견하는 것이야말로 의료 현안 해결의 실마리가 될 것이다. 좀 거창하지만, 이 책이 그와 같은 상호 커뮤니케이션에 도움이 되기를 간절히 바란다.

이 책에 실린 모든 글들은 원래 의사 및 의료와 관련된 여러 분야에서 일하는 사람들에게 읽히기 위해 쓰여졌다. 때문에 관련 분야 종사자가 아닌 사람들이 읽기에는 낯선 내용도 있을 것이다. 하지만 필자는 이 책의 내용이 의사와 환자, 전문가와 비전문가 사이의 상식적인 대화를 촉발할 수 없을 만큼 난해하다고는 생각하지 않는다. 이 책이 의사 아닌 독자에게는 의료 문제의 다양한 측면에 대한 이해를 높일 수 있는 계기가 되기를, 그리고 의사들에게는 시민 사회와의 의사소통의 필요성을 새삼 발견하는 계기가 되기를 희망한다.

매주 칼럼을 쓰는 것, 그것도 6년 반 동안 한 번도 빠짐없이 정해진 지면을 채우는 일은 대단히 고통스러운 일이었지만, 필자의 글에 관심과 격려를 보내 주신 독자들이 적지 않았기에 나름대로 보람과 행복을 느낄 수 있었다. 그 동안 필자의 칼럼을 애독해 주신 모든 분들께, 그리고 신문 '청년의사'에 대해 지속적인 관심과 애정을 보여주신 모든 분들께 감사의 인사를 전한다. 앞으로도 따뜻한 격려와 매서운 질책을 기다리겠다. 또한 목요일마다 밤을 꼬박 새면서 신문을 함께 만들고 있는 청년의사 편집국의 기자들에게도 감사의 인사를 전하며, 이 책의 출간을 위한 재정적 지원을 해 주신 (주)휴온스의 윤성태 대표이사를 비롯한 임직원 분들께도 깊은 감사의 인사를 전한다.

2006. 6.

청년의사 편집국에서 박재영

7

목 차 ···

제3장 국민의 신뢰는 질 관리로부터

제4장 급변하는 세계의 의료 현장

제5장 누워서 침 뱉기

제6장 의료계의 문사철(文史哲)

제**1**장

게걸음 의료정책

'의학심판소'가 필요하다

지난 99년 폐암환자와 가족들이 KT&G를 상대로 제기한 '담배소송'의 결과에 중대한 영향을 줄 수 있는 '서울의대 감정서'가 화제다.

원고들의 흡연과 폐암 발병 사이에 직접적인 인과관계가 있는지 여부가 이 재판의 핵심 쟁점인 것은 두말 할 나위가 없다. 따라서 재판부는 서울의대 교수 5명에게 감정을 의뢰했고, 그 결과가 최근 제출된 것이다.

원고 6명에 대한 감정결과가 조금씩 다르긴 하지만, 대체로 비슷비슷하게 기술된 감정 결과는 이렇다.

「○○○에서 흡연이 폐암의 외래 원인 중 가장 주요한 원인이라고 추정할 수 있다. 다만 폐암과 관련성이 현저히 낮을지라도 직업 환경 등의 다른 요인이 전혀 공존하지 않는다고 단정할 수 없다.」

담배소송에서 누가 이겨야 하는지에 대한 의견은 사람마다 다를 수 있다. 하지만 의사라면 누구나 감정서가 위와 같은 내용으로 쓰여질 수밖에 없음을 이해할 것이다. 비록 강하게 의심이 된다 하더라도, 의학에는 '100%'라는 것이 없기 때문이다.

이 감정서의 내용을 해석하는 방법을 놓고 여전히 논란이 계속되고 있다. 피고측은 두 번째 문장(단정할 수 없다)에 주목하고 싶을 것이고, 원고측은 첫 번째 문장(추정할 수 있다)에 방점을 찍고 싶을 것이기 때문이다.

앞으로 재판부가 어떤 판결을 내릴지 궁금하지만, 이번 논란은 의학의 본질—불확실성—을 잘 보여주는 동시에 점점 복잡해지는 현대 사회에서 의사 집단이 담당해야 할 사회적 역할이 갈수록 다양해지고 있음을 보여준다.

대통령 탄핵과 수도 이전에 대한 헌법재판소의 판결들은 '삼권분립'의 의미를 국민들에게 생생하게 심어주는 한편으로, 어떤 사안에 대한 법률적 해석에 있어서만은 헌법재판소가 최고의 권위를 갖고 있음을 웅변했었다.

하지만 헌법재판소든 대법원이든, 의학적인 판단까지 스스로 내릴 수는 없다. 의학과 관련된 사회적 쟁점에 대해서는 사실상의 최종 판결권을 의사들이 가질 수밖에 없는 것이다. 의사들은 이러한 권한을 '벼슬'이라 여길지도 모르겠지만, 이것은 권한이라기보다는 의무에 가까운 일이다. 복잡한 이해 관계의 합리적 조정을 통해 억울한 피해자가 생기지 않도록 하고 나아가 사회 질서가 유지되도록 하는 메커니즘의 완성을 위해, 의사들이 반드시 기여해야 할 몫이 있다는 뜻이다.

그런 면에서 이번 '서울의대 감정서'의 내용이 불확정적이고 애매한 것은, 비록 그것이 의학의 본질적인 특성에서 비롯된 것이라 하더라도, 조금은 아쉬운 대목이다. 어느 쪽이든 확실한 결론을 내려줄 수 있었더라면, 그리하여 그것이 곧 법원의 판결로 이어졌더라면, 의사 집단의 전문가로서의 위상이 조금은 높아질 수 있었으리라는 생각 때문이다.

이와 비슷한 논란은 또 있다. 최근 정부와 노동계 사이에서 빚어지고 있는 가장 큰 갈등 중의 하나가 '퇴행성 근골격계 질환'의 산재 판정에 대한 것이다. 근골격계 질환은 최근 몇 년 사이에 환자가 급증하고 있고, 사회적 관심도 크게 높아지고 있다(사회적 관심의 증가로 환자 발견이 늘어난 측면도 있을 것이다). 노동자들의 업무가 점차 세분화되어 단순반복 업무가 증가하는 경향에 따라 선진국들에서도 근골격계 질환은 크게 늘고 있는 것을 보면, 앞으로도 근골격계 질환은 늘어날 전망이다.

최근의 논란은, 근골격계 질환의 산재 판정 기준을 강화하는 동시에 치료기간도 가급적 줄이는 방향으로 제도를 바꾸려는 정부의 방침에서 비롯되고 있다. 정부는 '아직 결정된 것이 없다'고 말하고 있지만, 산재보험 재정 불안을 우려한 궁여지책으로 이러한 방안이 검토되고 있는 것만은 사실인 듯하다.

이 논란의 과정에 '근골격계 질환'의 최고 전문가라 할 수 있는 의사들의 목소리가 전혀 들리지 않는다는 점, 그리고 의사들의 목소리를 들으려 하는 사람도 별로 없다는 점은 신기하기도 하고 아쉽기도 하다.

의사들이 이런 문제에 대해 관심이 없었던 점, 의사 집단 전체를 대표하여 의학적 판단을 내려줄 수 있는 권위 있는 기구가 없다는 점, 그리고 의사 집단에 대한 국민의 기대 혹은 신뢰치가 매우 낮다는 점이 안타까운 것이다.

앞으로도 이런 일들은 심심찮게 일어날 것이다. 지금부터라도 의사들이 좀더 다양한 분야에 대해 관심을 갖고 연구를 진행해야 할 것이고, 법원이나 정부의 결정에 직접적인 영향을 끼칠 수 있는 권위 있는 기구——가령 '의학심판소' 같은——를 만들기 위해 노력해야 할 것이다.

2004. 11. 15.

주차비도 건보혜택?

어떤 종류의 보험이든지 보장의 범위는 정해져 있다. 생명보험에 들었다고 해서 화재로 인한 재산 손실까지 보상해 주지는 않으며, 자동차보험에 가입했다고 해서 위암 치료비를 주지도 않는다. 계약 위주의 현대 사회에서, 지극히 당연한 일이다.

건강보험도 마찬가지다. 건강보험이 '일부나마' 보장하는 것은 우리가 '급여'라고 부르는 행위 및 약제 등의 항목이다. 급여 대상이 아닌 것은 비급여 항목이라 부르며, 환자는 비용 전부를 스스로 부담해야 한다.

하지만 보험회사(공단)의 금고에 돈이 없다는 이유로 인해, 급여와 비급여 외에 또다른 종류의 항목들이 있다. '한시적 비급여'라는 항목이 대표적인데, 이는 급여 대상에 포함시키는 것이 합당하나 재정 상태를 고려하여 한시적으로 보험 적용을 유예하는 것들이다.

여기까지는 이해가 되지만, 참으로 이해하기 어려운 것이 소위 '100/100'이라는 항목이다. 정부는 이것을 '급여' 항목의 일종으로 분류하는 모양인데, 비용의 100%를 환자가 내고 보험자는 한푼도 내지 않는 것이 왜 급여로 분류되는지는 불가사의다. 정부의 설명은, 급여 대상에 포함시키는 것이 좋겠지만 아직은 건보 재정상 그렇게 하지 못하는 항목을 '언젠가는' 급여 항목으로 돌리겠다는 의지의 표명이란다. '비(非)한시적 비급여' 혹은 '무기한 비급여'라고 하는 것이 더 정확한 표현인 듯한데, 정부는 곧 죽어도 '급여' 라고 우기는 형국이다.

정부 입장에서는 일석삼조다. 돈 안 들어서 좋고, 국민에게 생색내서 좋고, 바가지 못 씌우도록 의사들을 옭아맬 수 있어서 좋으니 말이다. 이 방법을 고안해 낸 공무원에게 정부는 왜 포상을 내리지 않는지 모르겠다.

이번 호(제204호) 커버스토리에서 다루었듯이, 이 제도는 다른 어떤 나라에도 존재하지 않는다. 게다가 '무기징역' 을 선고받은 죄수는 어느 정도 기간을 복역한 후 풀려나기도 하지만, 100/100 항목이 되었다가 실제로 급여 항목에 편입된 케이스는 단 한 건도 없다, 적어도 아직은.

이런 사실은 이 제도가 의사들의 자유를 정당한 근거 없이 제한하는 일방적이고도 부당한 규제라는 증거가 될 듯하다. 100/100 제도의 문제점에 관한 기사를 준비하는 편집회의에서, 우리는 이런 농담을 했다. "정부의 논리대로라면, 좀 있으면 성형수술도 100/100, 밥값도 100/100, 주차비도 100/100이 될 수 있겠네?'라고. 이렇게 되면 우리 국민은 전세계에서 가장 넓은 급여 범위를 가진 멋진 건강보험을 가진 일등 국민이 된다!

농담은 끝이 없다. 이왕이면 쌀값도 100/100, 주거비도 100/100, 휘발유도 100/100, 휴가비도 100/100 '급여 항목' 으로 지정하면 더 좋겠네. 정부가 모든 국민을 먹여주고 재워주고 휴가도 보내 주는 나라, 그야말로 유토피아 아닌가?

그로부터 며칠 후, 일부 언론에 '입원환자 병원식비도 건보혜택 추진' 이라는 제목의 뉴스가 등장했다. 거의 기절할 뻔했다. 우리의 농담이 현실화되어 버릴지도 모른다니! 이게 사실이라면, 지금까지 요식업 및 숙박업으로 연명해 오던 의료기관들이 줄도산하는 사태가 벌어질지도 모른다. 정부는 말할 것이다. 밥은 꼭 먹어야 하므로 국민 부담 경감을 위해 건보혜택을 줘야 한다고.

줘라. 제발 줘라. 하지만 줄 거면 제대로 줘라. 쌀밥에 고기 반찬을 위생적으로 충분히 제공할 수 있을 만큼 넉넉히 값을 쳐줘라. 지금까지 건강보험이 그랬던 것과 똑같이, 개밥 비슷한 식사를 주며 밥값 절반은 환자보고 내라고 하거나 100/100으로 규정하여 장난을 치거나 환자가 이미 먹은 밥값을 의사의 진찰료에서 삭감하거나 할 요량이라면 아예 시작도 하지 마라. 국민은 바보가 아니며, 의사는 호구가 아니다.

불행인지 다행인지, 이 보도는 사실과 다르다고 복지부가 즉각 해명을 했다. 하지만 자라 보고 놀란 가슴 솥뚜껑 보고 놀란다고, 정부의 좌충우돌식 정책에 이미 질려버린 마음은 쉽사리 진정되질 않는다. 혹시 조만간 병원 주차비나 영안실 사용료도 100/100으로 지정되는 일이 벌어지지는 않을까?

2004. 1. 19.

100/100 제도와 관련된 더 많은 내용은 청년의사 제204호에 실려 있다. 정부는 100/100 제도를 확대하는 방안을 추진하다가 각계의 반발에 부딪쳐 사실상 이를 백지화했으며, 아직 일부 남아 있기는 하지만, 향후 이 제도를 완전히 없애는 것으로 방향을 잡았다. 다행이다.

아낀다고 부자 되나?

감사원은 지난해(2004년) 4월부터 6월까지 실시한 '국민건강보험 운영실 태'에 대한 감사 결과를 최근에 공개했다.

무려 140여 쪽에 달하는 방대한 자료를 읽느라 많은 시간을 보냈지만, 그 모든 자료를 검토한 소감을 한마디로 말하라면 "그래서?"이다. 너무나 지당 하지만 별로 현실성이 없는 '공자님 말씀'과, 뭘 제대로 알고 하는 말인지 의 심스러운 '자다가 봉창 두드리는 소리'들이 상당히 많았기 때문이다. 물론 제대로 문제점을 지적한 내용도 적지 않지만, 그것들은 대부분 법적 강제성 이 전혀 없는 '권고' 내지는 '통보' 수준에 그쳤다.

'공자님 말씀' 중 대표적인 것으로는 '건강보험의 보장성 강화', '상대가 치점수 재산정', '환산지수 산정 방식에 대한 기준 마련', '합리적 종별가산 율 산정' 등에 대한 '통보'가 있다. 그 필요성은 누구나 알고 있지만 해결방 안 찾기가 그리 간단하지 않은 일들이다.

'봉창 두드리는 소리'로 대표적인 것은 '100/100 본인부담항목도 심평원 이 심사하게 하고, 보험 적용 필요가 있는 비급여 항목을 최소한 100/100으로 전환하라'는 통보와, '대체조제를 어렵게 하는 제도적 제약사항을 개선하여 대체조제를 활성화시켜 약제비를 절감하라'는 통보가 있다. 정부도 잘못된 제도라고 인정하고 있는 100/100제도를 무작정 확대하자는 발상도 놀랍지 만, 대체조제 사실을 의사에게 통보하도록 한 규정이 잘못됐다는 뉘앙스로 쓰여진 문장은 더욱 놀라웠다. 의사—약사간의 신뢰 수준이나 의약품 품질관리의 수준 등을 생각할 때, 대체조제의 무리한 촉진은 아직 시기상조다.

한편 감사원은 건강보험공단의 방만한 운영에 대해 구체적인 수치와 사례까지 제시하면서 여러 가지 지적을 했다. 이 또한 오래 전부터 제기되어 온 문제점들인데, 향후 복지부나 공단이 어떤 조치를 취할지 지켜볼 일이다.

감사원의 자료를 자세히 읽어보면, 그 모든 언급들이 한 가지 방향을 향해 있음을 발견하게 된다. 그것은 오로지 '건강보험 재정 안정화'라는 방향이다. 온 나라를 모두 살펴야 하는 감사원에서 보건의료라는 특수한 분야에 대해 탁견이나 혜안을 가지기를 요구하는 것은 무리일지 모른다. 또한 감사원의 본래 역할이 회계검사와 직무감찰이니, 건강보험 재정의 확충보다는 그 누수를 막는 데에 관심이 집중될 것은 능히 짐작할 수 있다. 그러나 건강보험의 운영실태 전반을 면밀히 검토했다는 감사원이 '보험가입자의 보험료 인상에 대한 반대로 보험재정의 안정이 어려운 실정'이라는 상황묘사 외에는 저보험료—저수가—저급여로 이어지는 구조적 모순에 대해 아무런 '권고'나 '통보' 조차 하지 않았다는 점은 대단히 아쉬운 일이다.

최근 건강보험과 관련된 뉴스 중 재미있는 것이 있었다. 널리 알려진 바와 같이 올해(2005년)부터 7~10인승 승합차에 부과되는 자동차세가 크게 오른다. 2001년에 이미 결정되어 있던 사항이지만, 6만5,000원을 내던 사람이 최저 19만9,700원에서 38만4,670원까지 내게 되니 불만이 없을 수가 없다. 특히 승합차를 영업에 활용해 오던 영세 자영업자들의 불만이 아주 높다. 그런데 그들의 타던 속에 불을 지르는 일이 추가로 있었으니, 그것은 건강보험공단이 인상되는 자동차세에 맞추어 건강보험료도 인상하겠다고 나선 일이다.

그동안 자영업자의 건강보험료 산정에는 어떤 자동차를 소유했느냐 하는 것이 중요한 기준이 되어 왔다. 자영업자의 소득 파악이 어렵다는 이유였다. 이런 상황에서 승합차에 부과되는 자동차세가 대폭 인상되었고, 건강보험공단은 그에 따라 건강보험료도 크게 올리겠다는 것이다. 그러나 직장인의 경우에는 원래부터 소형차를 타든 외제차를 타든 승합차를 타든 건강보험료 산정과는 무관했으므로, 이번에 건강보험료가 인상되지는 않는다.

아무리 생각해 봐도 이건 코미디다. 자동차세 정책도 아주 예민하고 복잡한 것이고, 자영업자의 소득을 제대로 파악하는 것도 아주 오래되고 어려운 숙제다. 그러나 건강보험료 부과 정책 또한 세련되어야 하고 개선되어야 한다. 이런 식으로 '옳다구나' 하면서 몇 푼 더 걷는 것으로 문제가 해결될 것 같은가?

정부와 의료계가 아무리 노력해도 '아끼기만 해서는' 건강보험 재정 문제를 해결할 수 없다. 앞으로 지출은 점점 더 늘어날 것이 불을 보듯 뻔하다. 공평하고 합리적인 부과 기준을 마련하고 국민을 설득하여 꾸준히 건강보험료를 올리는 것만이 건강보험 붕괴를 막는 유일한 길이다.

2005. 1. 31.

그들은 하루하루를 어떻게 견딜까?

정부와 열린우리당은 지난달(2005년 6월) 27일 당정협의를 거쳐 '건강보험 보장성 강화방안'을 발표했다. 이 방안에 따르면 환자의 식대 및 상급병실료의 보험급여화와 암, 심장질환, 뇌혈관질환에 대한 본인부담의 경감이 추진된다. 당장 8월부터 일부 비급여 약품 등이 급여화되고, 5대 암 검진시 부담도 절반으로 줄어든다. 내년(2006년) 1월부터는 초음파, PET, 환자 식대 등이 급여로 전환되며, 2007년 1월부터는 상급병실료에 대한 보험급여도 실시된다.

아직 최종적으로 확정된 것이 아니므로 이번에 발표된 내용이 그대로 지켜질지는 좀더 두고봐야 할 사항이지만, 건강보험의 보장성 확대라는 측면에서는 반가운 일이 아닐 수 없다. 또한 이런 방안이 발표될 때에 흔히 재원 마련 방안이 쏙 빠져 있었던 것과 달리, 이번에는 '보험료 인상'을 통해 재원을 마련하겠다는 계획이 포함되어 있어 '그나마' 다행이다.

가장 주목되는 부분은 역시 상급병실료 및 식대의 급여화 일정이 정해진 것이다. 많은 국민들이 간절히 원했던 것이라서 그런지, 보험료를 계속 인상할 것이라는 정부의 계획에도 불구하고 이번 발표에 대한 여론은 호의적인 듯하다.

그러나 걱정스러운 부분도 없지 않다. 상급병실료와 식대의 급여화는 '숙박업 및 요식업'으로 연명해 온 많은 병원들의 경영 상태를 악화시킬 가능성이 있기 때문이다. 물론 수가가 얼마로 정해질지는 아직 결정되지 않았지만, 과거의 사례를 볼 때 지금의 가격보다 높아질 가능성은 거의 없으니 말이다.

수가를 얼마로 하느냐도 문제지만, 그 과정에서 지금까지는 별로 없었던 '융통성'이 발휘될 수 있느냐 하는 것에도 관심이 간다. 얼마나 '상급'인 병실까지 급여 혜택이 주어질지는 모르겠으나, 병원에 따라 같은 2인실이라도 편차가 대단히 큰데, 그 차이를 완전히 무시하고 일률적으로 정한다면 오히려 형평의 원칙에 어긋나지 않을까?

식대 급여화라는 선의의 정책이 실제 현장에서는 오히려 부작용을 낳을 우려도 있어 보인다. 일반식 한 끼의 가격을 5,000원으로 정했다고 할 때, 그동안 7,000원을 받았던 병원들은 어떻게 대처할까? 원래부터 5,000원을 받았던 병원이라면 아무 것도 달라지지 않을까? 돼지고기라고 다 같은 돼지고기가 아니며 꽁치라고 다 같은 꽁치가 아닌데…. 지금도 '불량 병원 밥' 사진들이 인터넷을 떠돌고 있는데, 앞으로는 특정 병원을 지목한 인민재판이 벌어지지 말라는 법도 없겠다. '특식'을 개발하여 환자의 선택에 따라 전액 본인부담을 시키는 것은 어떨까? 이 사회에서 과연 가능한 일일까, 아닐까?

그런데 정부의 발표 직후, 보건의료 분야의 시민단체들은 정부의 발표가 '기만적'이라고 강력히 비난했다. 그들은 건강보험의 보장성 강화 방안이 미흡하다고 비판하면서, '3대 중증질환에 대한 3대 비급여(식대, 상급병실료, 선택진료비)의 즉각적인 급여 전환' 등을 주장했다.

시민단체의 역할이란 게 원래 정부 정책을 비판하는 것이라지만, 그리고 뭔가를 얻어내기 위해서는 진짜 원하는 것보다는 좀더 크게 요구하는 것이 일반적이라지만, 정부의 이번 발표가 갖는 '나름대로의 진정성'에 대한 평가가 너무 야박한 것이 아닌가 싶었다.

정부가 국민의 고통을 외면하고 있음을 좀더 실감나게 표현하고 싶었던지, 한 시민단체 간부는 "국민들은 암 치료비로 큰 부담을 지는 것뿐만 아니라 전체 건강보험 재정의 20%에 육박하는 3조원 이상의 암 보험까지 감당하느라 이중고를 겪고 있는 게 현실"이라는 발언도 했다고 전해진다. 조금만 생각해 보면 이 말이 논리적이지 않음을 알 수 있다. 암 보험에 들었으면 암 치료비 부담이 줄어드는 것 아닌가? 암 치료비와 암 보험료를 감당하는 이중고라니, 어떤 논리로 이런 주장이 가능한지 참 궁금하다.

정부를 비난하고 나선 여러 시민단체들 중 하나는 한술 더 떠서, 선택진료비 제도에 대한 위헌소송을 제기하겠다고 나섰다. "선택진료비 제도는 의료서비스에 대한 저소득층의 접근성을 제한하기 때문에 전 국민의 건강권을 보장해야 한다는 헌법에 위배되는 제도"라는 것이 그들의 주장이다.

선택진료비 제도에 문제가 있는 것은 사실이다. '전문의 자격 취득 후 10년 혹은 조교수 이상'이라는 규정을 악용하여 전문의를 딴 지 얼마 안 된 교원을 임용할 때부터 아예 조교수 직함을 주는 대학병원도 있으니 말이다. 그러나 현실을 고려할 때, 선택진료비 제도를 아예 폐지하라는 주장은 지나치다. 그것은 곧 '수가를 내리라'는 주장이기 때문이기도 하고, '형평'이라는 명분을 앞세워 '차이'를 전혀 인정하지 않는 횡포이기 때문이기도 하다.

아무리 의료서비스가 공공재의 성격을 갖는다고 하지만, 수요와 공급의 불일치 및 그로 인한 정상적인 불균형은 존재할 수밖에 없다. 그것조차 인정할 수 없는 사람들이 이 '천박한' 자본주의 사회에서 도대체 하루하루를 어떻게 견디는지 참으로 신기하다. 의식주부터 여가생활까지, 하나부터 열까지 모든 것이 불평등한 이 사회에서 말이다.

2005. 7. 4.

차라리 '밥 공장'을 지어라

최근 '대학 평준화 운동'이라는 기막힌 공약을 내건 교사가 신임 전교조 위원장에 당선됐다. 이런 주장은 과거에도 몇몇 시민단체들에 의해 제기된 바 있으며, 노무현 대통령도 비슷한 취지의 발언을 한 적이 있다. 그러나 '막강한' 영향력을 가진 전교조 위원장이 본격적으로 '운동'을 펼치겠다고 하니, 조금 더 충격적으로 들린다.

대학 평준화라는 것이 지금의 고교 평준화와 같이 단순 추첨으로 신입생을 선발하는 것인지, 어떠한 보완 조치들이 가능한지 등에 대해서는 자세히 알지 못한다. 하지만 고교 평준화로도 모자라 대학까지 평준화하자는 주장이 조금씩이나마 여론의 지지를 얻어가는 것을 보면서, 우리 사회에 만연한 평등주의(egalitarianism)가 정말로 심각한 수준임을 느낀다.

같은 맥락에서, 최근 벌어지고 있는 환자 식대 급여화 관련 논란에 대해서도 착잡한 심경을 금할 수 없다.

지난 (2006년 4월) 4일 경실련은 기자회견을 통해 '병원계가 주장하는 식대 원가가 2배 이상 부풀려져 있다'고 주장하고 나섰다. 경실련이 자체적으로 조사한 바에 의하면 병원 식대 원가는 일반식 1,830원, 치료식 2,588원이다. 이는 정부가 제시하고 있는 기본 가격 3,390원보다 낮은 것은 물론, 정부안 가운데 최대로 가산 적용되었을 때의 가격(5,860원)이나 병원계가 요구하는 마지노선(일반식 4,370원, 치료식 5,240원)보다는 훨씬 더 낮은 것이다.

경실련이 주장의 근거로 삼고 있는 데이터의 정확성 여부를 따질 생각은 없다. 오히려 "환자에게 실질적인 도움이 될 수 있는 보장성 강화 방안에 무게중심을 두고 정책에 대한 논의를 진행해 나갈 것을 촉구한다"는 경실련의 주장에 십분 동의한다. 그러나 경실련이든 정부든 공히 갖고 있는 것으로 보이는 '전국의 모든 병원은 똑같은 밥값을 받아야 한다'는 생각은 참으로 어처구니없는 것이다. 식대를 낮게 책정하여 모든 병원에 똑같이 적용하면 정말로 '환자에게 실질적인 도움'을 줄 수 있는가?

일반적으로 '같은 것은 같게, 다른 것은 다르게' 취급하는 것이 정의일진대, 이미 커다란 격차가 존재하는 여러 병원들의 밥값을 굳이 통일시키려는 것은 그 자체로 불의 아닌가. 물론 여러 가지 명분과 필요가 있고 '상향 평준화'에 대한 기대도 있겠으나, 필경 그러한 시도는 하향 평준화라는 결과로 나타날 것이다.

과거에도 주장한 바 있지만, 병원 식대 급여화를 가능하게 하는 가장 현실적인 방안은 일정한 액수(2,500원이든 5,000원이든)를 건강보험에서 부담하는 대신 병원이 자체적으로 책정한 식대와의 차액은 환자가 부담하도록 하는 것이다. 이것만으로도 환자의 부담은 획기적으로 줄어들 수 있다. 그러나 이렇게 하지 않는 한 식대를 얼마로 책정하든 식사의 질 저하는 불을 보듯 뻔하다. 정부도 한때 이러한 방안을 긍정적으로 검토하는 듯한 태도를 보였지만, 무슨 이유에선지 이 방안은 이미 버려진 듯해 아쉽다.

지금까지 병원들이 '밥장사'를 통해 수익을 얻어 왔음은 주지의 사실이다. 그게 저수가 정책의 산물이든 아니든, 그게 정당한 것이든 아니든, 사실은 사실이다. 그리고 깨놓고 이야기하자면, 병원계와 정부는 (마치 의약분업 실시 직전처럼) '최소한 손해는 안 보도록 해야 한다'는 데에 어느 정도 공감하고 있는 반면, 시민단체들은 '지금까지의 부당한 이익을 앞으로는 근절해야 한다'는 쪽의 생각을 갖고 있는 듯하다.

나는 식대 급여화 자체에는 반대할 생각이 없지만, 지금 추진되고 있는 방식의 식대 급여화는 반대한다. 병원들이 손해를 볼 것이 두려운 것이 아니라, 환자들이 질 나쁜 식사를 먹게 되는, 그리하여 '밥값이 비싸다'는 비판 대신 '개밥' 운운하는 비난이 쏟아질 것이 두렵기 때문이다. 이로 인해 의사—환자 사이의 신뢰가 더 황폐해질 것이 두렵기 때문이다.

과도한 평등주의의 환상에 빠져 있는 정부와 시민단체에 제안한다. 대형 '밥 공장'을 전국적으로 건립하라. 그리고 정부나 보험공단이 직영하라. 잘 발달된 교통망을 고려하면 20~30곳 정도의 공장만 지으면 될 것이며, 하루에 약 100만 그릇(전체 병상수 곱하기 3)이나 팔 수 있을 것이니 경영만 잘하면 흑자도 꽤 낼 수 있을 것이다. 병원들이 부당한 이익을 얻지 않을까 전전긍긍하지 않아도 되고, 저질 식사를 제공하는 병원이 생길 것을 걱정할 필요도 없다. 대량 생산으로 인해 원가도 절감될 것이니, 아마도 평균 1,830원도 채 들지 않을 것이다. 그리고 무엇보다 환상적인 것은, 전국의 모든 환자들이 최소한 '밥'의 관점에서는 완벽한 평등에 도달하게 된다는 것이다. 만세!

2006. 4. 10.

환자 식대 급여화는 결국 이 글에서 보이는 정부 방안대로 결정되어 현재 시행 중이다. 아직 그 부작용이 가시적으로 드러나지는 않았으나, 다음에 소개하는 만화에서 드러나는 '우울한 가정'이 현실화될 가능성도 없지 않은 것으로 보인다.

밥공장   글 주프로, 그림 정훈이. 청년의사〈제315호〉

선택진료제, 이렇게 없애자

「의사는 특별한 도덕성을 가진 사람이 아니며, 자선사업가나 '하나님의 어린 양'을 보살피는 목자(牧者)는 더더욱 아니다. 그들이 오로지 돈을 벌기 위해 의사가 되었다고 할 수야 없겠지만, 돈을 벌기 위해서 의사가 된 것 또한 사실이다. 남의 생명을 다루는 사람이라고 돈을 탐해서 안 될 이유는 없다. (중략)

돈 욕심 없이 자기의 몸을 희생해 가면서까지 남의 생명과 건강을 돌보는 것은 존경받아야 마땅한 선행이다. 하지만 그런 선행을 하지 않는다고 해서 의사를 비난해야 할 이유는 없다. 의사가 되기 위해 투자했던 그 기나긴 시간과 힘든 공부, 수련의와 전공의 시절 응급실에서 지새야 했던 그 수많은 불면의 밤들, 만만치 않은 의대 등록금, 이런 것에 대한 보상을 받고 병원을 차리는 데 들어간 투자자금을 회수하려면 의사도 돈을 벌어야 한다. 다른 모든 직업이 그런 것처럼, 의사 역시 자신의 이기적 욕망을 추구함으로써 사회의 공동선을 진작한다는 자본주의의 자리이타(自利利他)의 원리를 적용해야 할 직업인이다. 그들은 다른 모든 직업인들이 그런 것처럼 의사로서 지켜야 할 직업윤리와 상도덕을 지키고 법률이 금지한 행위를 하지 않고 돈벌이를 함으로써 사회와 이웃에 도움을 줄 수 있다.」

의사들이 소리 높여 외치고 싶은, 그러나 시민들의 돌팔매를 맞을까 두려워서 차마 내놓고 말하지 못하는 이야기를 '우아한' 문장으로 잘 표현한 이 글의 출처는 어디일까? 이 글은 의사 네티즌이 인터넷에 올린 글도 아니고, 의료계 전문지에 실린 칼럼의 일부도 아니다. 이것은 2002년 상반기에 '경제/경영 분야' 베스트셀러 목록에 올랐던 어느 책의 일부이다. 누가 쓴 무슨 책일까?

정답은 유시민 복지부장관이 시사평론가 시절에 쓴 〈유시민의 경제학 카페〉라는 책이다. 물론 유 장관이 의사를 두둔하기 위해 이 글을 쓴 것은 아니다. 이 부분은 '의료를 시장원리에만 내맡겨둘 수 없는 이유'를 설명하는 과정에서 들었던 '전제'인 것이다.

갑자기 과거의 글을 떠올린 것은 최근 유시민 장관이 시민단체와 민주노동당 등으로부터 거센 비판을 받고 있기 때문이다.

요즘 보건의료 분야의 시민단체들이 집중적으로 제기하고 있는 주장은 선택진료제를 폐지해야 한다는 것이다. 이런 주장이 등장한 것이 처음은 아니지만, 이번에는 과거에 비해 그 강도가 세고 방법도 다양하여 관심을 끈다. 우리나라의 시민운동이 나날이 발전(!)하는 것을 실감한다고나 할까.

지난 (2006년 4월) 7일 건강세상네트워크는 서울중앙지법에 위헌법률심판재청 신청서를 제출했다. 현행 선택진료제가 국민의 행복추구권과 사회보장을 받을 권리 등을 침해하고 있다는 것이 재청의 이유이다. 법원이 이를 기각할 경우 헌법재판소에 헌법소원까지 낼 계획이라 한다. 또한 민주노동당의 현애자 의원은 선택진료제를 폐지하는 내용을 담은 의료법 개정안을 발의했으며, 이에 대해 국회 보건복지위원회도 '타당하다'는 취지의 의견서를 작성했다.

그들이 유시민 장관을 비판하는 까닭은 유 장관이 최근 선택진료제 폐지 관련 토론회에 나와 "마음 아프지만 선택진료제는 필요악"이라면서 폐지 불가 의견을 피력했기 때문이다. 그는 "(선택진료제를 폐지하면) 환자들이 대학병원으로 몰려 끔찍한 현상(재정적자)이 발생할 것"이라고도 말했다.

선택진료제가 좋은 제도가 아니라는, 그러나 (지금) 폐지할 수는 없다는 유시민 장관의 의견에 전적으로 동의하는 나는, 그에게 묻고 싶다. 선택진료제를 당장 폐지할 수 없는 이유가 정말로 그것뿐이냐고 말이다. 사실 말이야 바른 말이지, 선택진료제를 유지할 수밖에 없는 근본적인 까닭은 그게 '덤'의 형태를 띤 '정상가격'이기 때문 아닌가. 환자들의 부담이 문제가 되는 것은 선택진료비, 즉 (그나마) 고급 의료서비스의 비용을 건강보험이 지불해 주지 않기 때문일 뿐 아닌가. 그리고 의사 혹은 병원도 '직업윤리와 상도덕을 지키고 법률이 금지한 행위를 하지 않고 돈벌이를 할' 정당한 권리가 있기 때문이 아닌가.

유시민 장관은 "선택진료제의 사회적 효용을 효과적으로 살리면서도 이 것이 부당한 짐으로 작용하지 않을 수 있는 아이디어가 나오게 되면 잘 챙겨 가겠다"는 말도 했다. 내가 그 아이디어를 드릴 테니, 참고하시라.

선택진료비에도 급여 혜택을 주면 된다. 그게 아니면 선택진료비 만큼 대학병원의 수가를 인상해 주면 된다. 재원은 물론 보험료 인상으로 마련해야하며(이건 '부당한' 짐이 아니다), 대학병원 환자 집중 현상은 약간의 기술적 보완으로 충분히 막을 수 있다. 자본주의의 원리도 잘 알고 의료서비스 시장의 원리도 잘 아는 장관이니, 한번 시도해 볼만하지 않은가.

2006. 4. 24.

'민원' 생긴다고
무조건 바꿀 수는 없어

지난달(2005년 9월) 16일, YTN은 대형병원들이 의무기록 사본을 발급할 때에 진료비 명목으로 돈을 받는 것이 부당하다는 취지의 보도를 했다. 기자는 "의무기록 사본을 발급 받기 위해 의사를 만나는 시간은 채 30초도 되지 않는데다가 의사가 물어보는 질문은 의무기록 사본이 왜 필요한지 정도에 불과하다"라면서, '의사를 만나는 것은 진료' 라는 병원 측의 주장을 이해할 수 없다고 비판했다.

이 보도에서 보건복지부 관계자는 '의학적 판단이 필요할 때는 의사의 상담을 거쳐야 한다' 고 말했으나, '의학적 판단의 기준이 뭐냐? 라는 기자의 질문에는 '그런 기준은 없다' 라고 대답했다. 기자는 보도 말미에 "보건 당국이 명확한 기준을 제시하지 않고 있는 가운데 병원들은 수입을 늘리는 데만 열을 올리고 있다"고 덧붙였다.

이 내용은 다른 언론 매체들에 의해서는 보도되지 않았다. 경쟁사의 보도를 그대로 인용하기 싫어서일 수도 있고 기사 '밸류' 가 안 된다고 판단했기 때문일 수도 있다. 그런데 일선 병원들은 최근 이와 관련한 고민에 빠져 있다. 병협이 '진료기록사본발급지침 개선안' 에 대한 의견을 묻는 공문을 보냈는데, 그 내용이 좀 황당하기 때문이다.

병협이 자발적으로 만든 것인지 복지부가 일종의 압력을 행사한 것인지는 모르겠으나, 병협이 만든 개선안은 ①환자의 가족이 진료기록사본을 요청하

면 가족임을 증명하는 서류(주민등록등본 등)와 신분증 제시만으로 발급 ②
의사의 추가 검진이 필요 없는 경우에는 신찰료를 징수하지 않음 ③검사기
록부, 방사선 필름 및 진단서 사본은 진료접수 및 진찰료 부과 없이 발급 등
의 내용을 담고 있다.

먼저 ①항부터 보자. 이것은 YTN의 이번 보도에서 지적된 사항은 아니지만
'민원'이 다수 발생해 온 사항이다. 현재는 인감증명서가 첨부된 위임장이 있
을 경우에만 타인에게 발급하고 있는데, 이것을 앞으로는 가족이기만 하면 무
조건 발급한다는 뜻이다. 한마디로 어불성설이다. 비록 인감증명 첨부 등 환자
본인의 의사를 확인하는 절차가 번거로운 것은 사실이지만, 혹시 있을지도 모
르는 선의의 피해자를 막기 위해서는 반드시 그런 절차가 있어야 한다. 이혼이
나 상속 등 여러 경우에 환자 본인의 의사와 가족의 의사는 일치하지 않을 수
있으며, 추후 환자 본인이 병원을 상대로 문제를 제기할 수도 있기 때문이다.

②항도 현실을 무시한 방안이다. '진료기록'이라는 것의 내용과 분량은
천차만별이다. 많은 경우 환자 1명의 진료기록은 수십에서 수백 쪽에 달한
다. 사본의 용도에 따라 전체 진료기록 중 어느 부분을 어떻게 복사해 줄 것
인지를 검토하고 결정하는 것은 분명히 '의학적 판단'이며, 이런 판단이 필
요하지 않은 경우는 오히려 드물다. 의사가 의무기록 사본이 왜 필요한지 묻
는 것은 교사가 지각한 학생에게 '왜 늦었냐?'고 윽박지르는 것과는 차원이
다른 질문이며, 환자가 의사를 만나는 시간은 30초에 불과할지 몰라도 의사
는 경우에 따라 30분을 투자할 수도 있는 것이다. 물론 '진찰료'를 온전히 받
는 것이 옳으냐 하는 것에 대해서는 논란이 있을 수 있지만, 별도의 수수료가
결정되어 있지 않은 상황에서는 진찰료를 그 수수료로 징수하는 것에 아무
런 문제도 없다고 생각한다. 또한 수수료 징수 여부를 떠나 진료기록 사본 발
급은 의사의 개입 없이 이루어질 수도 없고 이루어져서도 안 된다. 우리 의료
환경상 진료 행위가 일어나는 시점과 의무기록이 작성되는 시점 사이에는

어느 정도의 시차가 있을 수 있는데, 의사도 모르는 사이에 '미비기록'이 복사되어 유출된다면 혹시 있을지 모르는 의료분쟁 등에서 의사가 부당한 피해를 입을 수 있기 때문이다.

③항도 마찬가지다. 이미 발급된 진단서를 단순히 복사하는 정도라면 모를까 검사 결과나 방사선 필름의 복사가 의사의 판단이나 노력 없이 행해져서는 안 된다.

병협의 개선안은 말 그대로 하나의 방안에 불과할 뿐이지만, 의료 현장을 잘 모르는 정부에서 만든 방안이 아니라 병협이 만들었다는 점에서 실망과 우려를 금할 수 없다.

미국에서는 HIPAA(health insurance portability and accountability acts; 건강보험 이송 및 지급에 관한 법률)라는 법안이 있어서, 환자 진료에 직접 관계되지 않은 사람이 환자의 건강관련 개인정보를 '절대로' 열람할 수 없다. 진료의 질을 평가한다거나, 연구를 위해 환자진료에 책임을 진 사람의 감시하에 위임된 자가 정보를 열람하거나, 경영진단 차원에서 기록을 조사하거나, 아니면 범죄에 연관돼 법원의 명령에 의해 의무기록을 열람하는 경우 등 몇 가지 경우만 법에 의해 허용되고 있을 뿐이다.

그렇다면 타 병원으로의 전원 등 진료기록의 복사가 필요한 일반적인 경우에는 어떻게 할까? 미국에서는 모든 진료가 끝난 다음에는 반드시 전반적인 진료 내용의 핵심을 의사가 녹음기에 구술한 뒤 이를 전문 구술기록사가 그대로 옮겨 쓰는 과정을 거친다. 즉, 애초부터 전원 등에 대비한 문서가 별도로 준비되어 있는 것이다.

당장 미국과 같은 시스템을 도입하기는 어렵다. 하지만 '민원'에 휘둘려 잘못된 방향으로 제도가 바뀌어서는 안 된다. 소수의 큰 피해를 막기 위해 다수가 약간의 불편을 감수할 수 있는 사회가 선진 사회다.

2005. 10. 3.

보건소 야간진료, 효율성 있나?

복지부는 지난 (2004년 3월) 2일, "대국민 행정서비스 확대 계획에 따라 보건소 야간진료 서비스 시범사업을 실시할 계획"이라고 밝혔다. 아울러, 전국 광역시도별로 보건소 1곳씩을 추천 받아 빠른 시일 안에 보건소 진료시간을 연장하겠다면서, 이를 위해 전국 15개 보건소에 의사, 간호사, 행정요원, 운전원을 각각 1명씩 추가 배치하겠다고 밝혔다.

명분은 "직장인, 맞벌이 부부, 병원 응급실 이용이 부담스러운 경증 환자 및 저소득층 등이 일과시간 이후에 보건소에서 의료 서비스를 받을 수 있도록" 한다는 것이다.

국민의 편의를 증진시키기 위한다는 측면에서만 보면, 멋진 아이디어인 것처럼 들린다. 하지만 총선을 앞두고 각 부처가 쏟아내고 있는 생색내기용 방안의 하나가 아닌가 하는 의구심도 든다. 이 계획이 몇 가지 문제점을 내포하고 있기 때문이다.

첫째, 이 방안이 정말로 비용 효과적인가 하는 근본적인 의문이다. 비록 시범사업이라고는 하나, 60명의 인건비 및 부대 비용만 해도 적지 않은 금액일 것이다. 열악한 응급의료서비스를 개선하기 위함이라면 차라리 수긍할 수 있겠지만, 복지부의 계획에 따르면 응급환자도 제외, 만성질환자도 제외이다(모르고 찾아온 응급환자나 만성질환자를 어떻게 돌려보낼 것인지는 묻지 않겠다). 감기와 배탈 정도를 빼면 대상 질환이 몇 개나 되는지 궁금할 정도인데, 겨우 이 정도의 서비스를 추가로 제공하기 위해 60명을 더 고용하는 것은 비효율적인 일이다.

둘째, 밤새 운영하는 것도 아니고 저녁 6시부터 10시까지 4시간 동안 1차 진료 수준의 서비스를 하겠다는 것인데, 이미 상당수의 개원의가 경영난 등의 이유로 7~8시까지 문을 열고 있고, 응급의료관리료를 부담하지 않고 이용할 수 있는 중소병원 응급실도 적지 않다. 야간할증 진찰료 산정과 관련하여 야박하게 굴어서 야간 진료를 하려던 개원의들의 의욕을 꺾을 때는 언제고, 이제 와서 '뒷북' 인가.

셋째, 이 방안이 확정되기 위해서는 우선 행정자치부와의 협의가 있어야 하고, 지방자치단체에서 예산 확보도 해야 한다. 본지의 취재 결과, 행자부에서는 이제 겨우 공문을 접수했을 뿐이고, 정작 예산을 마련해야 할 지자체들은 아직 이런 계획조차 모르고 있었다. 뭐 그리 급한 일이라고, 관련 부처와의 사전 협의나 예산확보 방안도 없이 서두르는가.

넷째, 보건소의 진료기능을 확대하지 않겠다던 복지부의 기존 입장에도 배치되는 것이다. 복지부 측에서는 '보건소의 진료기능을 확대하거나 수입을 증대시키기 위한 목적은 아니다' 라고 말하고 있지만, 진료기능의 확대가 아니라 행정 서비스 확대 방안의 일환이라는 주장은 어딘지 궁색하게 들린다.

다섯째, 의료계의 반대를 무마할 요량으로 덧붙이고 있는 복지부의 이야기는 더욱 모순이다. 복지부 관계자는 "서초구에서 시범실시 중인데 환자가 별로 없어 민간의료기관의 영역을 침범할 가능성이 거의 없을 것" 이라고 말했는데, 민간의료기관의 영역을 침범하지 않을 만큼 시민의 호응이 없다면 도대체 이 사업은 왜 하는 것인가? 오히려 개원의들이 자원봉사 차원에서 돌아가며 보건소에서 야간 진료를 해 왔던 서울 서초구의 '자율적 시범실시' 의 참뜻을 왜곡하는 처사가 아닌가 싶다.

여섯째, 의료기관의 문턱이 너무 낮아진 것이 건강보험 재정파탄의 한 원인이기에 경질환 본인부담금 인상 등을 통해 국민의 불요불급한 의료 이용을 줄여나가겠다던 정부가, 오히려 경질환 환자들의 의료이용을 더욱 손쉽게 하기 위한 방안을 마련하는 것도 자가당착이다.

혹시 쓸 돈이 있으면, '야간 외래'의 확충 따위를 고민할 것이 아니라 열악한 응급의료체계의 개선을 위해 쓰시라. 응급실을 운영하면 할수록 적자가 날 수밖에 없는 제도를 고수하면서, 툭하면 응급실에 장비가 없니 전문의가 없니 하면서 애꿎은 의료기관들에게 책임을 덮어씌우지 말고 말이다. 15개 보건소에 4명씩의 인력을 충원할 돈으로, 이미 지정된 광역응급의료센터 15곳에 1명씩의 의사라도 더 보내는 것이 훨씬 효율적일 듯한데, '총선 이후'에라도 한번 고민해 볼 것을 정부에 충고한다.

2004. 3. 8.

응급환자, 보고도 모른 체 해라?

전라북도의 한 산부인과 개원의 A가 보낸 편지를 받았다. 내용을 요약하면 이렇다.

「A는 2002년 12월 28일 자정 무렵, 119 구조대의 연락을 받고 급히 병원으로 달려가 분만을 한 건 시행했다. 아기가 체중 2,000그램의 미숙아인데다가 호흡도 약하여, 직접 구급차에 동승하여 B종합병원으로 후송했다. 산모는 보호자도 없었고 자신의 이름과 주소도 밝히지 않았기에, 환아의 입원을 위해 A가 보증을 설 수밖에 없었다. 산모는 다음날 아침, 아기를 보고 오겠다며 외출을 한 이후, 다시 돌아오지 않았다. 그로부터 얼마 후, B병원 측에서 A를 상대로 환아의 체납 진료비 180여만원을 내라는 요구를 했고, A가 이에 응하지 않자 법원에 소액재판을 청구했다. 최근 법원은 '이의가 있으면 정식으로 재판을 청구하고, 그렇지 않으면 재산을 압류처분 하겠다' 고 A에게 통보했다.」

언뜻 들으면 B병원의 처사가 야박한 것처럼 느껴진다. 아이 엄마를 찾는 일이 그렇게 어려운 일일까 하는 궁금증도 든다. 의료 관계 법률을 좀 아는 사람이라면 '응급의료에관한법률' 에 따라 응급진료비 대불을 심사평가원에 청구하면 될 일인데, 어떻게 이런 일이 벌어졌나 할 것이다.

나 또한 의아한 생각이 들어, 편지를 보낸 개원의 A와 B병원 양쪽에 전화를 걸어 사실을 확인했다. 그랬더니 이 사건은 그리 단순한 것이 아니었다.

문제의 산모는 소위 혼외정사를 통해 임신을 한 것이었고, 외지에 나가 있는 남편 몰래 아이를 지우려고 의사C가 운영하는 산부인과의원에서 분만촉진제를 투여 받았다가 조산을 한 것이었기 때문이다. 게다가 부모가 모두 사라져버린 상황에서, 위험한 고비를 넘긴 환아는 결국 할머니에게 보내졌지만, 할머니는 경제적 능력이 전혀 없었다. 어디에 있는지도 모르는 아들과 며느리 때문에, 의료급여 대상자나 기초생활보호 대상자도 아니었다. B병원 측에서는 응급진료비 대불제도 적용 대상인지를 확인했지만, 이 또한 여의치 않았기 때문에 어쩔 수 없이 '보증인'에게 진료비를 청구한 것이었다.

A의사나 B병원이나 답답하고 억울하기는 마찬가지다. 게다가 이 사건에는 재태기간 8개월의 생명체를 지우려 시도한 산부인과 의사 C도 개입되어 있다. 아주 자세한 내막은 알지 못하지만, A, B, C 삼자간에 일종의 '합의'가 이루어졌더라면 사안이 법원까지 가는 일은 없었을지도 모른다. 현재 개원의 A는 정식 재판을 청구하겠다는 입장이다.

이 사건은 많은 것을 생각하게 한다. 임신 8개월의 산모가 낙태를 원한다고 해서 그 요청을 들어주는 산부인과 의사가 있다는 사실이 우선 씁쓸하지만, 응급환자를 위해 최선의 노력을 다한 사람에게 오히려 피해가 돌아갈 수밖에 없는 제도에 대한 아쉬움도 상당하다. 아무리 혼외정사를 통해 얻은 자식이라고는 해도, 자신이 배 아파 낳은 아기를 모른척하는 비정한 어머니가 있다는 사실도 답답하다. 점점 심각해지는 빈곤 문제와 그에 대한 최소한의 방책인 기초생활보장제도가 더 튼튼하지 못한 것도 해결해야 할 과제이다.

개원의 A는 "180만원을 내가 낼 수는 있다. 하지만 응급환자를 병원에 데려다 준 사람이 나중에 치료비까지 내야 하는 선례가 생긴다면, 어느 국민이 응급환자를 도와줄 것인가"라면서, 이러한 문제를 정부가 해결할 때까지 지속적으로 문제제기를 하겠다고 말했다.

B병원 관계자에게 좀 다른 질문을 했다. "치료비를 받지 못하는 경우가 왕

왕 있습니까?'라고. 돌아온 대답은 "아주 많다"는 것이었다. 수시로 진료비 체납 환자를 찾아다녀야 하는 것은 물론이고, 막상 찾아낸 환자의 처지가 하도 딱해서 자비로 얼마간의 돈을 주고 오는 경우도 있다고 했다. 결국 받지 못하고 '결손' 처리하는 경우도 많다고 했다.

응급의료체계의 부실은 어제오늘의 일이 아니다. 응급실에서 흔히 발생하는 의료분쟁의 해결방안도 거의 전무하다. 2년 전에 응급환자 진료비 대불제도가 생긴 것은 그나마 다행이지만, 의료현장에서는 그 제도조차 도움이 안되는 사례들이 비일비재한 것이다.

각종 보건의료 현안에다 점점 중요해지는 복지 문제까지, 해결해야 할 과제들이 산적한 것은 잘 알지만, 응급의료의 영역 곳곳의 구멍들도 이제는 좀 메워졌으면 좋겠다.

최근 정부는 공중보건의사 인력을 활용하여 119 구급차에 의사 또는 한의사가 동승하는 제도를 확대 실시한다고 자랑스럽게 발표했다. 한의사가 구급차에서 뭘 할 수 있는지도 궁금하지만, 자칫 환자가 잘못될 경우 동승한 의사만 애꿎게 모든 책임을 뒤집어쓰게 되지는 않을지 걱정이다.

2004. 4. 12.

가장 확실한 출산장려정책

정부는 이달(2004년 12월)부터 정관수술 등 피임을 위한 각종 시술에 대해 건강보험을 적용하지 않도록 했다. 이에 따라 지난달 전국의 비뇨기과는 정관수술을 받기 위한 남성들로 북새통을 이뤘다. 또, 아직 법률이 통과되지는 않았지만, 셋째 아이를 낳으면 양육비를 보조해 주는 정책도 곧 실시될 전망이다.

이런 정책들은 세계 최저 수준으로 떨어진 출산율 제고를 위해 정부가 '짜낸' 방안들인데, 그 효과도 극히 의심스러울뿐더러 합리성도 결여된 수준 이하의 정책이다. 좀 심하게 말하자면, 국어 시간에 '단견'이나 '탁상공론'이라는 표현을 어떤 경우에 쓰는 것인지 설명하는 데에 적절한 사례가 될 것 같다.

우선, 둘째 아이를 낳는 사람도 점점 줄어드는 현실을 고려할 때, 셋째 아이를 낳으면 양육비를 주는 정책이 무슨 효과가 있을까? 물론 아이를 셋 이상 낳아서 인구 증가에 기여한 사람에게 주는 일종의 보너스라 생각하면 간단하지만, 정부가 주는 양육비 몇 푼을 받기 위해 아이를 더 낳을 사람은 거의 제로에 가까울 것이다.

정관수술 보험적용 제외는 더 웃기는 정책이다. 이건 마치 미로에 갇힌 쥐가 출구를 발견하지 못하여 막다른 벽에다가 무작정 머리를 들이받는 장면을 연상시킨다. 정관수술을 막으면 출산율이 올라간다? 도대체 누가 이런 생각을 했는지 정말 궁금한데, 필경 윗사람들에게 칭찬을 받았을 그 공무원에게 묻고 싶다. 정책 실시 후 어떤 일들이 벌어질지 신중히 고민을 해 보기는 했냐고 말이다.

정관수술을 막으면(엄밀히 말해 시술비용을 비싸게 만들면) 정말로 출산율이 올라갈까? 아무리 생각해 봐도 별로 그럴 것 같지 않다. 정관수술을 계획했던 사람이라면 비용을 좀더 지불하고라도 수술을 받거나, 아니면 다른 피임 방법을 선택할 것이다. 국가의 백년대계를 위해 정관수술에 건강보험 혜택을 주지 않기로 한 높으신 분들의 고매한 뜻에 깊이 감화되어, '그래, 하나 더 낳자'라고 생각하기를 바라는가?

쉽게 예상할 수 있는 또다른 역작용은 원치 않는 임신의 증가로 인한 낙태의 증가다. 원하지 않았던 임신 가운데 정작 출산으로 이어지는 비율이 과연 얼마나 될까. 복지부 관계자는 이러한 주장에 대해 '논리의 비약'이라 말했다지만, 이게 논리의 비약이라면 정관수술을 어렵게 함으로써 인구를 늘리겠다는 정부의 발상은 '논리의 박약'이라 불러야 마땅하다.

비록 불법이라고는 하지만, 우리나라가 낙태의 천국인 것은 공공연한 비밀이다. 그리고 그 많은 낙태 가운데 상당수는 기혼 여성에 의해 행해지고 있다. 법적 윤리적 정당성 여부를 떠나, 낙태가 얼마나 여성의 건강에 해로운지 잘 아는 여성단체들은 왜 이 정책에 대해 반대의 목소리를 내지 않는지 모르겠다.

정부 당국에 묻는다. 이런 정책들보다 더 확실하게 출산율을 높일 수 있는 방안들이 많이 있는데 검토해 볼 생각이 없냐고 말이다. 가령 불법 낙태를 철저하게 단속하는 방안(미혼모의 증가, 기아의 증가와 같은 부작용이 있겠으나 인구는 확실히 늘 것이다), 콘돔의 생산 및 사용을 금지하는 방안(성병 증가와 같은 부작용이 있겠으나 인구는 확실히 늘 것이다), 성행위촉진법 등의 제정(공공여관 확충, 호텔 숙박료 건강보험 혜택 부여, 최음제나 정력제 무료 배포 등의 구체적 방안이 있을 것이며, 약간의 혼란이 있겠으나 인구는 확실히 늘 것이다) 등등.

사실 최근의 저출산 사태는 20년 전부터 예견되어 온 일이다. 합계 출산율은 1983년 2.08에서 1984년 1.76으로 급강하했으며, 1998년에는 1.47까지 내려갔다. 물론 이와 같은 감소 추세가 1.17(2002년 기준)까지 떨어지리라고 예상하기는 힘들었을지 모르지만, 지금까지 오랫동안 넋 놓고 있던 정부가 이제 와서 호들갑을 떠는 것은 참으로 안쓰럽다. 출산율이 자꾸만 떨어지는 것이 과연 젊은 부부들의 몰인정과 무책임과 몰지각 때문이란 말인가.

사람들이 출산과 자녀 양육을 두려워하는 이유는 오랜 기간에 걸쳐 누적된 여러 사회문제들이 복합적으로 작용한 결과다. 따라서 그 해결에도 오랜 시간과 부단한 노력이 소요될 수밖에 없다. 정부가 어처구니없는 정책을 하나둘 더 만들 때마다 아이를 낳고 싶지 않다, 이민을 가고 싶다고 생각하는 국민들은 하나둘씩 더 늘어날 것이다.

최근 정부의 정책을 비판하면서 정관수술을 무료로 시술하고 있는 인천의 비뇨기과 개원의 이주성 선생이 화제가 되고 있다. 그에게 마음으로 격려를 보내며, 정부의 각성을 촉구한다. 가장 확실한 출산율 증가 방안은 살기 좋은 나라를 만드는 일이다.

2004. 12. 20.

국립대병원이
'초대형 보건소' 인가?

보건복지부는 지난달(2005년 5월) 25일 공청회를 개최, '공공의료 확충 종합대책안'을 발표했다. 복지부의 이날 발표를 두고 본지는 지난주에 '종합선물세트'라고 표현했었다. 워낙 방대한 내용을 담고 있기 때문이다. 언제나 예산 마련이 문제인데, 이번에는 향후 5년간 4조3천억원이라는 거금을 투입하겠다는 구체적 계획까지 밝혔으니 조금은 기대를 걸어본다.

그러나 이 종합대책에 대해서도 우려의 목소리는 적지 않다. 건강증진기금에 거의 전적으로 의지하는 듯한 재원확보 방안이 미덥지 못하다거나, 의료공급의 대부분을 차지하고 있는 민간의료기관의 공공성 제고 방안이 부족하다거나, 국가중앙의료원을 새로 건립하는 것이 별로 비용효과적인 방안이 아니라거나 하는 등의 비판이 그것이다.

사실 복지부의 이번 발표는 특별히 새로울 것이 없다. 그 동안 단편적으로 언급해 왔던 계획들을 모두 모아 한꺼번에 공표한 것에 다름 아니기 때문이다. 또한 비교적 새롭게 느껴지는 국립대병원 관련 내용들은, 본지가 지난 (2005년) 3월에 단독 입수하여 260호 및 261호에 게재했던 서울대 보건대학원 문옥륜 교수팀의 연구보고서 내용과 흡사하다.

그런데, 미처 알지 못했고 예상하지도 못했던 대목이 한 군데 있다. '국립대병원을 관리·감독하는 주관부처가 교육인적자원부에서 보건복지부로 이관된다'는 부분이다.

특정 정부부처가 담당하던 기관이나 업무가 다른 부처로 옮겨지는 일은 흔하지도 않고 쉽지도 않다. 보이지 않는 부처간 알력 때문이다. 때문에 별다른 갈등 없이 이런 일이 일어나려면 '가져가는' 쪽의 힘이 매우 세거나, 아주 뚜렷한 명분이 있어야 한다. 그런데 국립대병원의 복지부 이관은 이 두 가지 가운데 어느 쪽에도 해당되지 않는 것처럼 보인다. 도대체 왜 이관되는 것일까?

문경태 복지부 정책홍보관리실장은 이관의 이유를 "국가중앙의료원—국립대병원—지방공사의료원—보건소로 이어지는 공공보건의료체계를 강화하기 위해서"라고 밝혔다. 국립대병원들에게 지역거점병원이나 보건소 등 공공보건의료기관을 지원하는 역할을 맡기겠다는 뜻이다.

이와 같은 방안에 대해 서울대병원 등 일부 국립대병원들은 부정적 반응을 보이고 있다. 의료서비스의 질 저하, 공공성 강화로 인한 경영악화, 외부 이사진 구성을 통한 복지부의 병원경영 장악, 병원 의료진의 위상 혼선 등을 우려하기 때문이다. 특히 서울대병원 측은 이날 공청회에서 "서울대병원은 현재 병원 평가에서 1등을 하는 병원인데, 복지부로 이관되면 국립의료원처럼 수준이 저하될 우려가 있다"고 강하게 반발했다.

복지부는 이에 대해 "간섭을 하려는 것이 아니니 걱정하지 말라"면서, "국립대병원을 국민보건 주도기관으로 활성화할 것"이라고 주장했다. 문경태 실장은 서울대병원 측의 우려에 대해 "축하합니다. 앞으로도 계속 1등 해 주십시오"라고 웃어넘기면서, "서울대병원이 각종 평가에서 1등을 하고 있는 것은 공공병원도 1등이 될 수 있다는 것을 의미한다"는 논리를 폈다.

솔직히 말해 나는, 국립대병원의 복지부 이관이 '실질적으로' 어떤 변화를 초래할지 예상하지 못하겠다. 복지부의 희망처럼 그 이관으로 인해 국립대병원이 더 많은 역할을 할 수 있는 여건이 조성된다면 환영하지 못할 일도 아니라고 생각한다. 그러나, 이번 조치를 현 정부가 공공의료에 대해 갖고 있는 평소의 인식과 연결시켜 생각해 본다면, 상당한 수준의 우려를 표하지 않을 수 없다.

현 정부는, 그리고 현 정부의 보건의료정책에 큰 영향을 주고 있는 몇몇 학자들 및 시민단체들은, '공공의료 강화'라는 단어를 '무료진료 확대'나 '보건소 기능강화'나 '건강보험에 대한 국고지원 확대'등과 거의 같은 말로 이해하는 듯한 태도를 견지해 왔다. 심지어 일각에서는 공공의료 강화를 '의료 공급의 완전 공영화'나 '민간의료기관에 대한 통제'와 등치시키는 모습까지 보였다.

그러나 이런 인식은 대단히 천박한 것이다. 공공의료의 역할을 가장 정확하고도 간단하게 말하자면, '의료 영역에서 민간이 하기 어려운 모든 역할'이라고 할 수 있다. 민간이 하기 어려운 역할 중에서 결코 빼놓을 수 없는 것이 '교육 및 연구'이다. 지금까지 우리 의료 시스템은 교육 및 연구와 관련된 책임을 거의 전적으로 민간에 떠넘겨 왔다. 사립대병원은 말할 것도 없고 서울대병원을 비롯한 국립대병원의 사정도 별반 다르지 않다. 공공의료 강화를 위해 4조3천억원이나 쓴다는데, 아무리 살펴봐도 의과대학 및 대학병원의 교육 및 연구의 활성화를 위해 쓰겠다는 약속은 보이지 않는다.

현 정부가 국립대병원의 교육 및 연구 기능을 얼마나 대수롭지 않게 여기고 있는지, 또한 '기관' 중심의 공공의료체계 강화라는 저차원적 명분에 얼마나 집착하고 있는지를 상징적으로 보여주는 듯하여 입맛이 쓰다.

2005. 6. 6.

서울대병원, 정치에 휘말리다?

"교육부와 지금까지 결혼 생활을 해 왔는데 이혼을 하자고 한다. 그리고 복지부라는 재혼 상대가 나타났다. 예산을 4조3,000억원이나 확보했다고 하기에 '팔자 한번 고쳐볼까' 싶기도 한데, 알고 보니 그에게는 국립의료원이라는 부인이 있었다. 그래서 신중하게 뒷조사를 해보니 부부생활이 원만하지 않은 것 같더라."

지난 (2005년 7월) 11일 오후 프레스센터 국제회의장에서 열린 '변화의 시대를 준비하는 서울대학교병원의 위상과 역할'이라는 제목의 심포지엄에서 나온 발언이다. 심포지엄 종반, 객석에 앉아 있던 서울대병원의 한 교수가 이렇게 이야기하자 청중들은 폭소와 함께 커다란 박수까지 보냈다. 폭소는 그렇다 치더라도, 조금 생뚱맞아 보이는 박수까지 등장한 이유는 무엇이었을까?

그 까닭은 300명이 넘는 청중 대부분이 서울대병원 관계자였기 때문이다. '동원'된 청중과 기자들 말고는 참석자가 별로 없었으니, 서울대병원 측의 심정을 통쾌(?)하게 대변한 이 교수의 말이 이 정도의 호응을 얻은 것이 크게 이상한 일은 아니다.

최근 서울대병원을 둘러싼 논란이 두 가지나 한꺼번에 벌어지고 있다. 하나는 서울대병원설치법 폐지에 관한 것이고 다른 하나는 서울대병원을 비롯한 국립대병원들의 소관부처를 교육인적자원부에서 보건복지부로 바꾸는 방안에 관한 것이다.

물론 두 개의 논란은 서로 별개의 것이며 문제를 제기한 주체도 다르다. 하지만, 두 논란이 비슷한 시기에 불거진 것을 완전한 우연의 일치로 보기는 어려울 듯하다. 게다가 최근 대통령과 서울대 총장이 팽팽한 대립 각을 세우고 있다는 점까지 고려하면, 이 논란은 겉보기보다는 정치적 색채를 띤 것으로 보인다.

두 가지 방안이 현실화될 경우에도 '형식적으로' 달라지는 것이 많지 않다는 사실도 이런 '정치적 성격'을 보여준다. 먼저 서울대병원설치법이 없어질 경우, 병원장의 임명권자가 대통령에서 교육부장관으로 바뀌고 당연직 이사를 맡는 공직자의 급수가 조금 낮아지는 것 외에는 별 변화가 없다. 교육부에서 복지부로 소관부처가 바뀔 경우에도 예산이 어느 주머니를 거치느냐 외에는 크게 달라지는 것이 없다.

여기에서 두 가지 의문이 생긴다. 서울대병원은 왜 그렇게 강하게 반발하는 것일까? 정부 및 몇몇 국회의원들은 왜 그렇게 밀어붙이는 것일까? 이 질문에 대해 양쪽은 서로 나름대로 그럴듯한 논리를 펴고 있지만, 그 논리가 변변치 않은 것은 마찬가지다. 결국 겉으로 표현되지 않는 진짜 이유가 다른 곳에 있다는 뜻이다. 약간의 확대해석이 허용된다면, 한쪽에는 '서울대'로 대표되는 '엘리트' 집단 전체에 대한 반감이 있고, 반대쪽에는 '우리가 있었기에 오늘의 대한민국이 있다'는 자부심이 있다고도 할 수 있겠다.

문제의 핵심은 결국 거기에 있다. 이성적으로 생각할 때에는 서울대병원 측의 주장이 훨씬 일리가 있지만, '그 잘난 서울대병원이 지금까지 뭘 했냐' 하는 식의 감성이 개입하면 상황이 달라지는 것이다.

나는 서울대병원이 추구해야 할 공공성과 다른 국립대병원 혹은 보건소가 추구해야 할 공공성 사이에는 분명한 차이가 존재한다는 견해를 갖고 있다. 비록 서울대병원이 수익 증대를 위해 여러 가지 '비즈니스'를 해 왔다고는 하지만, 사실상 '자력갱생'을 할 수밖에 없는 우리의 의료 제도를 고려할 때, 오로지 그 이유 때문에 서울대병원이 수행해 온 역할 모두를 평가절하해서는 안 된다. 어떤 때는 적자폭이 크다고 욕하고 다른 때에는 돈벌이에 치중한다고 욕하는 것은 저열한 짓이다.

물론 서울대병원도 반성할 점이 적지 않다. 특권의식이 없었다고 말할 수 있는가? 서울대병원이라는 안락한 우산 아래에서 안주했던 측면이 있는 것은 사실 아닌가? 비용 절감을 위한 노력을 수익 증대를 위한 노력의 절반만큼이라도 했던가? 감수하는 것이 백 번 옳았을 손해를 굳이 회피했던 적은 없는가? 이번 논란의 과정에서 서울대병원을 펀드는 사람이 많지 않은 것에 '자업자득'의 측면은 없는가?

이번 논란이 결국 어떤 모양으로 매듭지어질지를 예측하기는 쉽지 않다. 형식적 위상 변화보다 더 중요한 것이 내용적 기능 변화인데, 간단한 조항 몇 개 말고는 무엇이 어떻게 달라질지 드러난 바가 없기 때문이다. 그러나 우려를 금할 수 없다. 현재의 집권세력이 시시때때로 효율보다는 형평을 중시하는 모습을 보여 왔고, 기회의 균등과 무조건적 평등을 혼동하는 게 아닌가 싶을 때도 많았기 때문이다.

요즘 세간에는 "박정희는 배고픈 것을 해결했고 노무현은 배아픈 것을 해결했다"는 농담이 떠돌고 있다. 배아픈 것을 해결하는 것 자체는 박수를 받을지 모르지만, 다시 배고파지기를 원하는 국민은 아무도 없다.

2005. 7. 18.

화장터 옆 의료원

서울 서초구 원지동. 말이 좋아 서초구고 서울이지, 서울의 남쪽 끄트머리에 있는 산골짜기 동네. 지도에서 살펴보면, 서울대공원 뒷산 너머이고 청계산 북쪽 기슭이며 경부고속도로 양재인터체인지에서 2㎞ 가량 남쪽 지점 근처다. 대부분이 그린벨트 지역이며, 당연히 살고 있는 주민도 별로 없다. 결코 뉴스에 등장할 일이 없을 듯했던 이 동네의 이름이 툭하면 신문과 방송에 등장하기 시작한 것은 지난 2001년 봄부터다.

장묘 문화가 달라지면서 화장(火葬)률이 급증하자 벽제 화장장이 포화 상태에 이르렀고, 그로 인해 새로운 화장장의 건립이 필요해진 것은 90년대 후반의 일이다. 서울시가 새로운 화장장 건립 계획을 수립한 것은 1998년이었고, SK그룹이 고 최종현 회장의 유지를 받들어 서울 추모공원 건립 및 기증 의향서를 서울시에 제출한 것은 1999년 5월이었다. 추모공원이라는 이름은 단순한 화장장이 아니라 대규모 납골당과 각종 공원시설과 공연장 등이 함께 있기 때문에 붙여진 이름이다.

무려 700억원에 달하는 건설비용을 기증하겠다는 쪽도 있고, 건설의 필요성에 대한 사회적 공감대도 있었지만, 일은 쉽지 않았다. 후보지로만 거론되어도 해당 지역 주민들이 강력하게 반발하고 나섰기 때문이다. 착공식 날짜까지 잡혔던 사업은 결국 연기를 거듭했다.

서울시는 반대하는 주민들을 설득하기 위해 갖가지 묘안을 짜내기 시작했는데, 그 중 압권은 현재 혜화동에 있는 서울시장 공관을 원지동으로 옮긴다는 방안이었다. 하지만 소용이 없었다. 해당 지역 주민은 140명에 불과했지만 수백만에 달하는 강남 사람들이 강력한 반대 의사를 굽히지 않았기 때문이다. 하지만 이 계획에 적극적으로 반대한 사람들의 수가 정확히 얼마나 되는지는 알 수 없다. 왜냐하면 진정서에 서명했던 사람들 중의 상당수가 '어쩔 수 없이' 이름을 올렸었기 때문이다. 당시에는 서초구민이었던 나도 그랬다. 아파트 아래층에 사는 '반장'이 집으로 찾아와서 '서명 안 하면 역적'이라는 태도로 진정서와 볼펜을 들이대는데, 주민등록번호와 이름을 쓰지 않을 수 없는 분위기였던 것이다.

지지부진한 가운데 세월이 흘렀고 시장이 바뀌었다. 새로 당선된 시장은 청계천 복원과 강북 뉴타운 건설에만 관심이 있었지, 전임 시장이 추진하던 추모공원 설립에 대한 의지는 없었다. 시장 공관을 옮기는 방안도 백지화하고, 대신 지하철을 타고 출퇴근하는 '모범'을 보이기 시작했다. '너무 멀어서 업무를 볼 수 없다'는 것이 이유였는데, 원지동보다 더 먼 분당에서 시청 앞까지 출퇴근하는 수많은 사람들은 도대체 업무를 어떻게 보고 있는지 궁금하다.

얼마 전에는 계획했던 5만위 규모의 납골당은 아예 짓지 않기로 결정했다는 보도가 있었고, 20기로 예정됐던 화장로는 5~11기 수준으로 축소됐다. 납골당은 25개 자치구마다 각각 설치하도록 하겠다, 소규모 화장장을 여러 군데 건설하겠다는 것이 서울시의 변인데, 한 군데도 제대로 못 만드는 서울시가 아무리 소규모라도 여러 개를 만들 수 있을지 의문이다.

이런 와중에 지난(2003년 6월) 10일, 국립의료원 원지동 이전 방안이 불거졌다. 서울시와 보건복지부, 그리고 경기도에서 부지를 물색하고 있던 국립의료원이 모두 희망하고 있단다. 그렇게 반대하던 서초구도 국립의료원을 함께 이전하는 방안에 대해서는 환영의 뜻을 표하고 있다.

그냥 화장장이 아니라 의료기관의 부속 시설로 '포장' 하겠다는 이 아이디어는 언뜻 멋지게 보인다. 규모는 작더라도 화장장이 새로 생기고, 번듯한 국가중앙의료원 부지도 마련하고, 주민들도 반대하지 않으니 말이다.

하지만 이건 코미디다. 우선 머리띠 두르면 다 해결되는 나쁜 사례를 하나 더 추가하는 것이 문제이고, 행정수도 이전을 공언하면서 국가중앙의료원은 굳이 서울에 만들겠다는 발상도 웃기고, 대형 국립병원 건설을 통해 공공의료를 확충할 수 있을 것이라는 기대도 망상에 불과하다. 또 아무리 원스톱 서비스가 유행이라지만, 병원에서 치료를 받던 환자가 사망하면 곧바로 옆 건물로 옮겨서 화장해 버리는 것도 좀 엽기적이다.

공공의료가 중요하다고 그렇게 크게 부르짖는 현 정부의 의료정책 입안자들에게 묻고 싶다. 대형 국립병원을, 그것도 대형병원 포화상태인 서울 강남에 짓기 위해 그렇게 공공의료를 입에 달고 다녔냐고 말이다.

장묘 문화 개선을 위한 민간의 노력이 결실을 맺고 한 기업의 거액 기부가 이어지면서 생길 뻔했던 일종의 '미담'은, 이렇게 꼬이고 꼬여서 씁쓸함만을 남기고 있다. 바로 며칠 전에는 시골의 한 중소병원 이사장이 경영난을 견디지 못하고 스스로 목숨을 끊었는데, 신문에는 한 줄도 안 났다.

2003. 6. 30.

이 글이 쓰여진 이후 3년의 시간이 흘렀지만, 국립의료원의 이전이나 새로운 화장장의 건립은 여전히 이루어지지 않고 있다.

언덕 위의 하얀 집

　유시민 보건복지부장관이 서울시장 후보들에게 보낸 공개질의서가 논란을 빚고 있다. 유 장관이 지난 (2006년 5월) 15일 여야 각 당의 서울시장 후보 사무실에 보낸 질의서에는 "당선되신다면 국립서울병원을 현재 위치(서울 중곡동)에서 현대식으로 재건축하는 방안을 지원해줄 것인지, 시내 다른 부지로 이전하는 방안이 필요하다는 입장인지, 시 외곽으로 이전돼야 한다는 입장인지 25일까지 통보해 달라"는 내용이 담겨 있다.

　복지부 측은 "복지부장관으로서 서울에 하나밖에 없는 정신병원이 40년이 넘게 낡은 채로 방치돼 있어 시장 후보들에게 같이 공론화하자는 취지로 제안한 것"이라고 설명했고, "이례적임은 인정하지만 장관으로서 할 일을 한 것이다"라는 반응도 보이고 있다.

　그러나 야당은 물론 열린우리당 쪽에서도 "장관으로서 부적절한 태도다", "정책을 강요하는 거냐" 등 부정적인 반응을 보이고 있고, 언론에서도 유 장관의 '정치적 의도'를 의심스러워하며 비판적 태도를 보이고 있다.

　비판의 이유는 다양하다. '국립서울병원 현대화 사업'에 대한 직접 권한은 해당 기초단체장인 광진구청장에게 있는데 그걸 왜 서울시장 후보들에게 물어보는가 하는 비판도 있고, 정상적인 업무 협의 절차를 무시하고 지방선거 직전에 '압력'을 가하는 것이 옳지 않다는 비판도 있다. "선거에 편승해 자기가 하기 싫은 일을 서울시장(후보)에게 떠넘기려는 술수다", "업무 능력의 한계를 고백한 것이다", "돌출행동을 통해 강금실 후보를 간접적으로 지원하려는 음모다" 등의 이야기도 나돈다.

의료계에서는 흔히 '국정'으로 불리는 국립서울병원은 1962년 정신과 환자의 진료 및 조사연구와 정신과 의료요원의 교육 훈련에 관한 사항을 관장하기 위해 설립, 현재까지 천만 명 이상의 정신과 환자를 치료하고 재활의 기회를 제공해 왔다. 그러나 시설의 노후로 인해 이전 또는 개축의 필요성이 오래 전부터 제기되어 온 곳이다.

정부는 10년 전부터 이전을 추진하면서 서울과 경기도 내에 무려 60개 장소를 이전 후보지로 검토했으나 모두 실패했다. 해당 지역 주민들의 반대와 군사보호시설, 그린벨트 등의 제한을 넘지 못했기 때문이다. 결국 정부는 3년 전부터 현재의 자리에 병원을 재건축하기로 방침을 바꿨지만, 이번에는 이 지역 주민들이 들고일어나는 바람에 전혀 진전이 없었다.

중곡동 1만 2,000평을 차지하고 있는 국립서울병원이 지역 발전을 가로막고 있다는 것이 주민들의 주장이며, 광진구 의회와 광진구청도 병원의 재건축보다는 주상복합빌딩이나 아파트를 짓고 싶어한다.

광진구 의회는 지난해에 '국립서울병원 이전 추진 특별위원회'를 구성하기도 했고, 이에 대해 대한정신보건가족협회에서 성명서를 통해 "특별위원회는 병원을 공기 좋은 지방으로 이전해서 환자들이 쾌적한 자연환경 속에서 치료받게 하자는 그럴듯한 명분을 내세워 병원 이전을 요구하고 있으나, 사실은 정신병원을 혐오시설로 간주하고 지방으로 추방하려는 것"이라 비판하기도 했었다.

소위 혐오시설에 대한 '님비' 현상은 어제오늘의 일이 아니지만, 새로운 시설의 건립을 저지하는 것을 넘어 기존의 시설까지 내쫓고 싶어하는 주민들의 지역이기주의는 지나친 감이 없지 않다. 이러한 논란 속에 더욱 고통받을 정신과 환자들과 그 가족들을 생각하면, 정부와 지방자치단체가 힘을 모아 하루 속히 해법을 찾아야 할 것이다.

어쨌거나, 유시민 장관의 이번 돌출행동은 무척이나 '유시민다운' 것이다. 현직 장관이 서울시장 후보들에게 예민한 사안에 대한 입장을 밝히라는 공개 서한을 보낼 수 있다는 생각을 유 장관 말고 또 누가 할 수 있으랴 싶기도 하다. 그의 진짜 의도가 무엇이었는가와 무관하게, 이번 일이 국립서울병원 신축 건에 대한 국민들의 관심을 높인 것만은 분명해 보인다.

하지만, 그의 이번 행동은 '얌체 짓'이라 아니할 수 없다. 보건복지 행정의 수장으로서 자신의 견해는 밝히지 않은 채 서울시장 후보들에게만 '어려운 질문'을 던졌기 때문이다. 나는 서울시장 후보들의 생각보다 유시민 장관의 생각이 훨씬 더 궁금하다. 정작 주무장관인 본인은 어떻게 생각하는지, 그리고 신축을 주장하는 후보가 당선되면 어떻게 할 것이며 이전을 주장하는 후보가 당선되면 어떻게 할 것인지를 먼저 밝히는 것이 옳지 않은가.

질의서를 받은 서울시장 후보들이 선거일 이전에 의견을 표명할지는 미지수이지만, 선거가 끝난 이후에라도 유 장관이야말로 자신의 견해를 당당히 밝히라고 요구한다. 이 요구가 좀더 정당성을 얻을까 하여 나의 의견도 공개하자면, '당연히 지금의 자리에 신축해야 한다'는 것이다. 정신질환자가 격리의 대상이 아니라는 점은 19세기에 이미 드러난 사실인데 지금은 21세기이기 때문이다.

2006. 5. 22.

중소병원 대책,
현장의 목소리를 들어라

정부는 지난달(2005년 5월) 31일 '영세 자영업자 대책' 이란 걸 내놓았다. 앞으로 세탁소나 제과점을 창업하기 위해서는 기능사 자격증을 소지하고 있거나 자격증이 있는 직원을 고용해야 하는 등 창업요건을 대폭 강화한다는 내용을 담고 있었다. 이발소나 미용실을 열려면 자격증을 따고도 6개월간 교육을 받아야만 한다거나 재래시장들 중에서 경쟁력이 없는 3분의 1 가량을 퇴출시킨다는 방침도 포함돼 있었다.

세탁소나 제과점이나 미용실의 서비스 수준을 끌어올리기 위해서가 아니라 자영업자의 수를 줄이기 위해서, 즉 봉급 생활자의 수를 늘리기 위해서 나온 발상이었다.

우리나라의 전체 취업자 중 무급 가족 종사자를 포함한 자영업자 비율은 외환위기 이후 크게 높아져서 2001년을 기준으로 약 36%다. 미국(7%), 독일(10.8%), 영국(12.2%), 일본(15.6%) 등 주요 선진국보다 최고 5배 가량 높다. 전통적으로 가족단위 부업 비중을 감안하더라도 지나치게 높은 것이다. 게다가 단순히 비율만 높은 것이 아니라 생산성도 매우 낮은 것으로 평가되고 있다.

경제 전문가들은 외환위기 이후 통계상 실업률을 낮추기 위해 정부가 창업을 장려하는 정책을 편 결과라고 분석하고 있다. 선진국에서는 사업이 성공할 가능성이 높고 돈 빌리기가 쉬운 호경기 때 자영업이 증가하는 데 비해 우리나라에서는 실업률이 높은 불황기 때 오히려 자영업자 수가 늘어났는데, 이런 현상은 정부 정책을 빼고는 설명하기 어렵다는 것이다. 즉, '시장'이 아닌 외부 요인이 작용한 결과, 1인당 GDP가 증가할수록 취업자 중 자영업 비율이 줄어드는 일반적인 경향과는 반대 현상이 빚어졌다는 말이다.

외환위기 이후 갑자기 일자리를 잃은 사람들을 위해 창업 장려 정책을 폈던 것까지는 불가피한 정책일 수 있다. 그러나 이제 와서, 일자리 부족과 고용 불안정성이 여전한 상황에서, 난데없이 '창업 훼방 정책'을 쓴다는 깃은 참으로 어리석어 보인다. 자영업자의 소득 증가율이 몇 년째 계속 봉급 생활자의 소득 증가율을 밑돌고 있는데(통계상으로도 그렇고 체감하는 바로도 그렇다), 스스로 직장을 때려치우고 창업의 길을 걷는 사람은 그리 많지 않을 것이기 때문이다.

그나마 다행스러운 사실은 딱 1주일만에 정부가 오류를 인정하고 정책을 뒤집었다는 데 있다. 뭔가 새로운 대책을 내놓은 것이 아니라 하려던 바보짓을 그만두기로 했다는 것뿐이지만, 자영업 팽창 문제 해결을 위한 최선의 방법은 기업하기 좋은 환경을 만들어 투자를 늘리고 일자리를 늘리는 것이라는 평범한 진리를 깨닫는 좋은 계기로 삼기 바란다.

정부의 영세 자영업자 대책은 여론의 뭇매를 맞고 '없던 일'이 되어 버렸지만, 보건의료 분야에서 정부가 추진하고 있는 이와 비슷한 정책은 여전히 '온 고잉'이라서 우려를 낳고 있다. 중소병원 육성과 관련된 일련의 방안들이 바로 그것이다.

정부는 최근 몇 년 동안 꾸준히 중소병원 관련 대책들을 내놓고 있다. 특성도 없고 그에 따라 경쟁력도 없는 중소병원들이 장기요양병원, 전문병원 등으로 전환하도록 '유도'한다는 것이 핵심적인 내용이다. 개방병원 등의 방법도 '권장'하고 있다. 이론적으로는 좋은 이야기다. 정부가 이야기하는 중소병원의 문제점들은 모두 진실이며, 우리 의료공급체계가 기형적인 것도 사실이다. 중소병원들 스스로도 너무나 잘 알고 있다.

그러나 문제는 정부의 정책 방향이 최근 백지화된 영세 자영업자 대책과 비슷하게 인위적이고 공허한 탁상공론이라는 데 있다. 말이 좋아 유도고 권장이지, 속을 들여다보면 중소병원들의 기능을 반강제적으로 재조정하겠다는 정책에 불과하다. 정부의 중소병원 대책을 좀 도식화시켜서 말하자면, 현재의 중소병원들은 앞으로 ▲장기요양병원 ▲전문병원 ▲개방형병원 ▲대형병원 중 한 가지 방향으로 변화해야 한다는 것이다.

인생이 사지선다 문제가 아니듯, 병원이라는 조직도 그 내부의 사정은 천차만별이다. 넷 중에서 하나를 내키는 대로 고를 수 있는 형편이 아니라는 말이다. 안 그래도 어려운 병원들, 어려움 속에서도 고군분투하고 있는 병원들을 왜 벼랑으로 몰아가는가.

물론 중소병원의 기능 변화는 반드시 필요하다. 그러나 그 변화의 동력은 병원들 스스로에게서 나와야 한다. 정부는 각각의 병원들이 나름대로의 특성이나 여건을 살려서 장기요양병원이든 전문병원이든 강소(强小)종합병원이든 다른 무엇이든 스스로 잘 선택하여 노력하면 성공할 수 있는 '여건'만 만들면 된다. 어차피 변화는 도래할 것이며 망할 병원은 망할 것이다. 책상머리에 그만 좀 앉아 있고 일어나서 현장의 목소리에 귀를 좀 기울여라.

2005. 6. 13.

대권주자들이여, 복지부로 오라

개각이 임박한 모양이다. 복지부장관도 교체될 것이 확실시되고 있다. 다음 복지부장관이 누가 될 것인지 궁금하지만, 아직 구체적인 하마평은 들려오지 않는다.

이 시점에서 조금은 엉뚱하게 들릴지 모르는 제안을 한 가지 하고 싶다. 그것은 차기 대권을 꿈꾸는 사람들에게 하는 제안인데, 대통령에 도전하기 앞서 복지부장관 자리에 먼저 도전하라는 것이다.

지금까지 복지부장관직은 '거물' 들에게는 인기가 없었다. 복지부장관 따위를 해서는 정치적으로 성장할 수 없다고 생각했기 때문일 것이다. 그러다 보니, 여성 안배나 지역 안배나 계보 안배 등으로 인해 비전문가가 맡는 경우가 많았고, 당연히 실권도 별로 없었다. 보건과 복지는 '비용' 에 불과하다고 생각하는 사람이 많았기에, 전문가라고 하는 사람들이 장관이 되는 경우에도 발언권을 못 가지기는 마찬가지였다.

하지만, 보건과 복지 분야의 중요성이 앞으로 크게 커질 것이라는 데에는 이견이 없다. 고령화가 한 가지 이유이고, 국민소득이 늘어나는 것과 빈부의 격차가 커지는 것도 이유이며, 보건과 복지 분야가 '산업' 으로서의 성격을 점차 강하게 띠고 있는 것도 큰 이유가 된다. 지금의 참여정부가 상대적으로 분배와 사회안전망 유지에 비중을 두고 있다는 점을 고려하면 보건복지부장관직의 중요성은 더욱 커진다.

그렇다면, 국가를 경영해 보겠다는 포부를 가진 사람이라면, 당연히 한번쯤은 보건복지부장관이 되어 이 분야에 대한 식견과 경험을 쌓아야 하지 않을까. 또한 중장기적인 현안이 산적해 있고 여러 분야의 이해관계가 복잡하게 얽혀 있는 보건복지 분야에서, 정책의 생산과 추진은 물론 다양한 목소리들을 수렴하고 갈등을 조정하는 역할을 잘 수행함으로써 국민에게 냉정한 '검증'을 받아야 하지 않을까.

지금 일본의 총리인 고이즈미 준이치로는 후생성 대신을 세 차례나 지내면서 정치력과 행정력을 검증 받은 사람이다. 고이즈미가 후생성 대신의 경력으로 인해 총리가 됐다고 보기는 어렵겠지만, 장기적 경제 불황에도 불구하고 경기 부양보다는 개혁을 더 중요하게 생각하는 정책적 소신을 굽히지 않고 있는 밑바탕에는 후생성 시절의 경험도 한몫을 차지하고 있으리라 짐작할 수 있다.

우리 사회가 앞으로 어떤 것을 더 중요한 과제로 상정하게 될지는 아직 속단하기 어렵지만, 어떤 정책을 펴든 그 근간에는 보건을 포함한 사회 복지 영역의 안정이 있어야만 한다. 그런 의미에서, 적어도 다음 정권쯤에는 보건복지 분야에 대한 확실한 혜안을 가진 대통령이 탄생했으면 하고 바라는 것이다.

더구나, 아직은 '설(說)'에 불과하지만, 복지부와 노동부가 통합된다거나 복지부장관이 부총리 급으로 격상된다거나 하는 이야기도 나오고 있으니, 모르긴 해도 대권을 꿈꾸는 사람이라면, 본인이 적극적으로 나서서 복지부를 한번 맡아보겠다고 나서도 결코 손해는 아닐 듯하다.

또한 복지부장관이야말로 하기에 따라서는 가장 국민의 피부에 와 닿는 정책들을 많이 펼 수 있는 자리이고, 언론에 노출될 기회도 많은 자리이다. 마음만 먹는다면 대북 문제를 풀어나가는 데에도 적지 않은 역할을 할 수도 있는 자리이다. 이렇게 볼 때, 대중의 인기를 먹고사는 정치인이라면 충분히 도전해 볼만한 자리가 아닐까.

　좀 지엽적인 이야기가 되겠지만, 오는 6월에는 병원계 주5일 근무제 실시를 둘러싸고 보건의료노조의 총파업이 있을 것이라는 전망도 조심스레 나오고 있고, 의약분업이나 국민연금과 같은 기존의 난제들에 더해 개호보험 도입 준비와 같은 새로운 과제들도 차기 복지부장관의 임무로 부각될 것이다.

　이번 개각에서 입각할 것으로 예상되는 사람들 중에는 '거물' 혹은 '잠재적 대권주자'라 불러서 손색이 없는 인물들이 여럿 있나. 이들에게 진지하게 고민해 보라고 말하고 싶다. '대통령 수업'의 일환으로라도, 보건복지 분야를 한번 공부해 보는 것은 어떻겠냐고 말이다.

2004. 5. 24.

김근태 장관, 본전은 해라

6주 전, 나는 이 지면에 '대권주자들이여, 복지부로 오라' 는 제목의 글을 썼다. 보건과 복지 분야의 중요성이 앞으로 점점 부각될 것이니, 국가를 경영해 보겠다는 포부를 가진 사람이라면 당연히 한번쯤은 보건복지부장관이 되어 이 분야에 대한 식견과 경험을 쌓아야 한다는 것이 첫 번째 근거였다. 또한 중장기적인 현안이 산적해 있고 여러 분야의 이해관계가 복잡하게 얽혀 있는 보건복지 분야에서 정책의 생산과 추진은 물론 다양한 목소리들을 수렴하고 갈등을 조정하는 역할을 잘 수행함으로써 국민에게 냉정한 '검증' 을 받아야 한다는 것이 두 번째 근거였다.

그 이후, 모두가 알고 있는 것처럼, 두 명의 유력한 대권주자들이 '보건복지부장관은 싫다(정확하게는 통일부장관이 좋다)' 고 하는 바람에 사단이 벌어졌었다. 두 사람과 임명권자 사이에 어떠한 논의가 오갔는지는 알 수 없지만, 정동영 전 열린우리당 의장은 통일부장관이 됐고 김근태 전 열린우리당 원내대표는 보건복지부장관이 됐다.

이렇게 결론이 나기까지의 과정이 별로 마음에 안 들기는 하지만, 소위 대권주자라고 불리는 '유력 정치인' 이 복지부장관이 된 사실을 일단 환영한다. 전문성이 없다는 비판은 장관 스스로도 익히 알고 있을 터인데, 그렇기 때문에 더욱 열심히 공부하고 주변에 있는 전문가들의 의견을 경청할 것을 부탁한다.

신임 복지부장관에 김근태 의원이 발탁된 것을 놓고, 벌써부터 여러 곳에서 많은 주문과 예측들이 쏟아지고 있다. '실세' 장관이기 때문에 여러 가지 개혁 정책들이 탄력을 받을 것이라는 전망도 있고, 모든 것을 정치 논리로 풀어나가려 할 경우 정책의 원칙이 훼손될 수 있다는 우려도 있다. 대권주자 경쟁에 있어서의 유·불리를 벌써부터 계산하는 성급한 사람들도 있다.

나는 그의 복지부장관 경력이 그에게 '이득'이 되거나 최소한 '본전'이 되기를 희망한다. 그가 대권에 좀더 가까이 가기를 희망해서가 아니라, 그가 대권경쟁에서 밀려날 만큼 장관직 수행을 제대로 하지 못할 경우에 발생할 보건복지 분야의 혼란이 두려워서이다.

복지부장관직을 꺼려했다는 점이 좀 면구스러웠는지, 그는 취임 직후 "파부침주(破釜沈舟) 자세로 장관직을 수행하겠다"는 비장한 말을 했다. 솥을 깨뜨리고 배를 가라앉힌다는 뜻의 이 고사성어는 진나라 정벌에 나선 항우가 살아 돌아오길 기약 않고 결사적으로 싸우겠다는 뜻으로 한 말이다. '조정자'로서의 역할이 강할 뿐만 아니라 굳이 나누자면 '어머니' 역할을 해야 할 보건복지부장관이 '결사적으로 싸우겠다'고 말하는 조금은 부적절해 보이기도 하지만(도대체 누구를 상대로 싸우겠다는 것인지), 결연한 각오를 내비친 비유적 표현으로 이해하겠다. 부디 자신의 정치적 입지보다 정책의 합리성과 국민의 복리증진에 우선 순위를 두면서 최선을 다하기를 빈다.

또한, 의료계도 신임 장관의 원래 소신과 개성, 그리고 현재의 정치적 입지 등을 충분히 파악하여, 그에 걸맞은 대정부 관계를 설정해 나갈 것을 부탁한다. 김근태 장관은 장점이자 단점으로 '신중함'이 꼽히는 사람이며, 기껏해야 1년 남짓 재임하고 나면 '다른 자리'로 갈 것이 거의 확실시되는 사람이다. 또한 떨어지는 낙엽도 조심한다는 말년 병장처럼, 결정적인 순간에는 모험을 피할 것이라는 점도 어렵지 않게 예상할 수 있다.

약대 6년제가 김화중 장관 재임 말미에 극적으로 복지부를 '통과'한 사실을 곱씹어볼 필요가 있다. 모르긴 해도 약사회는 신임 장관이, 그것도 대권을 꿈꾸는 신임 장관이 약대 6년제 같은 골치 아픈 과제를 떠 안을 리 없다는 점을 정확히 간파하고 지난 5~6월이라는 시점에 '올인' 했을 것이다.

정치가 살아 움직이는 생물이라는 것은 직업 정치인들만 명심해야 하는 금언이 아니다. '역대 복지부장관 중 최고의 실세' 라는 이야기를 듣는 정치인이 복지부장관이 됐다. 의료계의 대응도 지금까지보다 훨씬 더 '정치적' 이어야 한다.

2004. 7. 5.

김근태 장관은 예상대로 '조용히' 복지부에서 대권 수업을 마친 후 열린우리당으로 복귀했다.

나쁜 규제와 더 나쁜 규제

아주 더웠던 지난 토요일 저녁의 일이다. 처가에 다니러 갔는데, 마침 에어컨이 고장나 있었다. 큰 고장은 아니었지만, 배수 호스가 낡아서 끊어져 물이 바닥으로 흐르는 바람에 에어컨을 틀기가 어려운 상황이었다.

제조회사에서 운영하는 서비스센터에 전화를 걸었지만 직원과 통화하는 것조차 쉽지 않았다. 한참만에 연결이 되었지만 돌아온 답변은 "지금 접수하면 화요일에 수리반을 보내겠다"는 것이었다. 삼복 더위에 에어컨 없이 꼬박 사흘을 견디는 일은 끔찍한 일이 아닐 수 없다.

한편으론 즉시 수리해 줄 수 있는 곳을 찾으면서, 혹시나 하는 마음에 끊어진 부위를 들여다봤다. 시야 확보가 어렵고 손을 놀릴 공간도 부족했지만, 잘만 하면 임시로 이을 수도 있겠다 싶었다. 일단 반창고로 처맨 다음 철사를 이용해 추가로 고정을 시킨 다음, '수술 부위' 아래에 수건을 놓고서 에어컨을 켰다. 한참을 작동시켜도 다행히 누수가 없었다. 엉겁결에 '맥가이버' 사위가 된 꼴이다.

만약 임시변통 따위가 불가능한 진짜 고장이었다면 어땠을까. 삼복 더위에 에어컨 고장을 사흘이나 '방치' 하는 제조회사를 향해 분통을 터뜨릴 것인가? 아니면 하필 주말 저녁에 문제가 생긴 것을 불운으로 여기며 며칠 동안 불편을 감수할 것인가?

사람에 따라 반응은 다르겠지만, 조금만 생각해 보면 당연히 후자가 적절한 반응이다. 가전제품이나 가구의 A/S는 분초를 다투는 사안이라 할 수 없기 때문에, 제조회사가 아무리 고객을 위해 노력한다 하더라도 365일 24시간 즉시 출동 체제를 갖출 필요는 없다. 만약 모든 고객이 그런 것을 원한다면(실제로는 불가능하지만), 그 비용을 감안하여 제품의 가격을 대폭 인상하는 방법은 있을 것이다.

물론 365일 24시간 지속되는 서비스도 많이 있다. 다만 비용이 아주 많이 들기 때문에 정말 꼭 필요한 경우에만 그런 시스템을 갖출 뿐이다. 119 구급대나 경찰 등은 세금으로 운영되고, 보험회사가 자동차보험 가입자를 위해 마련해 두고 있는 긴급출동 서비스는 고객이 낸 보험료의 일부로 운영된다. 결국 이런 종류의 서비스, 즉 '만약'을 대비하여 항시 대기해야 하는 서비스의 운영 여부를 결정하는 것은 '돈'이다. 투입되는 비용보다 기대되는 효과가 더 큰 경우에만 이런 시스템이 가동되며, 그 비용은, 경로는 각기 다를지라도, 수익자가 부담하는 것이 원칙이다.

그런데 무척 고민스러운 것이 있으니, 그것이 응급의료체계이다. 의료 자체가 공공성을 띠고 있지만 그 중에서도 특히 공공성이 큰 것이 응급의료 서비스인데, 완벽한 아니 최소 적정 수준의 응급의료체계를 갖추기도 너무나 어렵기 때문이다.

문제가 많은 우리 의료체계 중에서도 응급실 문제는 정말 큰 골칫거리다. 적자가 날 수밖에 없는 수가체계, 부족한 인력, 응급실을 '야간 외래' 정도로 여기는 국민들의 인식 등등 해결의 기미도 보이지 않는 난제들이 많다.

응급의료체계의 개선을 위한 방편 중에서 가장 손쉬운 것은 응급실 수가의 인상이다. 물론 인력과 시설 등의 기준도 동시에 강화해야 한다. 또한 '진짜 응급'이 아닌 환자들의 응급실 이용을 억제하는 것도 필요하다. 환자는 물론 아쉽고 불편하겠지만, 진짜 응급이 아닌 경우에는 병원 문을 열 때까지 기다려야 한다. 물론 의사가 생각하는 응급과 환자가 생각하는 응급은 그 개념이 크게 다르지만, 분명한 것은 응급실은 불편을 해소하기 위해 존재하는 공간이 아니라는 사실이다.

그런데 최근 보건복지부는 정말 '기막힌' 방안을 하나 마련했다. '휴일 및 야간진료 활성화 방안'이라는 건데, 주5일 근무제의 도입으로 인해 발생할 것이 예상되는 일차의료의 공백을 방지하기 위해 당직의료기관을 지정하겠다는 것이 핵심 내용이다. 지역별로 동네의원들을 과별로 몇 군데씩 '강제' 지정하고, 말을 듣지 않으면 행정처분까지 내린단다. 응급의료체계의 효율성을 높이기 위한 목적도 있단다. '응급의료에관한법률'을 원용하는 것이란다.

여러 가지 이유에서 기가 찰 노릇이다. 첫째, 운영시간이 토요일과 일요일 오전 9시부터 오후 6시까지인데, 안 그래도 경영난 때문에 주말과 휴일에도 3~5시까지 문을 여는 동네의원이 많은 현실을 생각하면 좀 생뚱맞다. 둘째, 정부의 방안 어디에도 비용에 대한 언급이 전혀 없다. 왜 당직의료기관 운영에 따른 비용은 고스란히 의료기관이 부담해야 하나. 늘 그렇듯이, '생색은 내가 낼 터이니 고생은 네가 해라' 하는 식이다. 셋째, 법 조항의 자의적 해석이다. 민간인을 아무 대가도 없이 강제로 '징발'하려 하다보니 법적 근거가 없었는지, '응급의료에관한법률'에 억지로 꿰맞추고 있다. 전시(戰時) 동원령도 아닌데, '지정 전일까지 통보하고 진료 안 하면 처벌한다'는 식의 계획을 세운 자는 도대체 무슨 생각을 하는 걸까.

먼 과거에는 심야 통행금지가 있었고, 가까운 과거에는 술집 영업시간 제한이 있었다. 최근에는 찜질방과 대형할인점의 영업시간 제한에 대한 논란이 있다. 해도 되는 일을 하지 말라는 것도 나쁜 규제이지만, 안 해도 될 일을 억지로 하라는 것은 더 나쁜 규제다.

2005. 8. 1.

두 마리 토끼를 잡는 일은 과연 불가능한가?

지난 (2005년 10월) 5일 대통령 산하의 의료산업선진화위원회가 발족된 것을 계기로 하여 '의료의 산업화'에 대한 논쟁이 재연되고 있다. 건강세상 네트워크와 의료연대회의 등은 위원회가 발족한 바로 그날부터 '의료산업 선진화위원회를 즉각 해체하라'고 주장하고 나섰다.

이들은 '(의료산업선진화위원회가) 의료를 기업의 이윤 창출 수단으로 전략시키고 국민의 기본적인 건강권을 심각하게 침해할 것', '결국 의료산업 선진화위원회가 특정 몇몇 기업의 배를 불려줄 뿐, 국민들의 건강수준을 개선하는 데 도움이 전혀 안될 뿐만 아니라 오히려 건강형평성을 악화시킬 것', '부유한 사람의 선호를 충족시키고, 기업과 일부 병원의 수익을 챙겨주기 위해서 대다수 국민의 권리를 박탈하고, 의료제도 자체를 왜곡시키는 것이 참여정부의 의료산업화정책의 본질'이라 주장하고 있다.

이들은 또 '국내 의료서비스의 발전과 국민의료보장의 강화는 둘 다 놓칠 수 없는 중요한 과제이다. 그러나 정부는 이 둘의 선순환 관계 형성에 노력하기보다는 일부 전문병원과 대형병원, 부자만을 위한 고급의료서비스 발전에만 치중하고 있다'고 지적하고 있다.

대표적인 공공의료 강화론자인 서울대 보건대학원 김창엽 교수는 지난 1일에 방송된 KBS스페셜 '명품의료시대—당신의 생명은 얼마입니까?'에 출연하여 "(공공의료 강화와 의료 산업화의) 두 가지 정책은 분명히 양립할 수 없다"고 말하기도 했다.

의료산업선진화위원회의 발족을 보면서, 또한 그에 대한 반대 주장을 보면서, 나는 한편으로 착잡한 심정을 느끼는 동시에 다른 한편으로는 일말의 안도감을 느낀다.

첫째, 의료산업선진화위원회의 실효성에 대한 의문을 갖는다. 이 위원회는 국무총리(위원장)를 비롯하여 재경부, 교육부, 과학기술부, 복지부, 산업자원부, 기획예산처 장관과 국무조정실장 등 '거물급' 정부위원 10명과 의협회장, 병협회장, 약사회장, 한의사협회장, 서울대병원장, 삼성서울병원장, 미즈메디병원 이사장, 고령화 및 미래사회위원회 위원장, 보건산업진흥원장, 황우석 교수, 종근당 회장, 동아제약 사장 등 '나름대로 거물급' 민간위원 20명으로 구성되어 있다. 위원들의 면면이 너무 화려하여, 실질적인 논의는 고사하고 제대로 모일 수나 있을는지 걱정되는 것이다.

실질적인 개선을 이루기 위해서는 좀더 몸이 가볍고 생각이 유연하면서도 전문성이 있는 사람들이 힘을 모아야 할 것 같은데, 이 위원회에게 그런 것을 기대하기는 어려울 듯하다. 결국 앞으로도 이 위원회에 올라가게 될 의제들은 이미 복지부나 국무총리실 산하에 구성되어 있는 기획단 소속의 몇몇 공무원들이 만든다는 뜻으로, 지금까지의 정책보다 진일보한 방안이 마련될 수 있을지 의문이다. 이왕 의료산업 발전을 위한 특별한 조직을 구성할 것이면 '실무형' 기구를 꾸리고 거기에 민간 전문가들을 대거 참여시키는 것이 더 낫지 않았을까 하는 생각이다.

둘째, '두 마리 토끼를 잡는 일은 과연 불가능한가' 하는 의문이 생긴다. 물론 서로 다른 방향으로 달아나는 두 마리를 토끼를 한 사람의 사냥꾼이 한꺼번에 잡는 일은 불가능하지만, '두 마리 토끼를 한번에 잡을 수는 없다' 라는 말은 하나의 비유에 불과하다. 현실 세계에서는 두 마리가 아니라 세 마리, 네 마리 토끼를 모두 쫓아야 하는 경우가 허다하다. 싱가포르를 비롯한 여러 나라들의 경험과 전략에서 익히 알 수 있듯이, 그리고 의료산업선진화위원회의 해체를 요구하는 사람들조차 '의료서비스의 발전과 국민의료보장의 강화는 둘 다 놓칠 수 없는 중요한 과제'라고 말하는 데에서도 알 수 있듯이, 의료산업의 발전과 의료의 공공성 강화는 당연히 동시에 추구해야 하는 과제이며 충분히 동시에 달성할 수 있는 목표이다.

셋째, 정부의 계획이나 일부 시민단체들의 주장을 잘 살펴보면, 그 중에는 '기대'를 갖게 하는 대목이 의외로 많이 있다. 현재의 정부 정책이 실제로 어떤 모양인가와 무관하게 정부가 '의료산업 발전'을 주요한 국가적 아젠다로 설정했다는 사실만으로도 적지 않은 변화이자 발전이라 할 수 있다. 또한 일부 시민단체들의 비판 가운데 적지 않은 부분은 지극히 옳은 말로서, 우리 모두가 경계해야 할 부분을 정확히 짚어내고 있다. 나는 의료산업의 발전을 위한 획기적 방안들이 새롭게 만들어져야 한다고 생각하며, 의료산업의 발전이 대한민국의 미래를 밝히는 중요한 동력이 되어야 한다고 생각한다. 하지만 그 과정에서 가뜩이나 취약한 우리 의료의 공공성이 더 약화되어서는 안 되며, 우리 의료 시스템의 왜곡이 더 심화되어서는 안 된다고 생각한다. 혹시라도 정부의 정책이 우리나라 의료산업 전체의 발전이 아니라 특정한 기업이나 집단의 이익에만 부합하는 쪽으로 수립되지 않도록 잘 감시해야 할 것이다.

결국 의료산업의 발전이든 의료의 공공성 강화든 국민 모두의 이익을 위해 필요한 것이니, 두 가지 서로 다른 목표의 달성을 위해 어떻게 역량을 배분해야 국민에게 가장 큰 이득이 돌아갈지를 열린 마음으로 고민해야 하겠다.

2005. 10. 10.

식약청에 돌을 던지기 전에…

　불량만두의 기억이 채 가시기도 전에 터진 'PPA 파동'으로 인해 나라가 시끄럽다. 안심하고 먹을 식품이 없다는 국민들의 불만이 이번에는 '약조차 안심하고 못 먹겠다'는 불신으로 분출되고 있다. 당연히 화살은 식품과 의약품의 안전을 책임지고 있는 부서인 식약청으로 향해 있다. 언론이나 국회의원들의 질타는 물론이고, 식약청은 이번 일로 인해 보건복지부의 감사까지 받게 됐다. 식약청 주요 간부들의 문책 인사를 넘어 식약청 조직의 대대적 개편까지도 거론되고 있다.

　미국 FDA가 판매금지조치를 취했던 4년 전(2000년)에도 이 일을 보도했고 지난해(2003년) 8월에는 일본 후생성이 판매금지조치를 취한 사실을 국내 언론 최초로 보도함으로써 논란에 불을 지폈던 본지로서는, 지금이라도 PPA 함유 의약품의 판매를 금지시킨 식약청의 조치를 환영하는 한편 수 차례의 문제 제기에도 불구하고 많은 시간을 허비한 식약청의 굼뜸을 비판한다.

　하지만, 물고기가 때를 만난 듯 일제히 식약청을 비난하는 모습에서 한편으론 서글픈 마음을 금할 길이 없다. 식약청의 안일함과 무능력이야 변명의 여지가 없고 식약청이 제 역할을 하지 못함으로써 결과적으로 국민건강을 위협하게 된 것은 범죄 행위에 가깝지만, 이 범죄는 식약청의 단독 범행이 결코 아니기 때문이다.

　이미 여러 차례 보도한 바 있지만, 현재의 시스템 아래에서 식약청이 그 자체의 역량만으로 모든 식품과 의약품의 안전성을 보장한다는 일은 불가능한 일이다. 일차적으로 인력과 예산이 턱없이 부족하고, 이차적으로 실질적인 권한이 없기 때문이다. 식품과 의약품의 안전과 관련된 업무는 7개 정부 부처와 각급 지방자치단체에 흩어져 있는데, 이는 '모두의 책임은 곧 누구의 책임도 아닌 것'의 전형적인 사례이다.

우리가 무작정 식약청만 비난할 수 없다는 사실은 다음 몇 가지 수치만 보아도 쉽사리 알 수 있다. FDA와 식약청은 우선 예산 규모에서 20배 차이가 나고, 인력의 숫자도 10배 이상 차이가 난다. 미국이 부자 나라고 땅덩이도 엄청나게 넓다는 것을 고려하더라도, 관리해야 할 식품 및 의약품의 가짓수는 대동소이하다는 점을 생각하면 엄청난 차이이다. 더욱 놀라운 것은 FDA에서 일하는 직원 가운데 무려 400명이 의사이지만, 식약청에는 공중보건의사 몇 명 말고는 단 한 명의 의사도 없다는 사실이다.

하지만, 이런 현실에 대해 무조건 절망할 필요는 없다. 우리가 지금 겪고 있는 식품 및 의약품 안전관리의 어려움은 여러 선진국들도 불과 10~20년 전에 똑같이 경험했던 일이기 때문이다. 식품 및 의약품 안전관리의 필요성은 무역 장벽이 낮아지고 건강에 대한 관심이 늘어나면서 그 중요성이 크게 부각된 과제인 것이다.

FDA가 지금과 같은 절대적 권한과 권위를 갖게 된 것은 1990년대에 통과된 두 개의 법안, 즉 '전문의약품 허가신청자 비용-부담법(Prescription Drug User Fee Act of 1992)'과 'FDA 현대화법(FDA Modernization Act of 1997)'에 힘입은 바 크다.

"미국인이 1달러를 쓸 때마다 25센트가 FDA의 허가를 받는 품목에 사용된다"는 말이 있을 만큼 FDA의 위상은 확고한데, 이러한 지위는 결코 공짜로 얻어진 것이 아님을 우리 모두가 생각해 보아야 할 것이다.

이번 사건이 터진 후 김근태 보건복지부장관은 대노했다고 알려지고 있다. 하지만 이번 일은 김 장관이 대노할 사안이 아니다. 참여정부가 출범 당시 식약청에 대한 인력 및 예산 증대와 관련하여 구체적인 수치까지 제시하며 약속을 했었지만 1년 반이 지난 지금껏 그 약속이 제대로 지켜지지 않고 있다는 점을 생각하면, 여당의 원내 대표까지 지낸 김 장관 또한 이 사태에 대한 책임으로부터 자유로울 수 없다.

김 장관에게 고언한다. 이번 사건을 보고 대노할 것이 아니라 대오각성하여, '실세 장관' 답게, 재임 중에 식품 · 의약품 관리체계를 새롭게 구축할 의지를 불태우기 바란다. 의식주 중에서 국민의 '식' 한 가지라도 제대로 해결한다면, 대권주자로서의 입지도 한층 두터워지지 않겠는가.

2004. 8. 9.

우리 식약청은 왜 FDA처럼 못 하나?

미 FDA는 지난(2005년 2월) 15일, 독립적인 의약품안전성감시위원회 (Drug Safety Oversight Board)를 새로 만들겠다고 공식 발표했다. 의사와 환자들에게 의약품의 위험과 효용에 대해 더 많은 정보를 제공하겠다는 취지다.

전후 사정을 잘 모르는 사람들은 이 뉴스가 정확히 어떤 의미를 띠는 것인지 알기가 어려울 것 같아 부연 설명을 좀 해야겠다. 우선, 다음 두 가지를 생각해 보자.

첫째, FDA는 이미 의약품 안전성에 대한 감시를 가장 철저하게 수행하는 기관으로 유명한데, 왜 '새로운(new)' 기구를 만들어야 할 필요성이 생겼을까? 둘째, FDA는 이미 상당한 독립성을 갖춘 기관으로 알려져 있는데, 왜 굳이 '독립적인(independent)' 위원회를 설치하겠다고 나섰을까?

FDA의 이번 발표는 미 의회에서 FDA에 대한 청문회가 열리기 사흘 전에 이루어졌다. 이 청문회는 쎄레브렉스와 바이옥스 등의 안전성에 관한 것이다. 콕스—2 억제제들이 심장마비나 뇌졸중 등 심각한 부작용을 갖고 있다는 점이 드러나 파문이 생겼던 것은 지난해 가을이며, 그 사실은 국내에도 널리 알려졌었다. 이번 청문회는 그 과정에서 FDA가 잘못한 일은 없는지를 확인하기 위해 열리는 것이다.

즉, '새로운' 기구를 만들겠다는 FDA의 발표는, FDA가 의약품 안전성 감시를 제대로 하지 못하고 있다는 미국 내의 비판적 여론을 의식하여 취한 조치라고 할 수 있다.

'독립적인'이라는 단어가 등장한 배경도 있다. 우리나라에는 거의 알려지지 않았지만, 미국 내에서는 FDA의 독립성 부족에 대한 비판이 종종 있어 왔다. 그 유명한 FDA가 독립적이지 않다는 말이 의아하게 들릴지 모르지만, 이는 FDA가 관장하는 업무 영역에 무수히 많은 기업들의 이해관계가 걸려 있는 데에서 비롯된다. 미국인들이 1달러를 쓸 때마다 25센트가 FDA의 규제를 받는 품목에 지출된다는 말이 있다. 즉, 미국인의 소비생활 중 4분의 1이 FDA와 직접 관련됐다는 것이다. 사정이 이렇다 보니, 제약업계를 비롯하여 FDA와 직접 관련되는 분야의 기업들이 내는 정치자금도 상당하다. 당연히 '독립성'을 지키기가 쉽지 않은 것이다.

FDA의 청장은 보건성장관이 아니라 대통령이 직접 임명한다. 임기도 정해져 있지 않고 대통령의 재량에 달려 있다. 재미있는 것은 FDA의 청장이 최근 두 차례나 오랫동안 공석이었다는 사실이다. 부시 행정부가 들어선 2000년 이후 약 2년 동안 FDA의 청장은 공석이었고, 2002년 11월에 청장이 된 맥클렐란(Mark McClellan) 박사가 2004년 3월에 청장직에서 스스로 물러나는 바람에 현재도 FDA 청장은 1년 가까이 공석이다(하지만 곧 새로운 청장이 취임할 예정인데, FDA의 발표 하루 전날인 지난 14일, 백악관이 크로포드(Lester Crawford)라는 인물을 FDA 청장으로 지명했기 때문이다. 미 상원의 인준을 받으면 확정된다).

부시 행정부 출범 직후 백악관은 FDA 청장 후보로 우드(Alastair Wood) 박사를 고려했던 것으로 알려져 있다. 우드 박사는 '의약품이 일단 허가를 받은 다음에도 계속해서 심의를 받아야 한다'는 급진적인 생각을 갖고 있는 인물로 유명한데, 그러한 성향 때문에 친기업적 성향의 부시 대통령이 부담을 느꼈던 것으로 해석되고 있다.

최근 미국의 언론들은 연일 FDA 관련 기사를 보도하고 있는데, 대체로 FDA에 대해 비판적인 태도를 보이고 있다. FDA가 새로운 위원회를 만들겠다고 나선 데 대해서도 '눈 가리고 아웅' 정도로 폄하하고 있다. 뉴욕타임스는 위에서 언급한 우드 박사의 논평을 길게 인용했는데, 그는 "이건 내가 주장했던 독립적인 감시기구라고 할 수 없다. 단지 카드 패를 섞는 것 (reshuffling of the deck)에 불과하다"라고 주장했다.

이쯤 되면 몇몇 독자들이 궁금증을 가질지도 모르겠다. 내가 어떻게 FDA에 대해 이렇게 많은 것을 알고 있는지에 대해서 말이다. 이제 그 연유를 실토해야겠다.

최근 본사에서는 〈FDA vs. 식약청 : 왜 우리 식약청은 FDA처럼 못하나〉라는 책을 펴냈다. 서울의대를 졸업하고 국내 제약회사를 거쳐 현재는 미국에서 약리학 교수로 일하는 이형기 박사의 저서다. 우리 식약청과 미국의 FDA를 몸속 깊이 체험한 저자의 역작인 이 책은 FDA의 선진적 시스템을 상세히 소개하는 동시에 우리 식약청이 무엇을 어떻게 바꾸어야 하는지를 역설하고 있다. 이 분야에 종사하거나 관심이 있는 사람은 꼭 읽어야 할 훌륭한 자료라 생각한다.

이 책이 막 인쇄되어 나의 손에 도착한 바로 그날, FDA와 관련된 이런 저런 미국의 신문 기사들이 내 눈에 띈 것은 순전히 우연이다. 그리고, 이미 저만치 앞서 있는 FDA가 계속 진화하고 있는 이 시점에, 우리는 기껏 한약 부작용에 대한 공방이나 벌이고 있어야 하는 현실이 안타까울 뿐이다. 식약청은 뭐하고 있는가?

2005. 2. 21.

그럴 줄 알았다, 식약청

식약청이 또 여론의 뭇매를 맞고 있다. 이른바 카피약에 대한 생동성 시험 결과들이 일부 조작됐음이 드러났기 때문이다.

식약청은 지난달 (2006년 4월) 25일 일부 대학과 바이오업체 등 시험기관들이 카피약에 대한 약효의 시험 결과를 조작했다고 발표했다. 제약사들이 개입했는지, 식약청 내부의 공모자는 없는지 등은 아직 밝혀지지 않았으며, 검찰의 수사도 곧 시작될 전망이다.

나는 이 소식을 접하고 '드디어!'라는 생각이 들었다. 그도 그럴 것이, 생동성 시험이 엉터리로 진행되고 있다는 기사가 본지의 1면에 처음 등장했던 것이 2000년 10월(제38호 커버스토리)의 일이며, 그 이후에도 '조작'의 의혹에 대해 취재를 하였으나 '결정적 증거'를 찾지 못해 기사화하지 못했던 적이 여러 차례 있었기 때문이다.

이 문제를 취재했던 기자는 당시 "여러 곳에서 '냄새'는 나지만, 내부 고발자가 나타나지 않는 한 증거를 찾아낼 수 없는 시스템이다. 식약청이 나서야 할 텐데, 어떠한 '정치적' 이유가 있는지 그럴 기미는 보이지 않는다"고 말했었다.

결국 복마전의 실상은 마침내 나타난 '내부 고발자'에 드러나기 시작했고, 식약청의 이번 발표는 그 동안 이 바닥에 나돌던 '풍문'들이 대부분 사실일 개연성이 충분함을 보여주고 있다. 두 번째로 많은 약품을 시험하고 가장 많은 시험결과를 조작한 업체의 대표가 전 식약청장인데, 식약청은 업체 책임이라 하고 전 식약청장은 '아랫사람이 한 일이라 모른다'는 반응을 보인다. 제약회사들은 '우리도 피해자'라며 손해배상 청구까지 거론하고 있다. 국민이 과연 납득할 수 있을까?

이번 사태의 일차적인 책임은 조작을 통해 수익을 챙긴 시험기관들에 있다. 하지만 식약청과 복지부 또한 책임을 면할 수 없으며, 어쩌면 그들이 진짜 주범일 수도 있다. 국내의 생동성 시험 실시 여건이 불충분함을 알면서도 '정책적으로' 생동성 시험의 확대를 추진해 온 것이 그들이기 때문이다. 게다가 식약청은 지난 2년간 여러 시험기관들에 대해 80여 차례 실사를 벌였으나 단 한 건의 조작 사례도 적발하지 못했으니, 유착 또는 직무유기를 의심할 수밖에 없다. 또한 이와 같은 느슨한 시험으로 인해 이익을 본 제약회사들의 로비 여부도 향후 검찰 수사를 통해 철저히 규명해야 할 일이다.

현재의 생동성 시험은 원리원칙대로 진행된다고 해도 불충분한 것이다. 단순히 약물의 혈중 농도만을 측정하는 방식이라서, 혈중 농도 자체보다 시간에 따른 변화가 더 중요하거나 혈중 농도와 약효 사이의 상관 관계가 명확하지 않은 약품의 효능을 제대로 측정하기 어렵기 때문이다. 그러나 그 불충분한 시험에서조차 조작이 밥먹듯이 행해졌다는 사실이 드러난 이상, 생동성 시험의 실시를 바탕으로 하여 진행되고 있는 대체조제 확대 정책에 대한 근본적인 재검토도 이루어져야 한다.

그러나 이 문제가 의사와 약사간의 다툼으로 그 본질이 변질되어서는 곤란하다. 적절한 수준에서의 대체조제 허용은 모두를 위해 필요한 일이라 할 수 있다. 하지만, 대체조제를 어디까지 허용할 것인가의 문제와 무관하게 생동성 시험은 엄격하게 행해져야 한다. 그것이 국민건강을 위해서나 국내 제약산업의 발전을 위해서나 필수적이기 때문이다.

본지가 이미 6년 전에 지적했던 문제들은 미성년자의 시험 참여, 체중 과다 또는 미만자의 시험 참여, 피험자의 건강진단서 위조, 캅셀제와 정제간의 생동성 시험 실시, 피험자의 공동생활 기준 미준수, 심사위원 구성 기준 미준수 등이었다. 이번에 드러난 문제는 아예 시험 결과 자체를 조작한 사례이니, 이와 같은 '대수롭지 않은' 규정들은 과연 제대로 지켜졌을지 지극히 의심스럽다.

　정부가 약가를 통제하고 싶어하는 것에 대해서는 비판할 생각이 없다. 오히려 약가 거품을 제거함으로써 다른 곳(수가 현실화든 급여 확대든)에 지출할 재원을 마련해야 한다고 생각한다. 그러나 약가 통제는 합리적 수단을 통해서, 그리고 국민의 건강에 위해를 끼치지 않는 방법을 통해서 이루어져야 한다. 정부가 아끼고자 하는 돈도 결국은 국민이 낸 돈이며, 국민이 그 돈을 모아준 까닭도 결국 국민을 위한 좋은 정책을 기대했기 때문이다. 이번 사태가 생동성 시험의 개선을 넘어 식약청의 구조 개편 및 정부의 합리적인 약가 정책을 촉발하는 '입에 쓴 약' 이 되기를 희망한다.

2006. 5. 1.

'수입'이라는 단어의 용례

며칠 전, 국회 보건복지위원회 김홍신 의원실로부터 '협박'에 가까운 이메일이 도착했다. 내용증명우편으로도 함께 보내진 이 장문의 편지에는, 본지 2003년 9월 19일자 '김홍신 의원 잘못된 보도자료 남발'이라는 제목의 기사가 악의적으로 왜곡된 것이라는 주장과 함께 자신들의 요구사항을 우리가 받아들이지 않을 경우 '할 수 있는 모든 법적 조치'를 취하겠다는 내용이 적혀 있다.

김홍신 의원실은 본지와 디지털 청년의사에 같은 크기와 비중으로 정정기사를 내보낼 것과 발행인과 편집국장 및 해당기자의 공식적이고도 즉각적인 사과방문과 사과공문을 요구했다. 언론인으로 살면서 언론중재위원회에 제소도 당해 봤고 소송을 제기하겠다는 협박도 여러 차례 받아 봤으나, '사과방문'을 요구받은 것은 처음이라 좀 당황하긴 했다.

어쨌거나, 이 요구사항을 접하고 나는 김홍신 의원실이 배포한 문제의 보도자료 세 건과 본지 기사를 다시 면밀히 검토했다. 김홍신 의원실에서 불만을 가지는 것은 충분히 이해가 되었으나, 우리가 '사과'를 해야 할 사안은 아닌 것으로 여겨졌다. 기자의 표현에 약간의 '감정'이 섞여 있었을 가능성은 있지만, 김홍신 의원실의 보도자료들에 섞여 있는 것으로 보이는 '감정'보다는 약한 것이었기 때문이다.

우리는 이 편지의 내용까지 공개할 생각이 처음부터 없었다. 비록 '공문의 외양을 띠긴 했으나 받은 편지의 내용을 공개하는 것은 보낸 사람에 대한 예의에 어긋난다고 생각했기 때문이다. 그런데 김홍신 의원실은 문제의 편지를 스스로 공개해 버렸다. 김 의원의 인터넷 홈페이지(www.hongshin. net)에, 그것도 첫 화면에 대문짝만 하게 펼쳐 놓은 것이다. 몇몇 의사들이 의료계 인터넷 사이트들에도 옮겨 놓았으니, 김 의원의 주장이 궁금하신 분은 한번 읽어보셔도 좋겠다.

아무튼, 우리는 김홍신 의원실의 두 가지 요구사항을 받아들일 계획이 없으니(반론을 보내오면 그것을 게재할 용의는 있음을 통보했다), '할 수 있는 모든 법적 조치'를 기다려 볼 수밖에 없다.

서론(?)이 너무 길어졌지만, 원래 하려고 했던 이야기는 '수입'이라는 용어에 관한 것이다. 김홍신 의원실이 문제삼은 것 중 하나도 이에 관한 것인데, 김 의원 측에서는 "단순히 '수입'이라고만 했지 '순수입'이라고 말한 적은 없는데, 청년의사 기자가 '매출을 마치 순수입인 것처럼 왜곡했다'고 기사를 썼다"는 요지의 주장을 하고 있다.

비슷한 논란은 이미 여러 차례 있었다. '매출'을 뜻하는 건지 '순수익'을 뜻하는 건지 알 수 없는 애매한 '수입'이라는 단어 때문에, 아마도 우리 국민들 중 상당수는 많은 개원의들이 한 달에 수천만원씩의 돈을 집에 가져가는 것으로 오해하고 있을 것이다. 물론 개원의들의 '순수익'을 정확히 알 수 있는 방법이 없기는 하지만, 그렇다고 해서 정부나 언론이 동네의원의 매출을 '수입'이라고 부르는 것은 과연 정당한가?

'수입'이라는 단어의 용례를 살펴볼 요량으로, 한 포털 사이트의 신문기사 검색창에 '수입'을 입력해 봤다. 그리고는 가장 최근의 기사 100개만을 놓고 나름대로 통계를 내 봤다. 그랬더니 아주 재미있는 결과가 나왔다.

수출의 반대말로 쓰인 경우가 전체의 61%였고, 정부나 공공기관의 예결산과 관련하여 지출의 반대말로 쓰인 경우는 15%였다. 명백히 순이익의 뜻으로 사용된 경우가 9%였고 명백히 매출의 뜻으로 쓰인 경우는 3%에 지나지 않았다. 나머지 12%는 매출을 뜻할 수도 있고 순수익을 뜻할 수도 있는 애매한 경우였다. 통계적 유의성이 전혀 없는 단순집계이지만, 적어도 우리 언론에서 '수입' 이라는 단어를 '매출' 이라는 뜻으로 쓰는 경우는 별로 없다는 것을 알 수 있었다. 반면 '순이익' 과 동일한 의미로 사용되는 용례는 훨씬 많았다.

사정이 이쯤 되면, 의료계에서 '뭔가' 해야 하지 않을까? 일단은 정부기관과 국회, 언론사 등에 정중히 공문을 보내는 방법이 있을 것이다. 각종 정부 자료와 보도문에서 의료기관의 매출에 대해 수입 대신 매출이라는 정확한 표현을 써 달라고 말이다. 필요하다면 국어학자의 도움을 받아서라도 근거 자료를 만들 수도 있을 것이다. '의사는 무조건 떼돈을 번다' 는 오해를 불식시킬 수 있는 작은 계기가 되지 않을까 싶다.

김홍신 의원의 주장은 '동네의원, 건강보험에서만 한해 2억 8천만원 번다' 는 것이다. 참고로 올해 상반기 현재 우리나라 주요 기업들의 평균 매출액경상이익률은 7.3%(한국은행, 2003년 상반기 기업경영분석)이며, 지난해(2002년) 말 서울대, 연세대, 보사연, 진흥원 등의 공동연구에서는 동네의원의 순이익률을 17.37%로 추산한 바 있다.

2003. 9. 29.

한국의료의 10대 불가사의

한국경제연구원 좌승희 원장은 지난달(2004년 1월) 27일 기자간담회를 갖고, 지난 15년 동안 '좋은 의도' 를 가진 정부의 개혁정책이 현실적으로는 반대의 결과를 낳았다면서 '개혁정책에 대한 근본적인 반성이 필요한 시점' 이라고 주장했다. 좌 원장은 개혁정책과 현실적 결과와의 이러한 괴리를 가리켜 '한국경제의 10대 불가사의' 라는 표현을 썼는데, 그 내용은 이렇다.

①경제개혁이 실시됐지만 생산성은 오히려 떨어지며 한국경제의 역동성이 축소됐다. ②지역균형발전 정책을 폈지만 한국이 '서울공화국' 으로 전락했다. ③WTO 가입 이후 52조원 이상을 농촌에 지원했지만, 농촌의 피폐가 더 심화됐다. ④경제력 집중 억제와 균형성장정책이 지속적으로 실시됐지만 대기업집중 현상이 갈수록 심해지고 있다. ⑤중소기업 보호와 육성 정책이 실시됐지만 중소기업 경쟁력이 갈수록 약화되고 있다. ⑥형평과 분배를 지향하는 정책을 펼쳤지만 상류층이 증가하고 소득분배가 더욱 악화됐다. ⑦ 균등교육기회를 지향하는 교육평준화 속에 조기유학이 증가하고 강남학군의 서울대 진학률이 더 높아졌다. ⑧금융자율화를 주창했지만 관치금융은 심화되고 은행산업의 경쟁력은 개선되지 못했다. ⑨한국의 경제도약을 가져왔던 60~70년대의 개발연대 패러다임이 개혁 및 청산대상으로 치부되고 있다. ⑩ 이와 같은 불균형 심화와 경쟁력 약화를 초래한 정책들을 더 강화하려 하고 있다.

그는 "개혁이 아무리 좋은 뜻과 높은 이상을 갖고 있다 하더라도 반드시 기대했던 결과를 가져오지 않는다는 것이 역사의 경험"이라면서, "정부는 어떤 경우에도 민주, 평등, 균형이라는 이름 아래 열심히 해서 성공한 사람들의 의지를 꺾어서도, 지나친 자비로 국민들의 나태함을 조장해서도 안 된다"고 주장했다.

다소 억지스럽게 들리기도 하고, 우(右) 편향적 시각으로 느껴지기도 한다. 부작용을 개선하기 위한 정책의 효과가 만족스럽지 못했다고 해서 그 정책을 부작용의 근본 원인이라고 말할 수는 없기 때문이다. 하지만 최근 몇 년 동안 정부의 정책이 오히려 우리 경제의 발전에 걸림돌이 된 측면이 없지 않다는 점을 고려하면, 상당 부분 경청할 만한 부분이 있기도 하다.

만약, '한국경제의 10대 불가사의'를 '한국의료'의 영역에 비추어 보면 어떻게 될까? 약간의 억지가 섞이기는 하겠지만, '한국의료의 10대 불가사의'를 나열하는 일도 크게 어렵지는 않을 듯하다. 이렇게 말이다.

①의료개혁이 실시됐지만 의료시스템의 효율은 오히려 떨어졌고 국민의 불편만 가중됐다. ②지방 곳곳에 의과대학을 신설했지만 환자들은 여전히 서울로 몰린다. ③의료의 공공성 강화를 늘 부르짖었지만 공공의료는 지금도 빈약하고 농어촌에는 의료사각지대가 여전히 남아 있다. ④의료전달체계 확립을 위한 정책이 지속적으로 실시됐지만 대형병원 집중 현상이 갈수록 심해지고 있다. ⑤중소병원 보호와 육성 정책이 실시됐지만 중소병원의 경쟁력이 갈수록 약화되어 도산하는 곳이 늘고 있다. ⑥형평과 분배를 지향하는 정책을 펼쳤지만 계층간 의료이용의 격차는 점점 더 심화되고 있다. ⑦균등한 의료혜택을 지향하는 정책 속에 해외진료와 원정출산이 증가하고 의사들 내부에서도 빈익빈 부익부 현상이 심화됐다. ⑧규제개혁과 바이오산업 육성을 주창했지만 정부의 규제는 날로 심화되고 바이오 및 의료산업의 경쟁력은 개선되지 못했다. ⑨전쟁의 폐허 위에 한국 의료시스템의 대부분을

건설한 의사들이 개혁 및 청산대상으로 치부되고 있다. ⑩ 이와 같은 불균형 심화와 경쟁력 약화를 초래한 정책들을 더 강화하려 하고 있다.

경제는 잘 모르지만 의료는 조금 안다. '한국경제의 10대 불가사의'가 현실을 정확히 반영한 것인지는 잘 모르겠으나, '한국의료의 10대 불가사의'는 제법 정확할 것이다. 오호 통재라.

10가지 항목 중에 9가지는 이미 지난 일이라 돌이킬 수 없지만, 마지막 항목만은 그렇지 않다. 로또의 경우에는 같은 숫자를 계속 기입하든 매번 다른 숫자를 기입하든 당첨 확률은 산술적으로 똑같지만, 정책은 로또가 아니다. 비록 시대상황이 변했다 하더라도, 지금까지 해서 잘 안 됐던 방법은 앞으로도 잘 안 될 가능성이 매우 높다.

어쩌면 지금 이 순간이 한국의료의 붕괴를 막을 수 있는 마지막 기회일지도 모르는데, 정부가 최근 발표한 '참여복지 5개년 계획'을 보니 또 똑같은 숫자를 기입해 놓은 듯하다.

2004. 2. 2.

제2장

달라지는 의료문화

생활습관의 교정이
중요하다지만…

이미 보편화된 이름을 바꾸는 것은 쉬운 일이 아니지만, 때로는 꼭 필요한 일이다. 의료계에서도 이런 움직임이 이미 여러 차례 있었다. 대표적인 사례가 일반외과, 마취과, 진단방사선과 등의 이름을 바꾸는 것이었고, 정신과에서도 과의 이름과 정신분열증 등의 병명을 '듣기 좋은' 다른 이름으로 바꾸려는 노력을 진행중인 것으로 안다.

대한내과학회는 최근 열린 이사회에서 '성인병'이라는 명칭을 '생활습관병'으로 바꾸기로 결정하고, 이를 대대적으로 홍보하기로 했다. 성인병 환자가 지속적으로 증가하는 상황을 개선하고, '이 질환들은 잘못된 생활습관의 반복에 의해 발생되는 것이므로 올바른 생활습관을 지녀야 한다'는 인식을 고취시키기 위한 목적이라고 한다. 단순히 이름만 변경하는 것이 아니라 성인병에 해당하는 질환의 예방과 연구 및 치료접근법 등도 새롭게 하겠다는 의지를 담고 있다고 하니, 앞으로 어떤 사업들이 펼쳐질지 기대된다.

성인병을 생활습관병으로 개칭하려는 움직임이 성공을 거둘지는 물론 미지수다. 이 새로운 용어가 사회성을 획득할지 여부는 대중에게 달려 있기 때문이다. 하지만 일본인들이 만든 성인병이라는 용어가 아주 정확한 표현이 아니라는 점에서, 또한 생활습관의 교정으로 예방 혹은 극복될 수 있는 만성질환들이 매우 많다는 점에서, 이번 개칭에는 긍정적인 측면이 있다고 보여진다.

그러나 꼭 짚고 넘어가고 싶은 게 하나 있다. 이번 개칭의 저변에 깔려 있는 '개인의 생활습관을 바꿈으로써 건강을 유지할 수 있다'는 명제가 반드시 옳은 것만은 아니라는 것이다. 이러한 주장은 '질병에 걸린 사람은 잘못된 생활습관을 갖고 있었기 때문에 그렇게 된 것이다'라는 식으로 확대 해석될 위험을 내포한다. 과연 모든 질병이 '자업자득'인가?

아무리 건전한 생활습관을 갖고 있어도 결코 피할 수 없는 '운명적' 질병들이 있다는 사실은 논외로 하더라도, 사람들의 건강을 위협하는 매우 중요한 요인들 가운데에 소위 '사회적 요인', 즉 개인이 어쩔 수 없는 부분도 꽤 많음은 분명하다.

얼마 전 세상을 떠들썩하게 만들었던 다이옥신 파문을 생각해 보자. 날마다 조깅을 하고 나서 몸에 좋다는 우유를 마시는 일이 다이옥신을 꾸준히 섭취하는 결과로 이어질 수도 있지 않은가.

또 유해 폐기물을 몰래 흘려 버리는 기업주, 불량식품을 유통시키는 장사꾼들, 사이비 의료업자들, 검증되지 않은 건강보조식품을 만병통치약처럼 팔아먹는 사람들, 안전수칙을 지키지 않는 건설·운수업자들, 그리고 이들을 방치하는 정부 등이 잘못된 생활습관보다 덜 위험하다고는 누구도 단언할 수 없다. 때문에 의사들과 언론이 줄기차게 생활습관의 교정을 이야기하는 것이 혹시 더 큰 위험인자들을 못 보게 하는 역작용을 낳지는 않을지 우려된다는 것이다.

또다른 측면도 있다. 자발적으로 선택한 습관을 통해 건강을 개선하는 것은 주로 가장 혜택받은 환경 속에서 사는 사람에게나 가능한 일이다. 물론 금연과 같이 의지만 있으면 누구나 실천할 수 있는 항목도 있기는 하지만, 매일 규칙적으로 수영을 하거나 영양학적으로 균형잡힌 식사를 하는 일 등은 하루하루를 격무와 과로 속에 살아가야만 하는 평범한 사람들에게는 그림의 떡일 뿐이다. '게을러서'가 아니라 '어쩔 수 없어서' 잘못된 생활습관을 교정할 수 없는 사람들도 매우 많음을 간과해서는 안 된다.

몸에 좋다는 보약이며 건강보조식품을 챙겨먹고, 정기적으로 비싼 돈을 내고 종합검진을 받고, 쾌적한 주거 환경에서 신선한 음식물만 섭취하고, 스트레스 받지 않고 적당한 휴식을 취하는 것이 건강에 좋다는 것을 모르는 사람은 없다. 그렇게 하고 싶지만 못할 뿐이다.

환자들에게 건강 교육을 하고 생활습관의 교정을 유도하는 것은 의사들의 당연한 책무이지만, 너무 매몰차게 '잘못된 생활습관'만을 탓하는 짓도 옳은 일만은 아니라는 생각이다. 무조건 '이거 해라, 저건 하지 마라'고 말하기에 앞서, 그렇게 하기가 쉽지 않은 환자들의 처지도 고려해 준다면 더욱 좋지 않을까?

2003. 4. 7.

여성 환자를 차별하라

지난달(2005년 8월) 26일부터 사흘간 서울 대치동 서울무역전시장에서는 여성 건강을 테마로 한 '여성의학 · 건강엑스포'가 열렸다. 대한산부인과학회와 대한산부인과개원의협의회가 공동으로 주최한 이 행사는 여성 건강을 주제로 한 행사로는 국내에서 처음 열린 것이다.

'여성이 건강하면 대한민국의 미래는 밝습니다'라는 주제로 열린 이 행사에서는 여성의 질병과 건강에 관한 정보를 유아기부터 노년기까지 여성의 생애주기별로 체계적으로 분류하여 제공했고, 피부관리, 비만, 여성암, 항노화 등 여성들의 관심이 높은 분야에 대해서는 직접 상담이나 검진을 받을 수 있는 체험공간도 마련하여 큰 호응을 얻었다. 또한 초기임산부 보호 캠페인의 일환으로 '여왕행차' 이벤트를 여는 등 참신한 아이디어를 잘 활용한 것도 돋보였다.

일각에서는 위기에 처한 산부인과가 생존의 돌파구를 마련하기 위해 '영역 확장'에 나선 것이라며 곱지 않은 시선을 보내기도 하지만, 저출산이 심각한 사회 문제로 대두된 현실과 우리 사회에서 여전히 여성들이 '약자'의 위치에 놓여 있다는 점을 생각할 때 이번 행사는 충분히 박수를 받을 만한 것이다.

한편 오는(2005년 9월) 8일 오후에는 '한국성인지의학회' 창립총회가 열린다. 성인지의학(性認知醫學, Gender Specific Medicine)은 연구와 진료,

예방과 재활 등 의학의 전 분야에 걸쳐 남녀의 성차를 적극적으로 고려하고자 하는 새로운 개념의 학문이다. 다음날인 9일에는 성인지의학의 창시자로 불리는 콜롬비아의대 심장내과 리가토(Marianne J. Legato) 교수가 이화여대에서 '여성건강과 성인지의학'을 주제로 특강을 할 계획인데, 이 행사는 이화의대 창립 60주년 기념행사의 일환으로 열리는 것이다. 한국성인지의학회를 만드는 데 주축이 된 사람들이 함께 만든 책도 곧 출간될 예정이다.

인류의 절반이 여성인 점은 너무도 당연한 것이지만, 다른 대부분의 영역과 마찬가지로 의학의 영역에서도 여성들이 소외돼 온 것이 사실이다. 그런 측면에서 여성의 건강을 테마로 한 엑스포도 열리고 의학적 견지에서 남녀의 성차를 연구하는 학회도 만들어지는 것을 보니 그 소외가 앞으로는 조금 개선될 것이라 기대할 수 있을 듯하다.

혹자는 의학에 있어서 성차를 고려해야 한다는 주장에 대해 일반적인 페미니즘에서 느끼는 것과 비슷한 감정을 가질지도 모르겠다. 그러나 성인지의학은 분명히 의학의 한 분야이므로(이 분야의 전문가들은 성인지의학이 생물학적 면에만 국한되는 것이 아니라 사회적인 것까지 포괄한다고 말하지만), 대다수 남성들이 껄끄러워해 마지않는 여성주의와는 분명히 다른 것이다.

소량의 아스피린을 장기 복용함으로써 심장마비가 줄어드는 효과는 남성에게만 나타날 뿐 여성에게는 해당이 없다는 사실이 밝혀지는 데에는 10년 이상의 시간이 걸렸다. 그 외에도 남녀의 차이가 우리가 생각하는 것보다 훨씬 크다는 사실을 보여주는 사실은 많다. 약물부작용 발생위험은 여성에게서 약 1.5배 더 높으며, 알츠하이머형 치매의 발생률은 여성에게서 약 1.5배 더 높으며, 흡연에 의한 폐암 발병률도 여성에게서 3배 더 높다. 여성은 같은 조건의 남성에 비해 10년 늦게 심장질환 진단을 받으며, 당뇨병에 걸린 여성은 남성보다 관상동맥질환에 걸릴 확률이 2배 더 높으며, 과민성대장증후군 환자는 여성이 남성보다 6배나 더 많다.

물론 이와 같은 차이는 남녀의 유전적, 생리학적, 해부학적 차이 외에 남녀에 대한 사회 문화적 차이에 의해서도 영향을 받지만, 어쨌거나 의사가 진료를 함에 있어 환자의 성별이 무엇인가를 신중히 고려해야 할 사유로는 충분해 보인다.

나 또한 최근에 알게 된 사실이지만, 세계적으로 볼 때 기초 및 임상의학, 약물시험 등에서 남녀 성차에 대한 연구는 1990년대 이후 급속히 성장하고 있다. 이 분야에서 새로운 성과들이 만들어질수록 여성의 인권이나 건강의 증진은 물론이고 의료비 억제 등 다양한 부대 효과도 생겨날 것으로 기대된다.

여성의학·건강엑스포의 개최와 한국성인지의학회 창립을 계기로 우리나라 의학계에서도 여성의학에 대한 연구가 활성화되고 여성 환자에 대한 배려도 좀더 많아지기를 기대해 본다.

2005. 9. 5.

'성인지의학'과 관련된 더 많은 내용은 청년의사 제284~286호에 실려 있다.

여의사 급증은 좋은 기회다

　아버지와 아들이 같이 차를 타고 가다가 교통사고가 났는데, 아버지는 즉사하고 아들은 중상을 입고 응급실로 실려갔다. 그런데 응급실의 의사는 그 환자를 보고 이렇게 소리쳤다. "아니, 얘는 내 아들이 아닌가!" 이 경우 의사와 환자는 어떤 관계일까?

　아주 오래된, 그리고 널리 알려진 퍼즐이기에 정답을 이미 알고 있는 사람이 많을 것이다(정답은 물론 '어머니와 아들'이다). 하지만 이 문제를 처음 접하고 곧바로 정답을 떠올렸던 사람은 그리 많지 않을 것이다. '의사'라고 하는 단어에서 자연스럽게 '남자'를 연상하는 것이 일반적이기 때문이다.

　하지만 조만간 이 문제는 '퍼즐'의 지위를 잃게 될지도 모른다. 전세계적으로 여의사의 비율은 급증하고 있기 때문이다. 우리나라도 물론 예외는 아니다. 아직 전체 의사 가운데 여성이 차지하는 비율은 20% 정도이지만, 최근의 '여의사 증가세'는 대단하다. 올해(2006년) 배출된 의사 3,488명 중 여의사는 1,074명으로 37.2%에 달한다. 2004년에 27.7%, 2005년에는 31.9%였던 것을 생각하면, 증가 추세는 참으로 가파르다. 또한 지난달(2006년 2월) 10일 발표된 제49회 전문의 자격시험에서도 총 2,803명의 합격자 중에서 여의사가 702명으로 25.0%를 차지했다.

　더욱 놀라운 자료도 있다. 삼성서울병원의 경우 올해 인턴시험 합격자 97명 가운데 무려 70명(72.2%)이 여성이다. 이 병원은 지난해에도 인턴 중 과반수(52%)가 여성이었다. 가톨릭중앙의료원도 올해 인턴시험 합격자 267명 가운데 절반이 넘는 136명(50.9%)이 여성이다.

사실 6년 전 이맘때에 이미 '서울의대 신입생 중 절반이 여학생' 이라는 제목의 기사가 나왔던 것을 생각하면, 이와 같은 통계들은 전혀 놀라울 것이 없다. 현재 대부분의 의대에서 여학생 비율은 30~40%에 이르니, 앞으로도 여의사 증가 추세는 지속될 전망이다.

소위 '여풍(女風)' 은 의료계에 국한된 이야기가 아니다. 하지만 의료계의 여풍은 다른 분야들의 그것과 구별되는 측면이 대단히 많다. 이미 벌어지고 있거나 앞으로 벌어질 여러 가지 현상 혹은 숙제들 가운데 오늘은 우선 두 가지만 살펴보자.

첫 번째, 여성 전공의의 출산휴가 문제다. 과거에도 이 지면을 통해 주장한 바 있지만, 수련의 질 보장과 모성 보호라는 두 마리 토끼를 모두 잡기 위해서는 전공의 수련 제도의 전면적인 변화가 불가피하다. 3개월의 출산 휴가를 보장하는 대신 그 기간만큼을 추가로 수련 받게 하는 것 외에는 합리적이고 공평한 방법이 달리 없다는 것이 나의 생각이다. 질병이나 다른 특수한 이유로 수련을 일정 기간 중단해야 하는 경우에는 남녀 전공의 모두 똑같이 그 기간만큼 추후에 수련을 더 받도록 해야 함은 당연하다.

차제에 전문의 시험 준비를 명목으로 관행적으로 이루어져 온 수개월간의 유급 휴가를 없애는 대신 정상적인 수련기간 동안의 처우를 개선하는 것도 함께 검토되어야 한다. 이는 전공의 노조 설립과도 맞물려 있다. 물론 이렇게 하기 위해서는 전문의 시험을 1년에 2~3차례 실시해야 하는 등의 어려움이 따르겠지만, 이는 문제은행 방식 등을 통해 해결할 수 있다고 본다.

두 번째, 군의관 및 공중보건의사 자원 부족 문제다. 최근 군의관의 복무기간 단축에 대한 논의가 활발한데, 여의사 증가는 이를 더욱 어렵게 만든다. 또한 의학전문대학원으로 전환하는 의과대학이 늘어나는 것도 걸림돌로 작용한다. 그러나 이 문제도 수련제도의 전면적인 개편을 통해 해결의 실마리를 찾을 수 있다. 우선 전문의 배출 시점이 1년에 한 번에서 2~3번으로 늘어나면 4~6개월 정도의 복무기간 단축을 큰 부작용 없이 실현할 수 있다.

또한 '군의관 지원제도'를 도입함과 동시에 군의관과 공중보건의사의 복무기간을 다르게 하는 방안도 검토해야 한다. 현재 대부분의 의사들은 급여나 근무여건 등의 차이로 인해 군의관보다는 공중보건의사를 선호하고 있으며, 이것이 군의관의 사기를 떨어뜨리는 한 요인이 되고 있다. 따라서 예를 들어, 군의관의 복무기간은 2년, 공중보건의사의 복무기간은 3년으로 차등화하고, 지원 및 선발 과정을 통해 군의관을 모집하는 방안을 검토해야 한다. 불공평해 보이기도 하지만, 어차피 경쟁 사회인데, 따지고 보면 이게 더 공평하지 않은가?

물론 어느 경우에나 공중보건의사 자원 부족이 대두될 것이다. 그러나 이는 도시 지역의 민간병원 등에 배정되어 있는 불요불급한 공중보건의사 티오를 없앰으로써 충분히 해결할 수 있다.

조금은 과격하게 들릴지 모르겠지만, 현재 논의되고 있는 다른 방법들에 비해서는 오히려 현실성이 높은 방안이라 생각한다. 여의사 증가라는 더없이 좋은 변화의 계기도 있지 않은가.

2006. 3. 13.

영양제 맞고 힘내세요

지난 (2003년 5월) 21일자 중앙일보 사회면에는 '엽기적' 이라고 해야 할 만한 사진이 하나 실렸다. 커다란 사진과 짧은 기사로 이루어진 '사진기사' 였는데, 제목은 '영양제 맞고 힘내세요' 였다.

'할머니들이 나란히 누워 영양제 주사를 맞고 있다. 20일 서울 강동구청이 정기자원봉사의 날을 맞아 관내 생활이 어려운 노인들을 구민회관으로 초청해 건강검진을 하고 영양제 주사를 제공했다.' 라는 설명과 함께 실린 사진 속에는 20여 명의 할머니들이 나란히 누워 있었다. 사람 수만큼의 수액병과 '라인' 들이 어지럽게 늘어서 있는 모습은 흡사 야전병원과도 같았다.

여러 가지가 참 궁금했다. 과연 '영양제' 라는 저 주사는 무엇이었을까? 분명히 전문의약품일 텐데, 누가 처방하고 누가 주사를 놓았을까? 의약분업 위반 사례는 아닐까? '자원봉사의 날' 에 할 수 있는 일 중에 영양제 주사 제공이 정말 가장 멋진 일일까? 예산은 어떻게 확보했을까? 저 할머니들은 영양제 주사를 맞으며 무슨 생각을 했을까?

곧이어 '봉사활동' 에 대해서는 의약분업 예외를 인정하는 규정이 생각났고, 아마도 보건소에 근무하는 의료진이 '동원' 되었을 것이라는 추측을 했다. 만약 그렇다면 그 '의료인' 들은 이 사업에 대해 무슨 생각을 했을까?

이런 의문을 안고 강동구청에 전화를 걸었더니 담당자와 연결이 잘 안 됐다. 그래서 강동구 보건소에 물어보니, 그들은 아예 기사가 나간 줄도 모르고 있었다. 몇 군데 더 연락을 취해 본 후에야 사실을 알게 되었는데, 이 사업은 강동구청이 주관하고 강동구의사회가 도움을 줘서 행해진 것이었다. 강동구 의사회 한 회원은 '어려운 노인들에게 영양제 주는 것은 좋은 일이지 않느냐'는 반응을 보이기도 했다.

조금은 당황스러워졌다. 공중보건의사 시절, 영양제 주사를 원하는 할머니들에게 '차라리 고기 한 근 사서 드시라'고 늘 말했었는데, 내가 잘못한 것이었을까? 이 사진을 보고 '엽기적'이라고 생각했던 것은 나만의 편견이었을까? 의사들이 지역 주민을 위해 시간과 돈을 투자해서 '좋은 일'을 한 것인데, 내가 괜한 시비를 걸고자 하는 걸까? 영양제가 실제로는 별 것 아니라 해도, 어려운 노인들이 심리적으로라도 위안을 얻는다면 나쁜 일은 아니지 않을까?

긍정적인 방향으로 결론지어 보려고 한참을 생각했지만, 그래도 입맛은 씁쓸했다. 생색내기에는 좋은 일일지 몰라도 실효는 기대하기 어려운 일이라고 생각해서다. 의사회에서라도 이런 전시행정보다는 좀더 실질적인 활동을 하자고 의견을 냈어야 하지 않나 하는 생각도 들었다.

한편으로는 영양제나 보약 등 '몸에 좋은 것'에 대한 우리 국민의 강렬한 욕구를 의사들이 긍정적으로 활용할 방법을 연구하는 것이 차라리 바람직하지 않을까 하는 생각도 했다. 임상영양의학이라는 분야가 있기는 하지만, 의사들 중에 여기에 관심을 기울이는 사람은 많지 않다. 환자들은 언제나 "이건 먹어도 되냐, 저건 먹어도 되냐?"고, "이 병에 좋은 음식은 무엇이냐"고 묻는데, 의사들이 이 질문을 너무나 무시해 온 것은 아닐까 하는 것이다.

의사들도 좁은 의미의 영양보충제에 대해서는 할 말이 많다. 하지만 흔히들 '영양제'라고 부르는 온갖 이상한 약이나 식품에 대해서는, 답답한 마음뿐 할 말이 없다. 의과대학에서부터 이런 것들은 가르쳐주지 않으니, 명쾌한 대답을 하기가 어려운 것이 당연하다. 환자들에게는 나름대로 절실한 질문인데 의사들이 시큰둥한 태도를 보이니, 그것이 '의사의 불친절함'으로 비쳐지고 있는지도 모를 일이다.

최근 의사들 중에도 건강보조식품 등에 대해 관심을 갖는 사람이 많다. 혹자는 자신의 병원에서 직접 판매하고 있기도 하고, 몇몇 대학에서는 성분과 효능을 분석하고 있기도 하다. 이런 흐름이 수입 증대에 초점이 맞춰질 우려가 있는 것도 사실이지만, 환자들의 궁금증을 풀어주기 위해서, 나아가 국민 건강의 증진을 위해서 필요한 일이라는 생각이다. 그리고, 이왕 공부를 할 거라면, 건강보조식품이 아니라 평범한 식품들과 질병과의 연관성에 대해서도 제대로 된 자료가 만들어지면 더 좋겠다.

2003. 5. 26.

이것이 문제의 그 사진기사이다. 필자는 이 이 사진을 우리의 전근대적인 의료문화를 상징적으로 보여주는 사례로 강의 등에서 유용하게 활용하고 있다.

영양제 맞고 힘내세요 할머니들이 나란히 누워 영양제 주사를 맞고 있다. 20일 서울 강동구청이 정기자원봉사의 날을 맞아 생활이 어려운 노인들을 구민회관으로 초청해 건강검진을 하고 영양제 주사를 놓아 줬다.   최정동 기자

19세기로 되돌아가는가?

1884년 9월 20일, 미국 북장로회 선교 의사 알렌(Horace N. Allen)이 제물포에 도착했다. 당시 그의 나이 26세였다. 선교를 목적으로 온 것이었지만, 선교사 신분을 감춘 채 미국공사관 부속 의사로 행세하던 알렌에게 긴급 전문이 도착한 것은 1884년 12월 4일 밤, 바로 '3일 천하'로 유명한 갑신정변이 일어난 직후였다.

급히 달려간 알렌 앞에는 온 몸에 자상을 입고 피투성이가 된 환자가 있었다. 민비의 조카로 당시 권력의 핵심에 있던 민영익이었다. 알렌이 도착하기 전 한의사가 열 네 명이나 모여 민영익을 치료하기 위해 애썼지만, 민영익은 이미 빈사 상태였다.

알렌은 시커먼 송진 꿀을 상처에 집어넣으려는 한의사들을 보고 놀랐지만, 한의사들은 알렌의 치료를 반대하여 실랑이가 벌어졌다. 결국 알렌이 치료를 시작하기는 했지만, 상처가 워낙 심했던지라 치료의 성패는 알 수 없는 상황이었다.

알렌은 밤을 꼬박 새며 모두 27군데를 소독하고 봉합했다. 맥박이 만져지지 않을 정도로 위중했던 환자는 새벽이 될 무렵에는 어느 정도 안정을 되찾을 수 있었다.

병세가 호전되어 가던 1885년 1월, 민영익의 상태가 다시 악화되는 일이 발생했다. 알렌이 도무지 그 이유를 알 수 없어 주변을 탐문한 결과 가족들이 인삼을 복용시켰다는 것을 알게 됐다. 이에 알렌은 자신의 말을 듣지 않으면 치료를 포기하겠다고 선언했고, 민비를 비롯한 가족들은 민영익의 치료를 전적으로 알렌에게 맡겼다. 결국 민영익은 3개월의 치료로 완쾌됐다.

알렌은 이 일을 계기로 민영익에게 거금 10만냥을 사례금으로 받았고, 고종으로부터는 고려자기와 자수병풍을 선물로 받았다. 또한 얼마 후에는 고종과 민비의 시의(侍醫), 즉 주치의로 임명됐다.

이후 알렌이 왕립병원 설립안을 제출하고, 그에 따라 1885년 2월 25일 한국 최초의 현대식 병원인 광혜원이 개설된 것은 잘 알려져 있는 사실이다.

그로부터 120년 가까운 세월이 흐른 지금, 노무현 대통령이 한의사를 추가로 주치의로 초빙해 대통령 주치의를 양·한방 협진체제로 운영하기로 했다는 소식을 듣는다. 대통령 공약사항에도 포함되어 있던 일이니 아주 놀라운 일은 아니건만, 가슴이 답답해지는 것은 어쩔 수가 없다.

우선 세계의 거의 모든 나라에서 국민의 건강 문제는 오로지 의사에게 맡겨져 있는데, 유독 우리나라에서만은 의사가 한의사나 약사 등과 함께 전문가군(群)의 하나로밖에 취급받지 못하는 현실이 우울하다. 한의학의 효용을 완전히 부정하지는 않지만, 의사가 의사로 불리지 못하고 '양의사'로 불리게 된 원인은 도대체 어디에서부터 찾아야 할까.

대통령 노무현이 아니라 개인 노무현이, 평범한 시민들이 흔히 그러하듯, 때로는 의사를 찾고 때로는 한의사를 찾는 것뿐이라고 그 의미를 축소할 수도 있을 것이다. 그러나 아무리 생각해도 대통령은 자연인이 아니라 권력기관이다. 이번 조치가 국민들에게 '의학은 그 자체로는 불완전한 것이며 한의학의 도움을 받아야만 완전해진다'는 인식을 심어줄 것만 같아서 걱정스럽다.

양·한방 협진을 통해 뭔가 더 나은 결과를 얻을 수 있다는 가능성은 인정한다. 한의학이 '잘만 하면' 세계 의학의 수준을 끌어올릴 수도 있고 노벨상을 여럿 탈 수도 있다고 생각하며, 그렇게 되기를 간절히 바란다. 하지만 적어도 아직은 하나의 '가능성'일 뿐이며, 과학이라는 세계 공통의 언어로 증명된 바도 극히 적다. 한의학을 '밀어주고' 싶었다면, 소위 '한의학의 과학화'를 위한 정책을 펼치면 될 일이다. 자신의 몸을 '실험대상'으로 내놓는 것은 대통령이라는 자리에는 어울리지 않는다는 말이다.

어쨌거나 일이 이렇게까지 된 근본적인 원인은 우리 의사들이 제대로 된 사회적 권위를 획득하지 못한 데서 찾을 수밖에 없다. 먼 과거에도 그랬고 최근의 의약분쟁에서도 그랬다. 학문적 권위로 해결해야 할 부분을 정치논리로 풀려고 했고, 사회적 권위를 획득하는 데에 필수적 요소인 정통성과 합리성을 국민에게 납득시키지 못한 채 그저 눈앞의 이익에만 천착했기 때문이다.

그렇다면 이제부터라도 의사들이 해야 할 일은 무엇인가? 작가이자 평론가인 복거일은 최근 본지와의 인터뷰에서, 의료 일원화를 위해 의사들이 적극적으로 노력하지 않는 것이 이상하다며 이렇게 말했다. "의사들이 너무 몸을 사리는 것 아니냐?"고.

'언젠가는 해야 할 텐데…' 하면서 무작정 미루던 의료 일원화를 위한 발걸음, 이참에 본격적으로 시작해 보는 건 어떨까.

2003. 3. 31.

서울대에 한의학 연구소를 설치하라

  원로작가 박완서 선생이 근자에 펴낸 산문집 〈두부〉에는 이런 부분이 있다. 「남편은 그런 약들을 싫어했다. 그는 내가 구해온 진귀한 약을 거부하면서 암을 고칠 수 있는 약이 나왔으면 노벨상감인데 왜 아직도 노벨상 받은 사람이 없냐고 했고, 나는 당신이 얼른 먹고 나아서 그 사람 노벨상 받게 합시다, 라고 맞서곤 했다. 우리 부부의 마지막 말다툼이자 마지막 농담이었다. (중략) 나는 무엇에 홀린 것처럼 그 약을 샀지만 남편은 마지막 힘을 다해 그 약을 거부했다. 나는 한 꾀를 내어 병원에서 준 약을 캡슐에서 쏟아버리고 대신 그 약을 채워서 복용토록 했다. 어둑신한 방구석에서 죄짓듯 마음을 졸이며 떨리는 손으로 그것을 한 나는 그럼 그 약을 믿었을까. 안 믿었던 것 같다. 그저 후회나 안 하자고, 하는 데까지 다 해보자고 한 짓이 아니었을까. 그렇다면 그건 그를 위한 약이 아니라 나를 위한 약이었던 것이다. 만약 어떤 병원에서 그런 사기를 쳤더라면 당장 고소감이었을 것이다. 그러나 생약이나 민간요법은 속고 나면 그뿐이고 뒤끝이 없다. 그게 도리어 생약이나 민간요법의 정당한 발전을 저해하고, 피도 눈물도 없는 무자비한 사기꾼이 끼여들 수 있는 허점이 되고 있는 거나 아닌지.」
  이 글을 좀 길게 인용한 것은 최근 다시 불거지고 있는 '서울대학교 한의과대학' 설치 논란 때문이다. 물론 이 글은 한의학에 대한 것이 아니고, 내가 한의사를 환자의 절박한 심정을 악용하는 사기꾼과 동일시하는 것도 아니다. 그렇지만 서울대에 한의과대학 설치를 추진하겠다는 보건복지부장관의 말을 듣자마자, 나는 위의 글이 떠올랐다. 아마도 '노벨상'이라는 단어 때문이었을 게다. '도대체 왜 한의사 중에 노벨상 받는 사람이 없을까?' 하고 궁금해했던 적이 한두 번이 아니기 때문이다.

김화중 복지부장관은 최근 어느 일간지와의 인터뷰에서 이렇게 말했다. "한의학의 과학화·세계화를 위해 한의학육성법을 제정하고 서울대에 세계 최고 수준의 국립 한의과대학 설치를 추진하겠습니다"라고.

한의학의 과학화·세계화는 나도 절실히 바라는 바다. 우리나라의 한의학자들이 노벨상도 여럿 탔으면 좋겠고, 한약을 현대화하여 우리 기업이 세계의 제약 시장을 석권했으면 좋겠고, 세계 각지의 난치병 환자들이 한방 치료를 받기 위해 우리나라로 몰려들었으면 좋겠고, 한의학 덕분에 우리 국민의 평균수명이 세계 최고가 되었으면 좋겠다.

묻고 싶다. 서울대학교에 한의과대학을 설치하는 것이 한의학의 과학화·세계화를 앞당기는 가장 좋은 방법이냐고 말이다. 아무리 생각해도 그건 아니다. 한의학의 과학화·세계화를 위해서는 과학적인 방법으로 연구를 해야 하고, 세계적으로 공인된 언어를 사용해서 그 결과를 발표해야 한다. 그런데 기존의 한의과대학과 흡사한(서울대학교 한의과대학이라 해봐야 결국 교수진은 다른 한의과대학에서 초빙할 수밖에 없다) 곳을 한 군데 더 만드는 것으로는 그런 성과를 기대할 수 없기 때문이다.

한의학을 부정해서나 '밥그릇'을 걱정해서가 아니라 진정으로 한의학의 발전을 바라기 때문에, 나는 제안한다. 서울대학교에 '한의과대학'이 아니라 '한의학 연구소'를 설치하라고.

지금 한의사의 숫자가 부족하다고 주장하는 사람은 없는 것으로 안다. 오히려 많은 한의사들은 과잉공급을 걱정하고 있지 않은가. 한의사를 늘리는 게 목적이 아니라 한의학의 과학화·세계화가 목적인 것이니, '교육기관' 보다는 '연구기관'을 만드는 것이 훨씬 이치에 맞는 일이다.

　서울대학교에 한의학 연구소를 설치하라. 그곳에 의사와 한의사를 비롯한 각 분야의 전문가를 대거 포진시켜라. 서울대학교 교수 임용 기준에 맞는 연구 실적이 있는 사람이면 누구나 좋다. 필요하다면 외국에서도 인재를 불러와라. 그리하여, 한의학의 여러 치료방법과 약제들의 옥석을 가려라. 그리고 제발 노벨상 좀 받아라. 그래야 '서울대학교'라는 이름이 안 아깝지 않겠는가.

2003. 5. 19.

의료일원화 논의, 재점화 필요

　대학병원에서 인턴으로 근무하던 시절, 나는 유난히 응급실 근무를 많이 했다. 제비뽑기를 통해 결정된 스케줄 자체에 응급실 근무가 많기도 했고, 동료들 중 응급실 근무를 기피하는 몇몇과 스케줄을 바꾸었기 때문에 더 많아졌었다. 게다가 파견을 나간 2차 병원에서도 응급실 당직을 서는 통에, 결국 나는 인턴 시절의 3분의 1 가량을 응급실에서 보내게 됐다.

　의사라면 누구나 알고 있는 사실이겠지만, 대학병원 응급실은 한국의료의 모순을 가장 잘 드러내는 곳이다. 복도에까지 이동식 침대가 줄지어 서 있는 모습을 보며 의료전달체계의 부재를 실감할 수 있고, 응급실이 만성 적자에 시달리는 것을 통해 건강보험 수가체계의 모순도 잘 알 수 있고, 난동을 부리는 환자나 보호자들을 접하면서 의사라는 직업이 얼마나 다양한 스트레스를 감내해야 하는지 느낄 수 있는 곳이 바로 응급실이다. 또한, 응급 처치만 받은 환자가 슬그머니 사라지는 경우를 몇 차례 겪으며 우리의 사회 안전망이 얼마나 허술한지 목도할 수 있고, 밤새도록 응급실을 들락거리는 초췌한 모습의 전공의들을 보면서 살인적인 수련 환경의 단면도 엿볼 수 있고, 기본적인 응급 처치만 제때에 받았더라도 살 수 있었던 환자가 세상을 뜨는 모습을 보면서 응급의료체계의 미흡함과 국민들의 의료상식 부족을 한탄하게 되는 곳이 바로 응급실이다.

　그러나, 응급실을 지키는 햇병아리 의사에게 가장 황당하면서도 안타까운 사례는 따로 있다. 소위 '골든타임'을 넘긴 다음에야 응급실에 도착하는 뇌졸중 환자들의 경우가 바로 그렇다. 경미한 뇌졸중 환자들을 제외하면, 대학병원 응급실에 도착하는 뇌졸중 환자들은 대략 3가지 부류로 나뉜다.

첫째, 증상 발현 직후 대학병원으로 곧바로 후송되는 경우로, 가장 다행스러운 경우이지만 그 비율이 높지 않다. 둘째, 중소병원에서 CT나 MRI만 촬영한 후 별다른 치료 없이 대학병원으로 전원된 경우로, 보호자가 들고 온 필름이 4~6컷에 불과하고 해상도도 높지 않아 재촬영을 해야만 하는 경우가 많다(소견서 한 장 없이 필름만 보내는 경우도 있다). 셋째, 한방병원에서 '던져진' 경우로, 환자에 따라 한방병원에서 머무른 시간은 몇 시간에서 몇 달까지 다양하며, 대부분의 경우 역시 CT나 MRI 필름과 함께 후송된다.

두 번째 경우에는 선배 의사들에 대한 반감이 자연스럽게 생기는 동시에 불합리한 의료정책에 대한 불신도 함께 생기고, 세 번째 경우에는 (일부이겠지만) 한방병원들의 불법이나 편법, 그리고 무책임함에 대한 반감과 함께 의료일원화를 진작에 이루지 못한 선배 의사·한의사 및 정부에 대한 원망도 생겨난다.

비록 한의학에 대해 문외한이지만, 경미한 뇌졸중 치료나 뇌졸중 환자의 재활 등의 분야에서는 한방 요법이 일정한 효과를 발휘한다는 점을 들어서 알고 있지만, 적어도 대부분의 응급 상황에 있어서는 한의학보다는 현대의학의 효용이 월등하다는 것은 주지의 사실이다. 이를 아예 부정하지 않는다면, 한의사들은 적어도 '자신들이 최선이 아닌 분야'에 있어서만은 양보를 해야 한다.

그러나 현실은 그렇지 않은 듯하다. 비록 구속력 없는 '연구보고서'에 불과하다고는 하지만, '한방응급의학과' 전문의 제도 신설이 필요하다는 주장이 제기된 데에 대해서는 놀라움을 금하지 않을 수 없다(제237호 커버스토리 참조).

의료일원화는, 비록 지금은 대단히 어려워 보이기는 하지만, 결코 포기할 수는 없는 과제이다. 한의학이 환자에게 도움이 되면 될수록 그 효과를 극대화하기 위해서라도 의료일원화는 필요하며, 한의학의 과학화를 통해 '한국의학'이 세계적인 명성을 떨치기 위해서라도 의료일원화는 필요하다. 한방전문의 제도의 확대 등을 통해 의료이원화가 더욱 고착화되기 전에 의료계와 정부는 의료일원화를 시급히 추진해야 한다.

그러나, 안타깝게도, 이 문제의 주무부처인 보건복지부의 김근태 장관은 의료일원화는 고사하고 보건의료 문제에 대한 관심도 매우 적은 것으로 보인다. 김 장관은 지난 (2004년 9월) 2일 국정브리핑(www.news.go.kr)과의 인터뷰에서 "국민연금법 개정, 저출산 대책, 식품·의약품 안전성 확보, 이 세 가지를 해결하는 데 주력하겠다"고 밝힌 것이다. 보건의료 문제에 대한 언급은 "특히 보건의료 분야가 (이해집단간의 이전투구가) 심각한데 어떤 경우에도 국민을 판단의 기준으로 세우는 것을 원칙으로 삼아야 한다. 이쪽 집단의 파이를 떼어서 저쪽 집단에게 주는 식의 조정만으로는 문제를 근원적으로 해결할 수 없다. 국민을 심판관으로 내세우고 국민의 시각에서 문제를 해결할 수 있도록 하겠다", "의료산업 발전을 위한 예외조치를 요구하는 목소리도 있는데 확답은 할 수 없으나 고려할 필요가 있다는 데는 동의한다" 정도의 원론적 답변에 불과했다. 답답할 뿐이다.

2004. 9. 20.

한의사와의 전쟁 시작되나?

지난 (2004년 11월) 22일, KBS 9시 뉴스를 보다가 거의 기절할 뻔했다. '한·양방 협진 가로막는 의료 제도' 라는 제목의 기사 때문이었다. '주요 뉴스' 로 사전 예고까지 있었던 이 기사의 흐름은 이랬다.

조금 삔 것으로 생각하고 침구 치료만 받다가 호전이 안 돼 X—레이를 찍어보니 골절이었던 환자 사례 소개 → 현행 법률은 한의사의 현대 의료기기 사용을 제한하고 있어서 초기진단에 어려움이 있다고 기자가 지적 → 한의과대학에서 진단학, 방사선학, 임상병리학 등을 다 배우는데 장비 사용 금하는 것은 불합리하다는 한의사 발언 → 양·한방 협진이 이루어지고 있는 병원 소개 → 중국과 일본은 정부가 의료수혜 확대 차원에서 두 부문간의 차이를 없앴다는 한의학계의 주장을 기자가 인용 → 의료기기 사용에 있어 차이를 둔다는 것은 시대착오적이라는 한의사협회 관계자 발언 → 기자의 마무리 멘트.

기자의 마무리 멘트의 내용은 그대로 옮겨본다. "정책당국이 제도적인 협진체제 구축에 소극적이면 소극적일수록 우리나라의 의료발전은 그만큼 뒤처질 것으로 우려되고 있습니다."

머리 속에서 여러 가지 생각들이 순식간에 스쳐 지나갔다. '어떻게 저렇게 황당무계한 보도가 공영방송의 메인 뉴스 시간에 버젓이 방송될 수 있을까, 데스크도 있고 의학전문기자도 있는데…' 하는 느낌이 첫 번째였고, '뉴스에서 지적한 내용에 무심히 동의하면서 한의사들에게도 의료기기를 사용할 수 있도록 해야 한다고 생각하는 사람들이 얼마나 될까' 하는 궁금증이 두 번째였다.

기자가 '자가발전'을 통해 기획한 것인지, 아니면 누군가의 로비(업계 용어로는 '민원'이라고 한다)에 현혹된 것인지도 궁금했다. 후자의 경우라면 '민원'을 넣은 사람이 누구인지도 궁금했다. 한의사협회일까? 만약 그렇다면 상당히 심각한 논란이 벌어질 것을 예고하는 것일 수도 있겠다 싶었다.

KBS에 알음알음 연락을 취해 알아보니, 이 기사를 보도한 이 모 기자는 평기자가 아니라 '데스크 급'이었다. 경험이 부족한 기자가 이런 기사를 작성했을 경우 '걸러줘야 할' 사람이 직접 만든 '작품'이었다는 말이다. 민원을 넣은 쪽은 모 한의과대학 부속병원이었다.

기사에 오류가 너무 많아 일일이 지적하기도 힘들지만, 큰 문제들만 살펴보자. 첫째, 처음에 소개된 사례는 명백한 '오진'인데, 그것을 제도 때문으로 돌린 것이 문제다. 개인의 무능함을 구조적 모순 탓으로 돌리는 것은 어리석은 자의 개인적 자기방어 기제에 그쳐야지, 사회적으로 공인되어서는 곤란하다.

둘째, 한의과대학에서도 '다' 배우는데 장비 사용 제한이 불합리하다는 주장은 그야말로 견강부회다. 방송에 등장한 한의사의 논리가 옳다면, 의과대학에서 '치과학'도 배우고 '한의학개론'도 배운 나 또한 치과 진료나 한방진료를 할 수 있게 허용되어야 한다.

셋째, 중국과 일본 운운한 부분은 주장하는 한의사나 전달하는 기자나 모두 스스로 무지를 드러내는 대목이다. 중국이야 좀 특수하니까 그렇다 치더라도, 19세기 말 '메이지유신' 때에 의료일원화를 이룬 일본의 예를 드는 것은 도대체 뭘 말하려 함인지 알 수가 없다.

넷째, '압권'에 해당하는 기자의 마무리 멘트에는 실소를 금할 수 없다.

'협진체제 구축에 소극적이면 우리나라 의료발전이 뒤처질 것으로 우려된다' 고 했는데, 우리나라 의료발전에 대한 기자의 염원이 눈물겹게 고맙기는 하지만, 한국의료가 뒤처진다면 그건 잘못된 의료제도와 왜곡된 의료문화 때문이지 협진체제가 부실해서일 것 같지는 않다. 또한 협진체제는 이미 제도적으로 가능한 것이며 상당수 의료기관에서 이루어지고 있는 것인데, 한의사들도 현대 의료기기를 사용할 수 있게 해야 한다는 주장을 하다가 난데없이 '협진 장려' 라는 결론으로 이끈 것도 우스꽝스럽다. 하기야, 제목도 '협진 장려' 쪽이다. '한의사의 현대 의료기기 사용 허용해야' 라고 뽑기가 좀 면구스러워 우회적 제목을 달았는지도 모를 일이다.

본지가 이번 호(제246호)에서 커버스토리로 다룬 기사는 '한방성형' 에 관한 것이다. 얼마 전 본지는 '한방응급의학전문의' 제도의 추진 움직임을 단독 보도했었다. 지난(2004년 11월) 23일부터는 서울행정법원에서 서울의 모 한방병원이 CT를 사용하다 적발된 사건에 관한 심리를 시작했다.

의약분업을 사실상 주도했던 김용익 교수는 몇 년 전, 의약분업 다음에는 '한의사와의 전쟁' 이 있을 것이라 전망했던 적이 있다. 국지전은 이미 시작되었는지도 모르겠다.

2004. 11. 29.

울고 싶은데 뺨 때려준 격

지난 (2004년 12월) 21일에 내려진 서울행정법원의 판결은, 그야말로 충격적이었다. 이미 (제250호) 커버스토리에서 충분히 다루었지만 다시 요약하면, 판결문에는 다음과 같은 문장들이 있다.

「CT기기를 사용한 방사선진단행위를 특정하여 따로 면허제도를 마련하여 두고 있지 않다 … 의학과 한의학이 서로 다른 학문적 기초를 토대로 이루어지고 있다 하더라도 환자의 용태를 관찰하는 방법 또는 수단은 의학이나 한의학 모두 인간의 오감을 이용하는 것이어서 본질적인 차이가 있다고 볼수는 없다 … 한의사가 환자의 용태를 보다 정확하게 관찰하기 위하여 그 기기를 사용하는 것은 망진의 수단 또는 방법에 해당한다 … 영상 진단에 필요한 여러 과목을 개설하여 교육하고 있는 사실을 인정할 수 있으므로, 이에 의하면 현재의 한의학에서도 CT기기를 사용한 진찰을 학문적으로 인정하고 있다 … 의료기사등에관한법률 제1조와 의료법 제30조 제2항의 개정을 검토하는 것도 의료의 적정을 기하여 국민의 건강을 보호증진함을 목적으로 하는 의료법의 입법취지에 보다 부합된다 … 한의사의 CT기기 등 영상기기의 이용은 정확한 진단을 위한 정보의 확대를 의미할 뿐이어서 비록 양의학에서 개발된 기술이라 하더라도 한의사에 의한 이용을 금지하여야 할 합리적인 사유를 발견하기 어렵다」

한마디로 재판부의 양식을 의심하지 않을 수 없다. 비록 이번 판결의 실제

112

내용이 '3개월 업무정지 처분이 부당하다' 는 것에 국한되어 있기는 하지만, 결론에 도달하기까지의 논리 전개 과정에서 너무나 많은 비약과 오류를 범하고 있기 때문이다.

첫째, '따로 면허제도를 마련하여 두고 있지 않다' 는 것은 말하나마나한 것이다. 다른 어떤 특정한 검사방법에도 따로 면허제도가 있지는 않다. 굳이 따지자면 '영상의학과 전문의' 라는 직종이 있기는 하다.

둘째, '인간의 오감' 운운하며 CT 사용이 '망진' 의 수단이라 언급한 것은 한의학의 새로운 지평을 법관이 대신 열어 젖히는 듯하여 거북하다. 학문적 기초가 다르고 치료방법도 다른데 진단 과정에는 본질적인 차이가 없다는 명제가 과연 성립할 수 있을까?

셋째, 한의사의 CT 사용을 '정확한 진단을 위한 정보의 확대' 로 해석한 부분도 미사여구이기는 하나 '합리적 사유' 에서 비롯된 것으로는 들리지 않는다. 의사들이 '정확한 진단을 위한 정보의 확대' 를 위해 행하는 숱한 행위들을 대한민국 법체계가 얼마나 가혹하게 통제하고 있는지를 전혀 알지 못하는, 또 한의사가 CT 사용을 통해 확대시키는 정보가 과연 가치 있는 정보인지(가치가 있다 하더라도 과연 비용효과적인지)도 전혀 알지 못하는 백면서생의 궤변으로 들린다.

넷째, 법률 개정 검토를 권고하는 듯한 문장은 삼권분립을 무시하는 일종의 월권행위로 보인다. 물론 법관이 판결을 통해 현행법의 문제점에 대해 논할 수는 있겠으나, 의료법 및 의료법에 의해 구현되는 현장의 상황을 과연 얼마나 알고서 이런 말까지 덧붙이는지 극히 의심스럽다.

다섯째, '영상 진단에 필요한 여러 과목을 개설하여 교육…' 대목은 그나마 타당성이 있어 '보이는' 부분이지만, 의료라는 특수한 분야의 전문성을 깡그리 무시하는 오만한 태도라 아니할 수 없다. 그렇다면 왜 사법권은 법학 관련 여러 과목의 학점을 이수한 사람 모두에게 나누어주지 않는가?

하지만 이 모든 문제점에도 불구하고 이번 판결이 갖는 긍정적 의미도 있다. 한의학의 효용 혹은 의료일원화에 대한 본격적 논의를 촉발시킬 수 있는 가능성이 바로 그것이다. 실제로 의료계는 전에 없었던 결연한 태도로 전의(戰意)를 불태우기 시작했고, 일단 환영의 뜻을 표하고 있는 한의학계는 오히려 전면적인 학문적 논쟁으로 비화하는 것을 경계하는 눈치다.

나는 '울고 싶은데 뺨 때려준 격'이라는 속담을 떠올린다. 차제에, 더 이상 미룰 수 없는 의료일원화 논의를 전면적으로 시작해야 한다.

그런 의미에서 의료계의 대응도 이에 초점을 맞추어야 한다고 본다. "의과대학에 중의학 강좌를 개설하겠다"는 의협의 대응 전략은 그런 면에서 오류다. 한편으로 한의학이 국민건강에 도움이 안 된다고 주장하면서 다른 한편으로 "한의사에게 CT를 허용할 거면 의사에게도 보약을 허용하라"고 주장하는 것은 자가당착이다. 국민의 비웃음을 사기에 딱 좋은 발상이다. 이왕 발을 내딛을 것이라면, 어떤 희생을 치르더라도 결판을 짓겠다는 각오를 다진 후, 확실하게 '정도'를 걸어야 한다.

2004. 12. 27.

한의사들에게 영어를 가르쳐라

시사주간지 뉴스위크는 지난 (2005년 3월) 7일자에서 영국문화원이 발표한 한 보고서를 인용, "앞으로 10년 동안 20억명에 달하는 사람들이 영어를 공부할 것으로 예상되며, 그 결과 30억명이 영어를 할 수 있게 돼 영어는 명실상부한 산업과 기술, 권력의 언어가 될 것이다"라고 보도했다. 이 잡지는 또 지난해(2004년) 8월 경기도에 설립된 한국의 영어마을 등 세계 각국의 영어 교육 열풍도 보도했다. "영어마을을 통해 길러진 유능한 세계인들이, 세계화 시대의 국제 경쟁에서 한국이 승리하는 데에 기여할 수 있을 것"이라는 손학규 경기도지사의 언급도 소개됐다.

영어가 국제어가 된 지는 이미 오래지만, 제 2언어로 영어를 사용하는 사람까지 포함한 영어 사용자의 수는 시간이 흐르면서 점점 더 빠른 속도로 늘어나고 있다. 뉴스위크의 같은 보도에 의하면, 영어를 모국어로 사용하는 인구와 제 2언어로 사용하는 인구의 비율이 이미 1 : 3으로 크게 역전됐다.

한국어라는 훌륭한 언어와 한글이라는 독창적인 문자까지 갖고 있는 우리 국민들이 영어를 배워야 하는 이유는 무엇일까. 그것은 생존을 위해서다. 과거에는 한국어만 할 줄 알아도 먹고사는 데에 아무런 지장이 없었지만, 지구촌 시대에는 그렇지 않기 때문이다. 친미냐 반미냐를 떠나서, 영어라고 하는 국제적 표준을 무시하고는 살 수 없는 시대이기 때문이다.

영어가 일상적 의사소통에 있어서의 국제적 표준이라면, 과학은 심층적

의사소통에 있어서의 국제적 표준이다. 몇몇 인문학 분야를 제외하면, 대부분의 분야에서 모든 학문적 성과는 국제적인 표준에 의거하여 표현되고 계측된다. 세상에 절대적인 진리는 없다지만, 적어도 현 시점에서는 세계 공통의 방법으로 검증된 것만 진리로 받아들여진다. 아무도 인정하지 않는 방법을 사용하여 어떤 명제가 진실이라 주장하는 것은, 어느 오지의 토속어만 말할 줄 아는 사람이 국제 변호사가 되겠다고 나서는 것만큼이나 우스꽝스러운 일이다.

최근 의사와 한의사 사이의 갈등이 점차 심화되고 있다. 일반 국민들은 또 '밥그릇 싸움'으로 여기는 듯하여 안타깝지만, 이 갈등의 핵심은 당연히 '과학'이 되어야 한다. 의학은 과학이기 때문에, 당연히 국제적인 표준에 의해 표현되고 계측할 수 있어야 한다. 한의학은 그렇지 못하므로 과학이 아니며, 엄밀히 말해 의학도 아니다.

한의사들이 내세우는 '오랜 세월을 거쳐 살아남은 것 자체가 검증이다'라거나 '한의학은 현대의학과는 전혀 다른 종류의 과학이므로 현대의학적 방법으로는 검증할 수 없다'라는 주장은 애처로운 궤변일 뿐이다. '억울하면 성공하라'는 말처럼, 억울하면 온 세상이 인정하는 방법을 이용하여 그 효용을 증명해야 한다. 그리고 그 입증 책임은 물론 한의사들에게 있다.

이런 류의 논쟁에 익숙한 한의사들은 "현대의학이 얼마나 불완전한 것인지 모르느냐"고 받아칠 것이다. 하지만 의사들은 자신들이 무엇을 모르는지 알고 있는 사람들이다. 소크라테스가 다른 사람들보다 앞서 있었던 이유가 자신이 무엇을 모르는지 알고 있었다는 사실 때문이듯, 의사들은 의학의 한계를 잘 알고 있다. 모르는 것을 모른다고 말하며, 모르는 것도 아는 것처럼 허풍을 떨지 않는 것, 그것이 과학이며 의학이다.

또 어떤 한의사들은 "우리도 현대의학을 다 배웠다"고 주장할 것이다. 실제로 얼마나 배웠는지도 의문이지만, '전혀 다른 종류의 멋진 과학'을 하는 사람들이 '불완전한 의학'은 왜 곁다리로 배우는지 이해할 수가 없다.

자, 백날 제자리인 헛소리는 그만 집어치우고, 현실적인 문제를 이야기해 보자. 옳고 그름을 떠나, 의료일원화가 현실적으로 가능한지 여부를 따져보 자는 말이다.

이미 존재하는 수많은 한의사들과 한의대생들, 그리고 한의과대학을 어떻 게 할 것인가 하는 문제를 해결해야만 의료일원화는 가능하다. 때문에, 내가 개인적으로 생각하는 유일한 해결책은 모든 한의사들에게 의사 면허를 주는 것이다. CT든 초음파든 침술이든 보약이든 마음대로 사용할 수 있게 해 주 고, 능력만 있다면 수술이든 마취든 다 하게 허락해 주자. 단, '한의사 출신 의사'라는 사실을 (이름이야 한방 전문의든 뭐든 다 좋다) 국민들이 알게만 하면 된다. 한의과대학들은 의과대학으로 바꾸거나 기존의 의대와 통·폐합 하자. 한의학, 그리고 그 속에 숨어 있을지 모르는 거대한 효용을 완전히 말 살하지는 말고, 의대 졸업생 중 일부가 한의학 전공의 과정을 밟게 하자.

더도 말고 딱 30년만 지나면, 의료일원화는 완성될 것이고, 운이 좋으면 세계 공용의 언어로 표현된 '세계 최고의 한국 의학'이 나타날 수도 있을 것 이다. 30년 동안의 혼란이 너무 크지 않겠느냐고? 모르긴 해도 결코 지금의 혼란보다 더 크지는 않을 것이다.

2005. 3. 7.

한 젊은이의 안타까운 죽음

군대에서 제대한 이후 보름만에 위암 말기 판정을 받고 4개월만에 사망한 고 노충국 씨 사건을 계기로 군 의료체계 개선에 대한 국민적 요구가 높아지고 있다. 이 사건이 알려진 이후 비슷한 사례들이 몇 건 더 드러나면서 군 의료체계에 대한 불신은 더욱 커지고 있고, 그에 따라 근본적인 대책을 세워야 한다는 목소리도 점차 증폭되고 있다.

이 사건의 파장은 적지 않은 듯하다. 고 노충국 씨를 추모하는 집회가 서울 도심에서 열리기도 했고, 한 국회의원은 '병역의무이행자의 건강증진에 관한 법률' 안을 발의하기도 했다. 국가인권위원회는 유가족의 진정에 따라 진상 조사에 착수했고, 처음에는 소극적으로 대응했던 국방부도 국립묘지 안장 자격 및 국가유공자 혜택을 부여키로 하는 등 대책 마련에 나서고 있다.

이번 소식을 접하고 안타까움을 느끼지 않는 사람은 없을 것이다. 안타까움보다는 분노를 먼저 느끼는 사람도 적지 않을 것이다. 의사들도 마찬가지다. 군의관으로 국방의 의무를 수행했던 의사들은 특히 더 그럴 것이다. 한편으로는 일개 군의관으로서는 어쩔 수 없는 상황이었을 가능성을 생각하면서 이번 사건이 의사 집단 전체에 대한 신망을 더욱 떨어뜨리는 결과를 초래할 것을 걱정하기도 하고, 다른 한편으로는 혹시 있었을지 모르는 담당 군의관의 무사 안일한 태도를 원망하는 마음이 들기도 할 것이다.

하지만 이 사건은, 고 노충국 씨의 죽음이 안타까우면 안타까울수록, 조금은 냉정하게 다루어져야 한다. 일부 네티즌들이 보이고 있는 것과 같은 감정적 대응은 문제의 본질을 해결하는 데에 아무런 도움이 되지 못하기 때문이다.

이번 사건의 경우, 엄밀히 말해 암의 발생 자체에 대한 군의 책임은 없다고 보아야 하겠지만, 암을 조기에 발견하지 못한 것은 군의 책임이 크다. 다른 한 젊은이는 전역 후 2개월만에 췌장암 말기로 판명됐는데, 젊은 연령에서는 암의 진행이 특히 빠르고 췌장암은 특히 더 그러하다는 점을 고려하더라도, 이 경우도 전역 이전부터 증상이 발현했었다는 사실 등을 고려할 때 군의 책임을 부정하기는 어려울 것이다.

하지만 전역 후 3개월이나 4개월, 혹은 6개월이나 1년만에 말기암이 발견된 경우에는 어떻게 처리해야 할까. 치명적인 질병은 아니지만 군 복무 중에 간염에 이환된 사람이 국방부를 상대로 보상을 요구하면 어떻게 해야 할까. 간염은 전염병이니 그렇다 치더라도, 당뇨병이나 고혈압이 발병한 경우라면 또 어떻게 해야 할까.

사실 이와 같은 맥락의 오랜 고민거리는 정신분열병이었다. 흔히 군 복무를 하게 되는 20대 초반의 연령은 정신분열병의 대표적 호발 시기이므로, 군 생활의 여건이 아무리 좋아진다 하더라도 일정한 비율의 병사는 복무 중에 정신분열병이 발병할 수밖에 없다. 하지만 의학적 지식이 없는 사람들, 특히 가족들은 '멀쩡한 사람을 군대가 정신병자로 만들었다' 고 생각하는 것이 인지상정일 것이다. 방송의 시사 고발 프로그램들도 군 복무 중에 정신질환이 발병한 사례를 이미 여러 차례 다루지 않았던가. 그러나 아주 특별한 경우, 즉 일반적인 군 생활에서 받을 수 있는 스트레스보다 훨씬 큰 스트레스를, 그것도 부당한 이유로 받은 경우가 아니라면, 군 복무 중 발병한 정신질환에 대한 군의 책임은 인정되지 않는 편이었다. 좀 거창하게 말하면 이성적 판단과 감성적 판단의 충돌이 생기는 순간이라고도 할 수 있겠다.

한국 사회에서 군대라는 존재는 정말로 특별한 것이다. 여러 가지 원인이 있겠지만, 군대와 관련된 대부분의 문제는 불행한 역사에서 기인하는 근본적 모순에서 비롯된다. 거기에 군대라는 조직의 생래적 특성이 더해진다. 그러다 보니 군과 관련된 문제가 불거지면 한국인은 언제나 조금씩은 '흥분' 하기 마련이다.

군 의료체계가 허술한 것은 모두가 잘 알고 있는 사실이다. 이번 사건을 계기로 하여, 군은 물론이고 정부와 정치권, 그리고 군의관들 모두가 군 의료체계의 내실화와 효율화를 위해 노력해야 하는 것은 당연하다. 그러나 그 과정에서 군대라는 조직의 특성과 의료라는 분야의 특성은 반드시 고려되어야 한다. 지금까지 개선 노력을 게을리 한 것은 분명 잘못이지만, '여론' 에 밀려 보상 위주의 무책임한 미봉책을 남발하는 것은 더 나쁜 결과를 초래할 수도 있다. 무척 힘든 일이기는 하겠으나, 국민들 개개인의 상처를 보듬는 동시에 사회 전체의 공익을 증대시키면서도 합리성이라는 원칙도 깨뜨리지 않는, 그런 묘안을 만들어야 하겠다. 고 노충국 씨의 명복을 빈다.

2005. 11. 7.

120

군의관이 살아야
군 의료체계가 바로 선다

  고 노충국씨 사망 사건을 계기로 군 의료체계의 전반적인 개선에 대한 사회적 요구가 높다. 그러나, 군 의료체계에 문제가 있다는 사실에는 이론의 여지가 없을지 몰라도, 이번 사건에 대한 가장 큰 책임이 일선 군의관들에게 집중되는 것은 온당한 일이 아니다. 군의관들에게 아무런 책임이 없다고 말하는 것 역시 부당하겠지만, 현대 의료의 특성과 군대라는 조직의 특수성을 고려할 때 개별 군의관이 감당할 수 있는 역할에는 명백한 한계가 있기 때문이다.

  본지는 이런 문제 의식을 갖고, 군 의료체계에 관한 기획기사를 준비하고 있었다. 그러던 중 한 현역 군의관으로부터 연락이 왔다. 그는 군 당국이 모든 책임을 군의관들에게 뒤집어씌우려는 듯한 태도를 보이고 있는 데 대해 분개하는 동시에, 현재 국방부가 마련하고 있다는 개선방안에 실효성이 없음을 지적했다.

  국방부는 연내에 종합적인 개선방안을 발표할 예정인데, 아마도 지난 (2005년) 8월에 이미 만들어졌던 '군 의무발전 5개년 계획'을 조금 보완하는 수준이 될 듯하다. 어떤 내용이 담겨 있기에 현역 군의관들이 벌써부터 탁상공론이라 지적하고 있는 것일까.

  국방부 방안의 핵심내용은 병원 설립과 장비 확충이다. 군 중앙의료원을 목표로 경기도 부천에 무려 7천억원 짜리 병원을 설립하겠다고 하며, CT와

MRI는 물론 PET까지 도입할 예정이라 한다. 그리고 유능한 민간인 의사를 군의관으로 확보할 것이라 한다. 그러면서 국방부장관은 "군의관들이 히포크라테스 정신에 입각해 인술을 베풀어야 한다"는 발언을 하고 있다.

이는 전형적인 전시행정이며, 본말이 전도된 정책이다. 고 노충국씨 사건이 발생한 가장 큰 원인은 군이 대형병원을 갖고 있지 않았다거나 MRI나 PET 같은 장비를 보유하고 있지 못했기 때문이 아니다. 몸이 아픈 병사가 스스럼없이 진료를 받을 수 있는 분위기가 형성되지 못했기 때문이며 일선 군의관들이 자신의 지식이나 기술을 제대로 발휘할 만한 여건이 갖추어지지 못했기 때문인 것이다.

군의관들은 한결같이 말한다. 후방에 번듯한 병원을 짓는 것보다 전방에 있는 사단 의무대에 기본적인 의료 장비를 확충하는 것이 더 필요하다고. 또한 실현 가능성이 희박한 민간인 군의관의 확보보다 실무 능력을 갖춘 간호사나 의료기사의 확보가 더 필요하다고. 군의관의 나태함이나 자질 부족을 탓하기 이전에 군의 특수성을 고려한 적절한 사전교육 및 지속적인 보수교육을 실시해야 한다고. 군 내 질환의 대부분을 차지하고 있는 감염성 질환, 교통사고, 외상 등을 예방하기 위한 노력이 선행되어야 한다고. 또한 예비역 장성이나 일부 장교들의 신체검사나 건강검진 때문에 병사들을 위한 진료가 차질을 빚는 어처구니없는 일이 없어져야 한다고. 군의관에게 '의사보다는 군인이 되라'고 강요하는 경직된 사고방식이 바뀌어야 한다고.

취재 과정에서 만난 한 고위 관계자는 이렇게 말했다. "그 사람들(군의 최고위 간부들)은 계급장만 달아주겠다고 하면 군의관에 지원하는 의사들이 줄을 서는 줄 안다"고, "MRI 몇 대 들여놓으면 군 병원의 의료 수준이 갑자기 향상되는 줄 안다"고 말이다.

얼마 전에 열린 한 토론회에서 현역 사병 한 사람은 "내가 의무실에 갈 수 있는 시간은 아침 식사와 오전 일과 사이의 짧은 시간밖에 없는데, 그 시간에 의무실에 가보면 늘 군의관이 자리에 없더라"며 불만을 토로했다. 그 이야기를 들은 군의관의 '해명'이 이어졌다. "매일 그 시간에는 회의에 참석해야 하기 때문입니다."

어렵게 짬을 내 의무실을 찾는 병사를 진료하는 것보다 일상적인 회의에 참석하여 앉아 있는 것이 더 중요하게 취급되는 풍토를 개선하지 않는 한 군 의료체계 개선은 요원하다. 군의관을 의사로 보지 않고 군인으로 보는 관점, '진료 열심히 하는 의사'보다 '말 잘 듣는 군인'을 더 높이 평가하는 시각이 교정되지 않고서는 군의관이 제 역할을 수행할 수가 없다.

우리는 취재 과정에서 큰돈을 들이지 않고서도 개선할 수 있는 부분이 의외로 많음을 발견했다. 밖에서 예상하는 것보다 훨씬 더 많은 불합리한 일들이 발생하고 있음도 알게 됐다. 그동안 장기 군의관의 처우를 개선한다는 이야기는 많았으나 전혀 나아진 점이 없다는 사실도 알게 됐다. 때문에, 이번 주 커버스토리에 이어 조만간 군 의료체계 개선과 관련된 또 다른 기획기사도 준비할 예정이다.

대부분의 문제를 해결할 수 있는 열쇠는 '사람'이 갖고 있다. 군 의료체계 개선도 마찬가지다. 단기 및 장기 군의관의 사기를 올려주고 군의관의 역량이 최대한 발휘되도록 뒷받침하는 것이야말로 군 의료체계 개선의 핵심이라는 점을 군 당국이 깨닫기를 희망한다.

2005. 12. 12.

군 의료체계 개선과 관련된 더 많은 내용은 청년의사 제298호, 제304호에 실려 있다.

광고는 왜 허용하나?

지난 (2004년 10월) 12일, 공정거래위원회는 의료 · 제약 등 서비스산업 분야의 규제를 대폭 개선 또는 폐지하는 내용을 담은 규제개선안을 발표했다. 이날 발표된 개선안 중에는 의료광고 범위를 대폭 확대하는 내용도 담겨 있다.

현행 의료법은 의료광고의 경우 의료인의 성명과 성별, 면허종류 등 기본적인 사항만을, 그것도 인쇄매체를 통해서만 할 수 있도록 제한하고 있으며, 일간지의 경우 그 횟수도 월 1회로 제한하고 있다. 이것을 앞으로는 극히 예외적인 부분(구체적으로 어떤 부분인지는 아직 알려지지 않았다)만 금지하고 나머지는 모두 허용하는 방향으로 바꾸겠단다.

이렇게 되면 국민의 의료서비스 선택 기준이 지금과는 상당히 달라질 가능성이 높다. 나날이 치열해지는 의료기관들의 환자유치 경쟁을 고려할 때, 자금력이 있는 의료기관이라면 광고를 마다할 이유가 없기 때문이다. 때문에, 아직 최종 결정이 내려진 것도 아니지만, 의료계에서는 여러 가지 우려의 목소리가 나오고 있다. 의료기관의 빈익빈부익부 현상이나 불필요한 시설 · 장비 경쟁이 더욱 심화될 것이라는 우려가 있고, 허위 및 과장 광고에 대한 우려도 수반되고 있다.

이런 가운데 TV나 라디오 등 모든 대중매체를 통한 의료광고가 허용될 경우 의료기관의 광고비 총액이 지금보다 최소 10배는 커질 것이라는 예측도 등장했다. 이번 개선안에 포함되지는 않았지만, 전문의약품의 대중광고까지 허용된다면 국민들의 의료서비스 이용 행태에는 더욱더 큰 변화가 일어날 것이다.

공정거래위원회의 이번 조치에 대해 기본적으로는 환영의 뜻을 표한다. 이미 의료기관의 광고 관련 규제가 전혀 지켜지지 않고 있다는 점을 감안할 때, 철저히 단속할 것이 아니라면 차라리 양성화하는 것이 옳다고 생각하기 때문이다. 또한, 다른 곳과 차별되는 특장점(기술이든 시설이든 서비스든)을 가진 의료기관조차 그 사실을 대중에게 알릴 방법이 사실상 봉쇄되어 있는 현재의 상황이 의료인이나 환자 모두에게 바람직할 것이 없기 때문이다.

그러나, 반가움보다 더 큰 아쉬움과 근심을 갖지 않을 수 없다. 광고의 허용 여부는 매우 지엽적인 문제이기 때문이다. 본질적인 문제는 의료 분야에 시장의 원리, 경쟁의 원리를 도입할 것인지 여부이다. 가격은 물론이고 약품이나 치료방법의 선택, 심지어 건강보험 혜택과 무관한 비급여 의료행위까지 철저하게 통제하는 현재의 상황을 그대로 존속시키면서 광고 규제만 푼다는 것은 주객이 전도된 일이기 때문이다.

자본주의는 정직하다. 어느 의료기관이 1년에 광고비로 1억원을 집행한다면, 당연히 1억원 이상의 수익을 추가로 기대하기 때문일 것이다. 하지만 현재의 제도 하에서 수익성을 높일 수 있는 방법은 뻔하다. 병상가동률이나 병상회전율을 높이는 등의 정상적인 방법도 있기는 하지만, '적당한' 방법으로 환자들이 더 많은 돈을 지불하도록 유도하는 방향이 선택될 가능성이 훨씬 높다. 이렇게 되면, 장기적으로 볼 때, 의료기관에 대한 국민의 불신이 더 커질 위험이 농후한 것이다.

얼마 전 중국 상하이를 방문했을 때 가장 인상적이었던 것 중 하나가 바로 사방에 널린 의료기관 광고들이었다. 거의 모든 시내버스나 택시의 뒷창에는 광고가 부착되어 있었는데, 그 중 약 절반 가량이 각종 의료기관의 광고였던 것이다. 현지에 거주하는 사람들의 이야기에 의하면 광고를 열심히 하는 의료기관 중에는 '바가지'를 씌우는 것으로 유명한 곳도 적지 않다고 했다.

물론 우리의 보건의료체계는 중국보다 여러 면에서 정교하게 짜여져 있고, 국민들의 민도도 높은 편이다. 그러나 합리적인 규제와 합리적인 경쟁, 그리고 합리적인 소비자의 선택이라는 선순환 구조 대신 불합리한 규제와 편법 경쟁, 그리고 평등제일주의와 황금만능주의를 동시에 띠고 있는 해괴한 국민의 시각이라는 악순환이 지금 우리의 현실이라는 점을 생각할 때, 다른 모든 것은 그대로 두고 광고 규제만 완화하는 것은 효과보다는 역작용이 더 클 것으로 보인다(광고업계나 미디어들에게는 분명 희소식이겠지만).

광고는 자본주의의 꽃으로 불린다. 한국의료가 자본주의의 꽃과 만날 준비가 되어 있는가? 현재로서는 기대 난망이다. 정부는 공공성을 높이는 동시에 경쟁력도 높이겠다는 구호를 늘 외치고 있지만, 둘 다 답보 혹은 퇴보 상태에 있는 듯하여 답답하다.

2004. 10. 25.

MRI 급여화 이후의 시나리오

내년(2005년)부터 MRI 촬영에 대해 보험 급여가 실시된다. 그리고 MRI 등 특수의료장비의 품질관리업무를 수행할 한국의료영상품질관리원이 지난 (2004년 12월) 1일부터 업무를 시작했다.

사실 이 두 가지 사안은 오랫동안 따로따로 추진되어 온 일이고, 엄밀히 말하자면 서로 별 관련이 없다. 하지만, 거의 같은 시기에 현실화되었다는 점은 단순한 우연의 일치가 아니다.

현재 MRI 보험수가를 결정하는 과정에서 많은 진통을 겪고 있지만, 수가가 얼마로 정해지든 그 비용은 국민으로부터 나오는 것이기에, 허투루 쓰여지는 일은 막아야 한다. 따라서, 수준 이하의 검사가 행해지는 일을 차단하기 위해서는 장비의 품질관리가 필수적이다.

CT가 급여권에 포함된 이후 많이 공론화되기는 했지만, 그 이전에도 '불량 CT' 의 존재는 의료계 안에서는 공공연한 비밀이었다. 뇌졸중 환자를 받아서 CT 촬영만 시행한 후 대학병원으로 '던져 버리는' 일부 중소병원들의 부끄러운 행태가 분명히 있었고, 폐기처분되어야 할 낡은 기계를 헐값에 사들여 '웬만하면' CT 촬영을 유도하는 의료기관들도 분명히 있었다. 심지어 응급실 당직의사에게 CT 촬영 한 건당 얼마 하는 식으로 '인센티브' 를 주는 병원도 있었다. 이런 CT 남발은 급여화 이후 더 심해졌고, 그것은 고스란히 환자들의 불신과 품질관리의 필요성 대두로 이어졌었다.

이제 MRI까지 급여 항목에 포함되는 마당에, 적절한 품질관리 기제가 존재하지 않는다면 어떤 일들이 벌어질지 예상하는 것은 어렵지 않다. 따라서 한국의료영상품질관리원의 출범은 환영할 일이다.

하지만, 품질관리 외에도 MRI 급여화 이전에 해결해야 할 숙제는 많다. 그 중에서 가장 중요한 것은 합리적이고도 정교한 급여 기준을 마련하는 것이다.

CT의 급여화 이후 벌어졌던 가장 황당한 일은 CT 촬영 직전에 환자나 보호자에게 서약서를 한 장 더 받아야 하는 일이었다. 부작용 등에 대한 사전고지와 관련된 일반적인 서약서 외에 추가로 필요했던 그 어처구니없는 문서는 '질병이 없을 경우 전액 본인부담으로 비용을 지불하겠다'는 내용을 담고 있었다.

의사들은 CT 촬영이 필요한 환자 옆에서 "병이 있으면 보험이 되고, 병이 없으면 보험이 안 된다"는 사실을 설명하느라 진땀을 흘려야 했고, 도무지 이해할 수 없다는 표정을 짓는 환자에게 "돈을 더 내더라도 병이 없는 게 더 낫지 않냐"는 식의 실없는 말까지 덧붙일 때도 있었다.

이런 일이 생기는 원인은 당연히 '삭감' 때문이며, 더 근본적으로는 의사와 정부가 서로를 믿지 못하기 때문이다. 의사가 자신의 지식과 양심에 기초하여 CT 촬영이 꼭 필요하다고 판단했음에도 불구하고 삭감의 칼날을 들이대는 정부도 문제고, 전문가 고유의 권한을 남용하여 별로 필요하지 않은 경우에도 CT 촬영을 유도하는 일부 의사들도 문제다.

MRI 급여화 이후에도 이와 같은 희비극은 똑같이 재연될 가능성이 짙다. MRI라는 검사의 특성상 CT보다 더하면 더했지 덜하지는 않을 듯하다. 허리나 무릎의 통증을 호소하는 환자가 있는데 단순 X선 검사로는 이상이 없을 경우, 어떻게 할 것인가? 명색이 의사라는 사람들이 그 지겨운 서약서를 또 꺼내들고 결과가 이렇게 나오면 어떻고 저렇게 나오면 어떻고 하는 구차한 설명을 늘어놓아야 하는 것인가. 힘겹게 설명하는 의사를 바가지 씌우려는 상인 대하듯 쳐다보는 환자의 의심에 찬 눈길을 감내해야 하는 것인가.

예상되는 삭막한 풍경이 답답하고, 뾰족한 대책이 없어서 더 답답하다. 모든 의사를 잠재적 범죄자 취급하는 정부의 시각에 변화가 있기를 바라고, 제도 변경을 틈타 돈벌이에만 급급하는 의사들이 많지 않기를 바라고, '싼맛'에 검사를 당당히 '요구' 하는 검사중독증 환자들이 줄어들기를 바랄 뿐이다.

최근 건강보험정책심의위원회는 MRI 급여전환을 위해 4,000억원을 투입하기로 결정했다. 4,000억원이라는 액수는 어떻게 추산된 것일까. 전국에 500대가 넘는 MRI가 있고 1대의 장비로 연평균 2,700건의 검사가 실시되는 것으로 추정되고 있음을 고려하면서 계산기를 두드려보자. 정부는 내심 30~40% 가량 검사 건수가 늘어날 것이라 예측하면서 1건당 20만원 정도를 급여해 줄 요량인 듯하다(물론 전혀 다른 방식의 추산일 수도 있다).

자, 지켜보자. 내년부터 MRI 촬영 건수가 어떻게 변화할지. 이 변화는 우리나라 의료제도와 우리 의사들의 진료행태 및 '상황적응능력' 과 우리 국민들의 의료이용행태를 상징적으로 보여줄지도 모른다.

2004. 12. 6.

의사가 쓴 베스트셀러

최근 〈허준이 죽어야 나라가 산다〉라는 책이 화제다. 적어도 의사와 한의사들 사이에서는 그렇다.

이 책은 출간 직후부터 의료계의 전폭적인 지지를 받았다. 김재정 대한의사협회장이 어느 모임에서 이 책을 손에 들고 '판촉활동'을 벌였는가 하면, 의협에서는 직원들을 동원하여 시중 서점에서 책을 소량씩 구매하는 방법으로 '베스트셀러 만들기' 작전을 수행하고 있다. 의협은 이렇게 사들인 책을 국회의원 등 여론주도층에게 발송할 계획인 듯하다.

대한내과의사회도 춘계학술대회 및 총회 현장에서 이 책 500권 가량을 참석자들에게 무료로 배포했다. 자발적으로 기증한 것인지 '울며 겨자 먹기'로 비용을 댄 것인지는 모르겠지만, 책값은 한 제약회사가 부담했다.

대한공중보건의사협의회는 이 책을 구입하여 읽는 것은 물론 주변 사람들에게까지 나누어주자는 캠페인을 협의회 차원에서 벌이다가 한방 공중보건의사들의 거센 항의를 받았다. 대한전공의협의회도 이 책을 '3월의 추천도서'로 선정하는 등 비슷한 캠페인을 벌이고 있다.

반면, 한의계에서는 이 책을 평가절하면서 의료계의 이런 움직임에 대해 강한 불쾌감을 드러내고 있다.

이처럼 큰 반향을 불러일으키고 있는 이 책은 광주에 있는 미래아동병원의 유용상 원장이 저술한 것으로, 한의학의 여러 이론들을 현대의학의 관점에서 비판하고 있다. 나는 이 책을 출간 직후에 일찌감치 읽을 수 있었다. 저자께서 보내주신 덕택이다. 그런데 아쉽게도, 나는 이 책의 내용을 절반도 채 이해할 수 없었다. 내가 과문한 탓도 있겠으나, '한의학은 과학이 아니다'라는 평소의 소신을 확인하는 정도였을 뿐, 구체적으로 어떤 오류와 한계가 있는지를 이 책을 통해 이해하기는 쉽지 않았다. 한의학 관련 용어들도 낯설었고, 동양철학 관련 용어가 무수히 등장하는 문장들도 난해하기 짝이 없었기 때문이다.

한의학에 대한 나의 지식이나 견해는 평균적인 의사의 그것과 하등 다를 바 없다. 지식이라고 해야 의과대학에서 '한의학개론' 수강한 것이 전부이며, 견해를 말하자면 '없어도 되는 것' 아니 '없는 쪽이 더 나은 편'이라는 것이다. 그래서 이 책의 제목을 보고 적잖이 반가웠으나, 바로 그 반가움 때문에 책을 읽은 후의 아쉬움도 무척 컸다. 보통의 독자들(의사를 포함하여)이 읽고 나서 한의학의 문제점을 체감하기에는 책이 너무 어려웠기 때문이다.

여러 해 동안의 외로운 노력으로 한의학 이론의 허약함을 파헤친 저자의 수고에는 박수와 존경을 보내지만, 좀더 쉽고 실질적인 언어로 한의학의 문제점을 지적하는 책이 누군가에 의해 쓰여지기를 바라는 마음 간절하다.

그런 맥락에서, 나는 의료계가 최근 이 책에 대해 보내고 있는 열렬한 지지가 조금은 당혹스럽다. 내 주변에도 이 책을 이미 갖고 있는 의사들이 여럿 있는데, 그 중에서 이 책을 제대로 다 읽었다는 사람은 거의 없었다. 자신도 읽지 않는 책, 열심히 읽는다 해도 제대로 이해하기 어려운 책을 일반 시민들이나 여론주도층에게 선물한다고 해서 과연 그들이 그 책을 읽을까? '작전'을 펼쳐 많은 국민들의 손에 이 책을 쥐어준들 과연 의사들이 간절히 원하는 소기의 목적을 달성할 수 있을까?

나는 의사들이 제 돈을 들여 사서라도 일반 시민들이나 여론주도층에게 선물해야 할 책들은 따로 있다고 생각한다. 최근에 출간된 〈시골의사의 아름다운 동행〉이 바로 그런 책 가운데 하나다. 재테크 전문가로도 유명한 외과 전문의 박경철 선생이 쓴 이 책은 너무도 생생한 35편의 일화를 통해 의사라는 직업이 얼마나 어렵고도 소중한지, 의사라는 사람들이 얼마나 따뜻하고 인간적인지를 웅변하고 있다. 이 책 한 권만으로도 오래 전에 큰 인기를 끌었던 드라마 '종합병원'의 속편 시리즈를 제작할 수 있을 만큼 극적인 이야기들이 저자 특유의 건조하면서도 속도감 있는 문장과 함께 반짝이고 있다.

다행스럽게도 이 책은, 아무도 '작전' 따위를 펼치지 않았음에도 불구하고, 주요 서점들의 베스트셀러 목록의 상위권을 차지하고 있다. 나도 몇 권 구입하여, 의사들에 대한 근거 없는 적개심으로 똘똘 뭉쳐 있는 몇몇 사람들에게 선물하고 싶은 마음이다. 나는 저자로부터 증정 받은 책을 읽었으니, 그 정도는 해야 빚을 갚을 수 있지 싶다.

2005. 4. 25.

TV에서 봤다!

대략 20년 전만 해도 '활자' 는 곧 신뢰의 상징이었다. 손으로 쓰여진 문서
는 쉽사리 믿지 못해도 번듯하게 인쇄된 문서의 내용에는 일단 믿음이 갔다.
인쇄물 자체가 귀하던 시절이어서 교과서나 신문이나 서적 등이 아니고는
활자로 찍힌 글을 읽을 기회 자체가 적었기 때문이다. 당시에도 읽을 만한 가
치가 없는 문서야 물론 많았겠지만, 사기꾼이 아닌 이상 사실과 다른 내용을
굳이 돈과 노력을 들여 인쇄할 필요는 없었을 게다.

때문에, 누구의 말이 옳은지 서로 논쟁을 벌이다가도 "신문에 났어!" 라는
말이 등장하면 그 논쟁은 끝났다. 모르긴 해도, 바로 이런 점 때문에, 그때 기
자라는 직업을 가진 사람들의 자부심은 지금 기자들보다 더 컸을 듯하다.

방송이야 말해 무엇하랴. "신문에 났어!" 라는 말을 누를 수 있는 거의 유일
한 무기는 "TV에서 봤다!" 라는 말이 아니었을까. 정치적으로야 우리 언론이
언제나 중립적이지 않았다고들 하지만, '공신력' 의 측면에서는 활자, 혹은
방송 프로그램을 따라갈 자가 없었지 싶다.

그런데 세상의 변화는 참 놀라워서, 이제는 집집마다 사무실마다 프린터
가 있다. 누구든 어떤 내용이든, 마음만 먹으면 그럴듯해 보이는 문서를 '인
쇄' 할 수 있다. 초등학생의 숙제든 대학생의 리포트든 회사원의 결재 서류든
구직자의 이력서든, 손으로 쓴 문서를 오히려 구경하기 어려울 만큼 활자 천
지가 됐다. 윤전기나 오프셋 인쇄기나 매킨토시 컴퓨터도 흔해져서, 적어도

겉보기에는 꽤 정교한 신문이나 잡지들도 크게 늘었다.

활자 문화의 발달은 곧 문명의 발달을 뜻한다고들 하니 일단은 바람직한 현상이겠으나, 문제는 '믿을 수 없는 활자들' 이 너무 많아지는 데에 있다. 매주 활자로 된 신문을 만드는 사람의 처지에서 누워서 침 뱉기일지도 모르지만, 이제는 "신문에 났어!"라는 말이 "그 신문 못 믿어!"라는 말에 간단히 제압 당하는 시대가 된 것이다.

방송? 방송의 공신력 추락은 활자매체보다 더하면 더했지 결코 덜하지는 않을 듯하다. TV 채널은 당연히 세 개밖에 없는 줄 알았던 시절이 지나 네 번째 채널이 등장하는가 싶더니, 눈 깜짝할 사이에 그 숫자는 100을 훌쩍 넘어 버렸다. 한정된 시청자를 놓고 그들이 무한경쟁을 벌이는 데 따른 필연적 결과로, 방송은 점점 더 오류와 과장 투성이로 변질되고 있다. 자막의 맞춤법이 틀리는 정도의 '귀여운' 잘못을 넘어 대중에게 직접적인 피해를 끼치는 심각한 잘못들이 너무나 많다.

더욱 심각한 것은 세상이 점차 복잡다단해짐에 따라 웬만한 교양인이라 해도 자신의 전문 분야가 아닌 이상 그런 오류들을 쉽게 구별할 수 없다는 점이다. 하물며 여전히 신문이나 방송을 철석같이 믿는 사람들이 대다수인 점을 생각하면 우려는 더 커진다. 언론에 종사하는 사람들 스스로의 교양이나 윤리에만 의존할 수는 없는 상황이 된 것이다.

의사이다 보니 유난히 눈에 잘 띄는 것이긴 하겠지만, 최근 수많은 활자 및 방송 매체들이 다루는 의료·건강 관련 이슈들 중에는 특히 위험한 내용이 많은 듯하다. '언론이 저래도 되나' 싶은 생각에 한숨이 나오지만 항의할 곳도 하소연할 곳도 마땅치 않기에 그저 혀를 끌끌 찰 뿐이다. 희한한 형태의 소송들이 그리 많은데, 언론사가 제공한 잘못된 정보로 인해 건강에 위해를 입은 사람이 제기하는 소송은 왜 아직 없을까 하는 생각도 든다.

이런 생각이 나만의 것은 아니었는지, 지난 (2003년 11월) 12일 방송위원회 산하 보도교양 제1심의위원회는 의사가 출연해 특정질병 치료법 등을 소개하는 지상파 3사의 '의료 · 건강' 프로그램을 집중 심의키로 했다. 방송위는 방송사가 임의로 특정 의료인이나 의료기관을 출연시킴으로써 간접광고 등의 지적을 받지 않도록 공신력 있는 단체의 추천절차를 거쳐 출연케 하는 방안도 각 방송사에 제안하기로 했다.

이런 결정 자체는 환영할 만한 일이지만, '언 발에 오줌누기' 라는 생각이 든다. 방송위가 말한 '의사' 의 범위에 한의사도 포함되는지 모르겠지만, 한의사나 비의료인이나 '업자들' 에 의해 자행되는 황당무계한 짓들을 근절할 수 있는 장치가 마련되기는 요원해 보여서다. 또한 지상파 3사 외에 무수히 많은 케이블 및 인터넷 매체들을 통해 유포되는 범죄에 가까운 오류들은 또 무슨 수로 제재할 수 있을지 난감해진다.

지난한 일이긴 하겠으나, 의사들이 이 문제 해결을 위해 앞장서야 한다. 의사들이 국민 건강의 파수꾼을 자임하는 이상, 그것은 선택이 아니라 의무다. 어디서부터 어떻게 손을 대야 할지 막막하지만, 더 늦기 전에 의사들이 지혜를 모아봐야 하겠다.

2003. 11. 17.

사회보험노조는 NGO인가?

최근 한림대 사회학과 전상인 교수가 어느 신문 칼럼에서 재미있는 표현을 썼다. 우리나라의 일부 유력 NGO들이 비정부기구(Non Governmental Organization)라기보다는 친정부기구(Near Governmental Organization)에 가깝다는 것이다. 일종의 말장난이지만, 진정한 의미의 NGO를 찾아보기 힘든 우리 사회의 풍토를 잘 지적한 말이라고 생각한다.

이번 호(제178호) 커버스토리는 국민건강보험공단 사회보험노조의 보도자료 파문에 대한 것이다. 사회보험노조의 보도자료가 방송을 통해 그대로 전파되는 것을 처음 들었을 때는 가슴이 철렁했지만, 실상을 알아본 후에는 분노가 치밀어 올랐다. 너무나 터무니없는 모략이었기 때문이다. 그 보도를 보면서 벙어리 냉가슴을 앓아야 했던 많은 분들이 우리의 기사를 통해 조금이나마 위안을 얻기 바란다.

지금까지 사회보험노조는 보통의 기업 노조와는 조금 다른 취급을 받아왔다. 일반적으로 노조는 순수한 이익집단에 가깝다. 물론 상대적으로 약자의 위치에 놓인 사람들의 집단이기 때문에 그들의 목소리를 '일단' 경청해주는 사회 분위기가 있기는 하지만, 노조는 조합원들의 이익을 위해 움직인다. 그러나 사회보험노조는 조합원들의 이익뿐만 아니라 건강보험 가입자, 즉 모든 국민의 이익을 위한 활동도 병행한다는 '이미지'가 있었다.

그런데 이번에 그들이 배포한 보도자료와 그 근거가 된 내부자료를 모두

136

검토해 본 결과, 그들이 지녀온 공익적 이미지가 완전한 허구였음을 알게 됐다. 그들은 전적으로 그들 스스로의 이익을 위해 움직이는 집단이며, 그러한 목적을 위해서는 다른 집단의 명예는 짓밟혀도 상관없으며 환자—의사 신뢰가 땅에 떨어져도 눈도 깜짝하지 않는 집단임을 알게 됐다.

우리가 취재 과정에서 가장 이해할 수 없었던 것은 사회보험노조가 '매년 50%씩 증가하는 부당청구'라는 표현을 쓴 부분이었다. 사회보험노조가 작성한 내부 문건에 의하면 50% 증가한 것은 부당청구를 한 요양기관의 수였고, 부당청구 건수는 1,530%, 그리고 부당청구 금액은 600%나 증가했기 때문이다.

상식적으로 생각할 때, 보도자료는 언론에 보도되기를 바라고 작성하는 것이므로, 이왕이면 가장 사람들의 눈길을 끌 수 있는 부분을 강조해야 한다. 즉 사회보험노조가 이 자료의 신뢰성을 확신했다면, 보도자료의 제목을 '부당청구 1년 새 15배 증가'로 뽑았어야 한다는 말이다.

그러나 그들은 그렇게 하지 않았다. 그 이유를 물었더니 다음과 같은 답변이 돌아왔다.

"2001년도에는 무작위로 진료내역통보를 했기 때문에 부당유형이나 주로 발생하는 상병에 대해 알 수 없었다. 즉, 2001년에는 방법이 미비해서 부당확인 건수는 3만4,393건으로 적을 수밖에 없었다. 그러나 2002년에는 부당유형에 대한 자료와 상병에 대한 통계가 있었기 때문에 부당확인 건수가 52만7,518건으로 급증했다. 따라서 부당확인 건수보다는 부당이 확인된 요양기관수를 핵심포인트로 잡았던 것이다."

궤변이다. 방법상의 문제로 2001년의 부당확인 건수가 적었다고 하면, 당연히 부당이 확인된 요양기관수도 적었어야 한다. 백 번 양보하여 부당확인 요양기관수를 핵심포인트로 잡는 것은 그들의 자유라고 해도, 비율을 이야기할 때 분모를 통일시켜야 하는 것은 중학교 과정에서 배우는 상식이다.

2001년과 2002년에 진료내역을 통보한 요양기관수가 무려 8천 곳 가까이 늘었는데, 그것은 숨긴 채 부당이 확인된 요양기관수가 6천 곳 가량 늘어난 것을 두고 '50% 늘었다'고 외친 것은 부도덕한 일이다.

사회보험노조는 이번 사건을 통해 자신들이 갖고 있던 '약간의' 공익적 이미지마저 스스로 저버렸다고 생각한다. 사회보험노조는 비정부기구도 아니고 친정부기구도 아닌 그들의 본질을 극명하게 드러낸 것이다. 건강보험의 조직통합에 이어 곧 재정통합이 이루어지면 어떤 규모든 구조조정이 있어야 할 것이므로, 이 과정에서 자신들의 일거리를 늘리기 위한 방편을 백방으로 찾던 중 이번과 같은 무리수를 둔 것이라고밖에는 해석할 수 없다.

사회보험노조의 주장을 여과 없이 보도한 언론사들에 대해서도 아쉬움이 남지만, 사회보험노조의 주장의 진실성 여부를 검증할 어떠한 방법도 없었으며 그나마 진실성을 의심할만한 부분은 전혀 공개되지 않았다는 측면에서 언론사들도 일종의 피해자라고 할 수 있다.

하지만 이번 사건의 최대 피해자는 의료계다. 의협은 이번 사건을 결코 그냥 넘어가서는 안 된다고 본다. 이번 사건은 지금까지 발생했던 수많은 의료계 매도 중에서도 가장 심각하고 악의적인 것이기 때문이다. 의협의 대응을 주목한다.

2003. 7. 14.

NGO 흉내내는 이익집단들

　지난 (2003년 7월) 1일, 국회는 본회의에서 한국방송공사(KBS)의 2002년
도 결산안을 부결시켰다. 정부투자기관의 결산안(예산안이 아니라)이 부결
된 것은 처음 있는 일이었다.

　국회는 부결과 함께 11가지 문제점의 시정을 요구했는데, 그 중 한 가지가
'인건비 절감 및 인력 구조 개선' 이었다. 이를 요구한 근거는 1인당 연간 부
가가치 생산액이다. SBS가 2억400만원, MBC가 1억9,300만원인데 비해
KBS의 직원 1인당 연간 부가가치 생산액은 1억1,900만원에 불과했기 때문
이다. 또 결산안에 의하면 KBS의 인건비는 2001년에 비해 2002년에 10% 증
가했다. 지난해의 경제성장률은 6.3%였고, 전체 근로자의 평균 임금 인상률
은 6.7%였다.

　이번 결산안 부결이 KBS가 지나치게 정부와 가까워지는 듯한 모습을 보
이는 것에 대한 야당의 정치 공세라는 분석도 일리는 있지만, '방만한 경영'
이라는 비난을 피할 수는 없어 보인다. KBS가 틈만 나면 '공영방송', '국가
의 기간방송' 이라 스스로를 칭하는 것은 모두가 아는 바다.

　최근 전국보건의료노조는 일부 병원에서 파업 직전까지 갔었다. 파업 돌
입 시점 직전에 임단협이 타결되기는 했지만, 그 과정에서 벌어진 일들을 잠
시 복기(復棋)해 보자.

　보건의료노조는 올해 초 임단협을 앞두고 11.1%의 임금인상 가이드라인

을 제시했었다. 이를 기준으로 각 병원 노조가 요구한 임금인상률은 최저 10%에서 최고 13%였다. 파업 위협을 통해 이들이 얻어낸 주요 병원의 평균 임금인상률은 6～7%이다. 게다가 일부 병원에서는 사학연금제도 개선을 명목으로 직원 개인부담금 중 일정 부분을 병원이 지원키로 합의한 곳도 있어 실질적인 임금인상률은 이보다 높은 것으로 추정되고 있다.

보건의료노조가 임금인상 외에 요구한 것들은 '의료의 공공성 강화', '인력충원', '비정규직 정규직화와 차별철폐', '산별교섭 참가', '모성보호', '특진제 폐지', '다인실 비율 확대' 등이었다.

보건의료노조가 다른 노조와 좀 다른 것은 이들이, 마치 KBS가 그러는 것처럼, 그리고 바로 지난주에 지적한 사회보험노조가 그러는 것처럼, 스스로의 성격을 NGO 비슷하게 설정한다는 점이다. 그런 측면은 '의료의 공공성 강화', '특진제 폐지', '다인실 비율 확대'와 같은 것들을 요구하는 데서 잘 드러난다. 특히 의료의 공공성 강화가 왜 병원장을 상대로 요구해야 하는 사항인지 도무지 이해할 수가 없다. 특진제 또한 병원이 마음대로 적용하는 것이 아니라 법에 정해진 대로 시행하는 제도이니, 이것이 마음에 들지 않으면 정부를 상대로 투쟁을 해야 한다. 다인실 비율 축소는 규정을 어기고 있는 병원들이 많은 것이 사실이지만, 이것이 어떤 연유로 벌어진 현상이며 병원 경영상 어떤 변수로 작용하고 있는지를 뻔히 알고 있는 그들이 요구하는 것은 좀 부적절해 보인다.

상식적으로 생각하면 그들도 '병원밥'을 먹는 사람들이니, 병원이 더 돈을 많이 벌 수 있도록 노력해야 한다. 병원의 경영상태가 좋아져야 얻어먹을 것도 늘어날 것이니 말이다. 그러나 그들은 그렇게 하지 않는다. 오히려 병원문을 닫게 만들려고 애를 쓰는 것처럼 보이기도 한다. 자신이 속한 회사의 경영상태를 악화시키기 위해 기를 쓰는 동시에 자신들의 임금은 대폭 인상해 줄 것을 요구한다? 좀 이상하지 않은가. 이렇게 생각하는 내가 천박한 것인가?

일반적인 노조는 그렇지 않다. 비록 임금인상 외의 여러 가지 '우아한' 요구들도 하지만, 회사를 상대로 싸워야 할 항목과 정부를 상대로 싸워야 할 항목을 구분할 줄은 안다.

파업을 목전에 두고 막바지 협상을 한창 벌이고 있었던 지난 (2003년 7월) 13일, 보건의료노조는 서울대병원 1인실 병실료가 터무니없이 비싸다는 보도자료를 냈다. 파업 예고일 전날인 지난 15일에는 기자회견을 열어, 국립대학병원의 중환자실과 무균실 물품구입비 환자 전가 문제를 고발했다. 이 두 건의 발표의 '타깃'이 하필 이번 쟁의의 핵심 장소였던 서울대병원과 국립대병원이었다는 사실은 단순한 우연일까?

보건의료노조가 지적하는 문제들 중에는 타당한 것도 많다. 고발할 것은 고발해야 하고 시정할 것은 시정해야 한다. 하지만 파업 날짜까지 지정해 놓고 임단협을 벌이면서, 동시에 이런 언론 플레이를 하는 것은 뭔가? 소위 '상도덕'을 모르는 사람들 아닌가 싶다.

아울러 억울한 것은, 이번 파업과 관련된 보도를 접한 '잘 모르는' 많은 사람들이 또 의사들을 비난했다는 사실이다. 올해 수가는 얼마나 올랐더라?

2003. 7. 21.

조범구 교수의 수상이 각별한 이유

지난 (2003년 3월) 20일 저녁, 의협신보 창간 36주년 기념식과 함께 제19회 보령의료봉사상 시상식이 열렸다. 이날 대상 수상자는 연세의대 조범구 교수였다. 1978년부터 25년 동안 매월 둘째 일요일 서울과 부산을 오가며 심장병 어린이 1,400여명을 무료로 수술해 온 것이 수상의 이유였다.

이미 널리 알려진 사실이지만, 조 교수의 행적은 놀라움 그 자체다. '비행기는 삯도 비싸고 자주 있지도 않아서' 야간열차를 타고 서울―부산을 왕복한 이야기며, 25년 동안 무료 진료를 빼먹은 횟수가 다섯 번이 될까 말까라는 사실과, 자신이 진료한 환자의 99% 이상을 20년 이상 꾸준히 추적 진료해 왔다는 것 등은 〈리더스 다이제스트〉에나 등장함직한 이야기가 아닐수 없다.

물론 조 교수 자신은 "의사로서 할 일을 했을 뿐인데 상은 무슨 상을…"이라면서 "가난한 부모들이 입술이 파랗게 된 자식을 안고 100명, 200명씩 몰려와 나만 쳐다보는데, 의사가 그걸 보고 어떻게 그만둡니까?"라고 아무렇지도 않게 말하지만, 그가 한 일은 분명히 칭송 받아 마땅한 일이다.

하지만 나는 그의 수상에는 또다른 특별한 의미가 있다고 생각한다. 그것은 그가 역대 수상자들과는 전혀 다른 점 한 가지를 갖고 있기 때문이다. 그게 무엇인지는 역대 수상자들의 면면을 살펴보면 금세 알 수 있다.

지금까지 보령의료봉사상을 수상한 18명의 의사들은 모두 의료 혜택에서 소외된 지역에서 매우 긴 시간을 보낸 분들이다. 흔히 '깡촌'이라고 부르는 곳에 위치한 낡고 허름한 작은 진료실에서 평생 지역주민들을 돌본 분들이 대부분이고, 심지어 네팔이나 방글라데시처럼 외국에까지 가서 많은 활동을 펼친 분들도 있다.

하지만 조범구 교수는 25년전이나 지금이나 연세의대 교수이며, 얼마 전까지는 세브란스병원장도 역임한 분이다. 역대 수상자들 가운데 최초로 '서울 사는 성공한 의사'인 것이다.

바로 그 이유 때문에, 나는 조범구 교수의 수상 소식을 듣고 특히 반가웠다. 그가 역대 수상자들보다 더 훌륭하기 때문이 아니라, 오히려 훨씬 '덜' 훌륭하기 때문이었다.

아무리 기억을 더듬어봐도 도대체 봉사라고는 해 본 적이 없는 내가 이런 이야기를 하는 것이 부끄럽기는 하지만, 지금까지 큰 상을 받고 신문에 대문짝만 하게 나는 모든 분들은 '너무' 훌륭한 일을 하신 분들이라 도저히 따라 배울 엄두가 나지 않는 분들이었다. 그저 아주 잠시 감동하며 아주 잠깐 주변을 돌아볼 기회를 얻을 수는 있을지언정, 비슷한 흉내라도 직접 내 볼 생각은 못했다는 말이다.

누구나 세속적인 유혹을 완전히 뿌리치기는 무척 어렵다. '딸린 처자식'을 생각하면 더 그렇다. 젊은 시절, '평생을 봉사하며 살겠다'는 다짐 한번쯤 안 해 본 의사가 누가 있으랴마는 세월이 흐르면서 그 다짐은 점점 엷어지고 그런 다짐을 했었다는 사실도 잊혀진다.

하지만 이번에 상을 받은 조 교수는 자신을 완전히 희생(정작 당사자들은 전혀 희생이라고 생각하지 않는 경우가 많지만)하지 않으면서도 다른 사람들에게 엄청나게 많은 것을 꾸준히 베풀었다는 점에서, 더욱 존경받아야 한다는 생각이다.

물론 역대 수상자들의 우직한 삶을 폄하할 생각은 추호도 없다. 그분들이야말로 이 사회를 밝히는 등불이며, 모든 의사들의 귀감임에 틀림없다. 하지만 조 교수의 수상은 '봉사는 너무 힘들어서 뭔가 아주 특별한 사람이나 하는 일'이라고 자위하던 범인들의 머리를 쾅 하고 때렸다는 점에서 그 의미가 각별하다.

조 교수는 시상식장에서 이렇게 말했다. "이제 곧 정년퇴임을 하면 그만두려 했는데, 앞으로 10년쯤은 더 하라는 명령으로 받아들이겠다. 이 일을 10년은 더 하겠다. 우리 가족이 허락해 줬으면 좋겠다." 그래, 그에게도 당연히 '가족'이 있고 '현직'이 있다. 바로 우리들처럼.

2003. 3. 24.

'글치기'를 시작하는 의사들

중국 당나라 때 관리를 등용하는 시험에서 인물평가의 기준으로 삼았던 것은 네 가지였다. 풍채와 용모, 언변, 글씨, 판단력의 네 가지가 그것으로, 흔히 신언서판(身言書判)으로 불린다. 이 기준은 오늘날까지도 인재감별의 잣대로 널리 쓰이고 있다고들 하는데, 찬찬히 생각해 보면 꼭 그런 것만도 아니다. 다른 세 가지는 몰라도 '글씨'라는 항목은 요즘에 와서는 그 중요성이 매우 엷어졌기 때문이다.

꼭 붓글씨가 아니더라도, 필체는 다소나마 사람의 됨됨이를 말해준다. 사람의 근본적인 됨됨이뿐만 아니라 그 글을 쓰는 동안의 순간적인 심리 상태도 말해준다. 그리고 필체가 간접적으로 알려주는 사람의 됨됨이는 대체로 지성(知性)보다는 감성(感性)에 속하는 부분이다. 때문에, 비교적 잘 알고 있는 사람의 필적을 보며 그 글씨의 주인들을 떠올리는 것은 꽤 재미있는 일이다.

그러나 요즘은 이런 재미를 맛볼 기회가 흔치 않다. 어지간히 가까운 사이라 할지라도 그 사람의 필적을 '감상'할 일은 별로 없는 세상이 됐기 때문이다. 그렇게 된 원인은 두말할 나위도 없이 컴퓨터다. 타자기 시절만 해도 이 정도는 아니었건만, 거의 모든 사람들이 컴퓨터의 문서작성 프로그램을 이용하는 시대가 되고 보니 '친필'이라는 것이 무척이나 귀해진 것이다. 하루에 이메일을 백 통씩 받아도(그 중 아흔 다섯 통은 광고지만) 보낸 사람의 필적을 볼 수 있는 경우는 거의 없고, 고전적인 우편물도 서너 통씩 오기는 하지만 대부분이 청구서일 뿐이니 온통 인쇄된 글자들뿐이다. 그러다 보니 아주 간혹 친필이 '조금' 섞인 우편물만 받아도 반가움이 느껴지곤 한다(100% 친필로만 이루어진 편지를 받아본 것이 언제인지 기억조차 희미하다).

그래도 신기한 것은 연필(볼펜도 아니고 진짜 연필)의 생산량이 별로 줄어들지 않는다는 사실이다. 1938년의 〈뉴욕타임스〉지 사설은 타자기가 연필을 몰아내리라고 전망했지만 1960년대 미국의 연간 연필생산량은 무려 20억 자루로 역대 최고를 기록했으며, PC의 등장 이후에도 연필이 사라지리라는 전망이 쏟아져 나왔지만 지금도 연필은 많은 사람들의 사랑을 받고 있으니 말이다.

오는 (2003년 5월) 10일부터 진료를 시작하는 분당서울대병원에서는 의사들이 노트북을 들고 다니며 의무기록을 '입력' 하게 된다고 한다. '4 Less(Paperless, Filmless, Chartless, Slipless)' 디지털 병원을 표방하는 이 병원에는 종이차트가 아예 없다고 하며, 조만간 노트북 대신 PDA를 들고 다니게 될 것이라고 한다.

알아볼 수 없는 것으로 악명이 높았던, 그러나 의사들끼리는 '신기할 정도로' 서로 통했던 그 지저분한 차트는 이제 정말 사라지는 것일까? 똑같이 '고진선처 바랍니다' 라고 쓰어 있어도, '공손한' 정자체로 쓰여진 컨설트 요청에 이왕이면 좀더 성의 있게 답변하던 그 '인간미' 도 이제 더 이상 찾아볼 수 없게 되는 것일까? 안 그래도 불충분한 의무기록으로 인해 나중에 엉뚱한 사단이 벌어지기도 했었는데, 혹시 이런 방식이 의무기록의 충실성을 더 떨어뜨리지는 않을까 하는 기우도 생긴다(노트북은 병원에서 지급해 주는지, 하루 종일 들고 다니기에는 무거운 것인데 의사들의 피로가 더 가중되지는 않을지, 분실의 우려는 어떻게 해결할 것인지 하는 '격이 낮은' 의문들도 함께 생긴다).

146

30년을 '문학과지성사'와 함께 한 김병익 선생은 어느 글에서 "10년 전쯤 내가 컴퓨터의 워드 프로세서를 익히면서 가진 큰 관심은 펜으로 글을 쓸 때의 문체와 워드로 글씨를 칠 때의 문제가 달라질 것인가, 달라진다면 그 문체는 어떻게 변할 것인가 하는 점이었다. 그때 나는 워드의 '글치기'가 펜으로 쓸 때보다 속도가 빠르고 피로감이 덜할 것이어서 문장이 길어지고 내면체의 문장이 되지 않을까 예상했었다."면서, 그 예상은 일부는 맞고 일부는 틀렸다고 적었었다.

문학과 의무기록은 전혀 다른 본질을 갖고 있지만, 의사들이 '글치기'를 시작하게 된 변화가 10년 후쯤에는 어떤 결과를 낳을지 정말 궁금해진다.

2003. 5. 5.

수인의 딜레마, 의사의 딜레마

최근 개원가의 경영난이 심해지면서, 야간 및 주말 진료시간을 늘리는 곳이 많아지고 있다. 불과 몇 년 전만 해도 대부분 동네의원들이 문을 닫는 시각은 평일 7시, 토요일 1시 정도였다. 물론 일요일과 공휴일에는 아예 쉬는 것이 보통이었다.

그런데 요즘은 상황이 달라졌다. 저녁 8시까지 문을 여는 곳은 매우 흔하고, 9시나 10시까지 문을 여는 곳도 적지 않다. 토요일에는 오후 5~6시까지, 휴일에도 1~2시까지 진료하는 곳이 점차 늘고 있는 것이다.

어떤 이는 남의 속도 모르고 '돈독이 올랐다'고 생각할지 모르지만, 의사들의 노동시간이 길어지고 있는 것은 우리 의료 시스템의 모순을 반증하는 단서일 것이다.

얼마 전 대한개원의협의회에서는 재미있는 한 가지 주장을 했다. 의사의 적정 월수익은 725.5만원 정도인데, 현재는 적정 수준의 50%에 불과하다는 것이다.

이와 같은 수치의 산출 근거는 이렇다. 우선 한국산업인력공단 중앙고용정보원이 지난 (2003년) 6월에 발표한 산업직업별 고용구조조사에 의하면, 우리나라 근로자의 주당 평균 근로시간은 46.2시간이고 의사의 주당 평균 근로시간은 58.8시간이다. 통계청 자료에 나와 있는 우리나라 근로자의 평균 월소득은 203.6만원이다. 또한 OECD 국가들의 '근로자 평균 : 의사'의

소득 비율은 1 : 2.8이다. 따라서, 일반 근로자의 평균 임금에 (58.8/46.2)을 곱하고 거기에 다시 2.8을 곱하면 약 725.5만원이 된다는 말이다.

그런데 한국산업인력공단의 같은 자료에 의하면 의사들의 월평균 임금은 398.1만원에 불과하니, 적정 수준의 50%를 갓 넘을 뿐이라는 주장이 가능하다.

원래 통계라는 것이 흔히 '마술'로 불리니, 이 수치는 큰 의미가 없을지도 모른다. 하지만, 의사들, 특히 개원의들이 체감하는 어려움은 이 수치 이상인 것으로 보인다. 최근 대한가정의학과개원의협의회가 실시한 설문조사에서도 의사들의 평균 근로시간은 주당 57.3시간으로 나타났고, 설문 응답자의 70% 가까이가 법정공휴일에도 진료를 하고 있는 것으로 나타났으니 말이다. 의사들을 휴일에도 쉬지 못하게 만든 사람은 누구인가?

잘못된 의료정책을 오랫동안 펴고 있는 정부로 인한 난관의 돌파구를 자신의 노동시간을 연장하는 데서 찾고자 하는 의사들의 처지는 참 딱한 것이다. '남들도 다 늦게까지 문을 여니까', '먹고살기 힘드니 어쩔 수 없다'고 말하는 개원의들을 보면서 문득 '수인의 딜레마(prisoner's dilemma)'라는 게임이론 용어가 떠오른다.

수인의 딜레마란 이런 것이다. 공범 A와 B가 경찰에 붙잡혀 각각 격리된 상황에서 심문을 받는데, 두 사람 모두 고백하면 각각 10년형을 받게 되고, A는 고백하고 B는 함구하는 경우 A는 특전을 받아 무죄로 풀려나고 B는 30년형을 받게 되며, 반대로 B가 고백하고 A가 함구하면 B는 무죄, A는 30년형을 받는다. A와 B가 모두 끝까지 함구하면 3일씩 구류를 살고 무죄로 풀려날 수 있지만, 서로 상대방이 고백할지 함구할지 알 수가 없다.

A의 입장에서 생각해 보자. B가 고백을 한다고 가정하면, A는 자기도 고백하면 10년이고 고백하지 않으면 30년형을 받게 되니, 고백하는 게 낫다. 또 B가 함구를 한다고 가정하면, A는 자기가 고백하면 당장 무죄로 풀려나

지만 함구하면 3일을 고생해야 하므로, 역시 고백하는 것이 낫다. 즉, B가 어떤 태도를 취하든 A는 고백하는 것이 유리한 것이다. 물론 B의 입장에서도 마찬가지이므로, 결국 두 사람 모두가 고백을 하여 각기 10년형을 받게 된다.

물론 A와 B 모두가 같이 함구하여 3일씩 구류를 받고 무죄로 나오는 것이 가장 좋지만, 상대방이 고백을 하면 자신이 30년형을 받아야 하는 상황에서 침묵을 지키기란 쉬운 일이 아니다. 이 용어는 경제학 등 여러 분야에서 사용되는데, 주로 각 개인이 자기의 이득만을 생각하여 의사결정을 함으로써 사회 전체에 손실을 야기할 수 있는 상황을 묘사한다.

의사들이 약가마진에 취해서 저수가에 대해 저항하지 않는 동안 한국의료가 서서히 망가져 온 것처럼, 모든 의사들이 노동시간의 연장을 통해 현 상황을 타개하려 한다면 근본적인 개혁은 요원할 것이다. 하지만 다들 60시간을 일하는데 혼자서 주 5일, 40시간 근무를 고집할 무모한 사람은 없을 터이니, 이야말로 '의사의 딜레마'가 아닌가.

최소한의 당직 의사 말고는 모든 의사들이 주말에는 편안히 쉴 수 있는 의료 시스템을 원한다. 사실 너무도 당연한 것이고 환자를 위해서도 바람직한 일인데, 이게 이 나라에서는 안 이루어지고 있다.

2003. 8. 25.

킬리만자로의 표범 - 의사 버전

이번 호(제186호) 8면에는 '킬리만자로의 표범'이라는 시(?)가 실렸다(아직 읽지 않으셨다면, 이 글을 읽기 전에 그것부터 먼저 감상해 주시라. 이 책에서도 154페이지에 실어 놓았다). 우리 국민의 대표적 애창곡 가운데 하나인 조용필의 '킬리만자로의 표범' 가사를 패러디한 이 글은 의사들을 위한 어느 인터넷 사이트의 익명 게시판에 오른 것인데, 내용으로 보아 필경 어느 개원의가 쓴 것으로 여겨진다.

벌써 그렇게 됐나 할 사람이 많겠지만, 조용필의 '킬리만자로의 표범'이 발표된 것은 1985년이다. 노래도 노래려니와 양인자의 가사가 워낙 독특하기 때문에 이 노래는 지금까지도 많은 사람들이 나름대로 해석과 변형을 가하곤 한다.

코미디 프로그램이나 만화에서도 흔히 패러디되고, '21세기가 간절히 나를 원했기 때문'이라는 말은 유행어가 되기도 했다(1985년에 21세기를 논하는 사람은 아무도 없었다). 2년 전쯤에는 "작전을 찾아 객장을 어슬렁거리는 세력들을 본 일이 있는가 / 물량 적은 투기주만을 찾아다니는 객장의 작전세력 / 나는 작전세력이 아니라 개미이고 싶다 / 추격매수 하다가 상투잡이로 쪽박 차는 비정한 증시의 그 개미이고 싶다"로 시작되는 증권가 버전이 화제가 되기도 했다.

하지만 이 노래의 '원작'이라고 해야 할 만한 것은 역시 어니스트 헤밍웨이의 단편소설 〈킬리만자로의 눈〉인데, 이 소설은 이렇게 시작된다.

「킬리만자로는 높이 5,895미터의 눈 덮인 산으로 아프리카 대륙에서 가장 높은 산이라고 한다. 마사이족은 서쪽 봉우리를 가리켜 '느가이에 느가이'라 일컫는데 그것은 신(神)의 집이라는 뜻이라고 한다. 그런데 이 서쪽 봉우리 근처에는 말라 얼어붙은 표범의 시체 하나가 나뒹그러져 있다. 과연 표범은 그 높은 산봉우리에서 무엇을 찾고 있었던 것일까? 그것을 설명할 수 있는 사람은 아무도 없다.」

헤밍웨이의 이 낯선 표현에 대해 혹자는 '킬리만자로의 정상은 예술가의 이상향이며 표범은 그 이상향을 쫓다가 뜻을 이루지 못한 예술가'라고 해석하고, 다른 혹자는 '개인이 자신의 내부에 깃든 갈등의 존재를 파헤치며 스스로 승리의 의지를 불태우지만 죽음으로밖에 승화시킬 수 없는 인간의 모습을 표현했다'고 해석하기도 한다.

〈감옥으로부터의 사색〉으로 유명한 신영복 교수는 케냐 여행에서 현지인들에게 이런 질문을 던지기도 한다.

"표범이 킬리만자로의 꼭대기, 만년설이 있는 곳까지 올라가기도 합니까?", "만년설 부근에서 혹시 한번쯤 표범의 시체가 발견된 적은 없습니까?", "혹시 정신병에 걸린 표범이 올라갔다고 볼 수는 없을까요?"

그러나 돌아오는 대답은 기대를 저버린다. "올라가지 않습니다. 가장 높이 올라가는 동물인 원숭이도 4천미터 이상은 올라가지 않습니다. 동물은 정신병에 걸리는 법이 없습니다. 정신병은 사람들만 걸리는 병입니다."

호기심이 많고 무엇이든 분석하길 좋아하는 사람들에게 이 노래 가사는 좋은 소재가 되는 모양이지만, 굳이 어렵게 해석하지 않더라도 많은 사람들은 이 노래에 등장하는 '킬리만자로'나 '표범'이나 '하이에나'가 무엇을 뜻하는지 대충은 짐작할 수 있다.

다시 어느 개원의가 쓴 '킬리만자로의 표범' 의사 버전을 읽어보자. 겉으로는 웃지만 속으로는 한숨을 쉴 수밖에 없는 절박한 외침이다.

"나는 돌팔이가 아니라 의사이고 싶다 / 소신대로 진료하다 굶어서 얼어죽는 / 교과서대로의 그 의사이고 싶다", "내가 오늘 이 점빵을 지키고 앉아 있는 것은 / 적지만 그나마 날 믿고 찾아온 환자 때문이지"라는 대목에서 감히 웃을 수 있는 사람은 많지 않을 것이다.

또 "너는 영양제를 좋아하나? 나도 영양제를 좋아한다 / 너는 비보험을 좋아하나? 나도 비보험을 좋아한다"라거나 "진료란 책임이 보이는 가슴아픈 정열 / 소송 걸리면 마지막엔 무엇이 있나?"라는 대목에서는 선량한 대다수 의사들의 막막한 절망이 느껴진다.

이 패러디 가사를 들여다보다가 문득 조용필의 원곡을 찾아 다시 들어본다. 대부분의 가사가 바뀌어져 있는데, 전혀 바뀌지 않고 그대로 인용된 부분을 발견한다. "아무리 깊은 밤일지라도 / 한가닥 불빛으로 나는 남으리 / 메마르고 타버린 땅일지라도 / 한줄기 맑은 물소리로 나는 남으리"라는 부분이다.

표범은 무슨 '얼어죽을' 표범이냐고, 굶어죽기 전에 하이에나가 되라고 유혹하는 목소리가 점점 더 크게 들려오는 상황에서 이런 '공자님 말씀' 같은 구절이 무슨 큰 힘이 되겠냐마는, 의사라는 직업 자체의 속성이 원래 그런 것이기에, 결국 우리는 '원칙'을 고수함으로써 희망을 찾는 수밖에 없지 않을까 싶다.

2003. 9. 15.

킬리만자로의 표범 - 의사 버전

조진의(조용한 진료실 의사)

환자를 찾아 길가를 떠도는 돌팔이를 본 적이 있는가?
나이롱 환자만 찾아다니는, 사술로 삥까는 돌팔이

나는 돌팔이가 아니라 의사이고 싶다
소신대로 진료하다 굶어서 얼어죽는
교과서대로의 그 의사이고 싶다

자고나면 도둑으로 몰리고 자고나면 초라해지는
나는 지금 의원의 어두운 진료실 모퉁이에서 졸고 있다

야망에 찬 도시의 그 불빛 어디에도 나는 없다
이 큰 도시의 복판에 이렇듯 철저히 혼자 버려진들 무슨 상관이랴
나보다 더 불행하게 살다간 유관순 윤봉길 의사도 있었는데-.-;;

바람처럼 개업했다가 이슬처럼 폐업할 순 없잖아
내가 산 흔적일랑 남겨둬야지

한줄기 연기처럼 가뭇없이 사라져도
빛나는 불꽃으로 타올라야지

묻지 마라
왜냐고 왜 그렇게 밤늦게까지
진료하려 애쓰는지 묻지를 마라!

환자 없는 의사의 속타는 마음을
아는 이 없으면 또 어떠리

진료하는 일이 허전하고 등이 시릴 때
그것을 위안해줄 아무 것도 없는 보잘것없는 세상을
그런 의사를 새삼스레 아름답게 보이게 하는 건
희생할 수 있기 때문이라구

희생하라는 것이 의사를 얼마나 비참하게 만드는지
모르고 하는 소리지
강요된 희생만큼 고독해진다는 걸 모르고 하는 소리지

너는 영양제를 좋아하나?

나도 영양제를 좋아한다

너는 비보험을 좋아하나?
나도 비보험을 좋아한다

그리고 또 나는 사랑한다

화려하면서도 쓸쓸하고
가득 찬 것 같으면서도 텅 비어 있는
내 진료실에 건배!

의업이 외로운 건 책임을 걸기 때문이지
모든 것을 거니까 외로운 거야

봉사와 책임도 모두를 요구하는 것
모두를 건다는 건 외로운 거야

진료란 책임이 보이는 가슴아픈 정열
소송 걸리면 마지막엔 무엇이 있나?

모두를 잃어도 진료한 걸 후회 않는 것
그래야 의사였다고 자위(自慰)하겠지

아무리 깊은 밤일지라도
한가닥 불빛으로 나는 남으리

메마르고 타버린 땅일지라도
한줄기 맑은 물소리로 나는 남으리

거센 핍박으로 의료계가 황폐화될지라도
꺾이지 않는 한그루 나무되리

내가 오늘 이 점빵을 지키고 앉아 있는 것은
적지만 그나마 날 믿고 찾아온 환자 때문이지

감기인가 폐렴인가 저 골때리는 감기지침
오늘도 나는 가리 넥타이 매고

점빵에서 만나는
고독과 악수하며
그대로 폐업된들 또 어떠리

랄~~~라~~ 라랄라~~

'예술'을 모르는 무지몽매한 것들

어떤 제약회사가 소위 '메이저' 인지 아닌지 알 수 있는 쉬운 방법이 있다. 자신들의 제품을 의사에게 홍보할 때 '효과' 만을 따지면 메이저이고, '비용대비 효과' 를 따지면 메이저가 아닌 것이다.

적어도 과거에는 그랬다. 그런데 이런 구별법이 조만간 통용되지 않을 전망이다. 최근에는 메이저 제약회사들도 단순히 높은 효능만을 내세우는 것이 아니라 가격을 고려했을 때의 효능을 마케팅 포인트로 잡는 경우가 많아지고 있기 때문이다.

지난달(2003년 9월) 28일부터 5일간 일본 교토에서 열린 제13차 국제동맥경화학회에서도 이런 경향은 두드러지게 나타났다. 순환기내과 분야에서 제약회사들의 최대 격전지가 항고혈압제 시장에서 지질저하제 시장으로 옮겨가고 있는 가운데 열린 이번 학회의 주요 이슈 중의 하나는, 새롭게 선보이는 스타틴계 약물인 로수바스타틴이었다. 당연히 그에 대한 임상시험 결과도 여러 편의 논문으로 발표되었는데, 재미있는 건 그 중 몇몇 논문이 로수바스타틴의 '비용대비 효과(cost-effectiveness)' 를 계측한 것이라는 사실이었다. LDL 콜레스테롤을 목표치까지 낮추는 데에 A라는 약은 몇 파운드, B라는 약은 몇 파운드 하는 식의 '돈 계산' 이 근엄한 문체의 논문들에 포함되어 있는 모습은 조금 우스꽝스럽기까지 했다.

여러 연구 결과들을 종합할 때, 효능이나 부작용 등의 측면에서 로수바스타틴이 기존의 스타틴 제제들보다 특별히 뛰어나다고 말할 수는 없었다(물론 필경 제약회사의 후원으로 이루어졌을 이 연구들은 효능 자체도 기존 제제들보다 앞선다고 보고했다). 하지만 '가격'이라는 변수를 함께 고려했을 때에는 이 약의 장점이 훨씬 더 큰 것으로 '보였다'.

이 사실이 의미하는 것은 무엇일까. 제약회사들이 신약의 가격을 합리적으로 매기기 시작했다거나 의학연구자들이 갑자기 약물경제학(pharmacoeconomics)에 관심을 기울이기 시작했다고 해석할 수도 있겠지만, 아마도 그건 아닐 거다. 이유와 배경은 조금씩 다르겠지만 세계의 여러 나라들이 의료비 상승으로 인해 골머리를 앓고 있고, 그 해결책의 하나로 고가약의 사용을 억제하는 정책을 펴고 있는 것이 근본적인 원인일 것이다.

우리나라는 어떤가. 매우 적극적으로 고가약 억제 정책을 펴고 있는 우리 정부는 선진국들처럼 '비용대비 효과'를 따지는 것이 아니라 '비용'만을 따진다. 효과가 좀 떨어지더라도 값이 싼 약을 쓰는 것을 '강권(권장이 아닌 것은 삭감이라는 무식한 방법을 쓰기 때문이다)' 하는 것이다. 과거에 리베이트 등 특이한 '약물경제학(?)'적 관점에서 약을 선택했던 의사들은 의약분업 이후 교과서가 아니라 심사평가원의 지침에 따라 약을 선택해야 하는 황당한 처지에 놓여 있다. 의사들은 정부를 야만적이라고 비판하고, 정부는 의사들을 부도덕하다고 비난한다.

여기서 우리가 간과하지 말아야 할 것은 두 가지다. 미국을 비롯한 여러 선진국들에서도 형태와 방식이 우리와 좀 다를 뿐 '삭감'은 점점 더 흔히 일어나고 있다는 점이 하나이고, 선진국 정부들은 의료비 억제를 위해서는 의사들의 자발적인 협조가 반드시 필요하다는 점을 인지하고 있다는 점이 다른 하나이다.

서로를 믿을 수만 있다면 얼굴 붉힐 일이 없을 텐데, 서로가 상대방을 '전혀' 믿지 못하기 때문에 문제는 점점 더 악화된다. 의료비는 줄어들 줄 모르고, 국민은 신약의 혜택을 받지 못하고, 제약회사들은 음성적인 마케팅에 열을 올리고, 정부—의사—환자 사이의 갈등은 점점 더 골이 깊어지는 것이다.

로수바스타틴의 국내 시판 가격은 아직 결정되지 않았다고 한다. 제약회사로서도 참 난감할 것이다. '효과'만을 생각할 때와 '비용대비 효과'를 생각할 때의 가격이 달라질 것인데, 정작 칼을 쥐고 있는 정부는 '비용'만을 생각할 것이니 말이다.

무조건 고가약을 쓸 필요는 없지만 의료비를 줄이기 위해 무조건 싼 약을 쓰라는 정책도 곤란하다. 물론 문제는 아주 복잡하다. 약물경제학으로도 해결할 수 없는 또다른 변수가 많기 때문이다. 비용대비 효과는 같지만 절대 가격은 크게 다른 약도 있고, 환자의 임상적 상태와 경제적 지위에 따라 비용대비 효과도 달라질 수 있다. 게다가 환자의 '선택(환자에게도 선택권이 있다)'도 중요한 변수가 된다.

의학 자체가 원래 그렇듯, 약의 선택도 사실 '예술'이 아니던가. 수많은 약들과 수많은 환자들 사이에 아름다운 연결선을 긋는 뛰어난 의사들이 많아지기를, 그리고 그 의사들의 창작 활동을 방해하는 모든 무지몽매함이 사라지기를 기원해 본다.

2003. 10. 6.

의사의 넥타이

"여성 공무원에게는 자유복장을 허락하면서 남성 공무원은 넥타이를 매지 않으면 안 되게 돼 있는 복무규정은 성차별이다."

이는 작년(2003년) 3월에 영국 고용연금부 소속의 한 공무원이 낸 소송의 내용이다. 이에 대해 영국 맨체스터 법원은 원고 승소 판결을 내렸다.

넥타이는 17세기 프랑스 병사들의 스카프에서 비롯된 것으로 알려져 있는데, 더 거슬러 올라가면 로마제국 병사들의 머플러에 그 뿌리를 두고 있다고 한다.

지금은 문명화된 거의 모든 사회에서 '정장'의 필수 조건으로 꼽히는 넥타이는 조직력과 통제와 용기를 요구하는 남성문화의 상징이라는 해석이 지배적이다.

지금은 많이 완화됐다고는 하지만 의사 사회도 조직력과 통제와 용기가 요구되는 대표적인 남성 위주의 사회이니, 의사와 넥타이는 아주 잘 어울리는 조합이다. 게다가 의사들은 거의 온 몸을 가리는 가운을 늘 입고 있어야하기에, 넥타이에 특히 많은 신경을 쓰게 되는 편이다.

그런 의사의 넥타이에 병원균이 우글거린다는 논문이 화제가 되고 있다. 뉴욕의 한 병원에서 일하는 스티브 누르킨이라는 이스라엘 의과대학생이 썼다는 이 논문은 로이터 통신을 타고 전세계로 퍼졌다. 환자와의 접촉이 잦은 의사들의 넥타이에는 병원 경비원들의 넥타이보다 8배나 많은 병원균이 있다는 것이 논문의 주 내용인데, 누르킨은 나비 넥타이를 매거나, 넥타이핀을 사용하거나, 넥타이 소독제 등을 사용하거나, 아예 넥타이를 매지 않는 것 등을 대안으로 고려할 수 있다고 밝혔다고 한다.

이 보도는 몇 가지 생각을 하게 한다. 우선 '의과대학생'이 논문을 쓰는 것이 별로 신기하지 않은 미국의 상황이 부럽고, 자신의 수준에 맞으면서도 참신한 아이디어에 기반을 둔 멋진 논문을 써서 '세계에 이름을 떨친(!)' 의대생이 기특하다. 요즘 제4회 청년슈바이처상 공모가 신행되고 있는데, 우리나라에서도 남들이 미처 생각하지 못했던 것을 발견하고 탐구하는 의대생들이 많이 늘어나기를 바란다.

두 번째로 드는 생각은 똑같은 조사를 우리나라에서 한다면 어떤 결과가 나올까 하는 것이다. 아마도 미국보다 더 많은 병원균이 검출될 듯하고, 인턴이나 레지던트들의 넥타이만을 대상으로 조사하면 훨씬 더 많이 검출되지 않을까 싶다. 더 많은 환자를 만나고 더 오래 일하고 덜 자주 집에 가는 사람들이니 말이다.

최근 대한전공의협의회가 실시한 조사에서도 응답 전공의의 절반 이상이 주당 100시간 이상 근무하고 있다는 결과가 나왔다. 병원감염 예방을 위해서라도 전공의 근무여건을 개선해야 한다는 목소리도 나올만하다.

세 번째는 넥타이 자체의 효용에 관한 것이다. 넥타이를 '분석'한 학자들 중에는 자기 육체의 추악한 부위를 은폐하기 위한 것이라 주장한 사람도 있고, 잠재적 불안을 해소하기 위해 목을 조이는 방식으로 자신의 신체를 학대하는 것이라 주장한 사람도 있다. 넥타이가 획일주의와 전체주의의 상징이라는 듯, 국회 본회의장이나 국무회의장에 노타이로 등장했던 국회의원이나 장관도 최근 우리나라에 있었다.

하지만 나는 개인적으로 넥타이를 배척하고 싶은 생각이 전혀 없으며, 다른 의사들도 넥타이를 매는 것이 매지 않는 것보다는 낫다고 생각한다. 의사

가 환자를 진료하는 것이나 스승이 제자에게 의술을 전수하는 데에는 의식
(儀式, ritual)적인 측면이 있기에, 사회 구성원 대부분의 생각이 바뀌지 않는
한 의사들이 소위 '복장혁명'을 선도할 필요는 없다고 보는 것이다. 또한, 물
론 넥타이를 고르고 구입하고 매는 행위를 아주 지겨워하는 사람도 있겠지
만, 남자 의사들이 평소에 향유할 수 있는 거의 유일한 '패션' 아이템인 넥타
이를 활용하여 자신의 개성과 취향을 표현하는 즐거움을 굳이 박탈할 이유
도 없다고 생각한다.

상투 틀고 망건 써야만 사람 대접을 했던 조선시대처럼 겉치레에 집착하
는 것이야 물론 좋지 않겠지만, 속이 꽉 들어찬 의사들이라면 멋진 넥타이를
맬 자격이 충분하지 않을까 싶다.

2004. 5. 31.

참 이상한 병원

의료산업 혹은 의료서비스와 같은 용어는 불과 십여 년 전까지만 해도 그리 보편적인 것은 아니었다. 의료경영이나 보건경제 등의 용어도 마찬가지였다. 영리법인으로서의 의료기관을 인정하지 않는 제도를 채택하고 있는 우리나라에서는 더욱 그러했다.

하지만 지금은 상황이 많이 달라졌다. 한때는 '의료가 어떻게 서비스냐?'라면서 의료서비스라는 용어에 거부감을 드러내는 의사들도 많았지만, 지금은 보건의료 분야에 종사하는 사람들 대부분이 의료서비스라는 말을 입에 달고 살게 됐다.

의료산업이라는 용어의 위상이 급격하게 높아진 것은 비교적 근자의 일이다. 언제부터인가 의료가 산업이 될 수 있다는 인식이 널리 퍼지기 시작했고, 최근엔 대통령이 '의료 등 고급서비스 산업'을 '선진경제를 위해 신경 써야 할 분야'의 하나로 꼽기도 했다.

법적으로 어떻게 규정되어 있는가와 무관하게, 병원은 이미 여러 측면에서 기업과 비슷한 메커니즘으로 움직이고 있다. 비록 수익률이 타 분야에 비해 낮다고는 하지만, 상당히 큰 고용창출 효과, 다양한 인접 분야들의 동반 성장 가능성, 미래의 발전 가능성 등을 종합적으로 고려할 때 병원의 기업적 성격은 결코 무시할 수 없다. 의료가 공공재라는 사실이 하나의 고정변수가 되기는 하겠으나, 그로 인해 의료가 지닌 '산업'으로서의 중요성이 줄어들지는 않는다.

그러나 현실을 들여다보면 여전히 의료의 산업적 성격은 간과되고 있다. '산업적 성격'이라는 게 구체적으로 어떤 것인지를 생각해 보면 명백해진 다. 기업이 성장하기 위해 필요한 것들은 여러 가지가 있겠지만, 그 중에서도 중요한 것들은 자본의 조달, 생산성 제고, 핵심 역량의 강화 등이 손꼽힌다. 그러나 우선 우리나라 병원들은 자본의 조달이 매우 어렵다. 영리법인이 허용되지 않기 때문이다. 게다가 노동조합의 힘이 세고 상품의 가격이 철저하게 통제되는 통에 생산성이나 수익성 제고도 쉽지 않다. 또한 병원의 핵심 역량이라 할 수 있는 진료 수준을 아무리 높여도 그에 합당한 보상이 없기 때문에 핵심 역량 강화의 동인도 부족하다.

최근에 만났던 한 대학교수는 다음과 같은 농담으로 불합리한 현실을 개탄했다.

"병원은 원래 아픈 사람들이 많이 와야 이익이 남는 곳인데, 요즘 우리나라 병원은 그렇지 않으니 참 이상하다. 아픈 사람들이 많이 와 봐야 오히려 적자가 늘어날 뿐이고, 그 적자는 건강한 사람과 죽은 사람을 많이 받음으로써 메운다."

절묘한, 그러나 슬픈 아포리즘 아닌가. 진료 분야에서는 흑자를 내기 어려운 현실, 특히 응급 환자나 중환자를 진료해서는 무조건 적자가 나는 현실, 건강검진센터나 영안실에서 벌어들이는 돈으로 건물도 짓고 연구도 해야 하는 현실에서, 의료산업의 발전이 무슨 수로 가능할까?

지난 (2005년 3월) 11일에는 삼성서울병원 건강의학센터 개소 10주년 기념 학술 심포지엄이 열렸다. 이날 행해진 10개의 주제발표 중에는 '건강진단 10년간의 추이와 전망'이라는 것이 있었는데, 다음과 같은 내용들이 눈길을 끈다.

「삼성서울병원 건강의학센터의 수진자 총수는 10년만에 3배 이상 증가했

다. 초창기에는 80% 가까운 수진자가 서울시민이었으나, 최근에는 40~
50% 가량의 수진자가 지방에 거주하는 사람들이다. 재진 이상의 반복 수진
자들 역시 점차 늘어나, 97년 20%대였던 2회 이상 반복 수진자가 98년에는
30%대로 2000년에는 40%대로 증가했으며, 2004년에는 전체 수진자의
60%가 재진환자였다. 전체 수진자 중 10%는 지난 10년 동안 8회 이상 건강
검진을 받았다.」

　이런 통계를 어떻게 해석해야 좋을까. 건강에 대한 국민의 관심이 높아졌
다고? 삼성이 역시 대단하다고? 고급 의료서비스에 대한 수요가 분명히 존재
한다고?

　다른 건 몰라도 한 가지는 확실히 말할 수 있다. 적어도 '건강검진' 이라는
상품은 '시장의 원리' 에 의해 유통되고 있다는 사실이다. 즉, 경쟁이 있고,
경쟁에서 승리하기 위한 다양한 노력이 있고, 경쟁에서 승리하면 얻을 수 있
는 열매가 있다는 말이다.

　나는 의료라는 분야를 시장의 원리에 온전히 맡기는 것은 옳지 않다고 생
각한다. 그러나, 대통령까지 나서서 거리낌없이 '의료산업' 이라는 용어를
쓰고 있는 지금의 상황과 전혀 어울리지 않는 제도는 바뀌어야 한다고 본다.
규제의 과잉, 평등논리의 과잉을 깨지 않으면 의료산업은 결코 발전할 수
없다.

2005. 3. 21.

'그날 이후'를 준비하자

다음은 조선일보 (2005년) 3월 31일자 기사 중 일부를 요약한 것이다.

「회사원 김세원(33)씨는 최근 '비스토' 승용차 앞범퍼가 우그러지는 접촉 사고를 당했다. 인근 A공업사를 찾았지만, 경차는 보험 수리가 어렵다는 이유로 거절당했다. A공업사 사장은 "보험사에서 지급하는 경차 앞범퍼 수리 비용이 7만7040원밖에 안 된다"면서 "7만원은 원가에도 못 미치기 때문에 손님을 꺼릴 수밖에 없다"고 말했다. (중략) 현재 자동차 보험사들이 정비업체에 지급하는 정비요금은 시간당 1만5000~1만6000원 정도다. 하지만 정비업계는 "정비요금이 97년 이후 8년째 동결돼 있다"며 시간당 2만5000~2만8000원으로 현실화해야 한다고 주장하고 있다. 일반 정비요금(2만3000~3만원)이나 자동차 제작사의 AS정비요금(1만8000~2만8000원)과 비교해도 보험 정비요금은 터무니없이 낮다는 얘기다. 자동차정비업협동조합연합회 정영일 전무는 "지난 97년 공정위의 시정 명령에 따라 보험사와 정비공장이 개별적으로 계약을 맺다 보니 대기업(보험사)의 횡포가 심하다"면서 "영세한 정비공장들은 울며 겨자 먹기로 보험사 계약 조건에 따를 수밖에 없다"고 말했다. (중략) 자동차 보험사들은 정비요금이 오르면 자동차 보험료도 최소 1%에서 최대 10%까지 치솟는다고 주장하고 있다. 손해보험협회 신상준 자동차보상사업팀장은 "현재 정비공장은 전국에 3700곳이 넘어 경쟁이 치열하다"면서 "경쟁에서 살아남기 위해 보험금을 과다·과잉 청구하는 공장도 많다"고 말했다.」

이런 기사가 나온 것은 건설교통부가 오는 (2005년 4월) 15일, 적정 정비 요금을 공표할 예정인 가운데 정비업계와 보험업계가 날카로운 신경전을 벌이고 있기 때문이다.

이 기사를 읽으면서 여러 가지 생각을 하게 된다. 가장 먼저 드는 생각은 건강보험 수가를 둘러싼 공급자와 보험자 사이의 논쟁과 참으로 흡사하다는 것이다. 우선 보험 가격과 일반 가격이 큰 차이를 보인다는 사실이 비슷하고, '원가에도 못 미친다'는 공급자의 항변과 '보험료 인상'과 '과당·과잉 청구'를 내세우는 보험자의 반론도 비슷하다. 눈에 보이는 재화의 비용이 아니라 순수한 인건비를 얼마로 책정할 것이냐 하는 문제라서 모두가 납득할 만한 결정이 어렵다는 점도 마찬가지다. 그리고 인건비가 원가 이하인 것이 사실이라면, 그럼에도 불구하고 그 많은 정비업소들이 영업을 계속할 수 있는 비결은 재료비 부분에 상당한 마진이 있을 것이라는 짐작이 가능한 것도 의료계의 상황과 일맥상통한다(의약분업 이전에야 말할 것도 없으며, 정도의 차이가 있을 뿐 지금도 아주 다르지는 않다). 국민들은 고장난 자동차 혹은 몸을 고쳐야 하는 아쉬운 상황에 놓여 있지만 그에 대한 전문지식이 부족하고, 그래서 늘 소위 전문가라는 자들이 바가지를 씌우는 것은 아닌지 의심스러워한다는 점도 공통점이라 하겠다.

현금으로 보상이 이루어지는 생명보험이나 화재보험과 달리, 건강보험과 자동차보험은 보험회사와 가입자 사이에 공급자가 개입될 수밖에 없기 때문에 더 닮았는지도 모른다. 또한, 모든 것을 돈으로 환산해야 하고 모든 사람이 조금이라도 더 많은 돈을 벌고자 하는 자본주의 사회에서는 지극히 당연한 갈등이 아닌가 싶기도 하고, 보험이라는 제도 자체가 갖고 있는 한계에서 비롯되는 필연적 공방이지 싶기도 하다.

하지만 자동차보험과 우리나라의 건강보험이 결정적으로 다른 것은, 한쪽은 보험자가 대기업들이고 다른 한쪽은 보험자가 정부라는 사실이다. 적어도 우리나라에 건강보험이 도입된 이후 지금까지는 그렇다. 그러나 앞으로도 이 차이가 그대로 존속할 것 같지는 않기에, 위에서 본 사례가 우리에게 시사하는 바는 적지 않다. 즉, 그리 멀지 않은 장래에 어떤 형태로든 민간의료보험이 도입될 가능성이 높아 보이는데, '그날 이후'에 대해 많은 의사들이 갖고 있는 장밋빛 전망은 그야말로 '환상'일 가능성이 크다는 말이다.

한때는 요양기관 당연지정제가 위헌이라고 '세계' 나가던 의협이, 정부가 덜컥 '개별' 자유계약제를 실시하자고 나서자 당황했던 것을 상기해 보자. 민간의료보험 위주의 미국 사회에서 벌어지고 있는 보험회사들과 의료계의 갈등도 떠올려 보자. 나는 개인적으로 민간의료보험을 도입하는 것에 대해 오래 전부터 찬성 의견을 밝혀 왔다. 하지만 그 까닭은 민간의료보험 도입이 경직되고 비효율적인 우리의 의료 시스템이 발전적으로 변화하는 계기로서 작용할 것을 기대해서이지, 의사들의 주머니가 두둑해질 것을 기대해서는 아니다.

지금 한국의 의사들과 의사 단체들이 해야 할 일들이 너무나 많지만, 민간의료보험 도입 이후를 준비하는 일에 소홀해서는 안 될 것이다. 의사들 스스로를 위해서도 그렇고 국민을 위해서도 그렇다. 기업이 정부보다 더 양심적이고 공익적일 리가 있을까? 대형 보험사들이 이미 오래 전부터 민간의료보험 도입 이후를 준비해 왔음을 생각하면, 이미 늦었는지도 모른다.

2005. 4. 4.

유괴범으로부터 협박받은 병원장

지난 (2006년 1월) 6일, 일본 센다이(仙台)시에 있는 히카리가오카 스펠만 병원의 신생아실에서 생후 11일 된 신생아가 행방불명됐다. 병원 내부에서 화재경보가 울려 직원들이 상황을 파악하느라 어수선해진 사이에 아기가 사라진 것. 직원들과 경찰이 주변을 수색했지만 아이의 행방은 묘연했다.

다음날인 7일 오전, 병원장 앞으로 협박장이 도착했다. 협박장에는 아기가 매우 건강하다는 글과 함께 6,150만엔(약 6억원)의 몸값을 내라는 내용이 적혀 있었다. 유괴 사건이었던 것이다.

그날 밤부터 다음날 새벽까지 7시간 동안, 병원장은 몸값을 소지한 채 범인이 전화로 지시하는 대로 여러 곳을 돌아다녀야 했다. 기차를 타라, 지하철을 한 칸씩 옮겨 타라, 고속도로의 어느 지점으로 이동하라, 등 범인의 요구는 이어졌지만, 끝내 범인은 나타나지 않았다. 허탈하게 병원으로 돌아온 병원장에게 "아기를 병원 뒤편 공터에 놓아두었다"는 전화가 걸려왔고, 아이는 아무런 상처 없이 무사히 발견됐다.

범인은 사건 발생 50시간만에 체포됐다. 범인은 50대 남자 네모토 노부야스와 그의 필리핀인 아내, 그리고 전처(前妻)와의 사이에서 태어난 딸의 남편 등 세 명이었다. 아직 사건의 전모가 밝혀지지는 않았지만, 네모토의 직업은 의료기 판매상으로 병원 측에 불만이 있었다는 사실과 약 6억원의 빚을 지고 있다는 사실 등이 드러났다.

우리나라 언론은 이 사건을 별로 다루지 않았지만, 일본 언론들은 대서특 필했다. 여러 가지 '사연'이 있었기 때문이다. 첫째 사연은, 범인을 불과 50 시간만에 붙잡는 데에 결정적 역할을 한 일본 경찰의 자동차 번호판 자동조 회 시스템에 있다. 'N-시스템'이라 불리는 이 장치는 도로 곳곳에 설치된 카 메라가 지나가는 자동차의 번호판을 식별하여 범죄 용의자를 추적할 수 있 도록 한 것인데, 지난 2003년에 운영이 시작되어 현재 일본의 주요 도로 600 곳에 카메라가 설치되어 있다. 경찰은 전화국의 협조를 얻어 범인이 협박 전 화를 건 공중전화 부스의 위치를 금세 알아냈고, 그 주변을 그 시점에 지나간 차량들을 추적하기 시작했다. 범인이 각기 다른 공중전화 부스에서 여섯 차 례에 걸쳐 전화를 거는 동안 같은 방법이 반복됐고, 경찰은 어렵지 않게 범인 을 색출할 수 있었다.

둘째 사연은, 이 사건이 지난 1988년에 출간되어 베스트셀러가 됐던 일본 의 추리소설 〈99%의 유괴〉의 내용과 매우 흡사하다는 점이다. 소설 속의 범 인은 병원 내에서 발연통(發煙筒)을 터뜨린 다음 아기를 유괴했고, 병원장에 게 전화를 걸어 장소를 여러 차례 옮기도록 지시했으며, 5,000만엔의 몸값을 요구했다. 센다이 고속도로가 등장하는 것이나 아이를 무사히 풀어주는 것 도 일치한다.

남의 나라에서 일어난 이 사건을 접하면서, 나는 다른 무엇보다 병원이 유 괴나 납치의 표적이 될 수 있다는, 따지고 보면 당연한 사실에 새삼 놀랐다. 대개의 유괴범들은 아이의 부모에게 돈을 요구하는데, 이 경우에는 병원장 에게 돈을 요구했다는 사실을 곱씹어 보자. 이번 사건에서는 아이가 무사하 고 범인도 곧 체포되어 다행이지만, 만약 아이의 신상에 문제가 생겼다면 어 떤 일이 벌어졌을까. 아이의 부모는 필경 병원을 상대로 소송을 제기했을 것 이고, 법원은 병원 측의 과실을 인정하지 않을 수 없었을 것이다.

사건 발생 후 불과 며칠이 지났을 뿐이지만, 일본의 병원들은 유사한 범죄나 사고를 막기 위한 예방조치 마련에 부심하고 있는 듯하다. 오사카의 한 병원은 신생아용 포대에 특수 전파 송신기를 장착하여 신생아가 사라질 경우 경보가 울릴 뿐 아니라 전파 추적을 통해 신생아의 행방을 파악할 수 있도록 했다고 한다. 또한 문병객이나 간병인에게 특수한 출입카드를 패용하도록 하거나 CCTV를 병동에 설치하는 병원도 있다고 한다.

우리나라의 병원들도 이와 같은 범죄에 취약하기는 마찬가지일 것이다. 비슷한 범죄가 우리나라에서는 일어나지 않기를 바라지만, 이웃 나라에서 일어난, 병원을 대상으로 한 희한한 범죄 한 건을 보면서, 우리 병원들도 특히 신생아 및 소아 병동에 대한 관리를 더욱 철저히 해야겠다는 생각을 했다.

환자 진료에 최선을 다하는 것만으로도 쉽지 않은 일인데, 안전사고 예방을 넘어 범죄 예방에까지 노력해야 하는 현실이 조금은 씁쓸하다.

2006. 1. 16.

대통령의 성형수술

설날 연휴가 지나고 얼마 후, 성형외과 개원의인 선배에게 신년 인사차 전화를 걸었다. "이번 설날 연휴에는 좀 바빴다"는 대답이 돌아왔다. 연휴를 이용해 성형수술을 받는 사람들 덕택에, 남들 다 쉬는 연휴에도 '기쁘게' 일을 했다고 했다. 작년 연휴에는 예약 환자가 없어 남들처럼 푹 쉬면서도 마음이 불편했지만, 이번 연휴에는 설날 당일에도 일을 했단다. 성형외과의 환자 수도 경기(景氣)의 지표라고 하던데, 이것이 경기 회복의 조짐이기를 희망했다.

그런데, 노무현 대통령도 설날 연휴를 이용하여 성형수술을 받은 모양이다. 청와대의 공식 발표에 의하면, 대통령은 징검다리 연휴 직전인 지난 (2005년 2월) 4일, '눈꺼풀이 처져 생기는 불편을 없애기 위해' 수술을 받았다.

청와대가 밝힌 대통령의 진단명은 '상안검 이완증'이다. 이게 '안검하수'와 어떻게 다른 것인지 궁금했다. 약간의 안검하수가 있는 사람은 (나를 비롯하여) 주변에 아주 많은데, 상안검 이완증은 좀 낯선 이름이었기 때문이다. 책을 찾아보니, 안검하수가 상안검 거근의 힘이 노화 혹은 선천적 원인으로 약하기 때문에 눈꺼풀이 처지는 것인 데 비해 상안검 이완증은 노화에 의해 안검 피부가 늘어지는 증상이었다.

즉, 노무현 대통령은 원래부터 약간의 안검하수가 있었는데(그냥 보기에도 좀 그랬고, 이마의 깊은 주름을 보면 더 확실하다), 노화에 의해 피부가 더 늘어지면서 불편함이 생겼다고 해석할 수 있을 듯했다.

호기심 반 재미 반으로 몇몇 성형외과 전문의들에게 더 자세한 자문을 구했더니, 미처 몰랐던 사실을 많이 알게 됐다. 안검하수의 정도를 측정하기 위해서는 일단 이마의 근육을 쓰지 않도록 한 상태에서(이마 눈썹을 누르는 방식을 쓴다고 했다), 눈의 크기를 측정하거나 전방을 주시할 때 눈꺼풀이 동공을 가리는 정도를 측정한다고 했다. 눈의 크기는 10mm와 4mm가 중요한 기준이었고, 동공이 가려지는 정도는 2mm가 중요한 기준이었다.

또 시야장애나 두통 등을 일으킬 정도의 경우라면 건강보험의 적용도 받을 수 있는 것으로 규정되어 있기는 하지만, 그 불편함이란 것이 주관적인 편이라 실제로 건강보험의 적용을 받는 환자는 많지 않다는 것도 알게 됐다. 건강보험 수가는 약 19만원으로, 양쪽 눈을 함께 할 경우 38만원 정도였다. 미용 목적의 쌍꺼풀 수술이 120~150만원 정도인 것을 생각하면, 건강보험 적용 여부를 까다롭게(?) 하지 않을 수 없겠다 싶었다.

안검하수의 해결을 위해 수술을 할 때에 쌍꺼풀이 생기게 할 수도 있고 그렇지 않을 수도 있다는 사실도 알게 됐다. 하지만 생기지 않게 수술을 해도 생기는 경우가 있고, 반대로 생기도록 수술을 해도 생기지 않는 경우도 있다고 했다. 노무현 대통령의 경우는 아직까지는 쌍꺼풀이 생긴 것처럼 보이지만, 나중에는 어떻게 될지 알 수 없다고 했다. 그래서였을까, 청와대 대변인의 발표 중에는 "외모가 다소 바뀐 것은 사실이나 쌍꺼풀 성형이 추가됐는지 여부는 잘 모르겠다"는 대목도 있었다.

적어도 공식적으로는, 노무현 대통령이 이번 수술을 받은 것은 순전히 '치료' 목적이다. 하지만 진짜 목적이 쌍꺼풀 수술이라고 생각하는 사람들도 적지 않은 듯하다. 이미 대통령이 됐고, 재선 여부를 고민할 필요도 없는 인물이 굳이 미용성형수술을 받았을까 싶기도 하지만, 또한 환자의 고통을 진정으로 헤아리는 것이 의사의 할 일이기는 하지만, 진짜 '노심'이 무엇이었는지 알기는 어렵다. 말하기 좋아하는 사람들은 "노무현 대통령이 드디어 자신이 다른 사람의 눈에 어떻게 비치는지에 대해 신경을 쓰기 시작했다"고도 하고, "부드러운 인상을 갖기 위한 정치적 목적도 있었을 것"이라 추측하기도 한다.

성형외과 의사들에게 또 물었다. 치료 목적의 수술이 필요한 상태였다고 생각하느냐고. 그랬더니, '익명을 요구한' 성형외과 의사들은 "좀 불편했을 지는 몰라도 꼭 수술이 필요한 정도는 아니었을 것으로 본다"고 말했다. 만약 쌍꺼풀이 생기면 인상이 어떻게 바뀔 것 같은가를 물었더니, "좀 부드러워질 것"이라는 의견과 "조금은 우스꽝스러워질지도 모른다"는 의견이 공존했다.

이유가 어디 있든, 대통령은 눈꺼풀 수술을 받았고, 그 결과적으로 눈을 더 쉽게, 더 크게 뜰 수 있게 됐다. 그의 상징과도 같은 이마의 깊은 주름도 조금은 펴질 수 있게 됐다. 대통령이 나라의 여러 곳을 제대로 잘 살펴보고 좋은 정책을 펼쳐서, 국민들 이마의 주름살도 좀 펴질 수 있으면 좋겠다.

2005. 2. 28.

제**3**장

국민의 신뢰는 질 관리로 부터

의료 윤리와 '굿 닥터'

미국의사협회(AMA) 윤리 담당 부회장을 만났다. 2년 전에 미국 시카고에 있는 AMA 회관에서 만나 꽤 긴 이야기를 나누었었는데, 이번에 그가 서울에서 열린 국제의료법대회(2005년 8월 15일~19일) 참석을 위해 방한한 것이다. 이번에 행한 그와의 인터뷰 내용은 이번 호(제282호) 커버스토리에 실려있다.

그와의 대화에서 가장 인상적이었던 것은 '교육'의 중요성에 관한 부분이었다. 이미 수련을 마친 의사들에 대한 윤리 교육은 더욱 어렵기 때문에(물론 CME에도 윤리 관련 내용을 포함시킬 필요가 있지만) 특히 의과대학생이나 전공의들에 대한 실질적인 윤리 교육을 강화해야 한다는 그의 의견에 전적으로 동감한다. 미국에서는 1999년부터 의대생과 전공의들에게 윤리 교육 이수 및 인증을 의무화하고 있다는데, 이런 방안을 우리도 적극적으로 검토해야 할 것이라 생각한다.

우리나라에서의 의료 윤리 교육 강화를 위해 가장 시급한 것은 '의료 윤리가 무엇인가'에 대한 개념의 정립일 것이다. 나 또한 의료 윤리에 대해 문외한에 가깝지만, 일반인들은 물론이고 상당수의 의사들조차 의료 윤리 및 그교육이 어떤 것이어야 하는지에 대해 막연한 오해를 갖고 있다고 보여지기때문이다.

사람들이 '의료 윤리'라는 말을 들었을 때 떠올리는 것은 크게 두 가지인 듯하다. 첫째는 의료 윤리를 단순히 '도덕적이고 양심적인 의사가 가져야 할 태도' 정도로 생각하는 것이다. 환자에게 사기 치지 않는 것, 리베이트 받지 않는 것, 허위 청구 안 하는 것, 허위 진단서 끊지 않는 것 등을 가르치는 것이 의료 윤리 교육이라면, 별도의 교육 과정이나 프로그램이 필요하지 않을 것이다. 그게 옳지 않다는 것을 몰라서 그렇게 하는 사람도 없을뿐더러, 그게 옳지 않다는 사실을 백 번 강조한다고 해서 그렇게 할 사람이 하지 않는 것도 아닐 것이기 때문이다. 그것은 의료 윤리의 문제라기보다는 일반적인 윤리 문제이며, 윤리의 문제라기보다는 법과 질서의 문제이다.

둘째는 의료 윤리를 흔히 '생명 윤리'라고 부르는 철학적 담론과 동일시하는 것이다. 인간 배아를 사용한 줄기세포 연구의 정당성에 관한 논쟁이나 안락사나 뇌사나 낙태에 관한 논쟁은 그 내용이 난해하기도 하려니와 평범한 의사들의 일상과는 사실 거리가 멀다.

이와 같은 두 가지 생각은 곧 의료 윤리의 중요성을 오히려 과소평가하게 만든다. 너무 당연한 공자님 말씀이든 철학자들이나 행할 구름 잡는 선문답이든, 실제 일상생활과 동떨어져 있기는 마찬가지이기 때문이다.

그러나 의료 윤리는 그게 전부가 아니다. 오히려 극히 일부분에 불과할 뿐이다. 생각해 보면 의료 현장은 온통 윤리적 문제들로 가득 차 있으며, 의사의 진료 행위(심지어 진료 외적인 영역에서도)는 끝없는 윤리적 선택의 연속이지 않은가. 고전적인 윤리적 갈등 상황 외에도, 환자 혹은 보호자와 대화를 나눌 때, 어디까지 말할 것이며 어떻게 말할 것인지 그때그때 결정해야 할 사항이 얼마나 많은가. 무지한 혹은 무례하거나 폭력적인 환자를 다루는 방법, 동료 의사나 다른 의료진과의 갈등에 대처하는 방법, 선후배 의사들 사이의 권한 위임 및 그에 따른 책임 소재, 의학적 판단과 경제적 고려 사이에서의 고민, 임상시험이나 임상연구와 관련된 문제들 등등 일일이 열거할 수 없을 만큼 윤리적 많은 난관에 맞닥뜨리는 것이 의사의 일생 아니던가.

AMA 부회장은 '굿 닥터'를 만드는 것과 관련된 모든 것이 의료 윤리가 다루어야 할 분야라고 말했다. 그리고 어느 정도 생존의 문제가 해결된 다음에는 반드시 윤리 문제에 관심을 기울여야 한다고 말했다. 맞다. 지금까지는 윤리가 우리 의료에서 가장 중요한 문제는 분명 아니었다. 하지만 앞으로는 달라져야 한다. 모든 공장에 '안전 제일'이라는 표어가 붙어 있는 것처럼, 모든 의사들의 가슴속에 '윤리 우선'의 표어를 새겨야 한다. 최근 우리 사회가 정치·경제적 압축 성장으로 인한 갖가지 폐해들이 뒤늦게 불거지면서 큰 진통을 겪고 있는 것처럼, 지금 한국 의료가 처한 다양한 딜레마들도 당장 시급한 의료 인프라를 갖추는 데에 전념하느라 윤리 문제를 경시한 것에서 비롯된 것이 아닐까.

열악한 환경 속에서 의료 윤리 분야의 발전을 위해 분투하고 있는 많은 분들에게 경의를 표하며, 정부 및 범의료계적 관심이 촉발되기를 기대해 본다.

2005. 8. 22.

AMA 부회장과의 인터뷰 내용은 청년의사 제282호에 실려 있다.

소설가 김훈, 연세의대에 출현하다

지난 (2005년 10월) 12일, 소설가 김훈이 연세의대에 나타났다. '김훈체' 라는 새로운 문체를 만들었다는 평가까지 받고 있는 당대 최고의 작가 중 하나인 김훈이 의과대학에는 어떤 연유로 행차했을까?

김훈은 이날 '질병과 소외' 라는 제목으로 두 시간 동안 열띤 강의를 했다. 그 강의를 들은 사람은 연세의대 본과 1, 2학년 학생들. 두 개 학년 학생들을 대상으로 한 강의였으니 청중의 수가 대략 300명은 될 것이라 미리 짐작한 독자가 있다면, 큰 오해를 한 것이다. 그 강의를 들은 학생은 열 세 명에 불과했기 때문이다.

의과대학에서 열 세 명의 학생이 옹기종기 모여 앉아 소설가 김훈의 강의를 듣는 풍경은 우리의 의학교육 풍토에서는 매우 이례적인 일이 아닐 수 없다. 하지만 이것은 최근 두 달 동안 연세의대 곳곳에서 벌어진 여러 색다른 모습들 중의 하나일 뿐이다.

연세의대는 지난해부터 기존의 체계와는 전혀 다른 형태의 새로운 교육과정을 도입했다. '광혜 새 교육과정' 이라 이름 붙여진 이 교육과정의 특징은 필수과목의 축소, 강의시간의 축소, 문제중심학습(PBL)의 확대, 다양한 선택과목의 개설, 인문사회의학 교육의 강화 등을 들 수 있다. 지난해부터 시작되어 지금은 본과 1학년과 2학년만 이 새로운 체계에 따라 교육을 받고 있지만, 내후년부터는 모든 학생들이 이런 방식으로 교육을 받게 된다.

새로운 교육과정 중에서 특히 눈에 띄는 것은 인문사회의학 교육의 강화이다. 앞으로 연세의대 학생들은 총 16분기로 이루어진 의학과 4년의 교육기간 중 13분기에 걸쳐 '의료와 사회'라는 이름으로 묶인 과정을 이수해야 하는데, 그 중 10분기는 의료윤리, 의료정책, 한/대체의학, 의료법, 행동과학 등의 필수과목을 수강하며, 나머지 3분기는 선택과목을 수강한다. 한 과목은 8주 동안 매주 2시간씩 수업이 진행되며, 당연히 학점도 주어진다(한 분기당 1학점씩, 총 13학점을 이수한다).

학생들은 학년 구분 없이 '수강신청(의대에서는 낯선 절차이다)'을 통해 자신이 듣고 싶은 과목을 선택할 수 있는데, 올해에는 7개의 과목이 개설됐고 앞으로는 더 늘어날 것이라 한다. 선택과목은 '의료와 사회' 과목에서만 7개이며, 임상 분야에서는 훨씬 더 많다. 각 과목마다 수강 인원 최소치와 최대치가 정해져 있는데, 수강신청 인원이 최소치에 못 미치는 과목은 개설이 취소된다.

소설가 김훈이 출강한 과목은 선택과목 중 하나인 '문학과 의학'이었다. 이 과목은 비록 수강생은 적지만, 교수진은 매우 화려하다. 재미(在美) 의사이자 시인인 마종기 연세의대 초빙교수를 주축으로, 연세대 국문과의 정과리 교수, 의학교육학과의 이병훈 교수, 작가 김훈 등이 포진해 있으니 말이다.

'의학과 문화'라는 이름의 강좌는 더욱 파격적인데, 이 과정에서는 음악, 미술, 만화, 영화, 재즈 등은 물론이고 랩 음악이나 와인에 대한 강좌까지 열렸다. 가수이자 화가인 조영남의 강의도 있었으며, 와인 강좌에서는 의대 강의실에서 학생들이 실제로 와인을 시음하기도 했다.

그 외 다른 선택과목들은 '의학과 음악', '현대과학의 기독교적 이해', 'Women in Medicine', '장애인과 의료', '한국의료 현안의 이해' 등이 있었다. 대부분의 선택과목들은 다수의 외부 강사를 초빙하여 진행되었고, 과

문한 필자 또한 '한국의료 현안의 이해'라는 과목에서 몇 개의 강의를 진행하였다.

　조금은 황당해 보일 수도 있는 연세의대의 이와 같은 시도에 대한 사람들의 반응은 다양하다. 해괴망측한 일이라며 강한 거부반응을 보이는 사람이 있는가 하면, 시도 자체는 의미가 있을지 모르지만 결과가 좋을지는 모르겠다는 사람도 있고, 진작에 이렇게 했어야 한다며 환영하는 사람도 있다. 그러나 사람들의, 특히 선배 의사들의 공통적인 반응은 '놀랍다'는 것이다. 본과 1학년 학생이 특정 요일에는 오전 수업만 하고 집에 간다는데(오후 수업이 있는 날도 5시 이전에 일과가 끝난다), 한밤중까지 실습실에 처박혀 있었던 추억을 가진 사람들이 어찌 놀라지 않을 수 있을까. 하지만 정작 학생들의 반응은 좀 무덤덤한 편이다. 아마도 비교의 대상이 없어서 그럴 것이다(그들은 과거의 의과대학 교육이 어떠했는지 알 길이 없다).

　나는 개인적으로 연세의대의 이런 시도를 높이 평가한다. 끝없이 먹고 토해내기를 반복했던 로마 시대의 귀족들은 얼마나 어리석었던가. 어차피 기억하지도 못하고 써먹지도 않을 지식은 좀 덜 전수해도 된다. 대신 의대생들에게는 '인간'과 '사회'를 성찰하고 체험할 기회를 좀더 많이 주어야 한다.

2005. 10. 17.

환자와 '통' 하는 의사

지난 (2005년 11월) 17일, 대전에서는 아주 독특한 심포지엄이 하나 열렸다. '제1차 한국 의료 커뮤니케이션 심포지엄' 이 그것이다. 이 심포지엄은 6개 단체가 공동으로 개최했는데, 그 단체들은 한국의학교육학회 환자—의사—사회(PDS) 연구회, 고려대학교 레토릭연구소, 대화분석연구회, 한국간호교육학회, 대한치의학회, 한국호스피스 완화의료학회, 한국수사(修辭)학회이다. 6개 단체 가운데 절반은 보건의료인들이 주로 참여하는 학회이지만, 나머지 절반은 언어학 전공자들이 주로 참여하는 학회이다.

하루 종일 진행된 이날 심포지엄에서는 8개의 주제 발표와 1개의 특강, 그리고 패널 및 종합토론이 이루어졌다. '의료 의사소통의 기원', '의료 커뮤니케이션의 대화분석연구', '의료소통수사학', '간호학에서의 의사소통 연구와 교육', '의료대화 최근 동향', 'Communication in terminal illness', 'Shared Decision Making', 'Empathic Communication Skills' 등 8개의 주제 발표는 국내 연자들이 맡았고, 'Communication skills training in US medical education' 이라는 제목의 특강은 미국 뉴멕시코의대의 피터 바넷(Peter Barnett) 교수가 맡았다.

이날 심포지엄은 아직은 생소한 분야라 할 수 있는 '의료 커뮤니케이션'이 이제 우리나라에서도 본격적으로 논의되기 시작했음을 보여주기에 충분한 것이었다. 이 분야에서의 심도 있는 논의들은 추후 본지 지면을 통해 상세하게 소개할 기회를 마련하기로 하고, 이 짧은 지면에서는 의료 커뮤니케이션의 중요성에 대한 간단한 언급만 하려 한다.

사실 의료 현장에서 커뮤니케이션이 얼마나 중요한지는 모든 사람들이 다 알고 있다. 단지 정확한 용어나 통계 수치를 말하지 못할 뿐, 의료와 관련된 상당히 많은 문제들의 기저에는 의사소통이 제대로 이루어지지 않는 현실이 깔려 있음을 모두가 체험에 의해 익히 느끼고 있는 것이다. 의사와의 대화가 양적으로나 질적으로나 불충분하다는 사실이 환자들의 가장 큰 불만이라는 것은 여러 조사에서 드러나 있기도 하다.

선진국들에서는 지난 20여년 동안 이와 관련한 많은 연구들이 이미 행해져 왔다. 아마도 그럴 것이라 예측되는 여러 사항들, 예컨대 원활한 커뮤니케이션이 환자의 질병을 더 잘 낫게 하며 환자와 의사의 만족도를 공히 높이며 의료분쟁도 줄여준다는 사실 등은 이미 검증된 것이다. 의과대학생이나 전공의들의 의사소통 능력을 배양하기 위한 다양한 방법들에 대해서도 많은 논의가 있어 왔고, 면허 시험에서 커뮤니케이션 능력을 측정하는 항목들을 포함하고 있는 나라도 많다. 우리나라에서도 2008년 의사국가고시부터는 이 부분에 대한 평가가 실시될 예정이다.

이날 심포지엄에서 발표된 내용들 중 특히 가슴에 와 닿았던 것이 몇 가지 있다. 우선 피터 바넷 교수가 발표 첫머리에 말한 내용으로, 환자와의 면담 방법에 대해서는 단지 '구조' 만 알려줄 뿐(주소, 병력, 이학적 검사 등을 순서에 맞게 쓰도록) 어느 교육자도 의대생이나 전공의들이 실제로 환자와 면담을 진행하는 모습을 단 한 번도 지켜봐 주지 않는 것이 문제라는 지적이 있다. 학생은 배우지 않았으니 잘 못하고, 선생은 지켜보지 않으니 교정해 줄 기회도 없는 것이다.

고려의대 안덕선 교수가 인용한 외국의 모 학자의 표현도 인상적이었다. 의료대화의 어려움을 표현한 다음 이야기다. "말했다고 듣는 것은 아니다.

들었다고 이해한 것은 아니다. 이해했다고 동의한 것은 아니다. 동의했다고 기억한 것은 아니다. 기억했다고 적용한 것은 아니다. 적용했다고 행동이 변한 것은 아니다." 우리의 환자들은 대개 어느 단계까지 도달하고 있는 것일까.

사회학자로서 미국에서 오랫동안 '의료 커뮤니케이션'을 전공한 부산의대 김성수 교수는 'skill'이라는 단어가 그 자체로 이미 '타고나는 것이 아니라 습득 가능한 능력'이라는 함의를 갖고 있음을 강조했다. 제스처나 단순한 맞장구, 심지어 침묵조차도 때로는 중요한 커뮤니케이션 기술이라는 점을 실례를 들어 설명한 부분도 인상적이었다.

그러나 100명이 넘는 청중들은 가끔씩 답답함을 느낄 수밖에 없었다. 좋은 커뮤니케이션을 가능하게 하는 요건 중 하나가 '시간'인데, '3시간 대기 3분 진료'로 대표되는 우리의 열악한 의료 현실이 나아질 기미를 보이고 있지 않기 때문이었다. 하지만 비록 시간이 중요한 요인이기는 하나 절대적이거나 유일한 요인이 아닌 것은 분명하다. 오히려 시간이 부족할수록 양질의 커뮤니케이션의 필요성은 더 커지는 것이 아닐까. 이번 심포지엄이 의료 커뮤니케이션에 대한 의료계의 관심이 확산되는 계기가 되기를, 그리하여 의사—환자 관계 개선의 토대가 마련되기를 기대해 본다.

2005. 11. 21.

의료 커뮤니케이션과 관련된 더 많은 내용은 청년의사 제301호에 실려 있다.

물고기 잡는 법을 가르치자

나는 평소 의학교육에 관심이 많았다. 비록 그 효과가 매우 천천히 나타난다는 단점이 있지만, 의학교육의 개선이야말로 현재 한국의료가 갖고 있는 숱한 모순 가운데 적지 않은 부분을 해결할 수 있는 열쇠가 될 것이라는 믿음 때문이다. 사실 본지가 의학교육과 관련된 기사를 유난히 많이 다루는 것도 편집 책임자의 이런 성향에 기인하는 바 크다.

그런데 최근의 황우석 사태를 보면서, 내가 그동안 의학교육과 관련된 문제들 가운데 대단히 중요한 것 한 가지를 간과하고 있었음을 깨달았다. 그것은 바로 '의학 연구 방법론' 및 '의학 연구 윤리' 에 대한 부분이다.

의료윤리에 대한 생각들을 많이 하면서도 의학 연구와 관련된 윤리에 대해서는 상대적으로 고민을 덜 했었고, 의학 연구 방법을 별도로 교육해야 한다는 사실에 대해서는 거의 고민한 바가 없었던 것이다.

첫째, 의학 연구 윤리에 대해서 살펴보자. 최근 몇 년 사이에 우리나라의 의료윤리교육은 양적으로나 질적으로 크게 발전했다. 하지만 현재 논의되는 의료윤리 관련 주제들은 주로 의료 서비스 제공과 관련된 윤리 문제와 생명의 시작과 끝에 관련되는 의료적 행위와 그에 따르는 윤리 문제들이다. '연구자로서의 윤리' 문제에 대한 교육은 상대적으로 소홀히 취급되고 있는 것이다.

의학 연구 윤리는 소수의 의사들에게만 해당되는 문제라 생각하는 사람도 있겠으나, 실제로는 그렇지 않다. 직·간접적으로 연구에 관여하는 의사들의 수는 대단히 많다. 우선 의과대학 교수만 해도 약 5천여명에 이르며, 여러 연구소 및 제약회사에 근무하는 의사들도 적지 않다. 또한 임상강사와 전공의들의 수만 해도 1만 5천여명을 상회한다. 최근에는 개원의들도 직접 논문을 쓰거나 PMS에 참여하는 등 의학 연구와 관련된 활동을 하는 경우가 흔하다. 최소한 전체 의사의 3분의 1 이상이 연구자로서의 의사 역할을 이미 수행하고 있는 것이다. 그러나 UME, GME, CME 이느 분야에서도 연구 윤리에 대한 교육은 사실상 행해지지 않고 있다.

실제로 적지 않은 연구자들은 연구의 초기 디자인 단계에서부터 IRB(기관윤리심의위원회)를 거쳐야 한다는 사실조차 인지하지 못하여 뒤늦게 문제를 일으키기도 하며, 피험자에게 동의를 구하는 절차를 일부 자의적으로 생략하기도 하며, 데이터의 수집과 처리 과정에서 '좋은 결과'를 위해 인위적 가공을 하기도 한다.

최근 황우석 교수 파문의 와중에 '헬싱키 선언'이나 '뉘렌베르크 규약' 등의 용어들이 일반 언론에도 소개된 바 있으나, 연구를 수행하고 있는 전공의들 가운데 상당수와 일부 전문의들은 이러한 용어 자체를 처음 들어본다는 반응을 보이기도 했다.

의료윤리는 막연한 도덕률이 아니라 대단히 많은 사회적 가치관들을 준용하여 묵시적·명시적으로 수립된 구체적인 절차적 규범이며, 의학 연구 윤리는 더욱 그러하다. 교육을 통해 인성을 바꾸는 것은 어려울지 모르지만 절차적 규범을 따르도록 유도하는 것은 충분히 가능한 일이다.

둘째, '연구 방법론'이나 '논문 작성법' 등 연구 수행과 관련 있는 여타 분야에 대한 교육도 부족하다. 연구 및 실험을 설계하거나 실제로 논문을 작성하는 데 필요한 여러 가지 '실용적' 지식들의 습득은 '필요에 따라' 주먹구구식 교육이 행해지거나 '자습'에 온전히 맡겨져 있다.

젊은 의학도들에게 임상의사로서의 역할뿐만 아니라 의학 연구자로서의 역할을 크게 강조하면서도, 연구를 하는 데 꼭 필요한 방법론을 가르치지 않는 것은 모순이다. 물고기를 잡아주지 않는 것은 좋지만, 물고기 잡는 법을 가르치지도 않고서 물고기를 많이 잡아오라고 시키는 것은 사리에 맞지 않는 일 아닌가.

최근 우리나라의 의학교육이 크게 변화하고 있는 것은 다행스러운 일이다. 차제에, '의학연구방법론' 등의 과목을 개설하여 의학 연구와 관련된 제반 주제들을 교육하는 것이 어떨까. 물론 이런 과정에는 의학 연구 관련 윤리교육에 큰 비중이 두어져야 하겠다. 또한 의사국가시험이나 전문의시험 등에 이와 관련된 문제를 출제하는 것도 필요할 것이며, 전공의 고년차들을 대상으로 하루이틀 정도 워크숍을 진행하는 것도 좋을 듯하다. 제2의 황우석(불과 몇 달 전까지만 해도 이 말은 좋은 의미로 쓰였는데, 지금은 정반대가 되었다)이 생기지 않도록 하기 위해서 말이다.

2006. 1. 2.

착취, 유린, 혼숙, 그리고 횡령

대한전공의협의회는 지난 (2004년 7월) 14일 전공의들의 인권침해 개선을 요구하는 진정서를 국가인권위원회에 제출했다. 진정서에서 거론한 인권침해 실태는 크게 세 가지다. 첫째 '터무니없이 많은 시간을 근로하면서 근로에 대한 정당한 대가를 받지 못하고 있다' 는 것, 둘째 '여성 전공의들이 법률상 보장된 출산휴가를 다 사용할 수 없으며 남자 전공의들과 숙소가 구분되어 있지 않아 어려움을 겪고 있다' 는 것, 셋째 '군의관이나 공중보건의사들이 38개월을 복무해야 하는 것이 평등의 원칙에 어긋난다' 는 것.

전공의들의 열악한 처우에 대해 잘 알고 있기에, 또한 이와 같은 문제들이 이미 여러 차례 제기되어 왔으나 별로 개선되지 않았다는 점도 잘 알기에, 대전협의 이번 진정에 대해 '일단은' 공감한다.

그러나 몇 가지 아쉬움도 남는다. 첫째, 국가인권위원회 진정이라는 방법이 문제제기의 방법으로 적절했느냐 하는 점이다. 국가인권위원회가 기존의 사법적 구제절차나 인권보장절차에서 다루지 않거나 다루기 어려운 인권침해행위를 구제하기 위한 보충적 장치로 존재하는 기구라는 점을 감안할 때, 대전협이 제기한 문제들이 기존의 사법적 구제절차를 건너뛰어 국가인권위원회로 직행하는 것은 다소 생뚱맞게 느껴진다. 게다가 국가인권위원회는 대개 해당 국가기관에게 '권고' 를 내릴 뿐이고 이 권고가 법적 강제력을 갖지 못한다는 점까지 생각하면, '언론 플레이' 자체가 목적이 아닌 한 다른 방법을 쓰는 것이 더 좋지 않았을까 싶다.

둘째, 진정서 원문보다 훨씬 더 '과격하게' 작성된 보도자료에 대한 유감이다. 의협 이름으로 배포된 보도자료에는 '노동착취', '인권유린', '혼숙당직실' 등의 단어들이 포함돼 있는데, 이들은 모두 원래의 진정서에는 등장하지 않는 낱말들이다. 보도자료라는 것이 원래 남의 이목을 끌기 위해 작성되는 것이라는 점을 고려하더라도, 이런 '오버'는 좀 그렇다. 많은 주요 언론들이 일제히 이 사건을 보도했으니 소기의 목적을 달성했다고 생각할지 모르지만, '착취'나 '혼숙' 같은 단어를 들으면서 가슴이 섬뜩한 것은 전공의들의 부모에게만 해당되는 일은 아닐 것이다. 또한 원래 진정서에는 '상응한 대가를 지급 받지 못하고 있다'고만 표현되어 있는 것을 굳이 '2,300만원~2,500만원의 평균연봉이 저임금'이라고 구체적으로 밝힌 것도 득보다 실이 많을 듯하다. 이보다 못한 연봉을 받는 국민은 많은 반면, 전공의 과정을 마친 이후에 연봉이 급상승한다는 것을 모르는 국민은 별로 없기 때문이다.

셋째, 대전협은 지금까지 늘 '처우 개선'과 '수련환경 개선'을 함께 요구해 왔으나, 이번엔 처우 개선 쪽에만 초점이 맞춰진 점도 유감이다. 전공의들은 분명히 피교육자로서의 신분을 함께 가진 특수한 근로자이므로, 그리고 전공의들이 교육을 제대로 받는 것이 곧 국민의 이익으로 이어지므로, 당연히 교육적 측면에서의 문제 제기도 함께 했어야 한다고 본다. 그렇게 했어야 국민의 공감도 더 쉽게 이끌어낼 수 있었을 것이다.

넷째, 전공의들의 노동을 '착취'하고 인권을 '유린'하는 대상이 누구인지를 적시했어야 한다. 진정서에 명기되어 있지는 않으나 문맥상으로 볼 때 착취와 유린의 주체는 '병원' 혹은 '병원장'으로 느껴지는데, 이것은 잘해야 절반의 진실 아닌가. 전공의들이 제기하고 있는 범죄적 행위들의 주범은 분명히 우리의 의료 제도, 즉 대한민국 정부다. 병원이나 병원장은 공범일 뿐인데, 전공의들 중 상당수가 불과 몇 년 후면 '공범' 집단에 편입될 터인데, 어찌하여 주범은 놔두고 공범들만 비난하는가 말이다.

대전협이 의욕적으로 추진하는 일에 초를 치려는 의도는 전혀 없다. 오히려 이번 일이 전공의 교육이 정상화되는 계기가 되기를 바라는 마음 간절하다. 하지만 최고의 전문가 집단이라 자부하는 의사들이 이런 문제를 내부에서 해결하지 못하고 밖으로 끌고 나간 것이 부끄럽고, 그 문제제기의 방법이 세련되지 못한 것이 답답하여 몇 마디 보태봤다.

대전협의 진정 하루 전에는 서울시의사회 감사를 역임한 김주필 대의원이 박한성 서울시의사회장 등을 '공금 유용 및 횡령' 등의 혐의로 검찰에 고발하는 사건도 벌어졌다. 내막이야 차차 밝혀지겠지만, 이 또한 대전협의 진정과 마찬가지로 부끄럽고 답답한 일이다.

2004. 7. 19.

인턴 때 애를 낳자!

국가인권위원회는 지난 (2005년 3월) 10일, '여성 인턴의 출산휴가 3개월을 인턴 수련기간에 포함시킬 것' 을 권고했다. 인턴 수련 중 출산휴가 3개월을 사용했다는 이유로 6개월 추가 근무를 해야 했던 어느 여의사가 낸 진정에 대한 해석이었다.

인권위는 "전공의는 피교육자적인 지위 뿐 아니라 근로자로서의 지위를 함께 가지고 있고 출산휴가 3개월을 사용하는 것도 근로기준법을 근거로 하기 때문에 출산휴가 3개월은 당연히 근속기간, 즉 수련기간에 포함돼야 한다"고 밝혔다.

결론부터 말하면, 이 결정은 어리석은 것이다. 여의사의 '인권' 을 보호하는 데에 오히려 해롭게 작용할 것이며, 전공의 수련이 갖고 있는 고유의 목적을 달성하는 데에도 부정적 요인으로 작용할 것이기 때문이다. 어째서 그런지 하나씩 살펴보자.

우선, 인권위의 발표 자체에 모순이 있다. '전공의는 피교육자적인 지위 뿐 아니라 근로자로서의 지위를 함께 가지고 있으므로 근로기준법을 똑같이 적용해야 한다' 는 인권위의 주장 말이다. 인권위에 묻는다. '전공의는 근로자로서의 지위 뿐 아니라 피교육자적인 지위를 함께 가지고 있으므로 근로기준법을 똑같이 적용할 수는 없다' 는 문장은 왜 틀렸는지 말이다. 이 질문에 대답하지 못한다면, 인권위가 전공의 지위의 두 가지 측면 중 한 가지 측면만 바라보고 있음을 뜻한다. 물리적 시간이 수련의 질을 보장하는 것은 아니겠지만, 전체 인턴 기간의 4분의 1에 해당하는 3개월 동안의 수련 중단으로 인해 저하되는 수련의 질은 누가 보장한단 말인가.

다음으로, 이번에 인권위는 인턴 기간 중의 출산휴가에 대해서만 언급했는데, 인권위의 견해를 따르자면 레지던트 기간 중의 출산휴가 3개월도 수련 기간으로 인정해 주어야 한다. 인턴 수련기간은 1년에 불과하여 아이를 1명 이상 낳는 것이 불가능하지만, 레지던트 수련기간은 3~4년이나 된다. 4년의 레지던트 기간 중 3명의 아이를 낳은 여의사에게(실제로 이런 경우는 없지 않다)도 3개월씩 세 번, 모두 9개월의 휴가를 보장해야 하는가? 48개월 동안 꼬박 수련을 받은 사람과의 형평성 문제는 차치하더라도, 39개월만 수련 받은 사람에게도 48개월치 월급과 레지던트 수료증을 주는 것이 과연 합리적인가?

나는 여의사의 출산휴가 3개월을 보장하지 말자고 주장하는 것이 아니다. 모성보호와 '인권' 차원에서 당연히 3개월의 출산휴가를 보장해야 한다. 그러나, 수련의 질도 매우 중요하므로, 그 기간만큼의 추가 수련을 받도록 하는 것이 합리적이다. 미국 대학병원의 경우 출산을 하는 여자 전공의는 3개월 동안 무급 분만 휴가를 받고, 대신 그 기간만큼 수련기간을 연장하는 방식을 택하고 있다.

대한전공의협의회는 인권위의 발표가 나온 바로 그날 성명서를 발표하여 '국가인권위원회의 결정을 적극적으로 지지한다' 고 밝혔다. 또 대전협은 인권위의 이번 결정이 '여성에 대한 차별을 철폐하는 데 기여' 했다고 덧붙였다. 과연 그럴까?

여의사에 대한 눈에 보이지 않은 차별이 여전한 현실에서, 여자 전공의들의 요구사항들만 강경해진다면 병원들의 여자 전공의 기피 현상은 더 악화될 가능성이 높다. 국가가 강제한다면 병원들은 울며 겨자 먹기 식으로 3개월의 출산휴가를 인정할 수밖에 없겠지만, 이것은 오히려 모든 여의사들에게 불평등과 불이익의 악순환을 지속시키는 결과를 초래할 수도 있다.

사실 이 문제는 군대에서 4월말에 제대하는 남자 의사들이 2개월의 수련을 덜 받는 현실, 그리고 전문의 시험을 앞두고 4~6개월 동안 거의 모든 레지던트에게 사실상의 '유급 휴가'가 주어지는 현실과도 밀접하게 맞물려 있다. 게다가 1년에 두 차례만 전공의 모집이 행해지고 1년에 한 번씩만 전문의 시험이 치러지는 상황과도 연계되어 있다.

당장 해결하기 어려울지 모르지만, 가장 합리적이고도 근본적인 대책은 '원칙'을 지키는 데서 찾아야 한다. 그것은 40개월이든 48개월이든 실제로 수련을 받아야 하는 기간을 정해 놓고, 그 기간을 채우는 사람에게만 수련 종료를 인정해 주는 방식이다. 출산 때문이든 군대 때문이든 질병이나 사고 때문이든 전문의 시험 준비 때문이든, 수련을 받지 않는 기간은 당연히 수련기간으로 인정되어서는 안 된다. 월급도 주지 않는 편이 옳다. 물론 이를 위해서는, 전공의 임용이나 전문의 시험 제도에 융통성을 부여하는 것도 필요하다.

대신, 열악한 전공의 처우를 개선하는 것이나 교육보다는 부려먹기에 더 관심을 쏟는 일부 병원의 행태를 교정하는 것은 별개의 문제로 보아 함께 해결해 나가야 한다.

2005. 3. 14.

전공의의 과로, 음주운전만큼 위험

JAMA (2005년) 9월 7일자는 '의학교육특집'으로 꾸며졌다. 재미있는 논문들이 다수 게재됐는데, 제목들만 대략 훑어보면 이렇다.

「전공의들의 신경학적 행동 변화 : 과도한 야간 당직 이후와 알코올 섭취 이후를 비교함」, 「의대생들의 제약회사 마케팅 노출 정도 및 제약회사에 대한 의대생들의 태도 분석」, 「인터넷 기반 CME와 현장에서의 CME 워크숍의 효용 비교」, 「의학교육 관련 연구논문의 비용 및 기금 현황」, 「의사들은 다른 문화권 환자 진료에 얼마나 준비되어 있나?」, 「전공의 근무 시간 단축이 전공의의 삶에 미치는 영향」, 「임상가-교육자 양성을 위한 독립적이고 유효한 프로그램 개발에 관하여」, 「GME의 개혁 방안」 등등.

이 중에서 특히 눈에 띄는 것은 전공의들의 근무 시간에 관한 두 편의 논문이다. 이런 논문이 나오게 되기까지는 몇 가지 사연이 있다.

지난 1984년 5월 5일 새벽, 18세의 여대생 리비 시온(Libby Zion)은 고열과 오한 및 불안 증세로 뉴욕시에 있는 한 병원의 응급실을 찾았다. 당시 18시간 이상 계속 근무를 하고 있던 인턴은 여러 약을 처방했는데, 그 중에는 항우울제인 페넬진과 진통제 데메롤이 포함되어 있었다. 두 약은 병용처방 금기 약물이었고, 그녀는 응급실에 들어온 지 몇 시간만에 쇼크로 사망하고 말았다.

평범한 의료사고의 하나로 묻힐 수도 있었던 이 사건은 그녀의 아버지 시

194

드니 시온(Sydney Zion)에 의해 크게 확대됐다. 연방 검사를 지낸 저명한 칼럼니스트였던 그는 내과 전문의와 사설 탐정을 고용하여 사건의 진실을 파헤쳤고, 딸의 죽음이 인턴 및 레지던트의 과도한 업무로 인해 빚어진 의료 과오 때문이라는 사실을 밝혀낸 것이다.

이 사건을 계기로 전공의들의 근무 시간을 제한하려는 노력이 생겨나기 시작했고, 오랜 토론의 과정을 거쳐 마침내 강제 규정이 마련됐다. 미국 의과대학인정평가위원회(Accreditation Council for Graduate Medical Education, ACGME)가 지난 2003년 7월, 전공의의 근무 시간을 제한하는 규정을 만든 것이다. 이 규정에 의하면 전공의는 일주일에 80시간 이상을 근무할 수 없고, 24시간 이상 연속하여 근무할 수도 없으며, 주 1회는 24시간의 '오프'를 가져야 한다. 과거에는 미국의 레지던트들도 일주일에 136시간까지 근무했었다고 하니, 이 규정은 사실 파격적인 것이다.

이 규정을 지키지 않을 경우 ACGME는 해당 병원의 수련병원 자격을 박탈할 수 있으니, 법제화되지 않았을 뿐 강제성이 꽤 높은 규정이다(그럼에도 불구하고 여러 병원들이 이 규정을 지키지 않고 있다고 전공의 단체는 비판하고 있기도 하다). 물론 이 규정이 만들어진 주된 목적은 환자의 안전 및 교육적 효과를 위해서이지만, 전공의들의 '삶의 질'이 크게 개선됐음은 말할 것도 없다.

그러나 여기에서 끝이 아니었다. 모든 일에 합리성을 따지는 그들답게, 전공의의 근무시간을 단축했을 때 어떤 일이 벌어지는지에 대한 연구가 쏟아지는가 하면, 과도한 업무 부담이 실제로 전공의의 업무 수행 능력에 얼마나 악영향을 끼치는지를 구체적으로 계측하려는 노력도 행해지고 있는 것이다.

이번에 JAMA에 실린 두 편의 논문 내용을 보자. 우선 「전공의 근무 시간 단축이 전공의의 삶에 미치는 영향」이라는 논문은 무려 54편의 관련 논문을 분석한 것인데, 근무 시간 단축이 전공의의 삶의 질(수면 시간이나 '웰빙' 정도)을 개선시킨 것은 분명해 보이지만 수기능력이나 환자관리능력의 질적 향상이라는 교육적인 효과는 불분명하다는 결론을 내리고 있다. 아울러 기존의 논문 54편 가운데 상당수가 연구 설계 자체가 잘못되어 있다는 비판까지 하고 있다.

「전공의들의 신경학적 행동 변화 : 과도한 야간 당직 이후와 알코올 섭취 이후를 비교함」이라는 제목의 또 다른 논문은 34명의 소아과 전공의를 2년간 평가한 것인데, 적은 부담, 적은 부담과 알코올 섭취, 많은 부담, 많은 부담과 위약 등 네 가지 조건을 설정하고 각각의 경우에 운전 시뮬레이션 테스트, 자극에 대한 반응속도 검사 등 다양한 검사들을 실시했다. 그 결과 과도한 근로 때의 수행능력은 혈중 알코올 농도가 0.04~0.05%인 상태와 비슷한 정도로 문제가 있음을 밝혀냈다.

연구 결과 자체보다 이런 연구들이 실시되고 있는 풍토가 더 놀랍고 부럽다. 우리나라에서도 전공의들의 처우에 대한 논란이 오랫동안 계속되고 있지만, 늘 '입씨름' 혹은 '감정싸움' 만 할 뿐 '연구'는 없지 않은가.

이번 호(제287호) 28면에는 "근거중심의학도 중요하지만 '근거중심정책' 이 더 중요하다"는 이형기 박사의 글이 실렸는데, 그 말이 새삼 와 닿는다.

2005. 9. 26.

대학병원, 교수를 더 뽑아라

최근 개원의들을 만나면 한결같이 '너무 힘들다'고 말한다. 액수를 밝히지 않은 채 2~3년 전보다 30% 이상 순이익이 줄어들었다고 말하는 사람도 있고, 아예 "이것저것 제하고 나면 집에 300만원 가져간다"면서 한숨을 내쉬는 사람도 있다. 물론 날이 갈수록 삭막해지는 의사—환자 관계로 인한 스트레스도 적지 않다고 한다. 의사에 대한 존경은 고사하고 최소한의 예의도 갖추지 않는 환자들이 너무 많다고 한탄한다. "내가 당신 돈 벌게 해 주는 걸 고맙게 생각해라"라는 생각을 가진 듯한 환자들이 태반이라는 것이다.

대학병원의 교수들을 만나도 역시 한결같이 '너무 힘들다'고 말한다. 의대 교수가 '철밥통'이라는 말은 옛말이라고 말하는 사람도 있고, 논문 부담과 수익 창출 압박에 시달린다면서 한숨을 내쉬는 사람도 있다. 물론 점점 더 통제하기 어려워지는 전공의들로 인한 스트레스도 적지 않다고 한다. 스승에 대한 존경은 고사하고 "내가 이 정도 월급 받고 이만큼 일해 주는 걸 고맙게 생각해라"라는 생각을 가진 듯한 전공의들이 태반이라는 것이다.

봉직의들이라고 예외는 아니다. 그저 개원을 준비하며 잠깐 머무르는 직장이라 생각하는 사람들은 점점 줄어들고, '위험한 개원보다는 그래도 마음 편한 월급쟁이가 낫다'고 생각하는 사람들이 점점 늘어나는 듯하다. 개원할 엄두를 내지 못하고 '혹시 잘리지 않을까'를 걱정하는 사람들도 점점 늘어나는 듯하다.

중소병원의 경영자들은 그래도 사정이 나은 듯하다. 도무지 호전될 기미를 보이지 않는 경영 상태 때문에 밤잠을 못 이루는 사람들이 많기는 하지만, '의사를 구하지 못해 발을 동동 구르던 시절이 언제였냐' 싶을 정도로 의사 수급과 관련된 스트레스는 완전히 없어졌기 때문이다.

전공의들의 마음속은 미래에 대한 불안과 잘못된 의료제도 및 선배 의사들에 대한 원망으로 가득 차 있는 듯하다. 개선되지 않는 수련 여건이 그 불안과 원망에 불을 당기고, 그 결과가 가장 가까운 곳에 있는 교수들과 병원을 향한 공격성으로 표출되는 것인지도 모른다. 노조를 결성한다, 임금인상을 요구한다, 하면서 '권리 찾기'에 열을 올리는 전공의들을 보고 선배 의사들은 '철이 없다'고 혀를 차지만, 교수가 되어 대학에 남을 가능성도 많지 않고 수련을 마친 후에 '내 자식'을 열심히 챙겨줄 스승도 찾을 수 없는 젊은 의사들이 일찌감치 '자력갱생의 길'을 가겠다고 생각하는 것은 어쩌면 당연한 일 아닌가. 안타까운 일이기는 하지만, 대학병원의 사제지간이 그저 '기브 앤 테이크' 관계로 전락한 것은 현재의 구조 속에서는 불가항력으로 보인다.

이와 같은 비참한 현실을 획기적으로 개선할 대책은 전혀 아니지만, 아주 조금이나마 개선할 수 있는 한 가지 방안은 대학병원의 교수 수를 크게 늘리는 것이다. 본지가 최근 조사한 바에 의하면, 수도권의 주요 대학병원들의 100병상당 교수 수는 평균적으로 17.5명에 불과했다. 지방 주요 대학병원들의 데이터는 추후 취합해 볼 예정이지만, 아마도 큰 차이는 없을 것이다. 웬만한 중소병원들의 100병상당 전문의 수가 10명 가까이 된다는 사실과, 진료 이외에 연구와 교육 기능까지 수행해야 하는 대학병원의 역할을 함께 생각할 때, 많은 숫자는 결코 아닌 듯하다. 게다가 많은 대학병원들은 병상 수를 크게 늘리면서도 교수 수는 그에 상응하는 만큼 늘리지 않고 있는 것으로 드러났다. 병원은 점점 커지는데 병상당 교수 수는 오히려 줄어드는 상황에서, 어떻게 대학병원들이 그 본연의 역할을 다할 수 있을까.

병원 경쟁력의 핵심은 우수한 의사이며, 대학 경쟁력의 핵심은 우수한 교수다. 당연히 의과대학 및 그 부속병원의 가장 중요한 경쟁력은 의대 교수들에게서 나온다. 우리나라 의료 수준의 향상을 위해서, 우리나라 의학의 발전을 위해서, 차세대 국가 기간산업으로 기대되는 BT 및 생명과학 분야의 도약을 위해서, 우수한 후배 의사들을 길러내기 위해서, 그리고 의사들의 생존과 의사 사회의 질서 확립을 위해서도, 의대 교수를 크게 늘려야 한다.

물론 병원이나 대학본부나 재단의 입장에서 보면 쉽지 않을 것이다. 안 그래도 적자를 면하기 어려운 현실에서 교수를 대폭 충원한다는 것은 불가능에 가까울 것이다. 때문에 정부가 나서야 한다. 대학병원이라고 다 같은 병원이 아님은 부인할 수 없는 현실이다. 대학병원 혹은 3차의료기관의 병상당 교수 의무 확보 기준을 대폭 강화하는 동시에 그에 합당한 물적 지원을 하는 정책이 필요하다. 환자의 대학병원 집중 현상이 악화되지 않도록 하는 방안도 함께 강구해야 하겠지만, 투자를 하면 대가가 돌아오는 '구조'를 만드는 것이 선행돼야 한다.

2005. 4. 11.

이 내용과 관련된 커버스토리는 청년의사 제264호에 실려 있다.

다단계 의사면허시험, 근본 대책 못돼

최근 의발특위에서는 의사인력의 질적 수준 향상 방안에 대한 논의를 진행하고 있다. 그 주요한 내용들은 ▲의과대학 인정평가제도의 도입 및 기준 미달 대학에 대한 제재 ▲학생인턴 제도의 도입 ▲의사면허시험의 다단계 시행 ▲졸업 후 2년 동안 의무적으로 임상실무수련을 받는 일차진료 전문의 제도 신설 ▲졸업 후 교육 및 자격 검증 업무의 민간 이양 등이다.

모두가 '의사인력의 질적 수준 향상'을 위해 도움이 되는 방안인 것은 분명하다. 하지만 얼마나 현실성이 있는가 하는 점과, 원래의 의도와 달리 상황을 더욱 왜곡시킬 우려는 없는가 하는 점을 잘 살펴야 한다. 아무리 좋은 방안이라도 실현 가능성이 희박하면 공염불에 그칠 수밖에 없고, 좋은 뜻으로 시작한 정책도 얼마든지 엉뚱한 결과를 낳을 수 있기 때문이다.

위의 방안들 대부분이 이미 오래 전부터 거론돼 오던 것들이니, 여기서는 비교적 새로운 방안인 다단계 의사면허시험 시행 방안에 대해서만 살펴보고자 한다. 이것은 의사면허시험을 1, 2차로 나누어 1차는 3학년말에 필기시험으로, 2차는 4학년말에 실기시험으로 시행한다는 것이다.

의학 지식만을 측정하여 면허를 발급할 것이 아니라 최소한의 임상수행능력을 보유하고 있는지도 확인한 다음에 진료 현장에 내보내자는 의견에는 전적으로 동의한다. 하지만 지금 논의되고 있는 방안은 자칫 상황을 더 악화시킬 우려도 있어 보인다.

첫째, 1차와 2차 시험의 시기가 문제이다. 우선 1차 필기시험을 3학년말에 시행할 경우 3학년 때 실시되는 임상실습은 거의 '황폐화' 될 것이 불을 보듯 뻔하다. 지금도 일부 대학에서는 국가고시 합격률을 높이기 위해 임상실습 기간을 줄이고 시험 대비를 시키고 있는데, 이런 방안이 도입되면 임상실습 기간은 더 줄어들 개연성이 높은 것이다. 물론 4학년의 임상실습이 오히려 더 내실화될 것을 기대하는 사람도 있겠지만, 4학년의 임상실습도 실기시험과 직접적 관련이 없는 부분에서는 더욱 위축될 것이라는 우려를 금할 수 없다.

둘째, 소위 인성교육을 위한 커리큘럼 배정이 더욱 어려워질 위험도 있다. 최근 여러 대학들이 사회의학 등 다양한 강좌를 신설·보강하고 있는데, 이런 바람직한 움직임에 찬물을 끼얹을지 모른다는 말이다. 이런 과목은 의예과나 의학과 1~2학년 때에 '반짝' 실시하는 것보다는 의학과 의료에 대한 지식과 경험이 조금 더 쌓인 이후에도 지속적으로 실시하는 것이 그 효과가 훨씬 높다. 그래서 몇몇 대학에서는 이런 과정을 6년 내내 배정하려는 움직임도 보이고 있는 것이다. 그런데 3~4학년 내내 시험준비에 몰두해야 하는 상황을 만들어 버리면, 학생들이나 교수들 모두 '여유'를 부릴 수가 없기 마련이니 문제다.

셋째, 시험을 바꿈으로써 교육의 내용과 수준을 조절하는 것은 비교적 쉬운 방법이기는 하지만 언제나 차선책에 불과하다. 게다가 변별력보다 공정성이 더 중요할 수밖에 없는 면허시험의 특성을 고려하면, 아무리 실기시험을 치른다고 해도 그 시험만으로 적정한 임상수행능력의 획득을 보장할 수는 없다. 당연히 가혹할 정도로 높은 수준의 의과대학 인정평가제도가 함께 도입돼야 하는 것이다. 그러나 현재 적지 않은 대학들이 인정평가제도의 도입에는 소극적인 태도를 보이고 있다. 혹시라도 여러 대학들의 사정을 고려하느라 인정평가제도는 뒤로 미룬 채 반발이 별로 없을 시험제도의 개편만 강행하지는 않을지 걱정이 앞선다.

지금 의사인력의 질적 수준 향상을 고민하고 있는 분들이 모두 훌륭한 분들이라 이미 알고 계시리라 믿지만, 여러 가지 방안들 중에서 최우선적으로 도입해야 하는 것은 의과대학 인정평가제도이다. 감히 말하지만, 의과대학 인정평가제도 및 기준 미달 대학에 대한 제재 방안을 포함시키지 않고서는 다른 어떤 수단을 동원하더라도 의사인력의 질적 수준 향상을 위한 '근본적'인 방안은 못 된다.

2002. 11. 18.

일차 진료 전문의 논란을 보며

최근 의발특위가 내놓은 '일차 진료 전문의' 제도에 대한 격론이 벌어지고 있다. 이 제도의 핵심은 현재의 인턴 제도를 없애고, 그 대신 모든 의사면허 취득자가 의무적으로 2년 동안의 수련을 받게 한다는 데에 있다. 즉 의대를 졸업하고 곧바로 단독 개원을 할 수는 없게 제한하며, 2년간의 수련을 받고 일차 진료 전문의 자격을 취득해야 단독 개원을 할 수 있게 한다는 것이다. 물론 이와는 별개의 경로로 현재의 단과 전문의 과정은 그대로 존속시키는 것으로 되어 있다.

이 방안의 명분은 '의사인력의 질적 수준 향상' 이라는 훌륭한 것이다. 하지만 과연 이런 방법으로 소기의 목적을 달성할 수 있을지는 의문이다. 여러 가지 측면에서 허점이 보이기 때문이다.

우선 현재의 가정의학 전문의 제도를 그대로 둔 채 새로운 일차 진료 전문의 제도를 만든다는 발상이 어색하다. 지금까지 정부, 학계, 의료계 대부분은 가정의학과 의사의 수를 늘려서 그들로 하여금 일차 진료를 담당하게 해야 한다는 데에 공감해 왔다. 단과 전문의를 줄이고 일차 진료 의사를 늘리는 것이 목적이라면 가정의학과의 티오를 늘리는 것이 훨씬 쉬워 보이는데, 왜 갑자기 새로운 방안을 들고 나온 것인지 이해가 되지 않는다.

둘째, 현재의 학생 임상실습과 인턴 과정이 일차 진료 능력 향상에 도움이 되지 않기 때문이라고 하지만, 그것을 해결하기 위한 방법은 의대 교육과정과 인턴 수련 프로그램 자체를 개선하는 것이 먼저 고려되어야 마땅하다. 인턴 제도를 구체적으로 어떻게 개선할 것인지에 대한 방안이 없는 상태에서 새로운 방안이 도입되면 자칫 인턴 기간만 2년으로 늘어나는 어처구니없는 결과가 생길 수도 있다.

셋째, 진료 능력이 부족한 상태로 단독 개원하는 사례를 막는다는 명분도 설득력이 없다. 지금 그런 사례가 아주 많고 그것이 국민 건강을 위협하고 있다면 모르겠으나, 이미 대다수의 의대 졸업생이 '자발적으로' 수련을 받고 있기 때문이다. 오히려 수련기간이 너무 길다는 것, 그래서 힘든 수련기간 동안 배운 지식과 술기를 제대로 활용하지 못하는 것이 문제로 지적되고 있지 않은가.

이처럼 허술한 방안이다 보니, 괜한 오해까지 생기고 있다. 이 방안이 값싼 노동력을 활용하고자 하는 2차 병원들의 불순한 의도에서 비롯된 것이라는 일각의 주장이 그것이다. 유감스럽지만 현재 상당수 수련병원들이 가정의학과 전공의를 피교육자라기보다는 그저 '싸고 다목적으로 활용할 수 있는 노동력'으로 취급하고 있는 것이 현실이기 때문에, 이 주장이 전혀 터무니없게 들리지는 않는다.

물론 졸업후 교육의 획기적 개선이 필요하다는 데에는 전적으로 동의한다. 하지만 이미 여러 가지 방안들이 검토되어 왔고, 그 중에는 '마음만 먹으면' 곧바로 시행할 수 있는 더 쉬운 방법들도 있다. 그리고 제일 먼저 그 '마음'을 먹어야 할 주체는 정부나 의협이나 의학회가 아니라 의과대학과 수련병원들이다.

가령 학생 인턴 제도의 도입, 단과 전문의 티오의 축소, 인턴 및 전공의 수련의 내실화 등이 '비교적 쉬운' 방법들이다. 의과대학 인정평가제도의 도입이나 부실의대 통폐합 등도 더욱 시급한 과제들이다. 전공의 수료자 가운데 상당수가 전임의 과정을 밟고 있는 내과 등에서 거론하고 있는 수련기간

단축 및 분과전문의 제도의 공식화도 쉽고도 합리적인 방안이라고 본다.

어쨌든 의학 교육 체계를 바꾸어야 한다는 데에는 모두가 공감하고 있다. 어정쩡한 변화보다는 차라리 UME, GME, CME 전체를 다 뜯어고치는 장기적 방안을 신중하게 수립하고, 그 계획에 따라 쉬운 것부터 하나씩 실천에 옮기는 편이 낫다. 이번 논란이 이 문제에 대한 의료계 전체의 주의를 환기시키는 계기가 되길 바란다.

2002. 12. 9.

의사 면허 재인증 제도,
꼭 반대해야 하나

지난주에는 의학교육과 관련된 두 개의 행사에 다녀왔다. 하나는 (2005년 10월) 23일부터 사흘간 COEX에서 열린 제3회 아시아의학교육학회(이하 AMEA 2005)였고, 다른 하나는 26일에 이화의대에서 열린 '의학에서의 프로페셔널리즘'이라는 제목의 심포지엄이었다.

AMEA 2005는 '아시아' 학회임에도 불구하고 서구 선진국들에서도 적지 않은 사람들이 참여하는 등 해외에서 온 참가자들만 해도 100명을 훌쩍 넘겼고, 국내 참가자들까지 포함하면 300명 이상이 자리를 지켰다.

이번 학술대회는 세계의 의학교육 흐름이 어디로 향해가고 있는지를 보여주는 뜻깊은 자리였다. 의학교육 전문가가 아니므로 정확한 분석은 아닐 수 있겠지만, 내가 파악한 바로는 의학교육 분야에 있어서의 최근의 국제적 경향은 크게 몇 가지로 나뉘었다.

첫째는 임상 술기 교육의 강화이다. 많은 나라들이 의과대학 내에 임상술기교육센터(clinical skills laboratory)를 만들거나 표준화 환자의 활용을 늘리는 등 다양한 방법들을 시도하고 있었다.

둘째는 평가방법의 다양화 및 면허 관리의 강화를 통한 질 관리 노력이다. 여기에는 의과대학 학생들을 대상으로 하는 수행평가는 물론이고 이미 면허를 획득한 의사들의 진료 능력에 대한 평가도 포함되어 있다. 우리나라에서는 의사 면허 재인증(revalidation)의 필요성 자체에 대한 논란이 여전히 진행중이지만, 다른 나라들은 구체적으로 어떤 방법을 활용하여 개별 의사들의 능력을 평가할 것인지에 대한 고민을 진행하고 있었다.

셋째는 커뮤니케이션, 프로페셔널리즘, 윤리, 지역사회 이해 등 인문·사회과학적 분야에 대한 교육의 강화이다. 이에 대한 고민 역시 '해야 한다' 는 수준을 이미 훨씬 넘어 '어떻게 할 것인가' 에 집중되어 있었다.

우리나라에서도 여러 전문가들이 강연 및 포스터 발표를 했는데, 우리 의학교육도 최근 몇 년 사이에 상당히 큰 변화를 보이고 있으며 위에서 말한 세가지 분야 모두에서 진일보한 모습을 보이고 있음을 알 수 있었다.

26일에 열린 심포지엄도 그런 변화를 상징적으로 보여주는 행사였다고 생각한다. 비록 소규모 행사였지만, 우리 의학교육계의 주된 관심사가 '방법론' 에서 '컨텐츠' 로까지 넓혀지고 있음을 보여주기에는 충분했기 때문이다.

우리 의학교육 분야에서 변화의 조짐은 이미 여러 곳에서 감지되고 있다. 여러 대학들이 이미 새로운 교육과정을 도입했거나 곧 도입할 예정으로 있으며, 다양한 학문적 배경을 가진 전문가들이 속속 의학교육 분야에 투신하고 있다. 27일에는 국내에서 두 번째로 가톨릭의대 내에 '의학시뮬레이션센터' 가 문을 열기도 했으며, 다음달 17일에는 제1차 한국의료 커뮤니케이션 심포지엄도 개최될 예정이다. 의학전문대학원으로 전환하는 의과대학이 점차 늘어나면서 의학교육 전반에 걸친 개선의 노력은 더욱 탄력을 받을 전망이기도 하다.

의학교육이 비단 의과대학에서의 교육(UME)에만 국한되는 것이 아님은 주지의 사실이다. UME보다는 오히려 전공의 교육(GME)이나 연수교육(CME)이 더욱 중요한 것으로 여겨지기도 한다. 그런 측면에서, 현재 우리나라에서 진행되고 있는 의학교육 분야의 변화가 주로 UME 분야에 한정되어 있는 것은 아쉬운 점이다.

GME에 대한 논의는 전공의 처우 개선이나 전문의 제도 자체의 개혁에 대한 논의에 묻혀 버리는 경우가 많고, CME에 대해 논의를 할라치면 CME 강화의 핵심이랄 수 있는 의사 면허 재인증에 대한 의료계의 반발이 거세게 일어나서 흐지부지되기 일쑤다.

의사 면허 재인증 방안이 의사들에 대한 통제력을 강화하려는 정부의 음모라고 생각하는 의사들이 적지 않은 듯하다. 정부에 대한 불만과 불신을 이해하지 못하는 것은 아니지만, 의사 면허 재인증 제도는 거시적 안목에서 보면 절대 다수의 의사들에게 오히려 이득이 될 수 있는 제도다. 조금 귀찮을 수도 있고, 제법 불쾌할 수도 있고, 상당히 억울할 수도 있다.

그러나 이는 세계적 추세일뿐더러 국민의 신뢰를 얻는 데에도 도움이 되는 방안이다. 구조적 모순에서 비롯되는 문제에 대한 비난까지 의사 집단 혹은 개별 의사가 받아야만 하는 현실을 타개하는 데에도 기여할 수 있는 방안이다. 조금은 손해보는 듯한 느낌이 있다손 치더라도, 더 큰 불쾌감과 억울함을 해소할 수 있는 가능성이 있는데, 전향적으로 사고하지 못할 이유가 어디에 있는가.

2005. 10. 31.

환자 교육, 의사에게도 도움돼

지난 (2003년 4월) 23일, 복지부는 건강보험정책심의위원회에서 작지만 의미 있는 한 가지 결정을 내렸다. 당뇨·고혈압 등 7개 질환에 대하여 의료기관이 교육·상담료를 비급여로 받을 수 있도록 한 것이다. 이 조치가 시행되는 6월 1일부터는 의료기관이 의사·간호사·영양사 등 교육을 전담하는 상근자를 두고 프로그램을 운영할 경우, 그에 대한 비용을 환자(소아 등 독립적으로 교육받기 곤란한 경우에는 보호자)에게 청구할 수 있게 됐다.

널리 알려지지는 않았지만, 환자나 보호자에 대한 교육·상담료를 공식적으로 인정할 것인지 여부는 이미 수년 전부터 의료행위전문평가위원회 등에서 논의되어 왔다. 의료기관이나 영양사협회 등에서 교육·상담료 인정을 요구한 질환은 모두 40여개였는데, 그 중에서 특히 필요성이 인정된 7가지 질환에 대한 교육·상담료가 이번에 인정된 것이다.

이번 결정은 비급여 인정이기 때문에 보험재정에도 영향이 없고, 비교적 까다로운 규정이 있기 때문에 부가적인 서비스 제공 없이 의료기관이 수입을 올릴 수 있는 것도 아니다. 게다가 적어도 아직은 의원급 의료기관에는 별로 해당사항이 없는 것이라 당장 큰 관심을 끌 만한 사안은 아니다.

하지만, 이번 결정은 여러 가지 측면에서 적지 않은 의미를 갖고 있다. 급여든 비급여든 새로운 항목을 인정하는 데에 인색한 정부가 비록 비급여로나마 교육·상담료를 신설하게 된 데에는 뭔가 이유가 있지 않겠는가.

첫째로는 질병과 의료의 패러다임이 바뀌고 있는 현실을 정부가 수용한 것이라고 볼 수 있다. 치료 의학이 사실상 의학의 전부였던 시대는 가고, 지금은 예방 및 환자의 자기관리의 중요성이 점점 커지고 있는 시대다. 이번과 같은 조치가 나온 근본적인 이유는 이렇게 함으로써 장기적으로는 전체 의료비를 오히려 줄일 수 있을 것이라는 전망이 있기 때문인 것이다.

두 번째로는 민간 의료기관이 시대의 변화와 환자의 요구에 부응하여 '없던 시장'을 새롭게 창출한 것을 정부도 공식적으로 받아들였다는 측면도 있다. 삼성의료원 등 몇몇 의료기관들은 이미 오래 전부터 정교하게 짜여진 환자 교육 프로그램을 가동해 왔고, 그에 대한 비용을 환자에게 받아 왔다(이는 미결정 행위 인정 신청을 해 놓은 상태에서는 합법적인 일이다). 교육의 내용이 환자에게 실질적인 도움을 주기에 충분할 정도로 내실 있는 편이어서, 환자들의 만족도도 상당히 높았던 것으로 전해지고 있다.

복지부의 이번 조치를 보며 의사들이 생각해야 할 점은 여러 가지다. 가장 중요한 것은 '환자 교육'의 중요성을 새삼스럽게 인식하는 일이다. 지금까지 의사들은 환자 교육의 중요성을 막연하게만 생각해 왔다. 그리고 의사라면 누구나 환자에게 제대로 된 교육을 할 수 있다고 '착각'해 왔다. 교육학이라는 학문이 엄연히 존재하는 것에서 알 수 있듯이, 자신이 뭔가를 알고 있는 것과 그것을 다른 사람에게 전달하는 것은 별개의 문제다. 환자를 제대로 교육하려면 의사도 공부를 새로 해야 한다. 의사가 알아야 하는 의학적 지식과 환자가 알아야 하는 의학적 상식은 다른 것이고, 같은 내용이라도 얼마나 '기술적으로' 교육하느냐에 따라 교육의 효과는 판이하게 달라지기 때문이다.

의사들이 환자 교육을 제대로 할 때에 기대되는 효과는 여러 가지다. 국민 건강이 향상되고 의료비가 절감되는 것은 물론이고, 환자—의사 관계의 호전도 기대할 수 있다. 게다가 앞으로는 수입의 증대에도 기여할 수 있게 될 개연성이 충분하다.

복지부 관계자의 말에 따르면, '이번 조치를 특별히 악용하는 사례가 빈발하지 않는 한 앞으로도 꾸준히 교육·상담료의 인정 범위를 늘려나갈 방침'이다. 이미 몇몇 선진국에서는 교육·상담료를 급여 항목에 포함시켜 놓고 있다.

의사들이 환자 교육에 관심을 가져야 할 이유는 충분하지 않은가. 이것이야말로 '임도 보고 뽕도 따는' 결과를 낳는 일이지 싶다.

2003. 4. 28.

한국의료의 COPQ는
어떻게 줄일까?

언제부터인가 '6시그마 운동' 이라는 말이 자주 쓰이는데, 그 정확한 의미를 아는 사람은 많지 않은 듯하다. 여기서 시그마는 우리가 잘 알고 있는 통계학의 그 시그마, 즉 표준편차이다. 기억나시는가? 정규분포에서 임의의 데이터가 2시그마 안에 포함될 확률은 95%, 3시그마 안에 포함될 확률은 99.7%….

6시그마 운동은 어떤 제품을 생산함에 있어 불량품이 아닐 확률을 6시그마 수준까지 끌어올리자는 것이다. 정규분포에서 어떤 값이 6시그마 밖에 있을 확률은 0.00034%, 즉 1백만 분의 3.4이다. 백만 개의 제품을 만들었을 때 불량품이 3.4개밖에 안 나오는 공장이라면, 그야말로 이상적인 곳이 아닐까.

6시그마 운동을 처음 시작한 곳은 모토롤라사였지만, 그것을 경영 전반에 걸친 혁신기법으로 발전시킨 것은 GE사이다. 그 유명한 잭 웰치 전 GE 회장은 '6시그마의 완성자' 로 불린다. 최근에는 이 6시그마 운동이 구매·영업·인사·총무 등 제조업체의 비(非)제조 분야는 물론 금융·서비스 업체와 의료기관으로까지 확산되고 있다.

6시그마는 매우 달성하기 어려운 목표다. 현재 우리 나라 제조업체들의 품질 수준은 4시그마 수준으로 평가되고 있으니 말이다. '두 칸 차이' 가 별것 아닌 것처럼 들릴지 모르지만, 4시그마는 1백만 개를 만들 경우 6,210개의 불량품이 나오는 수준이다. 즉 '두 칸' 을 옮겨가기 위해서는 불량률을 2천분의 1로 줄여야 한다!

6시그마 운동에는 매우 여러 가지 세부 항목이 있는데, 그 중 하나가 COPQ(저품질비용, cost of poor quality)를 줄이는 것이다. COPQ란 수준 이하의 질로 인해 발생하는 비용인데, 이를 줄이면 당연히 기업의 경영 실적은 좋아질 수밖에 없다. 이쪽 분야 전문가들은 실수, 태만, 헛된 노력, 부적합한 체계, 미숙함 등의 질 문제를 해결함으로써 조직 내 비용의 20~40% 정도를 줄일 수 있다고 주장한다.

문제는 COPQ를 줄이는 데에는 새로운 비용이 만만찮게 발생한다는 점이다. 미숙한 직원을 교육하고 불합리한 시스템을 고치는 데에 돈이 들어가는 것은 당연하다. 사실 그런 용어가 없었을 뿐이지, 아주 오래 전부터 모든 기업인들은 COPQ를 줄이고 싶어했을 것이다. 하지만 그렇게 하지 못한 것은 불확실한 미래의 성과를 위해 지금 당장 눈앞에 있는 현찰을 쓰는 일이 쉽지 않기 때문이다.

결국 간단하게 말하면, '품질을 올리려면 비용이 더 많이 든다'는 과거의 개념을 '품질을 올리면 비용이 감소한다'는 새로운 개념으로 바꾸자는 것이다.

이 새로운 개념은 그야말로 선풍적인 인기를 끌고 있다. 어느 분야 못지 않게 '품질'이 중요시되는 의료에서도 마찬가지다. 의료의 질 관리나 병원 경영의 측면에서 COPQ를 줄여야 한다는 것은 이미 상식이 됐다. 방사선 기사가 방사선 촬영을 잘못하여 다시 해야 하는 경우를 줄이고 인턴이나 간호사가 정맥주사 기술이 부족하여 주사기를 여러 개 사용하는 일이 없도록 하는 간단한 것에서부터, 의료사고를 줄이고 응급실이나 수술실의 시스템을 바꾸는 복잡한 것까지, 의료기관에서 줄일 수 있는 COPQ는 정말 많다.

우리나라의 의료 시스템 전체를 하나의 거대한 공장으로 본다면 어떻게 될까? 수치화하기가 어려울 뿐, 아마도 COPQ투성이일 것이다. 경직된 의료

제도, 왜곡된 의료문화, 거기에 더해진 여러 집단들의 이기심이라는 '저품질'로 인해 허투루 사라지는 비용이 어디 한두 푼이랴.

앞서 말했듯이 COPQ를 줄이기 위해서는 오랜 기간에 걸친 과감하고 적확한 투자가 필요하다. 눈앞에 빤히 보이는 문제만을 땜질 식으로 해결하는 것으로는 영원히 COPQ를 줄일 수 없을뿐더러 나중에는 더 큰 비용을 지불해야만 하는 상황이 도래할 것이다. 의사를 비롯하여 의료 시스템의 테두리 안에서 밥을 먹는 모든 사람들이 더 늦기 전에 거시적이고 총체적이고 장기적인 청사진을 만드는 일에 머리를 맞대야 한다.

COPQ를 줄이고 6시그마를 달성하는 데에 가장 중요한 것은 CEO의 결단이라고들 한다. 총체적 난국에 빠진 한국의료의 문제도 마찬가지다. 시간이 갈수록 복지부장관 수준의 결단으로는 도무지 해결책이 보이지 않는 상황으로 변해가고 있다. 대통령이 직접 나서서 의료 문제의 해결을 위해 노력해 줬으면 하는 바램이지만, 노무현 대통령의 최근 횡보(橫步)를 보고 있노라면 그것도 별로 가망이 없어 보여 답답할 뿐이다.

2003. 6. 9.

'버티면 되는 시대'의 종말

　일반 국민들이 직접 형사재판에 참여하는 '국민 사법참여제'가 조만간 도입될 전망이다. 대법원 산하 사법개혁위원회의 방안에 의하면, 2007년부터 유·무죄를 다투는 중죄 형사사건의 피고인이 원할 경우 1심에서 일반인 5~9명으로 구성된 가칭 '사법참여인단'이 참여하는 재판이 열리게 된다.

　사법참여인단은 미국의 배심원처럼 유·무죄에 대한 의견도 내고 독일의 참심원처럼 적절한 양형에 대한 의견도 제시하지만, 재판부가 그 의견에 구속되지는 않는다고 한다. 그러나 5년 정도의 1단계 시행기간 동안 나타나는 문제점을 보완하여 2012년부터는 사법참여인단의 의견을 판사가 반드시 받아들이도록 하는 방안도 검토중이라 한다.

　흔히 논리보다는 감정을 앞세우는 우리 문화를 고려할 때, 무작위로 선정된 '장삼이사' 몇 명에게 일부나마 사법권을 나누어주는 제도가 잘 운영될지 솔직히 걱정도 된다. 하지만, 단순히 사법고시에 합격하고 연수원에서 좋은 점수를 받았을 뿐인 약관의 청년에게 타인에 대한 생사여탈권을 온전히 부여하는 현재의 제도 또한 위험하기는 마찬가지라는 점에서, 이 제도에 대해 일단은 기대를 가져 본다.

　또한 정부는 최근 모든 재외공관장(대사)직을 원칙적으로 개방하기로 결정했다. 비록 개방 비율을 30%로 못박으려던 시도는 (아마도 외교부의 반대로) 무산됐지만, 외부 민간전문가, 외교관, 타 부처 공무원 등 3개 그룹에서

대사를 선발하는 제도가 늦게나마 마련된 것은 환영할 만한 일이다. 지금까지는 외무고시 합격 후 대과(大過) 없이 25년 정도를 잘 버티기만 하면 대사직에 오를 수 있었지만, 앞으로는 이러한 보장이 없어진 셈이다. 외무고시도 점진적으로 축소된 뒤 궁극적으로는 폐지될 것으로 알려지고 있다.

물론 현재 각 부처가 시행하고 있는 개방형 임용제에서 그런 것처럼, 결과적으로는 외교관 출신들이 개방된 대사직의 대다수를 꿰찰지도 모른다. 하지만 해당 국가에 대해서나 그 국가와 우리나라 사이의 현안에 대해서 아는 것이 별로 없는 대사들이 유유자적하며 파티에나 참석하며 소일하는 사례들이 빈번했던 과거를 생각하면, 이 제도 또한 분명히 진일보라고 여겨진다.

앞에서 언급한 두 가지 변화는 우리 사회에서 막강한 권한을 갖고 있던 기존의 권위 혹은 지위에 조금씩이나마 균열이 생기고 있음을 상징적으로 보여준다. 등산을 할 때에도 사법고시 기수에 따라(같은 기수에서는 성적순으로) 일렬로 올라간다는, 술자리에서도 지위(판사냐 검사냐 변호사냐)와 기수에 따라 정해진 순서대로 '알아서' 앉는다는 사회가 법조계다. 오로지 조직 내부의 권위에만 복종하는, 자존심과 자부심으로 똘똘 뭉친 법조인들에게, '시민 몇 명의 의견을 무조건 좇아야 한다'는 식의 제도 변화는 분명 충격적일 것이다. 외무고시 합격 후 십년, 이십년 동안 객지생활을 하면서 '대사'라는 영예를 기다려온 외교관들에게, 난데없이 '민간전문가' 출신 대사를 모셔야 하는 상황은 분명 당혹스러울 것이다.

하지만 이런 흐름은 지극히 자연스러운 것이다. 젊었을 때 한 번 획득한 지위를 바탕으로 별다른 노력 없이 평생을 보장받는 시대는 이미 지났다. 대단히 빠른 속도로 진행되는 전문화 · 다양화에 발맞추어 끊임없이 자기 계발을 해야만 추락을 피할 수 있는 시대가 이미 도래해 있다. 각박하고 비정하게까지 느껴지지만, 현재는 효율 혹은 합리성을 최고의 가치로 치는 시대이며, 이런 경향은 앞으로 더욱 심화될 것이다.

사실 의사들은 이런 종류의 변화를 이미 체험한 바 있다. '시혜'에 가깝던 의료행위는 '서비스'가 됐고, 과거에는 상상도 하지 못했을 '환자권리장전'이 등장한 지도 오래됐다. 환자들이 의사를 '아저씨'라 부르고, 정부가 의사들을 잠재적 범죄자로 취급한 지도 오래됐다. 의사들이 이미 겪었던 권위의 손상을 이제 다른 전문가 집단도 감내할 수밖에 없게 됐다는 사실에서 위안을 얻을 것인가? 그렇지 않다. 의사들이 이 시점에 해야 할 일은 의사들에게 닥칠 다음 차례의 변화를 대비하는 것이다.

　가장 쉽게 떠올릴 수 있는 것이 의사면허 갱신제도가 아닐까. 상당히 많은 의사들이 '천부의권' 운운하며 면허갱신 혹은 자격연장 제도를 반대하고 있지만, 의권은 사법권과 마찬가지로 하늘이 아니라 국민이 위임한 것이다. 게다가, 1%, 아니 0.1%의 자격 미달자를 퇴출시킴으로써 나머지 99.9%의 선량한 의사들이 국민의 신뢰를 얻을 수만 있다면, 의사들이 이 제도를 반대할 이유가 어디에 있는가 말이다. 정부가 강제하기 이전에 의사들 스스로가 방안을 만들어야 하지 않을까 싶다.

2004. 11. 8.

호랑이보다 무서운 정부

춘추시대 말엽, 공자가 수레를 타고 제자들과 태산 기슭을 지나가고 있을 때 여인의 애절한 울음소리가 들려 왔다. 살펴보니, 어느 여인이 풀숲에 있는 세 무덤 앞에서 울고 있었다. 공자는 제자인 자로에게 그 연유를 알아보라고 했다. 자로가 부인에게 다가가서 물었다.

"부인, 어인 일로 그렇듯 슬피 우십니까?"

"여기는 아주 무서운 곳이랍니다. 수년 전에 저희 시아버님이 호환(虎患)을 당하시더니 작년에는 남편이, 그리고 이번에는 자식까지 호랑이한테 잡아먹혔답니다."

"그런데 왜 이곳을 떠나지 않으십니까?"

"여기서 살면 세금을 혹독하게 징수 당하거나 못된 벼슬아치에게 재물을 빼앗기는 일은 없기 때문입니다."

이 말을 전해들은 공자는 제자들에게 이렇게 말했다.

"잘들 기억해 두어라. 가혹한 정치는 호랑이보다 더 무섭다는 것을…."

예기(禮記) 단궁편(檀弓篇)에 나오는 이 이야기에서 유래한 말이 '가정맹어호(苛政猛於虎)' 인데, 최근 의학전문대학원 전환과 관련된 정부의 정책을 보면서 문득 이 고사가 떠오른다.

의학전문대학원 제도는 의과대학을 4년제 대학 졸업 후에 진학하여 4년을 더 공부해야 하는, 이른바 4+4 시스템으로 바꾸는 것이다. 이 제도의 장단점이나 도입 필요성 등에 대해서는 오래 전부터 많은 논란이 있었고, 지금도 찬반 의견이 팽팽하게 맞서고 있다. 기대되는 효과도 분명히 있지만 우려할 만한 점이 적지 않은 것도 사실이며, 어느 쪽의 주장이 옳을지 미리 확인할 수 있는 방법은 없다.

4+4 제도 도입을 통해 얻으려는 가장 큰 목적은 우리나라 의학, 특히 기초의학 및 연구 중심 임상의학의 발전이다. 다양한 학문적 배경을 가진 사람들에게 의학을 가르침으로써 의학의 외연을 확장하려는 의도도 빼놓을 수 없다. 게다가 여러 선진국들이 오래 전부터 채택하고 있으니, 이론적인 타당성은 전혀 부족하지 않은 것이 사실이다.

그러나 예측 가능한 역작용도 만만치 않다. 교육 연한의 연장으로 인한 사회적 비용의 증가가 대표적이며, 대학입시에서의 의대 열풍을 잠재울 수 있는 대신 이공계 대학생들이 의학전문대학원 준비 학원에 몰려들 위험도 분명히 있다.

최근 여러 의과대학들은 드러내놓고 말은 못하면서 속으로만 엄청난 고민에 빠져 있었다. 교육부의 의학전문대학원 전환 정책이 새로운 국면으로 접어들었기 때문이다. 최근 교육부의 '협박' 내용이 공개되고 있는데, 그 핵심은 '의학전문대학원 전환을 거부할 경우 법학전문대학원 승인 불가, BK 사업 대상 제외 등의 불이익을 준다'는 것이다.

정부의 정책이 이런 방식을 띠는 것은 곤란하다. 과거에는 '전환하면 인센티브를 주겠다'고 했다가 반응이 시원치 않으니 정반대의 방법을 꺼낸 것인데, 정책의 옳고 그름을 떠나서 의학전문대학원과 아무런 상관이 없는 법학전문대학원 승인 등을 연계하는 방안에는 도무지 타당성이 없어 보인다. 이는 바꾸어 말하면 법학전문대학원을 어느 학교에 설치할 것인지를 결정함에 있어서 법학 교육을 제대로 시킬 여건 조성의 여부와 무관한 다른 항목을 결정적 요인으로 삼겠다는 발상 아닌가.

의학전문대학원 전환에 소극적인 여러 의대 교수들은 한결같이 "불확실한 이익을 위해 확실한 손해를 감수하라는 게 말이 되느냐"고 항변하고 있다. 생명공학이 향후 대한민국의 새로운 성장엔진이 될 수 있어야 한다지만, 과연 그것이 일률적인 4+4 제도로 가능하겠냐는 것이다.

교육부는 답해야 한다. 이렇게 강제적이고 치졸한 방법을 동원해서까지 4+4 제도를 반드시 전면 도입해야 하는 이유가 무엇인지, 최근 서울의대가 공개적으로 제기한 '절충안'을 받아들일 수 없는 이유가 무엇인지를 말이다.

4년제 대학 졸업생들을 본과 1학년으로 편입시키는 제도는 부분적이나마 이미 5~6년 전부터 있어 왔으며, 일부 의대는 이미 의학전문대학원 체제로 바꾸었다. 최소한의 시범사업은 이미 실시된 셈이다. 그 실험의 결과에 대한 분석이나 제대로 해 보았는지 교육부에 묻고 싶다. 수준 이하의 의과대학들의 교육 여건을 개선하거나 아예 퇴출시키는 일에는 왜 그 막강한 권력을 휘두르지 않는지도 묻고 싶다.

전국의 인재들을 의과대학이 다 가져가면서 왜 우리 의학과 생명공학이 세계적 수준으로 도약하지 못하냐고 비판하는 정부 관계자들이 있다. 4+4 제도가 도입되지 않은 것에 그 책임의 일부가 있다면, 의과학의 발전을 오히려 가로막는 규제 위주의 정부 정책에는 최소한 그 10배의 책임이 있음을 알아야 할 것이다. 무식하면서 힘만 센 정부보다는 차라리 호랑이를 만나는 게 낫겠다.

2005. 5. 16.

근거중심의학에 주목해야 하는 근거

지난 (2005년 9월) 13일 아침, 나는 서울 소공동 롯데호텔로 향했다. 건강보험심사평가원이 주최한 근거중심의학의 활성화를 위한 국제 심포지엄 '보건의료체계에서 근거중심의학의 현재와 미래'를 참관하기 위해서였다.

근거중심의학(evidence based medicine, EMB)이라는 개념은 캐나다와 영국 등에서 1990년대 이후에 등장한 것으로, "개별 환자의 진료에 대해 의사 결정을 하기 위해서 현재 최선의 근거를 세심하고 명백하게 그리고 현명하게 사용하는 것" 혹은 "임상 전문지식과 환자의 가치를 최상의 연구 근거에 통합하는 것" 등으로 정의되고 있다.

EBM의 주창자들은 기존의 의학을 '전제주의적', '권위주의적', 혹은 '명성 중심적' 의학이라 비판한다. 이들은 기존의학에서 의학적 결정이 주로 의사 개인의 비체계적 주관적 단편적인 임상 경험이나 상식 및 직관력에 따라서, 혹은 해당 분야의 권위자나 동료 의사들의 자문을 통해 '주먹구구식으로' 이루어져 왔다고 지적한다.

이런 주장에 대해 대부분의 의사들은 일차적으로 거부감을 느꼈던 것이 사실이다. 학창 시절과 수련 과정을 거치면서 '근거(rationale)'의 중요성을 귀에 못이 박히도록 들어온 사람들이니, 마치 "지금까지 너희들은 전혀 '근거(evidence)'가 없는 진료를 해 왔다"고 공박하는 듯한 주장을 들었을 때 우선적으로 거부감이 드는 것은 자연스러운 현상일 것이다.

그러나 EBM은 초기의 거부감과는 달리 최근 10여 년 사이에 세계 각국의 의학 교육 분야에 급속도로 확산되고 있다. 최근의 한 보고서에 의하면 미국의 의학교육위원회가 인증한 126개 의과대학 중에서 122개 의과대학이 EBM을 필수과목에 포함시키고 있으며, 평균 20시간을 EBM에 할애하고 있다. 우리나라에서도 이미 여러 의과대학에서 부분적으로 EBM 교육을 실시하고 있다.

의사들의 거부감에도 불구하고 EBM이 점점 더 보편화되고 있는 까닭은 무엇일까? 기존 의학의 문제점이 그만큼 컸기 때문일까? 꼭 그런 것 같지는 않다. 그보다 더 중요해 보이는 이유들은 이런 것이다. 첫째, 의학 발전의 속도가 빨라지면서 '최신지견'이 자주 바뀐다는 사실(근거 자체가 달라진다) 둘째, 정보통신기술의 발전으로 수많은 정보들을 손쉽게 검색할 수 있게 되었다는 사실(근거를 찾기가 쉬워졌다) 셋째, 환자의 권리가 크게 강화되고 환자의 의학 지식 수준이 높아졌다는 사실(의사보다 더 많은 정보를 가진 환자도 있다) 넷째, 의료분쟁 및 의료사고 배상액이 급증하고 있다는 사실(근거가 명확하면 법정에서 배상액이 줄어들 가능성이 많다) 다섯째, 급등하는 의료비를 줄이기 위한 모든 노력이 행해지고 있다는 사실(근거가 없는 행위를 못하게 하면 당연히 돈을 아낄 수 있다) 등등.

우리는 다섯 번째 이유에 특히 주목해야 한다. 다른 모든 이유들은 '의학의 질 관리'와 관련된 문제인 동시에 의사들의 행동 양태 변화와 관련이 있는 문제이지만, 다섯 번째 이유는 '돈'과 관련된 문제인 동시에 보험자(정부 또는 기업)의 행동 양태 변화와 관련이 있는 문제인 것이다. EBM이 의사들의 지지 여부와 무관하게 세계 각국의 정부 관료나 학자들로부터 큰 관심을 끌고 있는지 짐작이 되지 않는가. 왜 심평원이 EBM에 관한 국제 심포지엄을 주최했는지 그 이유가 보이지 않는가.

이번에 심평원이 주최한 심포지엄 현장에는 무려 740개의 좌석이 마련되었다. 그 중 90% 이상이 채워졌으니, 참석자 수는 600명을 족히 넘었다. 등록비가 2만원인 이 행사에 어떤 사람들이 그렇게 많이 참석했을까? 심평원 직원들이 가장 많아서 절반 가량을 차지했고, 그 다음으로 많았던 것은 각 의과대학의 교수들이었다. 보건의료 관련 여러 학과의 교수들도 상당히 많았으며 한의학계 관계자들도 의외로 많이 눈에 띄었다. 제약업계 관계자, 공무원, 기자 등이 나머지를 차지했다. 그러나, 아쉽게도, 그리고 놀랍게도, 의협 집행부를 비롯하여 소위 '의료계 지도자'로 불리는 사람들은 거의 보이지 않았다. 의료계가 주최해야 할 행사를 심평원이 주최한 것이 심기가 불편했기 때문일까?

이날 행사에서는 심평원이 EBM 활성화를 주장했고 복지부도 맞장구를 쳤다. EBM은, 적어도 아직까지는 '의학교육방법의 하나'일 뿐이었을지 모르지만, 앞으로는 보건의료체계에서 가장 중요한 이슈 중의 하나가 될 가능성이 충분한 것이다. 의료계의 관심이 요구된다.

한 가지 첨언하자면, 이날 심포지엄은 세 부분으로 나뉘어 진행되어 세 사람이 한 부분씩 좌장 역할을 맡았는데, 의대 교수 한 명, 치대 교수 한 명, 그리고 한의대 교수가 한 명이었다. 주최측에서 '안배'를 했기 때문이겠지만, 한의학과 EBM이 무슨 관계가 있는 것인지 참 궁금했다.

2005. 9. 19.

근거중심의학과 관련된 더 많은 내용은 청년의사 제94~97호, 제286~287호 등에 실려 있다.

못 하는 겁니까, 안 하는 겁니까?

얼마 전 일부 언론이 '내년부터 예체능 과목 성적이 내신에서 제외된다'
고 보도하자, 교육인적자원부 인터넷 홈페이지가 뜨거워졌다.

예체능 내신 제외를 지지하는 사람들은 '아이들을 피아노학원, 미술학원
에 보내느라 학원비 대기가 힘들다' 면서, 예체능 성적을 내신에 포함시키지
않는다면 사교육비 부담이 줄어들 것이라고 예상했다.

반면 더 많은 사람들은 이 방안을 강력히 반대했는데, 그 이유는 '사교육
비 증가의 주범은 입시 중요과목인 국영수', '입시과목에 대한 사교육 열풍
은 오히려 더 거세질 것', '우리의 문화 교육이 후진국 수준으로 전락할 것'
등이었다. '다음에는 예체능 과목을 아예 정규교과에서 빼자는 소리가 나올
것' 이라는 전망도 있었다.

교육부 쪽에서는 이 논란에 대해 '예체능 과목 평가체계 개선' 이라는 대
통령 당선자 공약이 확대해석된 것 같다며, 사회적 파장 등을 고려해 인수위
에 보고하지 않기로 결정한 사항이라고 밝혔다.

나는 이 논쟁을 지켜보면서 씁쓸함을 느꼈다. 예체능 교육에 대한 논란이
라면 당연히 예체능 교육이 왜 필요한지, 우리나라 예체능 교육의 문제점은
무엇인지, 어떻게 교육하는 것이 옳은 것인지에 대해 토론이 벌어져야 할 텐
데, 온통 사교육비가 더 든다 덜 든다로 싸우고 있었기 때문이다.

대통령 당선자가 무슨 생각으로 '예체능 과목 평가체계 개선' 을 공약했는

지는 모르겠지만, '평가체계의 개선'에 앞서 우리 청소년들에게 '문화'의 개념을 심어주고 '교양인'으로서의 소양을 키워주는 일에 더 신경을 썼으면 하는 희망을 가져본다.

문화예술 교육은 의과대학에서도 꼭 필요하다. 의사라는 직업을 잘 수행하는 데 있어서 인간에 대한 이해와 통찰은 매우 중요하고, 그런 것들을 배양하는 도구로 문화예술 교육이 유용하게 쓰일 수 있기 때문이다.

이런 사실은 최근 네 번째로 열린 청년슈바이처아카데미 수료생들을 대상으로 한 설문조사에서도 잘 드러났다. 본지와 한국의료윤리교육학회가 공동주관하고 한국의과대학장협의회와 한국엠에스디(주)가 공동후원하는 이 대안학교를 수료한 학생들이 꼽은 '최고의 강의'로 '의료윤리 역할극 워크숍'이 선정된 것이다.

가천의대 교양학부의 권복규 교수와 대경대 연극영화과 장두이 교수가 함께 담당하는 이 프로그램은 네 시간에 걸쳐 진행되는데, 학생들은 강의와 토론과 연극 실습을 통해 새로운 경험을 하게 된다. 이 프로그램은 '가장 만족도가 높은 강의' 부문에서 압도적으로 1위를, '가장 재미있었던 강의' 부문과 '가장 유익했던 강의' 부문에서도 각각 1위와 3위를 기록하는 등 학생들이 스스로 한 강의평가에서 최고의 점수를 얻었다.

유명 배우이기도 한 장두이 교수는 "의사는 드라마를 이해하면 도움을 얻을 수 있습니다. 드라마는 곧 인간 행동의 모티브이며 과정이고 결과물이기 때문입니다. 환자와의 병리에 대한 질의응답 과정은 곧 드라마 그 자체이기도 합니다."라면서, "몸을 보십시오! 곧 거기에 모든 표현과 진실이 숨어 있습니다."라는 플라톤의 말을 인용했다.

아직 환자를 진료해 본 경험이 없는 학생들은 역할극을 통해 의사가 되어 보기도 하고 환자나 보호자가 되어 보기도 했다. 불과 네 시간 동안의 교육이었지만, 학생들은 중요한 '뭔가'를 깨달은 밝은 표정을 지었다.

학생들이 이 짧은 경험으로 크게 달라졌을 거라고는 기대하지 않는다. 하지만 역으로 다른 어떤 방법으로 같은 시간 동안 학생들을 이 만큼이라도 변화시킬 수 있는지 묻고 싶다.

아카데미 말미에 어느 학생이 또 물었다. "여기 와 보니 거의 모든 프로그램이 의과대학에서도 충분히 진행할 수 있고 진행해야 하는 프로그램이라고 생각됩니다. 우리 나라 의과대학에서는 못 하는 겁니까, 안 하는 겁니까?" 벌써 네 번째 받는 같은 질문에 나는 똑같은 대답을 네 번째 할 수밖에 없었다. "네. 맞습니다. 이 아카데미의 목적은 모든 의과대학에서 이런 프로그램을 진행하도록 자극을 주는 데에 있습니다. 그날이 오면 이 아카데미는 문을 닫을 것인데, 어서 그날이 오기를 바랍니다."

2003. 1. 27.

세상에 공짜는 없다

9명의 의대생들을 만났다. 짧게는 3일, 길게는 2주 동안 본사로 선택실습을 나온 학생들이다. 5명의 계명의대 본과 4학년 학생들은 선택실습 기관으로 본사를 택한 이들이었고, 2명의 경북의대 본과 4학년 학생들은 조선일보사에서 실습을 하는 학생들로서 그 기간 중 3일 동안 본사로 '파견' 나온 이들이었다. 나머지 둘은 연세의대 본과 2학년이 되는 학생들로, 겨울방학을 이용하여 자발적으로 참여한 '기특한' 친구들이었다.

99년 봄에 연세의대 본과 4학년 학생 다섯 명이 처음으로 본사에서 2개월을 보낸 이래, 벌써 꽤 많은 학생들이 여러 차례에 걸쳐 본사를 다녀갔다. 우리의 사정에 따라 많은 경험을 쌓게 해 준 경우도 있었고 그렇지 못한 경우도 있었지만, '우물 안 개구리' 라는 말이 딱 들어맞는 의대생들에게는 아마도 좋은 경험이었을 것으로 생각한다.

전문적인 교육기관도 아니고 교육의 전문가도 없는 본사에서 의대생들을 위해 제공하는 프로그램은 사실 별 것이 없지만, 대충 분류해 보면 이렇다. ▲언론의 역할, 언론사의 구조, 기자의 윤리, 신문 제작과정의 실제 등에 대한 강의와 간단한 기자 체험 ▲한국의료의 구조적인 문제점에 대한 강의 및 토론 ▲의료계 안팎의 여러 사람들을 직접 만날 수 있는 기회 제공 ▲보건복지부, 의사단체, 의료관련 기업체 등의 견학 ▲의료계의 여러 현안들에 대한 세미나 등등.

나열해 놓고 보니 꽤 거창해 보이지만, 짧은 기간 동안 이런 여러 가지를 제대로 소화하는 일은 사실상 불가능하다. 하지만 이번 호(제208호) 27면에 실려 있는 것처럼, 학생들의 반응은 대체로 '우물 안 개구리가 잠시 세상 구경을 한 듯하다'는 쪽이다. 스스로의 학창시절을 돌아보면 쉽게 상상이 되겠지만, 머지않아 의사가 될 우리 의대생들의 인식의 폭은 상상외로 좁다. 최근 몇 년 사이에 많은 의대들이 학생들의 인문·사회과학적 소양을 기르기 위한 커리큘럼들을 도입하고 있기는 하지만, '현장'에서 체감하는 바로는 아직 그 효과가 미미하다.

기업을 경영하는 사람들은 한결같이 "대학 졸업자들의 실무 능력이 너무 모자란다"고 불만을 토로한다. 전공과목에 대한 전문성도 부족하고 일반적인 업무추진능력이나 논리적인 사고력도 부족하다고 말한다. 그래서 신입사원 교육을 위한 비용이 너무 많이 소요된다고 말한다.

의과대학도 마찬가지가 아닌가 싶다. 엄청나게 많은 강의와 실습과 시험이 행해지지만, 갓 의사가 된 사람들의 진료수행능력에는 늘 비판이 따른다. 뿐만 아니라 의료정책, 의료문화, 의료윤리, 혹은 의료와 밀접하게 연관된 다른 분야들에 대한 지식이나 안목도 턱없이 부족한 것이 사실이다.

한국의료가 지금과 같은 낭패를 보게 된 데에는 이런 점도 한몫을 했을 것이다. 흔히 하는 말로 '마인드'가 바뀌지 않는다면, 이런 현실은 앞으로도 별로 개선되지 않을 것이 분명하다. 의과대학에 계신 많은 교수님들의 관심과 노력이 가장 절실히 요구된다 하겠다.

말이 나온 김에 한 가지 '폭로'할 사실이 있는데, 그것은 여러 의과대학들이 선택실습 등의 이름으로 외부 기관에 학생교육을 위탁하면서 해당 기관에 대해 어떠한 종류의 지원도 하지 않는다는 것이다. 지금까지 본사로 학생들을 위탁한 대학들 모두는 "학생들을 보낼 테니 잘 지도해 달라"는 내용의 공문만 달랑 보냈을 뿐이다(딱 한 곳이 다섯 명의 학생을 8주간 보내면서 10

만원을 송금한 적이 있기는 하다).

좀 치사하게 들릴지도 모르지만, 계산기를 두드려 보자. 요즘 의과대학의 한 학기 등록금은 보통 400만원 이상이다. 16주를 한 학기라고 보면, 주당 25만원 이상이라는 말이다. 등록금 전체가 수업료인 것은 아니지만, 외부 기관에 학생 교육을 위탁하려면 아무리 못해도 1인당 1주일에 10만원씩은 보내줘야 옳지 않을까? 그래야 받는 쪽에서도 더욱 열과 성을 기울이지 않을까?

이번에는 서울시의사회 박한성 회장께서 금일봉을 주셔서 '좀 덜 들었지만', 노력봉사에 더해 자기 주머니까지 털어야 하는 외부 기관의 처지를 우리 의과대학들이 한번쯤 생각해 봤으면 좋겠다(이렇게 썼는데도 내년에 또 '그냥' 온다면…? 그래도 열심히 가르치긴 할 거다).

끝으로, 2·22 집회에 학생들이 참여할 것인지 여부에 관심을 기울이기 전에, 우리 의대생들이 '뭐가 문제인지' 평소에 알 수 있도록 하는 일에도 관심 좀 기울이자. 세상에 공짜란 없지 않은가.

2004. 2. 23.

이 글이 쓰여진 이후에도 여러 학생들이 본사를 다녀갔다. 그런데 이 글 때문은 아니었겠지만, 최근에는 몇몇 학교에서 소액의 교육비를 보내왔다.

황우석 논란을 보며
하석주를 떠올리다

1998년 6월 14일, 한국 축구 대표팀은 프랑스 리옹에서 98년 월드컵 첫 경기를 치렀다. 상대는 멕시코. 전반 27분, 하석주는 문전 20여미터 지점에서 얻은 프리킥을 골로 연결시켰다. 한국 축구 역사상 월드컵에서 얻은 최초의 선제골이었다. 순간 모든 한국인들은 '첫승' 혹은 '16강' 이라는 염원이 이루어질지 모른다는 흥분에 휩싸였다.

그러나 2분 후, 하석주는 레드카드를 받고 퇴장 당했다. 그해 월드컵부터 적용되기 시작한 '백 태클 엄단' 방침을 몸으로 숙지하지 못했던 것이 표면적인 이유였지만, 중계방송을 지켜보던 우리보다 100배는 더 고조되어 있었을 그의 '흥분' 이 더 중요한 이유였을 게다.

결국 우리 대표팀은 수적 열세를 극복하지 못하고 후반 들어 내리 3골을 허용해 3대 1로 패했고, 하석주는 월드컵 한 경기에서 득점과 퇴장을 동시에 기록한 선수를 일컫는 '가린샤 클럽 멤버' 가 되는 불명예를 얻었다. 하석주의 퇴장은 그 한 경기에만 악영향을 준 것이 아니었다. 두 번째 경기에서는 네덜란드에게 무려 5대 0으로 패해 차범근 감독이 월드컵 도중에 경질되기도 했다.

역사에 '만약' 이란 없다고 하지만, 하석주가 그 순간 백 태클을 하지 않았더라면 98 월드컵에서 한국은 어떤 성적을 냈을까?

IMF 환란 직후였던 당시, 나의 지인 한 사람은 IMF 환란과 하석주의 퇴장

230

이 일맥상통하는 사건이며 두 사건 모두 우리에게 같은 교훈을 준다는 '궤변'을 토했었다. 한마디로 '글로벌 스탠더드'가 얼마나 중요한 것인가 하는 점을 우리에게 일깨워 준다는 것이다. 세계가 어떻게 변화하고 있는지를 알지 못한 채 '그저 열심히' 한다고 해서 되는 것이 아니라는 말이다.

최근 온 나라를 뜨겁게 달구고 있는 황우석 교수의 연구와 관련된 윤리적 논란을 접하면서, 나는 98년의 하석주 선수가 떠올랐다. 두 사람을 직접 비교하는 것은 어리석은 일이겠으나, 선제골을 넣고 환호하다가 잠시 후 '역적'으로 내몰렸던 축구선수 하석주와 세계 과학계의 톱스타이자 한국의 국민적 영웅으로 떠올랐다가 지금 궁지에 몰린 과학자 황우석은 적어도 한 가지 측면에서는 닮았다. '글로벌 스탠더드'를 잘 몰랐거나, 알았다 하더라도 별로 중요하지 않게 생각했다는 점에서 말이다.

아직 모든 내막이 완전히 밝혀진 것은 아니지만, 과학 윤리와 관련된 글로벌 스탠더드를 잘 인지하지 못한 연구원들이 외국 잡지와의 인터뷰에서 '자랑스럽게' 연구원들의 '자발적' 난자 기증을 언급한 것이 이번 논란이 불거진 계기 중의 하나로 알려지고 있다.

의학 분야의 실험은 물론이고 인간을 대상으로 한다면 사회과학 분야의 실험조차 기관윤리심의위원회를 거쳐야 한다는 사실, 피험자에게 받아야 하는 동의서의 글자 하나 하나까지 심의의 대상이 된다는 사실, 심지어 피험자의 연령이나 실험 특성에 따라 하나의 연구를 위해서 여러 가지 종류의 동의서를 만들어야 하는 경우도 있다는 사실, 이러한 글로벌 스탠더드를 따르지 않고서는 어떤 경로를 통해서든 논문의 인정 및 출판 자체가 불가능하다는 사실, 윤리적 문제가 없는 경우에도 공정성을 기하기 위해 연구와 관련된 사람은 피험자가 될 수 없다는 사실, 심지어 연구자 자신의 아이들도 연구 대상으로 삼을 수 없다는 사실(동의를 받을 부모가 따로 존재하지 않으므로), 단순히 동의서에 서명을 받았는지 여부가 중요한 것이 아니라 소위 '인지된 동의(informed consent)' 라는 것이 중요하다는 사실 등의 글로벌 스탠더드를 황우석 교수팀이 제대로 알지 못했던 것이 이번 논란의 본질적 이유인 것이다.

또한 난자 매매 자체보다(실험 참가에 대해 적정한 보상을 하는 것은 글로벌 스탠더드에 위배되는 것이 아니다, 그 자체로 부정적 뉘앙스를 풍기는 '매매' 라는 단어를 대체할 적당한 우리말이 없을 뿐), 그와 관련된 거짓말이 더 나쁜 행위로 취급된다는 것을 미처 알지 못했던 것도 황우석 교수팀의 실수 중의 하나이다.

이제 황우석 교수는 공식적으로 잘못을 시인하고 사과를 했다. 공직에서도 물러났다. 그러나 많은 국민들은 여전히 그를 지지하고 있고, 이번 논란이 그의 연구에 지장을 줄까봐 노심초사하고 있다. 하지만 '국익', '음모', '한국적 특수성' 등의 단어로 치장하여 그를 감싸는 것은 바람직하지 않다.

98년 월드컵에서의 실패는 국가대표팀 최초의 외국인 감독 선임으로 이어졌고, 우리는 히딩크와 함께 4강 신화를 썼다. 황우석 사단은 외국인 감독을 선임할 필요도 없이, 이번에 얻은 귀중한 교훈을 바탕으로 새로운 신화를 충분히 쓸 수 있을 거라 믿는다. 아무 말도 하지 않고 기다려 주는 것이 황우석 교수를 돕는 최선의 길이 아닐까 싶다.

2005. 11. 28.

이 글이 쓰여질 때만 해도 '황우석을 감히 하석주에 견주다니!' 하는 반응이 많았었다. 이후 더 많은 거짓들이 드러나는 데에는 그리 많은 시간이 걸리지 않았다.

'헬싱키 선언'을 읽어보니

최근 황우석 교수의 연구가 윤리적 논란에 휩싸이면서 '헬싱키 선언'이라는 용어가 인구에 회자되고 있다. 의과대학 시절, 어느 수업시간이었는지는 기억나지 않지만, 나는 헬싱키 선언이라는 것의 존재를 알게 됐었다. 그러나 인간을 대상으로 하는 연구를 시행하는 사람들이 지켜야 하는 윤리 원칙에 대한 선언이라는 기본적인 사실 이외에는 별로 아는 것이 없었다.

인간을 대상으로 하는 연구를 진행해 본 경험도 없고 진료 현장에서 떠난 지도 꽤 오래 되었지만 명색이 의사인지라, 그리고 최근 여기저기에서 헬싱키 선언에 대한 언급이 보이는지라, 헬싱키 선언의 전문 및 그에 얽힌 사연들을 찾아서 읽어보았다. 그 결과, 몇 가지 재미있는 사실들을 알게 됐다.

헬싱키 선언은 1964년 핀란드 헬싱키에서 개최된 세계의사협회 제18차 총회에서 제정·채택된 것으로, 의사윤리와 임상시험에 관한 기본적인 준칙이다. 국가간의 협정이 아니므로 법적 구속력은 없으나, 인간을 대상으로 하는 연구에서 지켜야 할 윤리 원칙으로 폭넓게 받아들여지고 있다.

하지만 헬싱키 선언은 의학이 발전하여 의학 연구와 관련된 윤리적 이슈들을 정리해야 할 필요가 생김에 따라 '자연스럽게' 만들어진 것은 아니었다. 헬싱키 선언의 뿌리는 1945년 11월 10일에 시작되어 11개월 동안 진행된 2차 대전 전범 재판인 소위 '뉘렌베르크 재판'에서 찾을 수 있다.

뉘렌베르크 재판에서는 12명의 A급 전범들이 사형이 선고받는 등 많은 전범들이 단죄됐는데, 그 중에는 전쟁 중에 유태인을 상대로 무자비한 인체 실험을 자행했던 독일 의사들도 포함되어 있었다. 그리고 뉘렌베르크 군사재판소의 판결문 중에는 인체를 대상으로 하여 의학 실험을 할 수 있는 한계를 정하는 10개항이 명시되어 있었다. 이 10개항은 나중에 '뉘렌베르크 규약(Nurenberg Code)' 으로 불린다.

그런데 이 규약은 의사들이 인체를 대상으로 실시하는 의학 실험이 사법적 판단의 대상이 될 가능성을 높이는 결과를 낳았다. 따라서, 선의를 갖고 행한 연구가 자칫 범죄행위로 취급될 위험에 대처할 필요가 의사들에게 생겨난 것이다.

그리하여 세계의 의사들은 인권과 생명윤리의 확보를 위한 국제적인 기준을 스스로 마련한다는 명분으로 헬싱키 선언을 만들었고, 이로 인해 연구에 있어서의 자율성이라는 실리까지 획득할 수 있었다. 2차 대전 당시 나치의 유태인 생체실험에 참여했던 의사들의 과오를 반성하는 한편으로, 그러한 일의 재발을 막기 위해서라도 의사들이 국가권력으로부터 독립되어야 한다는 논리를 폈던 것이다.

약간의 확대 해석을 허용하자면, 헬싱키 선언은 의학이 그 특수성을 무기로 하여 국가권력으로부터의 독립을 추구한 하나의 사례라고도 할 수 있으며, 자율적 관리 시스템의 존재가 곧 전문가로서의 지위를 확보하는 지름길임을 일찍이 깨달았던 의사들의 자위권 행사의 일환이라고도 할 수 있다.

헬싱키 선언은 총 32개항으로 구성되어 있다. 그 중 상당 부분은 '인지된 동의(informed consent)' 와 관련된 내용에 할애되어 있다. 반면 일반적으로 연구자에게 필요한 다른 덕목들, 예를 들어 실험 결과를 조작 · 가공하면 안 된다거나 연구비 수령 및 사용 과정이 투명해야 한다거나 하는 내용은 들어 있지 않다. 그건 너무나 당연한 것이라서 따로 언급할 필요도 없기 때문일까, 아니면 단지 피실험자를 보호하는 데에 집중된 선언이기 때문일까, 그것도 아니면 연구자들에게 불리(?)할 수 있는 내용을 굳이 명시할 필요가 없기 때문일까.

황우석 교수 논란과 직접적 연관이 있는 것은 아니지만 최근 연구자들의 윤리와 관련한 여러 가지 문제들이 자주 거론되고 있다. 연구비 유용, 데이터의 기술적 가공 또는 자의적 취사선택, 논문의 대필이나 표절, 서로 공동저자로 이름 올려주기 등등이 그것이다.

우리 사회에서 최근처럼 연구자의 윤리 문제가 큰 관심사가 되었던 적은 없다. 원인과 과정이야 어찌됐든, 이번 논란이 과학 연구에 있어서의 윤리 수준이 제고되는 계기가 되기를 바란다.

2005. 12. 5.

'헬싱키 선언' 전문은 청년의사 제297호에 실려 있다.

황 교수에게
역전승의 가능성이 있나?

우리는 지난 1~2년 동안 황우석이라는 이름과 함께 영웅, 쾌거, 신드롬, 희망 등의 단어를 나란히 입에 올려왔다. 그러나 최근에는 논란, 파문, 스캔들, 쓰나미, 공황 등의 단어가 그의 이름 뒤에 붙기 시작했다. 한마디로 참담한 심정이다. 그리고 어이가 없다.

워낙 많은 양의 관련 기사들이 쏟아지고 있으니, 여기서 다시 사실들을 나열할 필요는 없겠다. 다만, 황우석 교수와 노성일 이사장이 서로 첨예하게 대립하는 국면으로 상황이 바뀐 현 시점에서, 논란의 본질이 오히려 조금은 흐려지는 듯하여 지적하고자 한다.

벌써 아득한 과거가 되어 버렸지만, 황우석 논란은 애초에 윤리적 문제에서 시작됐었다. 난자 매매 의혹과 연구원의 난자 사용이 핵심이었다. 그러다가 논란의 핵심이 논문의 진위 여부, 즉 배아복제 줄기세포의 존재 여부로 옮겨갔다. 이것도 물론 윤리적 문제다. 연구용 난자를 돈주고 산 행위가 벌점 10점에 해당하는 윤리적 문제라면, 연구원의 난자를 사용한 행위는 벌점 20점에 해당하는 윤리적 문제이며 논문을 조작한 행위는 벌점 500점에 해당하는 윤리적 문제다. 앞의 문제들과는 비교도 안 될 만큼 심각한 문제라는 말이다. 난자 취득 과정에서 황 교수가 범한 과오는 황 교수 개인에게 피해를 초래할 뿐이지만, 논문을 날조한 행위는 우리나라 과학자 전체, 그리고 세계의 줄기세포 연구자 모두에게 피해를 야기할 수 있다.

때문에 나는 (2005년 12월) 16일 오후에 황우석 교수가 기자회견을 한다는 소식을 듣고, 그가 국민 앞에 사죄하며 참회의 눈물을 흘릴 것이라 예상했다. 모든 사실이 완전히 밝혀지지는 않았다 하더라도 지금까지 드러난 여러 가지 정황을 볼 때, 황우석 교수의 2005년 사이언스 논문은 용인될 수 없는 수준의 거짓이 담겨 있기 때문이다.

그러나 황우석 교수는 기자회견장에서 너무도 당당한 모습을 보였다. 그가 준비해 온 회견문의 제목은 '사죄와 함께 진실을 규명코자 합니다'였지만 그의 회견에는 사죄가 거의 없었던 반면 '맞춤형 줄기세포를 만들었고, 만들 수 있는 원천기술을 보유하고 있다'는 해명이 대부분을 차지했다. 그는 자신이 '실수'를 범한 것은 사실이라 인정하면서도, 억울하다는 표정으로 일종의 '음모론'까지 제기하면서 피해자연(然)했다.

여기서 나는 근본적인 의문을 제기한다. 맞춤형 줄기세포가 2개인가 11개인가 하는 점이 논란의 본질인가? 원천기술의 보유 여부가 논란의 본질인가? 만약 황 교수의 주장이 모두 맞다고 치면, 황 교수는 MBC 및 노성일 이사장과의 전쟁에서 승리하는 것인가?

황 교수가 만들었다는 맞춤형 줄기세포 11개가 모두 아예 존재하지 않았던 것이 아니라 2개는 있었던 것이 사실이라고 해도, 심지어 맞춤형 줄기세포 11개를 모두 만들었다 해도, 앞으로 새로운 맞춤형 줄기세포를 열 개 스무 개 만들어낸다고 해도, 황우석 교수는 무조건 패자다. 문제의 사이언스 논문이 날조된 것만은 분명해 보이기 때문이다.

평범한 국민들은 비록 사이언스 논문에 어느 정도(혹은 상당히) 과장이나 조작이 있었다 하더라도 황 교수가 실제로 맞춤형 줄기세포를 만들었던 것이 사실이라면 그에게 면죄부를 줄 듯한 태세다. 조국은 과학자에게만 있는 것이 아니기 때문이다. 그러나 황 교수는 우리 국민의 그러한 정서를 악용해서는 안 된다. 본인이 백의종군 운운하면서 "이 원천기술을 사장시키지 않을 수 있도록 재연할 수 있는 기회와 시간을 달라"고 요구할 처지가 아닌 것이나.

그는 특히 젊은 과학도들에게 가늠할 수 없을 만큼 큰 상처와 피해를 입혔다. 평생을 연구하며 살고자 마음먹었던 여러 과학도들이 '다른 길을 알아봐야겠다'거나 '우린 이제 논문도 못 내고 유학도 못 가게 됐다'고 한탄하는 목소리가 들리지 않는가. 이번 사태가 IMF 환란보다 더 심각하다는 탄식들이 들리지 않는가.

황 교수는 좀더 솔직해져야 하고 우리는 좀더 냉정해져야 한다. 이번 논란의 본질은 결국 진실의 문제이며 이는 곧 윤리의 문제이다. 이제 약 보름 후면 맞춤형 줄기세포의 존재 여부가 가려질 전망이다. 그게 없다면 황 교수는 희대의 사기꾼으로 전락하겠지만, 그게 있다고 해도 황 교수가 선량한 과학자로 되돌아갈 수 있는 가능성은 전혀 없다. 나 또한 대한민국 국민으로서, 황 교수가 완전히 나락으로 떨어지기를 바라지는 않는다. 그가 재기에 성공하여 다시 국익에 기여하기를 바란다. 그러나 전제조건이 필요하다. 황 교수는 반드시 모든 진실을 솔직히 밝히고 진정한 사죄를 해야 한다.

이번 파문에서 발견할 수 있는 유일한 희망적 요소는 논문의 조작 사실이 한국인들에 의해 밝혀졌다는 것뿐이다. 조금은 억울하게 뭇매를 맞은 PD수첩 제작진과 이름 없는 수많은 젊은 과학도들에게서 그래도 희망의 단서를 찾아본다.

2005. 12. 26.

오늘도 내가 참는다

　본지는 지난주에 발간한 신년특집호에 '의료커뮤니케이션의 개념과 중요성' 이라는 주제 아래 여섯 편의 글을 게재했다. 모두 더하면 그 분량이 원고지로 150매 가량 되니, 이걸 모두 자세히 읽어본 독자는 많지 않으리라 생각한다. 그러나 이 분야가 최근에야 국내에 소개된 비교적 생소한 분야이고, 커뮤니케이션이 특히 중요한 곳이 의료 현장이지만 지금껏 상대적으로 소홀히 취급되어 왔기에, 한번쯤은 제대로 다루고 싶었다. 여섯 분의 필자는 임상의사 2명, 의학교육을 전공한 의사 1명, 의료사회학을 공부한 학자 1명, 수사학(修辭學)을 공부하는 불문학자 1명, 오랫동안 커뮤니케이션을 가르쳐 온 간호대학 교수 1명이었는데, 각자의 경험을 살려서 집필한 모든 글들이 애초에 원고를 청탁하며 '기대' 했던 것보다 훨씬 알찬 내용을 담고 있어서 편집자로서 뿌듯했다.

　원론적인 이야기이긴 하지만, 의료 현장에서 벌어지는 각종 커뮤니케이션의 품질이 높아질 경우에 얻을 수 있는 효과는 무한히 많다. 의료 분쟁을 감소시킨다거나 치료 성적이 향상된다는 등의 효과는 서구에서는 이미 검증된 사항이고, 환자—의사 관계 개선이나 의사 및 병원에 대한 국민의 불신 감소 등은 엄밀히 계량화되기는 어렵겠지만 충분히 예상할 수 있는 효과이다.

　그런데 이런 특집을 마련하면서, 한편으로는 조금 안타까운 느낌이 들었다. 지금 우리 의사들이 환자나 다른 의료인들과 원활한 커뮤니케이션을 하지 못하는 것을 단순히 의사들의 인간미 결핍이나 기술의 부족으로 해석할 수는 없기 때문이다. 좋은 커뮤니케이션을 가능하게 하는 가장 기본적인 요소 중의 하나가 '시간'인데, 우리 의사들은 우선 거기에서부터 어찌할 수 없는 한계에 봉착한다. 또한 환자와 의사 사이의 불신을 부추기는 불합리한 의료 제도들도 많이 있다. 물론 그럴수록 훌륭한 커뮤니케이션의 필요성은 더 커진다고 할 수 있지만, 의사들 개개인이 스스로의 노력만으론 극복하기 어려운 장벽들이 너무 높은 것은 사실이다.

역시 지난주에 실린 '슬기엄마의 주치의일기'는 그 장벽의 높이를 너무도 잘 보여준 글이었다고 생각한다. 살인적인 근무 여건만으로도 힘에 부치는 1년차 전공의에게 보험회사 제출용 진단서와 같은 잡무가 주는 스트레스는 적지 않으리라. 임상실습 시절 환자와 가족들의 가슴에 비수를 꽂는 선배 의사의 모습에 충격을 받았던 슬기엄마는 지금 '그 심정만은 이해가 된다'고 말하고 있다. 그러면서 한 편의 글 속에 '마음속으로 울컥 치미는 뭔가가 있다', '솔직한 심정으로 욕이 나온다', '일할 맛이 딱 떨어진다', '환자 만나기가 싫어진다'는 표현을 연달아 사용하며, '막연한 사회불만세력이 되는 것만 같다'고 고백하고 있다.

그러나 어쩌겠는가. 하루아침에 우리 의료 시스템이 고쳐질 리는 없고, 의사라는 직업은 태생적으로 '환자를 위한 봉사'라는 특성을 갖고 있으니, '그 모든 억울함에도 불구하고' 얄궂은 성인군자 흉내를 낼 수밖에 없지 않은가 말이다.

엊그제 동아일보에는 '감정노동 종사자'들의 '스마일 우울증'에 관한 기획기사가 실렸다. 백화점, 호텔, 은행, 텔레마케팅 등 고객을 직접 상대해야 하는 직종에 종사하는 사람들은 아무리 힘든 일이 있어도 감정을 억제하고 항상 서글서글하고 웃는 모습을 보여야 하는 바, 이들을 가리켜 '감정노동 종사자'라는 표현을 쓴 것이다. 고객의 감정에 맞춰 일해야 하는 사람들이

겪는 스트레스를 두고, 비록 정립된 의학용어는 아니지만, '스마일 우울증'
이라는 용어를 쓰기도 했다. 이 기사에 소개된 감정노동 종사자들 중에는 간
호사도 있었다. 그러나 의사는 없었다.

하지만 임상의사들은 누구나 자신도 감정노동 종사자에 해당한다고 생각
할 듯하다. 물론 사람들은 의사를 두고 '타인의 감정에 맞추느라 고통을 겪
는 사람'이라기보다는 '남의 속을 뒤집어놓는 사람'이라 생각하겠지만, 어
쩌면 의사들은 바로 그러한 사람들의 인식 때문에 이중 삼중으로 괴로운 사
람들일지도 모른다.

동아일보의 기사는 감정노동에 따른 스트레스 해소법도 소개하고 있다.
일과 자신의 분리, 혼잣말, 생각의 중단, 이완 호흡 등이 그것인데, 의사들은
어떻게 스트레스를 해소하면 좋을까. 가장 우매한 방법일지 모르지만, 다시
한번 의사라는 직업의 숭고함을 되새기는 것이야말로 최선의 방법이 아닐
까. 적어도 환자나 보호자들에게 시달리는 스트레스로부터는 해방된 사람으
로서, '오늘도 내가 참는다'며 주문을 외고 있을 많은 임상의사 여러분에게
위로와 존경을 보낸다.

2006. 1. 9.

의료 커뮤니케이션과 관련된 더 많은 내용은 청년의사 제301호에 실려 있다.

제**4**장

급변하는 세계의 의료 현장

래플즈 병원장의 訪韓

요즘 우리나라 언론에 가장 자주 등장하는 외국 병원은 어디일까? 아마도 싱가포르의 래플즈 병원이지 싶다. 우리나라 샴 쌍둥이가 그 병원에서 분리 수술을 받으면서 소개되기 시작한 래플즈 병원은, 조선일보가 기획연재기사를 게재한 이후 시쳇말로 '떴다'. 보건복지부나 재정경제부, 외교통상부 등 관련 부처 공무원들 상당수가 이 기사를 탐독했다는 후문도 있으니 말이다. 부정부패가 없는 나라, 껌을 팔지 않는 나라 등으로만 막연히 알려졌던 싱가포르라는 도시 국가는 이제 '아시아의 의료허브'라는 새로운 이미지를 한국에 심고 있다.

'싱가포르=의료선진국'이라는 등식은 최근 리콴유 전 싱가포르 총리가 영국 여행중에 뇌졸중으로 쓰러진 자신의 부인을 고국으로 공수하면서 더욱 공고해지는 느낌이다. 리콴유 전 총리는 뇌졸중 환자의 진료가 신속히 이루어지지 않는 영국의 의료 시스템을 비난하며 "영국 병원은 사람잡는 곳"이라 분통을 터뜨렸다 하고, "만일 아내가 싱가포르에 있었다면 30분 안으로 CT촬영을 했을 것이며, 1시간30분 정도면 정확한 병명과 함께 제대로 된 치료를 받았을 것"이라고 말함으로써 은근히 싱가포르 의료 시스템을 자랑한 것으로 전해지고 있다.

우리나라에서도 충분히 가능하다는 샴 쌍둥이 분리 수술을 싱가포르에 '뺏긴' 것에 씁쓸한 기분을 느껴야만 했던 한국의 의사들은 리콴유 전 총리

부인의 일화가 전해지자 더욱 강한 어조로 정부의 의료정책을 비난하고 있다. 우리 정부의 의료정책이 점차 '영국식'을 향해가고 있는 것은 이미 주지의 사실이기 때문이다.

싱가포르와 래플즈 병원이 유명해지면서 덩달아 유명세를 치른 것은 싱가포르 현지 취재를 담당했던 조선일보 김철중 기자다. 기사가 나간 직후 그가 받은 '특강' 요청만 무려 7개. 대한병원협회와 국립암센터를 비롯 대학병원, 중소병원, 학회 등 다양한 곳에서 같은 강연을 여러 차례 반복한 김 기자는 지금까지도 특강 요청을 받고 있는 중이다.

청중의 반응은 대체로 '놀라움'과 '탄식'이라고 한다. 물론 놀라움은 처음 알게 되는 싱가포르의 의료 시스템에 대한 것이고, 탄식은 익히 알고 있는 우리나라의 의료 시스템에 대한 것이다. 그 격차가 너무 크기 때문일까, 강연이 끝나도 별다른 질문조차 나오지 않는다고 한다.

하지만 김철중 기자가 받은 몇 안 되는 질문 가운데 하나는 우리를 더욱 참담하게 만든다. 병협 주최의 행사장에서 특강을 한 후에 나온 질문이니 필경 어느 병원장이 물었을 그 질문의 내용은 이렇다.

"그 병원에서 영안실 운영은 어떻게 합니까?"

래플즈 병원에 대한 '모든 것'을 취재하고 돌아왔다고 생각했던 김 기자도 이 질문에는 답을 하지 못했다. 질문을 던진 병원장의 심리를 상상하는 것은 어렵지 않다. 래플즈 병원의 시스템이 부럽기는 하지만 규제 위주의 우리 의료 제도하에서는 도무지 '벤치마킹'할 것이 없었을 터, 오죽 답답했으면 '영안실'을 떠올렸을까.

그 래플즈 병원의 루춘용 병원장(싱가포르에서는 CEO로 불리지만)이 본지 초청으로 한국에 온다. 오는 (2003년 11월) 24일에 열릴 제6회 청년의사 송촌포럼에서 주제발표를 하기 위해서다. 본지가 주최하고 KRPIA가 후원하는 송촌포럼은 원래 초청된 인사만 참석할 수 있는 행사이지만, 이번에는 예외적으로 모든 사람에게 문호를 개방할 계획이다. 보건의료계의 여러 지도자들도 많이 참석하기를 바라지만, 한국의료의 발전을 오히려 방해하고 있는 정부나 국회, 그리고 일부 시민단체 관계자들도 많이 와서 '공부' 좀 했으면 하는 희망에서다.

혹자는 우리 의료의 수준이 싱가포르보다 결코 못하지 않다고, 그래서 우리가 싱가포르로부터 뭔가를 배워야 한다는 생각이 잘못된 것이라고 주장할지도 모르겠다. 그러나 우리가 싱가포르에게서 배우고자 하는 것은 최신 의학지식도 아니고 첨단 술기도 아니다. 의료를 하나의 '산업'으로도 볼 수 있다는 새로운 시각, 그리고 '의료산업'을 발전시키기 위해서 의료계와 정부가 각각 무엇을 해야 하는지에 대한 교훈을 얻기 위해서인 것이다. 의료가 어떻게 '산업'일 수 있느냐고 묻는 분이 있다면, 이렇게 반문하고 싶다. "그럼 도대체 의료는 뭐죠?"

2003. 11. 10.

래플즈 병원장 訪韓이 남긴 교훈

싱가포르 래플즈 병원의 루춘용 병원장이 한국을 다녀갔다. 싱가포르가 우리나라보다 선진국이라고 생각하지 않는 사람도 많을 것이고, 싱가포르가 아시아의 의료 허브라는 사실을 인정하고 싶지 않은 사람도 많을 것이다. 하지만 싱가포르가 1인당 GNP가 2만 달러가 넘는 나라이며 이미 수많은 외국인 환자를 유치하고 있는 나라라는 점은 엄연한 사실이다.

우리가 루 원장을 초청한 목적은 사실 두 가지였다. 싱가포르 의료가 정말로 그렇게 앞서 있는지를 직접 확인하기 전에는 믿지 못하겠다는 얄팍한 자존심이 하나였고, 뭔가 우리가 알지 못하고 있는 특별한 노하우가 있다면 그걸 '손쉽게' 차용하고자 하는 역시 얄팍한 계산이 다른 하나였던 것이다.

그런데, 물론 피상적으로 이해한 것이긴 하겠지만, 적어도 나는 싱가포르 의료의 수준이 우리보다 높은 것은 아니라고 판단했다(여기서 '의료' 라 함은 좁은 의미의 의학적 지식이나 술기를 말한다). 그러나 의료 제도, 의료 문화, 그리고 의료 '서비스' 의 수준은 우리보다 분명 높은 것이었다.

루 원장과 함께 한 3박 4일을 통해 내가 확인한 것은 다음과 같은 것들이다.

우선 싱가포르 정부는 의료(병원) 산업의 중요성을 일찌감치 깨닫고 그 발전을 위해 '행동' 을 했다는 점을 확인했다. 우리 정부가 그걸 깨달았는지 여부는 모르겠지만, 혹 깨달았다 하더라도 적어도 아직은 오히려 발전을 가로

막고 있음을 생각하면 답답하지 않을 수 없다.

다음으로 싱가포르 의사들은 '질 관리'의 중요성을 알고 있으며, 그를 위해 적극적으로 노력하고 있음을 확인했다. 의료의 질 관리는 정부의 규제에 의해서가 아니라 의사 사회의 자율적 통제에 의해 더욱 효율적으로 이루어질 수 있다는 평범한 사실을 그들도 알고 우리도 안다. 하지만 그들은 실행에 옮기고 있고 우리는 아직 실행에 옮기지 못하고 있을 뿐이다.

또한 싱가포르 국민들은 '세상에 공짜는 없다'는, 그리고 의료 서비스는 공공재로서의 특성과 사적재화로서의 특성을 모두 갖고 있다는 점에 대한 균형감각을 갖고 있다는 점도 확인했다. 사실 우리 국민들의 의료 서비스에 대한 생각은 얼마나 이중적인가.

아울러 병원이 제공하는 '서비스'라는 것이 단순한 '친절'에 있지 않음도 새삼 확인할 수 있었다. 좀더 '고객'의 입장에서 생각한다면 얼마든지 우리도 개선할 바가 있을 것이다.

한편, 루 원장과의 만남에 기대했던 것 중에는 우리나라도 아시아의 의료 허브가 될 수 있을지 여부를 가늠해 보는 일도 있었다. 이 질문에 대해 내가 스스로 내린 답변은 소위 "Yes and No"라고 할 수 있다.

루 원장은 한국에 체류하는 동안 여러 차례 깜짝 놀랐다. 2천병상 규모 대형 병원의 초현대식 시설과 장비에 놀랐고, 중소병원들도 고가의 장비들을 갖추고 상당한 수준의 의료 서비스를 제공하고 있음에도 놀랐으며, 최고 수준의 에스테틱 클리닉 네트워크를 보고는 오히려 자기네 병원과의 협력을 요청할 정도였다.

루 원장이 감탄했던 부분들은 사실 그대로 뒤집으면 한국의료의 왜곡상이기도 하지만, 그리고 황당하기 짝이 없는 한국의 건강보험 제도를 그가 좀더 자세히 알았더라면 까무러쳤을지도 모르지만, 이런 사실들은 동시에 한국의 의료 서비스산업이 크게 발전할 수 있는 기반이기도 하다.

즉 절망과 희망을 동시에 느껴야 하는 상황인 것이다. "의사들은 모두 준비가 되어 있다"고 말한다면 100% 과장이겠지만, "정부가 전혀 준비되어 있지 않다"고 하는 말은 100% 진실에 가깝다.

나는 줄곧 한국의료는 특단의 대책이 없는 한 '제도 실패(system failure)'로 갈 가능성이 높다고 생각해 왔다. 그러면서 도대체 어느 세월에 한국의료 시스템의 대개조가 가능하겠는가 하고 비관해 왔다. 하지만 싱가포르는 정부가 '마인드'를 바꾸고 나서 불과 10년만에 '아시아 의료 허브'를 자임하게 됐다. 루 원장의 이번 방문은, 지금부터라도 다시 시작한다면, 우리도 가능하지 않을까 하는 희망을 다시 품게 된 계기가 됐다.

사족을 덧붙이자면, 루 원장은 싱가포르에서 오지 않았다. 그는 북경에서 3일간 '비즈니스'를 하다가 한국에 왔고, 다시 북경행 비행기에 몸을 실었다. 싱가포르보다 서울이 훨씬 북경과 가까운 곳에 있음은 말할 필요도 없다.

2003. 12. 1.

싱가포르 의료와 관련된 더 많은 내용은 청년의사 제197호에 실려 있다.

싱가포르, 상해, 그리고 인천

지난달(2004년 5월) 28일, 서울시내 한 특급호텔에서는 조금 '이상한' 모양새의 행사가 하나 있었다. 무엇이 이상했는지를 말하기에 앞서, 이날 행사의 개요를 먼저 소개해 본다.

우선, 두 개의 강연이 있었다. 각각 30분씩 행해진 강연의 제목은 'Illustrating issues of cancer screening, cancer detection, and cancer therapy(암 검사, 암 진단, 암 치료의 사례)' 와 'Minimally-invasive therapies to treat fibroids, varicose veins, and other conditions(섬유양, 정맥류 등의 최소 침습적 치료법)' 이었다. 연자는 존스홉킨스 의대 교수들이었다.

언뜻 보기엔 번듯한 국제 학술행사였지만, 이 행사의 주최측은 학회나 대학이 아니었고 청중의 대부분은 의사들이 아니었다. 또한 이 행사를 알리는 광고는 학회지나 전문지가 아닌 일간지에 실렸고, 보도자료 또한 전문지가 아니라 주요 방송사 및 신문사에 배포됐다.

이날 행사는 '캔서에이드(canceraid)' 라는 이름의 해외치료 전문 컨설팅 업체가 주최한 것으로, '심포지엄' 이라는 타이틀을 달기는 했지만 사실상 '환자유치설명회' 였다.

혹 있을지 모르는 비난을 의식했기 때문인지, 주최측은 이날 행사의 성격을 한사코 '학술 목적의 심포지엄' 이라고 주장했다. 아울러, 의사들을 대상으로 행사를 진행하려 했으나 신문 광고를 보고 참석하겠다는 시민들이 많아지는 바람에 행사 성격을 조금 바꾸었다고 덧붙이기도 했다. 물론 의사들을 대상으로 하는 학술 행사 개최에 대한 광고를 왜 비싼 돈을 들여 일간지에 게재했는지에 대해서는 아무 말도 하지 않았다.

이날 행사는 KBS도 현장에서 취재를 했다. KBS는 행사 다음날 아침 뉴스에서 '난치병 해외 치료비 1조'라는 제목으로 '난치병 치료를 위해 해외 유명병원을 찾는 사람들이 평균 수천만원의 비용을 쓴다', '1년에 1조원이 해외 치료비로 쓰이는 것으로 추정된다'는 내용의 보도를 했다.

이 '1조원'이 아깝기 때문일까? 존스홉킨스 병원의 한국인 환자유치행사 사흘 뒤인 지난달 31일, 김화중 보건복지부장관은 서울대 보건대학원에서 행한 특강에서 "하버드 의대가 적극적인 한국 진출 의사를 표명하고 있어 올해 안에 좋은 결과가 나올 것으로 기대된다"고 밝혔다.

하버드 의대가 한국 진출의 뜻을 갖고 있는 것은 분명한 것으로 전해지고 있다. 또한 내국인 진료 허용과 한국 의사 및 의대생들에 대한 교육 허용 등의 전제조건을 제시하고 있다는 사실도 함께 알려지고 있다. 이런 조건들은 우리나라의 현행법을 개정해야만 해결되는 것인데, 그 동안 반대 입장을 견지해 오던 복지부장관이 '좋은 결과' 운운하는 것을 보니 정부의 방침이 이미 '허용' 쪽으로 기울어진 것은 아닌가 하는 생각이다.

여러 정황으로 볼 때, 외국 병원의 국내 진출은 초읽기에 들어간 듯하다. 하지만 문제의 본질이 외국 병원 유치 여부나 내국인 진료 허용 여부에 달려 있는 것은 아니라고 본다. 정말로 중요한 것은 외국 병원의 국내 진출이 우리나라 의료 제도 개선의 단초가 될 수 있는가 여부에 있다. 분명히 '시장'이 존재하는데, 외국 병원의 진출을 봉쇄한 채 우리 의료 시스템을 지금처럼 경직된 구조로 지속시키는 것은 차악의 선택이며, 외국 병원의 설립을 허용하고 내국인 진료도 허용하면서 우리 의료 시스템은 고치지 않는 것은 최악의 선택이라 생각한다.

의료 제도의 경직성과 의료의 공공성 확보는 별로 연관성이 없는 문제임에도 불구하고 의료의 공공성 고양이라는 명분으로 정상적인 '의료산업' 의 발전을 가로막는 정부의 정책 기조는 이제 바뀌어야 한다. 동북아 의료허브가 외국의 유명 병원 몇 개를 유치한다고 해서 완성될 리는 만무하다.

본지는 다음달 초, 보건산업벤처협회와 메디파트너(주)와 공동으로 '아시아 시장 진출을 위한 싱가포르-상해 의료산업 참관단' 을 꾸릴 예정이다. '산업' 으로서의 의료를 발전시키기 위해 정부가 발벗고 나선 두 곳을 직접 돌아보면서 우리 의료 제도의 개혁 방향을 모색하게 될 이번 참관단에는 우리나라 보건의료정책의 수립에 직 · 간접으로 관여하고 있는 여러 부처 공무원들도 대거 참가할 예정이다. 백문이 불여일견이라고, 여전히 의료에 대해 고답적 시각을 갖고 있는 많은 사람들에게 개안(開眼)의 계기가 되기를 희망한다.

2004. 6. 7.

래플즈 병원의 6인실

싱가포르 래플즈 병원엘 다녀왔다. 본지가 보건산업벤처협회 및 메디파트너(주)와 공동으로 주최한 '싱가포르─상하이 의료산업 참관단'의 일정 중에 래플즈 병원 방문이 있었던 것이다.

래플즈 병원은 싱가포르에서도 유명한 병원이지만, 우리나라에서도 꽤나 유명한 병원이다. 지난해 샴 쌍둥이 분리수술과 조선일보의 기획취재로 인하여 일반인들에게도 널리 알려졌고, 본지가 루춘용 원장을 초청하여 강연회와 인터뷰 등을 가짐으로써 의료계에는 더 자세하게 소개됐기 때문이다. 래플즈 병원에 대한 내용은 이미 여러 차례 다루어졌으므로 여기서는 재론하지 않겠다.

내가 래플즈 병원을 방문하는 것은 이번이 처음이었지만, 워낙 여러 가지 경로로 그 병원 및 싱가포르 의료 제도에 대한 많은 정보를 이미 접했었기에, 사실 큰 기대는 하지 않았었다. 하지만 직접 방문해 보니 백문이 불여일견이라는 옛말이 하나도 틀리지 않음을 확인할 수 있었다. 미처 알지 못했던 새로운 몇 가지 점을 발견할 수 있었을 뿐만 아니라, 루춘용 원장이 7개월 전 한국을 다녀간 이후에 새롭게 달라진 점들도 있었기 때문이다.

대표적인 것은 건강검진에 관한 부분이었다. 래플즈 병원의 건강검진 프로그램은 모두 7종류였는데, 그 가격이 우리 돈 약 20만원부터 약 200만원까지 다양했다. 래플즈 병원에서 제왕절개로 아이를 낳고 2박 3일간 입원하는 경우의 진료비가 약 600만원인 것을 감안하면, 우리나라와 비슷하거나 오히려 더 저렴한 수준의 건강검진 비용은 예상 외였다.

또 한 가지, 래플즈 병원이 자체적인 응급환자 수송 체계를 갖고 있는 점도 이채로웠다. 환자가 전화를 걸면 곧바로 앰뷸런스가 출동하는데, 24시간 운영되며 싱가포르 어디든 달려갈 뿐만 아니라 그 앰뷸런스에 래플즈 병원의 의사까지 동승하는 시스템이었다. 당연히 이 서비스의 이용 요금이 궁금했다. 8시부터 18시까지는 약 14만원, 18시부터 23시 59분까지는 약 17만5천원, 0시부터 7시 59분까지는 약 21만원으로 책정되어 있었다. 이 금액에는 진찰료와 기본적인 약제비가 모두 포함된 것이다. '온 콜' 시스템을 운영하려면 환자 발생 여부와 무관하게 적지 않은 비용이 발생하는 바, 이 서비스의 요금 역시 '생각보다는' 저렴하다고 느껴졌다.

위의 두 가지 사실에서 쉽게 알 수 있는 사실이 있다. 래플즈 병원에서는 정상적인 환자 진료에서 적절한(혹은 충분한) 수입을 얻을 수 있기 때문에, 건강검진이나 응급환자 수송 같은 부분은 일종의 대 환자 서비스로, 또한 환자 유치를 위한 일종의 마케팅 전략으로 활용하고 있다는 것이다. 이런 것이 어디 래플즈 병원뿐이랴, 모르긴 해도 '선진' 병원들 상당수는 이와 비슷한 방법을 활용하고 있을 것이다.

하지만 우리는 어떤가. 필수적이고 본질적인 의료 서비스의 가격을 너무 낮게 책정해 놓고 거기에다가 또 강압적인 규제를 가하는 정부의 정책 때문에, 우리의 병원들은 건강검진이나 매점이나 영안실이나 주차장이나 구내식당 등에서 '바가지'를 씌움으로써 적자를 벌충해야 하지 않은가. 새삼 우리의 현실이 답답하게 느껴졌다.

래플즈 병원에서 지난 7개월 사이에 벌어진 주목할 만한 변화는 또 있었다. 첫째는 병원 1층 로비에 널찍한 건강기능식품 매장이 들어섰다는 것이다. 더 정확하게는 단순히 매장이 생긴 것이 아니라 '래플즈'라는 브랜드를 활용하여 독자적으로 건강기능식품을 '생산' 하기 시작했다고 해야 한다. 여러 가지 시사하는 점이 있다고 하겠다.

몇 개월 전부터는 래플즈 병원에 6인실도 생겼다. 원래 1인실 아니면 2인실밖에 없었는데, '시험삼아' 2개의 6인실을 만들어 운영하기 시작한 것이다. 서민들에게도 래플즈 병원의 우수한 의료서비스를 누릴 수 있는 기회를 주기 위해서라지만, 경영적 측면에서의 철저한 손익 계산 후에 내려진 결정이기도 할 것이다.

싱가포르에서 돌아오니 복지부가 간호사의 심전도 검사 등 '국민건강 위협사례' 들을 강력히 단속하겠다고 밝혔다는 기사가 눈에 들어온다. 단속 대상이 꽤 여럿인데, 한의사의 의사 흉내는 목록에 없었다. 가장 심각한 국민건강 위협사례는 복지부의 탁상행정이지 싶다.

2004. 7. 12.

외국에 눈을 돌리는 이유

최근 어느 대학교수로부터 "의료시장 개방을 가장 강력하게 주장하는 세 집단 중의 하나가 '청년의사'라고들 하던데, 사실이냐?"는 질문을 받았다.

여기서 밝히기는 좀 그렇지만 '나머지 두 집단'이 꽤나 영향력 있는 집단이었기에, 그들과 동격으로 취급된다는 사실은 솔직히 반가웠다. 하지만, 이 질문에 대한 답은 '아니오'이다.

본지를 의료시장 개방 찬성파로 맨 처음 규정한 사람이 누구인지는 모르겠으나, 어떤 연유로 그런 생각을 했는지는 충분히 짐작할 수 있다.

본지는 지난해(2003년) 11월에 싱가포르 래플즈 병원의 루춘용 원장을 초청하여 '송촌포럼'을 열었고, 올해에는 중국, 싱가포르, 일본 등 여러 나라 의료시장이 급변하고 있는 모습들을 현지취재를 통해 자세히 소개했다. 또한 두 차례에 걸쳐 베이징, 상하이, 싱가포르 등 의료를 '산업화'하고 있는 현장을 돌아보는 참관단을 꾸리기도 했다. 거기에 더해 인천 경제특구 내에 외국병원 유치 노력이 지지부진한 것을 질타하는 기사들도 여러 차례 실었다.

이런 일련의 움직임들이 우리가 의료시장 개방을 지지하는 것으로 비쳐지기에 충분했다는 생각은 든다. 하지만 우리가 외국 사례들을 열심히 탐색하고 있는 이유는 의료시장 개방 자체를 원해서가 결코 아니다.

이 지면을 통해 분명히 밝히지만, 본지가 다른 나라의 의료제도를 소개하고 있는 이유는 도저히 이해할 수 없을 정도로 획일화된 규제 일변도의 우리나라 의료정책을 바꾸기 위한 노력의 일환이다.

웬만한 선진국들 가운데 우리처럼 이상야릇한 의료제도를 갖고 있는 나라가 없다는 사실, 지금 우리 정부가 그토록 두려워하는 의료 분야의 규제 완화(혹은 시장원리 도입)가 다른 여러 나라들에서는 오히려 긍정적인 효과를 내고 있다는 사실, 보건의료계의 여러 직역들과 정부가 서로 반목하는 우리나라와 달리 정부와 민간이 긴밀히 협력하여 보건의료 현안의 해결을 위해 애쓰는 나라들이 많다는 사실을 널리 알리기 위해서인 것이다.

또한, 정부와 몇몇 학자들이 그들의 입맛에 맞는 정책을 실시하기 위해 외국의 정책들을 전체적 맥락은 무시한 채 단편적으로 차용하여 논리적 근거로 활용하는 작태를 더 이상 눈뜨고 보아줄 수 없어서이기도 하다. 비록 의료정책을 제대로 공부한 바가 없지만, '영국에서는 이렇게 한다', '프랑스에서는 저렇게 한다' 하면서 정부가 제시하는 제도들의 상당수는 조작, 혹은 과장됐거나 이미 현지에서는 용도 폐기된 낡은 제도들임을 안다. 그래서, 좀 거창하게 말하면 진실을 제대로 알려야 하는 언론의 사명을 다하기 위해, 많은 비용을 감수하면서 해외취재를 강행하고 있는 것이다.

지금 세계는 소위 '신자유주의' 파고가 드높다. 신자유주의 혹은 세계화라고 하는 것이 무역이나 경제정책에 국한되는 것이라고 생각하는 것은 오산이다. 근대화 이후 약 100년 동안의 숱한 시행착오들을 거쳐 지금 논의되고 있는 것은, 노동정책과 복지정책을 어떻게 조화시킬 것이냐 하는 것이 그 핵심이고, 보건의료 정책은 복지정책의 일환으로 상당히 비중 있게 다루어지고 있는 화두이다. OECD 국가들 중 최소한 절반 이상은 최근에 소위 '의료개혁'을 완료했거나 지금 진행 중이다. 물론 그 방향들은 그 나라의 의료문화와 과거의 의료정책, 그리고 여타의 사회복지정책 기조에 따라 크게 다르며, 개혁이 실패한 경우도 있다.

지금 세계 각국이 채택하고 있는 노동—복지 정책은 대별하여 사회민주주의, 보수주의, 자유주의로 나뉜다. 자세하게 알지는 못하지만 이는 완전고용, 소득평등, 건전재정이라는 세 가지 과제 가운데 어느 두 가지를 선택하느냐에 따른 분류이다. 어느 쪽을 택하느냐에 따라 보건의료정책도 방향이 바뀐다. 그러나 참여정부의 노동—복지 정책은 위의 세 가지 중 어느 것도 아닌 듯하다. 좋게 말하면 '한국식' 정책을 독창적으로 정착시키려 애쓰고 있는 것이고, 나쁘게 말하면 개별 정책들이 일관성 없이 추진되며 갈팡질팡하고 있는 것이다. 게다가 다른 선진국들에 비해 보건의료정책에 덜 비중을 두는 것 같다. 의료개혁에 대한 청사진이 있기는 한지, 있다 한들 옳은 방향인지 알 수도 없다. 상황이 이러하니, 어찌 다급하지 않을 수 있는가.

본지는 곧 글로벌특집—프랑스 편을 게재할 예정이다. 미국 편과 영국 편도 준비하고 있으며, 일본 편 2탄도 추진하고 있다. 해외 참관단도 기회가 닿는 대로 계속 꾸릴 계획이다. 모쪼록 독자 여러분의 많은 관심을 부탁드린다.

2004. 7. 26.

일본 의료와 관련된 더 많은 내용은 청년의사 제205호, 제218~221호, 제287호, 제317호에, 프랑스 의료와 관련된 더 많은 내용은 청년의사 제235~237호, 제239~240호에, 중국 의료와 관련된 더 많은 내용은 청년의사 제214호, 제229~230호, 제242~244호에 실려 있다. 미국 의료와 관련된 내용들 중 일부는 이 장의 말미에 덧붙여 놓았으며, 청년의사 제314~315호에도 실려 있다.

우리는 지금 프랑스로 간다

나는 두 차례 프랑스를 여행했는데, 가장 인상적인 기억은 다음 두 가지다.

첫째, 프랑스의 국립현대미술관에 해당하는 퐁피두센터에서의 경험. 당시 그곳에서 열리고 있던 기획전시의 주제는 영어로 하면 'Off Limits'였는데, 소위 실험적 혹은 전위적이라고 하는 갖가지 미술품들을 전시하는 행사였다. 백남준이나 요셉 보이스와 같은 세계적인 미술가의 작품부터 신인급인 젊은 작가의 작품들까지 망라된 그 전시회는 이름 그대로 모든 경계나 제한을 무시해도 좋을 듯한 분위기였다.

여러 개의 전시실들을 돌아보던 나는 매우 마음에 드는 작품을 하나 발견했다. 오토바이를 주된 소재로 만든 커다란 설치작품이었는데, 투명한 건물의 외벽 바깥으로부터 쏟아지는 황금색의 석양이 함께 어우러지면서 무척이나 환상적인 분위기를 연출하고 있었다. 미술관에서는 사진촬영이 허용되지 않는 것이 보통이지만, 나는 사진을 찍고 싶었다. 그 작품이 너무 마음에 들기도 했지만, 오토바이와 고철과 잡동사니들로 만들어진 작품이니 사진촬영을 꼭 금지할 이유가 없을 듯도 해서였다.

나는 용기를 내어 안내원(사실은 감시원인 듯했다)에게 다가갔다. 피부색이 아주 검어서 윤기가 날 정도이고, 머리카락은 허끗허끗한 할아버지였다.

내가 "이 곳에서 사진 촬영을 해도 괜찮습니까?"라고 묻자, 그 흑인 할아버지가 이렇게 답했다.

"왜 안되겠어요? 이곳은 'Off Limits' 인데."

그러나 나는 사진을 찍지 않았다. 사진 따위는 이미 중요한 것이 아니었다. 해골에 담긴 물을 마시고 당나라 유학을 포기한 원효대사의 심정을 이해할 수 있을 듯했다. 허름한 복장의 평범한 할아버지가 그 정도의 대답을 할 수 있는 나라, 선진국이라고 불러도 좋을 듯했다.

둘째, 프랑스 중부 어느 소도시의 레스토랑에서의 경험. 내가 '멋모르고' 주문한 음식이 엄청나게 느끼했기에, 웨이트리스를 불러 피클을 가셔다 딜라고 말했다. 그런데 그녀가 '피클' 이라는 단어를 알아듣지 못하는 것이 아닌가. 피클을 불어로 뭐라고 하는지는 몰랐지만, 다행히 오이, 소금, 식초, 물 따위의 불어 단어는 알고 있었던 나는 손짓발짓 해 가면서 한참동안 설명을 했고, 그 모습을 빙그레 웃으면서 지켜보던 중년의 그녀는 고개를 끄덕이며 돌아갔다.

하지만 잠시 후, 예상과는 달리, 그녀는 이상한 걸 갖고 왔다. 생오이를 얇게 썰어 커다란 접시에 빙 돌려 담은 다음, 소금물에 식초를 섞은 '드레싱' 을 뿌려서. 그녀는 행복한 표정과 몸짓으로, '당신이 말한 것이 이것 맞지 않느냐' 고 말하고 있었다. 나는 차마 이게 아니라고 말하지 못하고 그저 '멜씨 보꾸' 를 연발했다. 말도 통하지 않는 어느 동양인의 괴팍한 요구를 충족시키기 위해서 최선을 다하는 시골 레스토랑의 웨이트리스가 있는 나라, 선진국이라고 불러도 좋을 듯했다.

프랑스는 우리에게 꽤나 친숙한 나라다. 적어도 심정적으로는 그렇다. 배낭여행을 떠나는 학생들이 가장 선호하는 나라이기도 하고, 프랑스에 가 보지 않은 사람도 에펠탑이나 노틀담이나 몽마르트나 루브르의 이름을 안다. 최근엔 '파리의 연인' 때문에 더 이미지가 좋아졌다.

하지만 프랑스의 제도로 이야기가 옮겨가면 사정이 달라진다. 의외로 아는 것이 많지 않기 때문이다. 의료제도에 대해서도 마찬가지다. 미국이나 영국의 의료제도에 대해서는 떠드는 사람이 많지만, 세계에서 가장 국민의 의료 만족도가 높은 것으로 정평이 나 있는 프랑스의 의료제도에 대해 잘 아는 사람은 별로 없는 듯하다.

본지는 이번 호부터 프랑스 의료제도 특집기사를 연재한다. 영국의 사회주의적 의료제도는 실패했는데, 영국보다 더 사회주의적 사회인 프랑스의 사회주의적 의료제도는 왜 잘 작동하고 있는지를 알아보기 위함이다. 우리는, 비록 '수박 겉 핥기'에 그치더라도, 프랑스 의료제도를 살펴봄으로써, 영국식이냐 미국식이냐를 놓고 벌이는 논쟁이 얼마나 공허한 것인지를 반증하려 한다. 의료의 공공성은 꼭 국가 개입의 강화로 인해 성취되는 것인가, 사회주의적 의료는 반드시 비효율적인 것인가 따위의 철학적 질문에 대한 대답은 얻을 수 없을지 모르지만, 최소한 '어떤 의료제도를 시행하면 국민의 만족도가 높아지는가'에 대한 답안은 훔쳐볼 수 있기를 희망한다.

2004. 9. 6.

비영리의료법인을 허용하라

나는 지금 미국 필라델피아의 한 호텔에서 이 글을 쓰고 있다. 본지가 주관한 '미국 선진의료참관단' 프로그램이 진행 중이기 때문이다. 당초 예정보다 조금 적은 10여 명이 참여하고 있는 이번 참관단은 보스턴, 필라델피아, 클리블랜드 세 도시를 돌면서 여러 병원들과 기관, 제약회사 연구소 등을 둘러보고 있다.

취재만을 위해 준비된 일정이 아니고 취재기자가 동행한 것도 아니라서 잘 짜여진 기사를 쓰기는 어렵겠지만, 이번 참관단이 어디에서 무엇을 보고 듣고 느꼈는지에 대한 스케치 기사는 조만간 시리즈로 게재할 예정이다.

매우 많은 사람들을 만나서 새로운 정보들을 다양하게 얻을 수 있었을 뿐만 아니라 방문지마다 기대 이상의 융숭한 대접을 받았기 때문에 기록할 내용이 많지만, 오늘은 우선 한 가지만 먼저 소개하려 한다.

우리의 방문지 중에는 두 곳의 특이한 조직이 있었다. 우리나라에는 존재하지 않는 형태의 조직이라서 이름을 붙이기가 애매한데, 보스턴에 있는 '파트너스(Partners)'와 필라델피아에 있는 '필라델피아 인터내셔널 메디슨(Philadelphia International Medicine, PIM)'이 바로 그곳들이다.

파트너스는 하버드의대의 양대 수련병원인 매사추세츠종합병원(MGH)과 브리검여성병원이 사실상의 합병을 단행함으로써 생겨난 일종의 병원연합이다. 1994년에 처음 설립된 이후 여러 개의 병원 및 클리닉과의 다양한 연합 및 연계를 통해 크게 성장한 이 연합체는, 현재 연간 매출만 약 5조원에 육박하는 거대한 조직이다.

그런데 재미있는 것은 거의 모든 부분에서 일반적인 기업과 비슷한 형태를 띠고 있는 이 조직(대표자는 당연히 CEO로 불린다)이 법률적으로는 비영리법인이라는 사실이다. 실질적으로는 영리법인인데, 그리고 이미 세계 각국에 주식회사 형태의 병원이 많이 있는데, 세계 최고 수준의 이 병원들이 새로운 연합조직을 만들면서도 비영리법인을 고집하는 이유가 궁금했다. 하지만 그 궁금증은 쉽게 풀렸다. 비영리법인을 유지해야 커다란 세제 혜택을 받을 수 있고 기부금 모집도 얼마든지 가능하기 때문이었다. 그렇다면 비영리법인이기 때문에 받는 불이익은 무엇이 있을까? '전혀 없다' 가 답이다. 즉, 미국의 의료제도는 내용적으로는 영리법인인 병원이 형식적으로는 비영리법인으로 남아 있는 것을 '허용' 한다는 것이다.

PIM은 또 다른 형태의 특이한 조직으로, 필라델피아에 있는 9개 주요 병원들(필라델피아 아동병원, 폭스 체이스 암센터, 템플 대학병원, 토마스 제퍼슨 대학병원 등)이 공동으로 출자하여 지난 2001년에 설립된 것이다. 서로 경쟁 관계에 놓여 있는 한 지역의 병원들이 연합체를 구성하여 공동의 사업을 펼치는 것은 세계적으로도 그 유례가 없는 일인데, 이 실험은 적어도 현재까지는 매우 성공적으로 보인다. PIM이 하는 일은 크게 세 분야로, 환자(필라델피아를 찾는 내외국인 환자)에 대한 각종 서비스 제공, 다양한 유형의 의학 교육, 병원산업 관련 컨설팅이 그것이다.

겉으로 보기에는 분명히 의료 관련 비즈니스를 하는 기업의 형태인데, PIM 역시 비영리법인이다(그 사실을 필라델피아에 와서야 알고서 깜짝 놀랐다). 이곳 역시 실질적인 영리법인이 비영리법인의 자격을 보유하도록 '허용' 하는 사례이다. 물론 비영리법인에게만 주어지는 각종 혜택이 똑같이 부여되며, 심지어 전체 예산의 20~25%를 펜실베이니아 주 정부가 지원하고 있기도 하다. 필라델피아 경제의 발전에 기여하는 바가 크기 때문이다.

미국에 며칠 머물면서 인터넷으로 한국 소식을 검색하다 보니, 최근 복지부가 발표한 의료서비스육성방안에 대한 시민단체 등의 반대가 거세다는 뉴스가 있었다. 영리의료법인의 허용이 공공의료 붕괴와 의료 양극화를 초래할 것이라는 전망이 반대의 핵심 이유였다. 철회하지 않으면 보건복지부의 장관 및 차관에 대한 퇴진 운동을 벌일 것이라고도 했다.

영리법인과 다름없는 병원들을 비영리법인으로 인정하여 각종 혜택을 주는 정책과 비영리법인이라는 굴레를 씌워놓고 혜택은 거의 주지 않은 채 하향 평준화와 편법 생존을 강요하는 정책의 차이는 대단히 크다. 그리고 그 차이는 시간이 갈수록 더 큰 결과의 격차로 나타날 것이다.

이 칼럼의 제목은 결코 오타가 아니다. 영리의료법인을 절대 허용해서는 안 된다고 주장하는 분들에게 말하고 싶다. 제발 '제대로 된 비영리의료법인을 허용해 달라'고 말이다. 비영리법인들이 그 혜택에 부응하는 공익성을 추구하고 실현해야 함은 물론이지만, 비영리법인은 혜택이 되어야지 굴레가 되어서는 안 된다. 최근 보건의료서비스육성방안을 내놓은 정부가 비난을 받아야 할 부분은 딱 두 가지뿐이다. 너무 늦었다는 것, 그리고 뭘 어떻게 하겠다는 것인지 여전히 불분명하다는 것.

2005. 5. 23.

급변하는 미국의 의료현장을 가다(1)

1년 매출 5조원의 비영리의료법인 '파트너즈'의 비결

2005년 5월 15일(일)

오전 9시. 인천공항에 집결하다. 애초에 예정한 참관단 규모는 15명 내외였으나, 참여하기로 약속했던 인원 중 여러 명이 마지막 순간에 이런저런 이유로 미국행을 포기하는 바람에 참관단의 규모는 9명으로 조촐했다. 첫 번째 방문지는 보스턴. 직항편이 없으므로 시카고에서 비행기를 갈아탔다. 그런데 시카고에서 보스턴까지 가는 국내선 항공기가 1시간 이상 지연되는 바람에, 인천공항 집결에서 보스턴의 숙소 도착까지는 24시간이 넘게 소요됐다. 숙소는 내일 방문할 매사추세츠 종합병원(Massachusetts General Hospital, 이하 MGH)과 아주 가깝다. 체력이 좋은 몇몇 사람들은 산책 삼아 어둠이 깔린 거리를 걸어 MGH를 잠시 구경하고 왔다. 병원 주변은 매우 한산하여, 가게도 거의 없고 인적도 드물다.

이 글은 청년의사 주관으로 2005년 5월 15일부터 22일까지 7박8일 동안 진행된 '미국 선진의료참관단'의 행적에 대한 기록으로, 2005년 6월 청년의사 지면에 다섯 차례에 걸쳐 게재된 바 있다. 미국의료의 전반적인 현황에 대한 체계적인 글이 아니라 '여행기'에 불과하지만, 급변하는 미국의료의 단면을 소개할 수 있을 듯하여 이 책에도 수록했다.

2005년 5월 16일(월)

'파트너즈(Partners Healthcare System)' 라는 곳에 도착한다. 보스턴 시내에서 가장 높은 건물인 프루덴셜타워 11층에 위치한 곳이다. 파트너즈는 하버드 의과대학의 양대 교육병원인 MGH와 브리검 여성병원(Brigham and Women's Hospital, 이하 BWH)이 사실상의 합병을 통해 1994년에 설립한 비영리법인이다. 미국은 의과대학과 그 대학의 교육병원이 완전히 별개의 법인인 경우가 흔히 있는데, 하버드 의과대학과 이 두 병원도 그런 경우이며, MGH와 BWH도 서로 별개의 병원이었고, 심지어 가장 강력한 경쟁자이기도 했다. 1994년의 파트너즈 설립 이전까지는 말이다.

우리 상식으로는 잘 이해가 되지 않지만, 1994년 MGH와 BWH라고 하는 대형병원 두 곳은 각자의 모든 자산을 출연하여 파트너즈라는 별도의 법인을 만들었다. 우리의 첫 번째 궁금증은 당연히 '왜 합병했는가'에 모아진다.

심장내과 의사로 MGH와 BWH를 거쳐 7년째 파트너즈에서 일하고 있는 조지 티볼트 부사장은 "1990년대 이후 미국의료 시스템의 큰 변화가 합병의 가장 큰 원인"이라 말한다. 클린턴 행정부에 의해 시작된 일련의 의료개혁 프로그램에 대비하여 '어떤 형태로든' 병원들이 연계할 필요성이 생겨났다는 설명이다. MGH는 1811년에, BWH는 1913년에 각각 설립된 병원이다. 100년 가까운 세월 동안 경쟁자였던 두 병원, 그것도 각기 세계적인 경쟁력을 갖고 있던 두 병원이 손을 잡을 수밖에 없었던 요인은 무엇일까.

데이비드 존스 해외부문 이사는 말한다. "보험자와 정부에 맞서기 위해서는 거대 조직이 필요했고, 타 의료기관과의 경쟁에서 우위를 점하려면 덩치를 키워야 했고, 진료의 질과 경영의 효율성을 높이는 데에도 통합이 유리했다"고 말이다. 아울러 이러한 혁신을 통해 자원 활용의 효율성이 높아지면 급증하는 의료비를 억제하는 데에도 기여할 것으로 예상했었다는 설명이 덧붙여진다.

파트너즈의 설립배경

파트너즈는 현재 미국에서 운영중인 민간 비영리 의료기관 중 가장 규모가 큰 편으로, 2004년 총매출이 50억달러(약 5조원)에 달한다. 토마스 글린 경영이사는 "외형만 놓고 보면 파트너즈는 전세계에서 375번째로 큰 기업에 해당한다"고 말한다. 파트너즈는 처음에는 두 개의 대형병원만 합병했지만, 그 이후 점차 몸집을 키워 현재는 네 개의 중소병원(community hospital), 3개의 장기요양재활병원, 1개의 정신병원 등을 거느린 통합법인으로 성장했다. 총 허가병상은 3,100병상, 연간 외래 환자수는 2백9십만명, 상근 직원만 35,000명이다. 그 중 18,000명이 의사, 간호사 등 직접적인 의료 서비스를 하는 사람, 13,000명이 각종 지원업무를 하는 사람, 5,000명 정도가 연구직이다. 여러 분야에서 일하는 의사들의 수만 더할 경우 5,825명에 달하며, 그 중 1,000명 이상은 오로지 연구에만 종사하는 사람들이다. MGH와 BWH에서 일하는 의사가 2,788명(연구에만 종사하는 의사들은 대부분 여기 속해 있다)이며, 계열 병원들에서 일하는 의사가 1,905명, 여러 종류의 계약을 맺고 있는 개원의들이 1,132명이다.

사실 보스턴에 오기 전까지 '파트너즈'라는 곳이 어떤 곳인지 거의 아는 바가 없었다. 그 유명한 '하버드 의대 병원'을 방문하기 위해 한국에서 어렵사리 연락을 취하는 과정에서 처음 '파트너즈'라는 이름을 듣기는 했지만, 우리는 파트너즈가 하버드 의대 병원의 운영을 지원하기 위해 만들어진 작은 '자회사' 정도로 생각했었다. 심지어 병원을 방문하고 싶다고 하는데 왜 굳이 파트너즈를 먼저 방문하라고 하는지 의아해하기도 했다. 그런데 미국 방문의 공식 스케줄이 시작된 지 불과 몇 시간만에 그 궁금증이 풀리고 있었다.

파트너즈가 어떤 곳인지는 대략 이해한 상황에서, 합병 이후 10년 이상의 시간이 흐른 지금 현재 원래 의도했던 성과를 얼마나 거두고 있는지가 또 궁금하지 않을 수 없었다. 이 궁금증은 1994년 당시와 2004년을 비교한 슬라이드 한 장으로 거의 다 해소됐다.

입원 환자는 75%, 외래 환자는 77%, 연구비는 100% 증가했으며, 환자 1인당 의료비는 반대로 22%(물가상승률을 보정한 수치)가 감소했다. 효율성을 높이면 의료비 상승도 억제할 수 있을 것이라는 기대가 적중한 셈이다.

이러한 외형적 성장 외에도 주목할 부분은 적지 않다. 티볼트 부사장은 파

Partners Milestones (1994-2004)

- ◆ Increased admissions by 75%
- ◆ Grew outpatient visits by 77%
- ◆ Doubled research funding
- ◆ Invested $50 million in Center for Genetics and Genomics
- ◆ Merged 10 residency and 13 fellowship programs between the BWH and MGH
- ◆ Reduced inflation-adjusted costs per patient by 22%
- ◆ Trained more than 4,000 doctors

파트너즈 설립 당시와 비교한 현재의 상황

트너즈는 진료 이외에도 세 가지 역할을 한다고 설명했다. 교육, 연구, 그리고 지역사회 기여가 그것이다.

먼저 교육 측면을 보자. 하버드의대는 유에스 뉴스 앤 월드 리포트 지가 선정한 2005년 의과대학 랭킹에서 1위를 차지하고 있다. 파트너즈 소속 의료진의 90%가 하버드의대 교수직을 겸하고 있다는 점에서, 이 랭킹은 곧 파트너즈의 자부심이기도 하다. 파트너즈는 지난 10년 동안 4,000명이 넘는 의사들을 수련시켰고 지금 현재도 1,800명 이상의 의사들이 수련을 받고 있다는 통계를 보여준다.

다음으로 연구 측면에서도 이들의 위상은 놀랍다. 이들이 지출하는 연구비는 1년에 10억불(1조원)로, 전체 예산의 20%에 달한다. NIH 연구비 수혜 실적만 놓고 보면, MGH와 BWH는 무려 '12년째' 나란히 1위와 2위를 기록하고 있으며, 역시 파트너즈 소속인 다나―파버 암연구소(Dana―Farber Cancer Institute)가 2002년부터 4위에 올라 있다. 파트너즈 산하 기관들의 NIH 연구비를 모두 더하면 연간 6억2,800만달러(6,280억원)에 달한다.

세 번째로 지역사회 기여 부분에서도 파트너즈는 적지 않은 일을 하고 있다. 지역 주민 모두에게 혜택이 돌아가도록 노력한다는 목표를 세우고, 연간 2억달러(2천억원)를 저소득층 무료 진료에 투입하고 있는 것이 대표적인 사례다. 파트너즈는 이런 프로그램을 출범 이듬해인 1995년부터 운영해 왔는데, 혜택을 보는 환자 수는 1년에 2만 명 가량이다.

두 개의 병원이 통합을 해서 하나가 되었다고 하니, 당연히 생기는 의문 가운데 하나가 '과연 갈등 없이 융합이 잘 이루어졌을까' 하는 점이다.

두 개의 조직이 합병한 이후 오랜 세월이 지나도록 '족보'를 따지면서 파벌을 만들어 반목하는 것이 우리나라에서 흔히 보아온 일이기 때문이다.

"갈등은 없느냐?"는 질문을 했더니 이런 대답이 돌아온다.

"문제는 결국 사람이다. 사람이야말로 최고의 성공요인인 동시에 가장 큰 장애물이기도 하다. 기관도 그렇고 개인도 그렇고, 어디서든 경쟁은 있기 마련이다. 문제는 그 경쟁을 긍정적으로 활용할 수 있는가 여부다."

이들이 두 조직의 통합에 따라 생길지 모르는 갈등을 예방하기 위해 어떤 노력을 하는지를 간접적으로 알 수 있는 단서는 많이 있다. 대표적인 것이 파트너즈의 사무실 위치, 그리고 파트너즈의 대표자 결정 방식이다.

파트너즈는 앞서 말한 대로 보스턴에서 가장 유명한 사무용 건물의 한 층을 '임대'하여 사용하고 있다. 그리고 이 건물은 MGH와 BWH의 한가운데에 위치해 있다. 이 정도 공간이야 두 병원 중 어느 곳에든 마련할 수 있겠지만, 굳이 이런 방식을 택한 것은 양측이 대등한 관계에서 통합했음을 상징적으로 보여주는 듯하다.

현재 파트너즈의 CEO는 전 MGH 원장이 맡고 있다. 대신 이사회 의장은 BWH 출신이다. BWH 출신이 CEO가 되었을 때에는 이사회 의장을 MGH 출신이 맡는 방식이다.

비영리법인이지만 이들은 너무도 당연히 CEO, COO, CFO 등의 기업 용어를 쓴다. 영리의료법인 허용 여부를 놓고 소모적인 논란을 벌이고 있는 우리나라와는 달리, 미국에서는 대형병원들에게 영리법인과 다름없는 자유를 누리는 동시에 비영리법인으로서의 혜택도 받고 있다. 병원, 특히 교육과 연

Partners' Vision

- ◆ Improve patient care through overcoming boundaries: professional, institutional, geographic
- ◆ Add value through better coordination and teamwork
- ◆ Harness the power of information technology to enhance safety, quality, effectiveness and efficiency

파트너즈가 스스로 밝히고 있는 그들의 비전

구 기능이 활성화된 대형병원은 그 존재 자체가 '공공성'을 띠기 때문이다.

파트너즈는 출범 이후 지난 10년간 끊임없이 변화를 모색해 왔다. "시스템을 개발하는 데에만 4년, 그 시스템을 적용하여 여러 기관들을 통합하는 데에 또 4년이 걸렸다"고 말하는 파트너즈. EMR 구축 등 전산화에 많은 투자를 했고, 투약사고 등 환자의 안전을 위협할 수 있는 잠재적 요인들을 제거하는 데에도 상당한 노력을 기울였다. 여러 개의 소속기관들이 모두 높은 진료수준을 유지할 수 있게끔 하는 일에도 심혈을 기울였다. EBM 관련 데이터를 계속 수집하여 공유함으로써, '같은 환자라면 누구나 같은 진료를 할 수 있는 시스템'을 만들어나가고 있다.

파트너즈의 탄생 배경 중에는 보험자와의 관계에서 우위를 점하기 위한 목적도 분명히 있었을 텐데, 현재 보험자와 관계는 어떨까. 미국 내에 있는 파트너즈와 비슷한 형태의 병원연합 중에는 보험회사를 거느린 곳도 있지만, 파트너즈는 보험회사를 갖고 있지는 않다.

"늘 협상합니다. 과거에는 언제나 싸움을 하는 관계였지만, 지금은 서로가 동의할 수 있는 접점을 찾아서 질 높은 서비스를 제공하는 동시에 비용도 절감하려고 함께 노력하고 있습니다. 하지만 아직은 시작단계라고 할 수 있습니다." 티볼트 부사장의 말이다.

파트너즈는 평균 3% 정도의 수익률을 목표로 하고 있다. 기관에 따라 적자인 곳도 있고 높은 수익을 내는 곳도 있지만, 전체적으로는 그 정도를 유지하는 것이 목표다. 비영리법인이기 때문에, 이익이 주주에게 분배되는 주식회사와 달리, 파트너즈의 모든 수익은 고스란히 파트너즈에 귀속되어 재투자된다.

파트너즈에 참여하고 있는 1,132여명(94년에는 180명에 불과했으나 해마다 크게 늘어나 2004년 현재 이 수치가 됐다)의 개원의들에게는 어떤 이익이 있을까? 파트너즈에서는 개원의가 입원 등의 치료가 필요한 환자를 큰 병원

MGH에서 가장 오래된 건물(좌측). 사진은 1853년에 찍은 것으로, 당시에는 바로 강변에 위치해 있었다. 현재 MGH 건물의 대부분은 매립지 위에 세워져 있다.

으로 의뢰하고, 문제가 해결된 후에는 다시 개원의에게 회송되는 일이 일반적으로 이루어지고 있다. 이런 재회송은 파트너즈 출범 이전에는 여기에서도 찾아보기 어려운 일이었다 한다. 재교육 등을 통해 전반적인 진료의 수준을 높일 수 있기 때문에 개원의들의 만족도도 높다. 파트너즈는 통합화(integration)와 연계화(networking)라는 현대 미국의료의 변화상을 상징적으로 보여주고 있었다.

파트너즈에서 오전을 보내고 난 후, 우리는 데이비드 존스 이사의 안내로 MGH를 간단히 돌아봤다. 시간의 제약으로 인해 병동 등 여러 시설을 살펴보지 못했지만, MGH에서 가장 오래된 건물과 그 건물 내부에 있는 역사의 현장 '에테르돔(The Ether Dome)' 을 돌아보는 재미있는 시간을 가졌다.

에테르돔은 1846년 10월 16일, 세계 최초의 마취 수술이 행해진 장소이다. 기념 동판에는 에테르를 마취제로 쓸 수 있다는 사실을 처음 생각한 치과의사의 이름과 첫 수술을 집도한 외과의사의 이름은 물론 첫 번째 환자의 이름까지 새겨져 있었다. 칠판이 있었음직한 벽면에는 '첫 번째 수술 장면' 을 그린 그림이 붙어 있었고, 작은 박물관도 함께 마련되어 있었다.

272

데이비드 존스 이사로부터 당시 있었던 일화들에 대한 설명을 듣는 동안 수술복 차림의 동양인 두 명이 슬며시 나타나더니 각기 의자를 차지하고 앉았다. MGH

에테르돔 내부 전경, 좌석은 120석 정도다

에 단기연수를 온 중국인 의사들이었는데, 자신들도 처음 듣는 이야기라면서 재미있어했다.

짧은 병원 투어에서 가장 인상적이었던 것은 환자교육과 관련된 부분이었다. 병원 본관 1층에는 꽤 큰 규모의 환자교육센터가 자리를 잡고 있었고, 그 옆 로비에서는 흑색종(멜라노마) 홍보를 위한 행사가 펼쳐지고 있었다.

메인 로비에는 과거에 앰불런스로 사용됐다는 마차가 전시되어 있었다. 짧은 역사이기에 더욱 그 역사를 소중히 생각한다는 미국인들의 사고방식이 느껴지는 듯했다.

파트너즈 및 MGH 방문을 마친 우리는 노바티스 연구소로 향했다. 원래 일정은 보스턴 시내 관광을 몇 시간 가량 한 후 비

최초의 마취 수술 장면을 그린 유화

MGH 1층에 위치한 환자교육센터　　　　　MGH 현관에 놓여 있는 과거의 앰불런스 마차

행기를 타고 필라델피아로 이동하는 것이었는데, 출국 며칠 전 한국 노바티스에서 연락이 왔다. 보스턴까지 간 김에, 그곳에 있는 노바티스 중앙연구소를 들르는 것이 어떻겠냐는 제안이었다. 한국 노바티스 CEO인 피터 마그가 이번 참관단의 일정을 살펴보다가 우리 참관단이 노바티스 연구소 '바로 근처'를 지나간다는 사실을 알고서 한 제안이었다. 세계적인 제약회사의 연구소 자체에 대한 호기심도 없지 않았지만, 최근에 새로 건립한 '아름다운 연구소'라는 말에 더 관심이 갔기에, 그 제안을 기꺼이 받아들였던 것이다.

　MGH에서 노바티스 연구소까지는 자동차로 30분이 채 걸리지 않았다. 연구소는 MIT 캠퍼스와 하버드대학 캠퍼스 사이에 자리를 잡고 있었는데, 약속 시간보다 약 20분 가량 일찍 도착한 우리 참관단은 하버드대학 입구에 있는 기념품 가게에서 남는 시간을 보냈다. 하버드대학에는 들어가 보지도 않고 기념품만 구입하는 사람들이 또 있을까 싶었다.

　노바티스 연구소 건물은 바깥에서 보기에는 지극히 평범했다. '최근에 문을 연 아름다운 연구소'라는 말을 듣고 찾아왔는데, 새 건물 같지도 않고 특

274

MGH 1층 로비에서 흑색종 홍보를 위한
행사가 펼쳐지고 있다.

2004년 10월에 새롭게 문을 연 MGH 외래동 요키 센터
(Yawkey Center)

별히 아름답지도 않았다. 그저 네모반듯한 6층 건물일 뿐이었다.

그러나 홍보 담당자인 제프 락우드의 안내로 현관을 들어서자마자 우리는
일제히 탄성을 질렀다. 건물 한 가운데가 1층부터 6층 천장까지 뻥 뚫려 있
었고, 투명한 유리 천장에서는 신선한 자연광이 그대로 내려오고 있었다. 게
다가 철골이 그대로 다 드러나 있는 엘리베이터와 나선형으로 이어지는 각

노바티스 연구소 내부

층의 복도들까지, '아
름다운 연구소' 라는
말이 거짓이 아니었음
을 실감할 수 있었다.

세계적인 제약회사
노바티스가 스위스 바
젤에 있던 중앙연구소
를 보스턴으로 옮긴 것

은 2004년 4월이었다. 바젤에 있는 연구소를 없앤 것은 아니지만, 지금 현재는 이곳이 '중앙' 연구소가 된 것이다. 건물 투어에 앞서 우리는 그 건물의 '히스토리'를 먼저 들어야 했다. 이 건물이 원래는 사탕공장이었다는 사실, 그 사탕공장이 1846년에 설립된 NECCO라는 회사라는 사실, 이 건물이 1927년에 지어졌을 당시에는 사탕공장으로는 세계에서 가장 크고 현대적인 건물이었다는 사실, 그래서 이 건물이 오랫동안 이 지역의 랜드마크였다는 사실 등등. 어쨌든 이 건물은 노바티스에 의해 완전히 새롭게 태어났다.

건물 중앙부 전체를 사각형으로 도려낸 다음 다시 콘크리트를 덧대어 나선형 공간을 만드는 과정에 대한 설명을 들으면서, '허

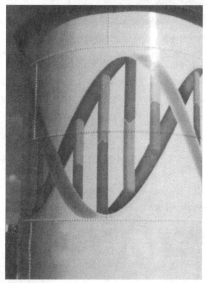

사탕공장을 상징했던 색동 문양 굴뚝에는 제약회사를 상징하는 유전자 이중나선 그림이 그려졌다.

물고 새로 짓는 게 차라리 쉬웠겠다' 는 생각을 했다.

6층 옥상에 있는 굴뚝에는 유전자의 이중나선이 그려져 있었다. 사탕회사 NECCO가 창립 150년을 기념하여 지난 1996년에 새롭게 색을 칠했던 굴뚝에 어떤 과정을 거쳐 이중나선이 그려졌는지에 대해서까지 열변을 토하는

노바티스 연구소 복도의 칠판형 벽면과 필기구

제프에게서 '짧은 역사'를 소중하게 생각하는 미국인의 태도를 다시 한번 느꼈다.

건축과 대학생들이 아니니, 건물 구경은 그쯤하고 연구와 관련된 공간들을 돌아보기 시작했다. 사진 촬영이 허용되지 않았던 점이 아쉽지만, 여러 섹터로 나눠진 연구소들은 널찍하고 쾌적해 보였다. 나는 제약회사 연구소 내부를 구경하는 일이 처음이라 좋은 건지 나쁜 건지 알 수가 없었지만, 일반적인 제약회사 연구소들이 어떻게 생겼는지를 알고 있는 일행 중의 한두 명이 '아주 좋은 시설'이라고 설명을 한다.

건물 내부의 벽면 대다수가 투명한 유리로 되어 있고 사람들 사이에도 칸막이가 없는 경우가 대부분이었다. 진행되는 실험의 종류에 따라 다양한 공조 장치와 함께 칸막이로 막혀 있는 공간도 있었지만, 그 칸막이도 투명했다.

이 연구소가 건물 리모델링 당시부터 가장 신경을 많이 쓴 부분은 연구자들의 '창의력'을 극대화시킬 수 있도록 하는 것이었다. 매 층마다 널찍한 휴식 공간과 다양한 크기의 회의실(역시 투명한 벽으로 만들었다)을 만들어 자유로운 사고와 토론을 장려하고 있고, 벽면 중 일부를 아예 칠판으로도 사용할 수 있는 재질로 만들어 놓았다. 복도를 지나가다가 갑자기 좋은 아이디어가 떠오르면 잊어버리기 전에 얼른 메모를 하라는 취지로, 벽면 곳곳에는 필기구들도 비치되어 있다.

실제로 그 벽면을 사용하는 사람들이 있느냐고 물으니, '가끔 있다'는 답변이 돌아온다. 실질적인 효용성보다 그 빈도를 매일 지나는 사람들에게 주는 심리적인 자극이 더 클 듯하다. 백남준 선생이 언젠가 광고에 출연하여 '창조, 창조, 창조' 하고 외치던 것이 떠오른다.

연구소 투어 이후에는 이 연구소에서 일하는 한국인 과학자 두 명과 함께 저녁식사를 했다. 중학생 때 미국으로 왔다는 김선규 박사와 대학원까지 마친 후 미국에 온 성무제 박사, 젊은 두 연구자들과의 대화는 아주 즐거웠다. 김선규 박사가 아직 총각이라는 사실을 알게 된 일행 중의 몇몇은 '좋은 규수' 가 있다면서(주로 친동생 아니면 사촌동생) 중매에 나서기도 했다.

저녁을 먹은 식당은 'Legal Sea Foods' 라는 곳이었는데, 보스턴 일대를 비롯 미국 동부에 여러 개의 체인점을 갖고 있는, 50여년의 역사를 가진 곳이었다. 예약을 하지 않으면 30분 이상을 기다려야 할 정도로 인기가 좋다는데, '가격 대비 효능' 이 아주 높았기에 굳이 소개하고 지나간다. 미국 동부는 한국인들도 비교적 갈 기회가 많은 곳이니까.

아, 빠뜨릴 뻔했다. 이날 저녁식사는 한국 노바티스가 '쐈다'. 노바티스 연구소 방문 제의를 받은 내가 던졌던 "밥이라도 한끼 산다면야…"라는 농담을 기꺼이 진담으로 받아준 한국 노바티스 측에 사의를 표한다.

저녁 식사 후에는 곧바로 공항으로 향했다. 보스턴에 머문 시간은 겨우 24시간 남짓이지만, 기대했던 이상으로 많은 것들을 보고 들은 듯하여 뿌듯하다. 그러나 일행 대부분은 벌써부터 지친 표정이다. 시차 때문이기도 할 것이고, '영어 스트레스' 때문이기도 할 것이다.

저녁 8시 30분 비행기를 타고 1시간 30분을 날아서 필라델피아에 도착했다. 필라델피아의 숙소에 도착하니 밤 11시가 다 됐다. 늦은 시각이지만 호텔 로비에는 반가운 얼굴이 우리를 기다리고 있었다.

이형기 박사. 서울의대 출신의 가정의학과 전문의이자 임상약리학자로, 현재 피츠버그 의대 교수로 재직하고 있는 분이다. FDA에서 의학자료심의

요원으로 일한 경험을 살려 지난 2월 〈FDA vs 식약청〉이라는 책을 출간하여 주목을 받고 있는 학자다.

그는 피츠버그에서 저녁 비행기를 타고 필라델피아로 와서 우리 일행보다 조금 먼저 호텔에 도착해 있었던 것이다. 지금부터 2박3일(실제로는 꼬박 하루 정도일 뿐이지만)을 우리 일행과 함께 움직인 다음 모레 새벽 비행기로 다시 피츠버그로 돌아갈 예정이다.

잠시 후 또 한 사람이 모습을 드러냈다. 이대규 선생. 그는 서울의대 출신의 신경외과 전문의로, 지난 2년 동안 클리블랜드 클리닉에서 펠로우로 일해왔다. 뇌종양이 전공 분야다. 며칠 후 우리 모두가 클리블랜드로 가면 어차피 만날 분인데, 우리 참관단도 만나고 필라델피아의 여러 병원들도 돌아보기 위해 이곳으로 '달려왔다'. 원래는 비행기를 타고 오기로 했었는데, 티켓을 구하지 못해 할 수 없이 자동차를 몰고 온 것이다. 클리블랜드에서 필라델피아까지는 자동차로 6시간쯤 걸리는, 미국에서는 '꽤 가까운' 거리다.

한국, 피츠버그, 클리블랜드에서 일하는 한국인들이 필라델피아의 한 호텔에 모여서 반갑게 인사를 나누고, 그냥 인사로는 왠지 부족하여 호텔 바에서 맥주까지 나누다보니 시간은 어느덧 새벽 1시를 지나고 있었다. '긴 하루'가 그렇게 저물었다.

미국의학의 발상지, 세계를 겨냥하다

2005년 5월 17일(화)

오전 8시. 참관단 일행을 실은 버스가 숙소를 출발했다. 지난 이틀 동안의 강행군으로 인해 모두가 피곤한 기색이다. 오늘은 오전 9시 15분부터 오후 2시 30분까지 PIM(Philadelphia International Medicine) 관계자들과의 세미나가 예정되어 있다. PIM은, 차차 설명하겠지만, 필라델피아 시내의 주요 병원 9곳이 공동으로 출자하여 설립한 비영리법인으로, 어제 보았던 '파트너즈' 와는 또 다른 형태의 병원간 연계조직이다.

아침 및 점심 식사와 세미나가 모두 같은 장소에서 이루어지는 것으로 되어 있는데, 장소는 시내 중심부에 있는 '유니온 리그' 라는 곳이다. 어제도 그랬던 것처럼 병원보다 먼저 '회사(비영리법인이지만 모든 조직은 기업의 형태를 띠고 있어 이런 표현이 전혀 어색하지 않다)' 를 방문하는 것이려니 했는데, 도착해 보니 '유니온 리그' 라는 곳은 다양한 크기의 연회장만 있는 특이한 공간이다. 호텔의 연회부만 따로 독립해 있는 것과 같았다.

8시 30분부터 간단히 아침을 먹고, 9시 15분부터 본격적인 세미나를 시작했다. 이날 세미나를 위해 PIM 측에서는 6개의 짧은 강연을 준비했다. 연자는 PIM의 CEO인 앤드류 위글스워스(Andrew Wigglesworth)와 템플대학교(Temple University) 의과대학의 리처드 코제라(Richard Kozera) 부학장 등 PIM 및 연계병원의 고위 관계자들이다. 모든 강연 내용을 다 전달할 수는 없으니, 각각의 연자들이 소개한 내용을 복합적으로 재구성하여 요약하려 한다.

우선 PIM의 성격부터 알아보자. PIM은 필라델피아 시내의 주요 병원 9곳의 공동 출자에 의해 지난 1998년 11월에 설립된 비영리법인이다. 필라델피아 지역을 찾는 외국인 환자들에게 최적의 서비스를 제공하기 위한 것이 일차적인 설립 목적이다.

설립 당시 언론에 보도된 기사를 보면 PIM의 CEO인 위글스워스(설립 당시부터 지금까지 계속 CEO를 맡고 있다)는 이렇게 말하고 있다.

"PIM은 헬스케어 영역뿐만 아니라 필라델피아 지역 전체에게 적지 않은 영향을 끼칠 것이다. PIM이야말로 필라델피아 지역사회 경제발전을 위한 미래의 모델이라 할 수 있다."

여기에서 당연히 의문이 생긴다. 필라델피아의 병원들에 특별히 외국인 환자들이 많이 방문하는 것일까? 그렇다면 그 이유는 무엇일까? 또한 설령 그렇다고 해도 그것이 필라델피아 전체의 지역경제에 큰 영향을 줄 정도로 중요한 '산업'이 될까?

이에 답하기 위해서는 우선 필라델피아 및 필라델피아 지역의 병원들에

Philadelphia International Medicine

- ◆ Nine world class hospitals working as one team
- ◆ Birthplace of American medicine
  - First hospital
  - First children' s hospital
  - First cancer hospital
  - First medical school
- ◆ One of the largest concentrations of health care knowledge in US
- ◆ Trains one of every five US physicians
- ◆ Top two leading research centers

PIM의 현황(1)

PIM의 현황(2)

대해 설명해야 한다. 필라델피아는 펜실베이니아 주의 주도이며 펜실베이니아 주의 동남쪽 끝에 위치해 있다. 뉴욕과 워싱턴DC의 정중앙이며, 두 도시까지는 각각 비행기로 두 시간 거리다. 델라웨어, 메릴랜드, 뉴저지와도 인접해 있다.

또한 필라델피아는 독립전쟁 당시 미국의 수도였던 도시답게, '첫 번째' 가 많은 도시다. 의학 분야도 마찬가지인데, 이곳 사람들은 필라델피아를 '미국 의학의 발상지(Birthplace of American Medicine)' 라 칭한다. 그도 그럴 것이, 미국 최초의 병원, 최초의 교육수련병원, 최초의 아동병원, 최초의 암 병원, 최초의 안과병원, 최초의 의과대학, 최초의 여자의과대학, 최초의 치과대학, 최초의 간호대학, 최초의 약학대학 등이 모두 필라델피아에 건립됐다. 지금 현재도 필라델피아에는 세계적 수준의 의과대학과 병원과 관련 연구소들이 밀집되어 있다. 특히 의사들의 교육 수련과 관련한 필라델피아 지역의 중요성은 대단해서, 현재 미국에서 수련을 받고 있는 모든 의사의 5분의 1이 필라델피아에서 그 과정을 밟고 있을 정도다.

PIM에는 필라델피아의 주요 병원들이 거의 다 참여하고 있는데, 참여 병원들은 필라델피아 아동병원(Children's Hospital of Philadelphia, 이하 CHOP), 크로저―키스톤 병원(Crozer―Keystone Health System), 폭스 체이스 암센터(Fox Chase Cancer Center), 마지 재활병원(Magee Rehabilitation Hospital), 모스 재활병원(MossRehab Hospital), 펜실베이니아 병원(Pennsylvania Hospital), 템플 대학병원(Temple University Hospital), 토마스 제퍼슨 대학병원(Thomas Jefferson University Hospital), 펜실베이니아 대학병원(University of Pennsylvania Medical Center) 등 9곳이다.

PIM 병원들(이곳 사람들이 'PIM hospitals' 라는 용어를 자연스럽게 사용하므로, 이 글에서도 9개 병원을 통칭할 때는 이 용어를 쓰기로 한다)은 29,000명 이상을 고용하고 있으며, 연간 17만5,000명의 입원 환자와 160만 명의 외래 환자를 진료하고 있다. 응급실 방문 환자만 해도 연간 28만명에 달한다.

또한 펜실베이니아 동남부와 뉴저지 및 델라웨어를 통칭하여 '델라웨어 밸리(Delaware Valley)' 라 부르는데, 델라웨어 밸리 전체로 볼 때에는 병원 산업의 매출이 연간 190억달러(19조원)에 달할 정도로 많은 병원들이 밀집해 있는 지역이다.

Key Challenges

· Medical Professional Liability Reform
· Managed Care Oversight and Accountability
· Adequacy of Medicare and Medicaid Payments
· Workforce Shortages
· Uninsured/Uncompensated Care
· Emergency Preparedness
· Quality & Safety

미국 병원들의 위기 요인들

그런데 이들은 지금의 상황을 '위기인 동시에 기회' 라 표현하고 있었다. 위기가 곧 기회인 것은 동서고금을 막론하고 마찬가지이지만, 이들이 생각하는 위기는 무엇이고 기회는 또 무엇인지 궁금하지 않을 수 없었다.

이들이 생각하는 위기 요인은 ▲의료사고보험의 개혁 ▲관리의료 (managed care)시스템의 감독 ▲메디케어 및 메디케이드 지불의 적정성 ▲노동력 부족 ▲무보험 환자 증가 ▲응급의료체계 정비 ▲의료의 질 및 안전성 확보 등 여러 분야에 걸쳐 존재하고 있었다.

미국에서 의료사고보험이 얼마나 많은 문제를 일으키고 있는지는 대략 알고 있다. '앰뷸런스 체이서(ambulance chaser)'라고 불리는 의료소송 전문 변호사들이 너무 날뛰는 통에 의료사고 보상액이 하늘 높은 줄 모르고 치솟고, 그에 따라 의료사고 보험료가 역시 천정부지로 뛰고, 당연히 의료비도 동반상승하는 악순환은 그야말로 미국의료의 최대 현안 중 하나다. 의사 한 사람이 1년에 내는 의료사고 보험료는 수만 달러에서 수십만 달러에 달하며, 심지어 1백만 달러에 육박하는 경우도 있다고 한다. 병원에 소속된 의사들의 보험료는 모두 병원측이 대신 납부하게 되니, 델라웨어 밸리에 있는 150여 개 병원들이 1년에 의료사고 보험료로 내는 비용은 무려 5억달러(5천억원)에 이른다고 한다. 그나마 이 수치는 해마다 증가하고 있다고 하니, 우리의 상상을 초월한다는 말 외에는 달리 표현할 말이 없다. 이와 같은 의료사고보험의 문제점이 의료 서비스나 병원의 경영에도 상당히 복잡하고도 큰 영향을 끼치고 있음은 두말할 나위가 없다.

보험회사들의 감시도 나날이 심해지고 있다. 보험회사들의 지급거부, 삭감 및 지불지연(denial, downgrades and delays)에 병원들은 골머리를 앓고 있으며, 이러한 보험회사들의 '권력'은 보험회사들의 규모가 점점 커져 '독과점' 형태를 띠게 되면서 더욱 막강해지고 있다. 여기에서 병원들이 서로 연합해야 할 필요가 생겨난다는 사실은 보스턴에서도 이미 확인한 바 있다.

9·11 이후 응급의료체계에 대한 정부 및 시민들의 기대 수준이 높아진 것도 병원들에게는 적지 않은 부담으로 작용하고 있다. 특히 '대형 재난'에까

지 대비할 것을 요구하는 여론의 압력은 막대한 자원 투입을 필요로 하는 것이므로 더욱 난감한 문제이다.

　메디케어 및 메디케이드 제도의 변화에 따른 병원들의 수입 감소도 심각한 위기 요인이다. 현재 연방 정부는 의료비 급등에 대처하기 위해 여러 가지 재정 절감 방안을 내놓고 있는데, 현재 메디케이드 수가는 원가의 77%에 불과한 것으로 추산되고 있다(우리나라에서도 많이 듣던 이야기다). 그럼에도 불구하고 연방 정부는 향후 5년간 메디케이드 관련 예산을 100억달러(10조 원) 가량 줄인다는 목표를 갖고 있다.

　노동력 부족도 앞으로 심각한 문제로 대두될 것으로 예상되고 있다. 간호사 부족이 가장 심각하며, 의사 외의 보조 의료인력들의 공급도 필요량의 절반 수준에 그칠 것으로 우려되고 있다. 이들의 예상이 들어맞으리라는 보장은 없지만, 이들은 댈라웨어 밸리 지역에서 향후 10년간 새로 생겨나는 일자리 가운데 36%가 헬스케어 관련분야에서 창출될 것이라 추산하고 있다. 그런데 그만큼의 인력 공급이 제대로 이루어지지 않을 것이라는 우려를 하고 있는 것이다.

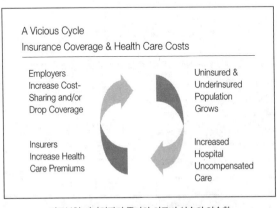

의료보험 미가입자의 증가와 의료비 상승의 악순환

민간의료보험 위주로 짜여져 있는 미국의 의료제도에서 가장 취약한 부분 중 하나인 의료보험 미가입자 문제도 이들의 골칫거리다. 150여만 명인 필라델피아 시민 가운데 2005년 현재 13만5,500여명이 의료보험을 갖고 있지 않다. 미가입자 수는 2000년까지만 해도 10만명 미만이었으나 5년 사이에 3만6,000여명이 늘었다. 이런 현상은 필라델피아가 미국 내에서 '공립병원이 없는 가장 큰 도시'라는 특이한 사실 때문에 더욱 심각해진다.

이러한 많은 장애물에도 불구하고 PIM 병원들은 현재의 상황을 '기회'로도 규정하고 있었다. 많은 사람들이 생명과학을 21세기 경제 발전의 가장 큰 원동력으로 꼽고 있는 가운데, 필라델피아 및 델라웨어 밸리 지역이야말로 이러한 상황 변화를 가장 잘 이용할 수 있는 곳이라는 기대 때문이다. 다음 두 표는 이러한 기대를 정리한 표다. 특히 우측 페이지의 표는 대학병원을 중심으로 한 '산학협동' 증가 추세를 잘 설명하고 있다. 실제로 PIM 병원들 외에도 미국의 주요 대학병원들은 내부에 '기술이전(Tech Transfer)'과 관련된 업무를 전담하는 부서를 두고 있다.

이들은 또 근거중심의학(evidence based medicine, EBM)의 확립을 상당

**Greater Philadelphia as a Global Life
Science Center**

- Milken Report named Philadelphia region as nation's third largest "health care cluster"
- Health services alone accounts for some 250,000 jobs in the region - one in seven - and $6 billion in wages
- Half of the top 50 employers in SEPA(southeast pennsylvania) are health related
- Five medical schools; train one in five physicians
- Top three in terms of NIH research grants
- Over 100 biotech companies
- 80% of the largest pharmaceutical companies in the nation within 50 miles of our location

---

미래의 생명과학 클러스터를 향한 필라델피아의 비전

필라델피아 병원들의 산학협동 노력

히 중요한 과제로 상정하고 있었다. 이것은 단순히 진료의 적정성 및 안전성을 확보하기 위한 차원이 아니라 근거가 뚜렷한, 즉 합리적 근거를 충분히 갖고 있는 진료의 모델을 만듦으로써 의료비를 절감함과 동시에 적정진료를 위협하는 여러 요인들을 제거할 수 있다는 계산에서 나온 움직임이다. '최선의 진료(best practice)'가 무엇인지, 또한 그에 따른 결과를 어떻게 구체적으로 산출할 수 있는지에 대한 국민적 공감대가 형성될 경우, 의료 공급자의 전문가적 권한이 보험자 등 경제논리에 의해 움직이는 집단으로부터 보호될 수 있을 것임은 쉽게 예상할 수 있는 점이다.

한편, PIM CEO인 위글스워스의 강연 중 인상적이었던 부분 가운데 하나는 의료비를 단순히 비용으로만 생각할 것이 아니라 지출된 비용 이상의 사회적 편익을 가져오는 '투자'로 보아야 한다는 지적이었다.

가령, 비용의 측면에만 초점을 맞출 경우 미국인 1인당 연간 의료비는 1980년 2,207달러에서 1990년에는 3,541달러, 2000년에는 4,461달러로 급증하고 있으며, 이러한 흐름은 커다란 사회문제로 보인다. 그러나 사망률 감소와 삶의 질 증가 등의 사회적 편익을 고려할 경우 1달러의 지출은 2.4~3.0달러의 이익으로 연결된다는 것이 그의 주장이다. 즉, 의료비의 급등을

What is Evidence-Based Medicine?

"The practice of EBM includes the judicious integration of current best scientific literature, clinical experience and patient understanding and values."

The "Keys to the Kingdom"

· The use of information technology to harness medical information for clinicians and consumers.
· Organized assessment and introduction of new technologies.
· Leadership by physicians and hospitals to manage and promote change.
· A common framework... providers, payors, government and "public" must achieve consensus on evidence-based 'best practices' and outcomes measurement.

Goal : Better Care, Lower Costs, Improved Access

Evidence-based Practice

Reduced Variability   Reduced Cost   Improved Outcomes

근거중심의학 확립의 필요성에 관한 도표들

해결해야 하는 것이 필요한 과제이기는 하지만, 보건의료에 투입되는 모든 비용을 소득 없는 지출로만 파악하는 시각에서 접근하는 것은 올바른 문제 해결의 방법이 아니라는 말이다. 최근에 와서야 보건의료를 하나의 '산업' 으로 인식하기 시작한 우리나라에서도 이런 접근방식이 필요할 것이라는 생각이 들었다.

이러한 인식의 기본 바탕 위에서 PIM이 하고 있는 구체적 업무에 대한 설명이 이어졌다. PIM은 앞에서 설명한 바와 같이 필라델피아 지역의 9개 병원이 공동으로 설립한 비영리법인이다. 필라델피아 지역의 전반적인 의료 수준의 향상을 목표로 하는 PIM의 구체적인 업무는 크게 세 가지인데, ▲필라델피아 지역을 찾는 외국인 환자들을 위한 편의 제공 ▲외국 의료인에 대한 교육 및 수련과 관련된 각종 편의 제공 ▲병원 설립 및 운영에 대한 컨설팅 및 경영 자문 등이 그것이다.

우선 외국인 환자에 대한 서비스를 살펴보면, 필라델피아를 찾는 외국인들이 언어와 문화의 장벽을 느끼지 않고 의료 서비스를 이용할 수 있도록 모든 종류의 서비스를 제공한다. 먼저 환자가 자신의 의무기록을 PIM으로 보내면, PIM은 그것을 일차적으로 검토한 다음 PIM 병원들이 그 환자가 지금까지 받아온 진료보다 더 나은 진료를 제공할 수 있는지 여부를 먼저 판단한다. 그 다음으로는 PIM 병원들 중 어느 곳이 적합한지, 환자에게 가장 유리한 의료보험은 어떤 것이 있는지 등을 검토하여 추천하며, 필요한 경우 비자업무도 대행해 준다. 지난해에 PIM 병원들을 찾은 외국인 환자는 모두 1,800명인데, 이 숫자는 9 · 11 이후 급감했던 것이 점차 회복세를 보이고 있는 것이라 한다. 환자의 출신국 분포는 40% 정도가 카리브해 연안의 국가들이고 중동 지역 국가들이 20% 가량이다. 나머지 40%는 유럽과 다른 아시아 및 오세아니아의 여러 나라들이 골고루 분포되어 있다.

두 번째 업무인 교육 및 수련과 관련해서는 외국인 의료진들을 필라델피아에서 교육하는 것과 필라델피아 의사들이 외국에 나가서 현지 의료진들을 교육하는 두 가지 프로그램이 있다. 원격 화상 교육 등의 프로그램도 중동 등 일부 국가에서 실시하고 있으며, 임상 관련 분야만 있는 것이 아니라 의료경영학 석사 과정(healthcare MBA)도 와튼 스쿨(펜실베이니아대학 경영대학원)과 공동으로 운영하고 있다.

최근에는 한국인 의사(한국 의대 졸업생)들이 필라델피아에 와서 레지던트 과정을 밟을 수 있는 기회도 마련되었는데, 올해 7월부터 몇 명의 한국인 의사들이 처음으로 이 지역에서 레지던트 과정을 밟게 될 것으로 보인다. 물론 몇 가지 절차가 필요하기는 하지만, 미국의 다른 지역에서 레지던트 과정에 들어가는 것보다는 훨씬 용이한 편이다. 4년 기준으로 교육비(미국 병원은 레지던트가 노동의 대가로 월급을 받는 대신 교육을 받는 데 대한 수업료를 별도로 지급하는 것이 일반적이다)는 총 40만달러(4억원) 정도를 내야 하며, 월급은 4년치를 합쳐 23만달러(2억3천만원) 정도다. 물론 생활비는 별도다.

세 번째 업무인 컨설팅 업무와 관련해서는 "병원을 설립하는 데 필요한 절차의 99%를 대행해 준다"는 것이 이들의 설명이다. 실제로 최근에는 아랍에미리트 아부다비의 병원 설립에 관여하고 있다고 했다.

한편, 우리 참관단이 PIM에 대해서 특히 관심을 가졌던, 또한 PIM 측이 우리 참관단에 대해 각종 편의를 흔쾌히 제공했던 데에는 특별한 이유가 있다. 그것은 2008년 개원을 목표로 추진되고 있는 인천경제자유구역 내 외국병원 설립과 관련되어 있다. 아직 구체적으로 결정된 것은 아니지만, PIM 병원들은 인천으로 진출할 가능성이 가장 높은 외국병원 중 하나인 것이다.

당연히 이날 세미나에서는 '인천 프로젝트'에 대한 소개도 있었다. PIM 측에서 비보도를 전제로 소개한 내용이라서 구체적인 내용을 여기에 소개할 수는 없지만, 600병상 규모의 '미국식 병원(American style, American managed hospital)'을 총 8억6천2백만달러(8,620억원)를 투자하여 건립한다는 계획을 갖고 있었다.

한국에서 간접적으로 들었던 것보다 훨씬 더 구체적이고 세밀한 계획을 이미 수립해 놓고 있는 것이 인상적이었는데, 이들은 자본의 조달부터 의료진의 구성 등 세부 사항들에 대해 충분한 검토를 해 놓았을 뿐만 아니라 기본적인 조감도까지 이미 그려놓고 있었다. 그러나 한 가지 오해하지 말아야 할 사항은, 이들이 현재 한국 진출에 '목을 매고' 있는 것은 아니라는 점이다. 한국이 '매력적인, 그리고 가능성 있는' 시장인 것은 분명하지만, 여러 가지 위험이나 어려움을 감수하면서까지 한국에 반드시 진출해야 할 필요는 없다는 생각을 하고 있는 듯했다.

같은 자리에서 점심 식사를 해결하고 나서도 세미나는 계속됐다. 펜실베이니아대학 의대 부학장이 'PENN Medicine(펜실베이니아 의과대학과 펜실베이니아대학 헬스 시스템이 주축이 된 병원 연합으로, 지난주에 소개한 '파트너즈'와 비슷한 형태다)'에 대한 소개를 했으며, 템플대학 의대 부학장은 템플 대학병원의 역사와 현황에 자세한 설명을 했다.

세미나의 마지막 강연은 '반갑게도' 한국어로 진행됐다. 피츠버그에서 날아온 이형기 박사가 'Drug Utilization Review : A Gold Panacea for Ensuring Drug Safety?'라는 제목의 발표를 한 것이다. 최근 우리나라에서 도입된 약물사용평가의 배경이나 개념, 그리고 문제점 등에 대한 강연이었는데, '만병통치약(panacea)인가?'라는 제목에서 알 수 있듯이 그 제도를 적용함에 있어서 '환자 중심적' 접근이 아니라 '비용 중심적, 약 중심적' 접근을 할 경우에는 반드시 실패할 수밖에 없다는 내용이었다. 이형기 박사의 저서 〈FDA vs 식약청〉을 읽으면서도 그런 느낌을 받았지만, 그는 단순한 '재미 과학자'라기보다는 우리나라 의약품 관리 행정의 선진화를 위해 미국에서 '수련 중'인 '토종 한국인'으로 보였다(그의 영어는 토종 미국인의 것에 가까웠지만).

오후 2시 30분이 되어서야 세미나가 끝났다. 다음 공식 일정은 저녁 6시에 토마스 제퍼슨 대학 내에 있는 이킨스 갤러리(Eakins Gallery)에서 시작되는 '칵테일 파티'다. 그때까지 3시간 가량의 남는 시간을 이용하여 필라델피아 미술관(Philadelphia Museum of Art)을 관람하기로 했다. 다른 관광지들

(사실 필라델피아가 관광지로 유명한 곳은 아니지만) 대신 미술관을 택한 것은 미술에 대한 관심 때문이 아니라 PIM 측에서 우리에게 선물한 '필라델피아 VIP 패스' 때문이었다. 참관단의 이름이 일일이 적혀 있는 이 카드는 필라델피아 지역의 25개 미술

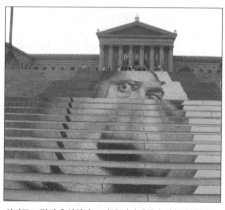

살바도르 달리 초상화가 그려진 필라델피아 미술관 앞 계단

관 및 박물관을 무료로 관람할 수 있는 카드다(동반자 1인도 공짜다). 유효기간은 일주일. 한곳의 입장료가 대개 5달러에서 10달러 정도인 점을 생각하면, 이 카드 1장의 판매가격이 최소한 30달러 이상은 될 것 같은데, 차마 얼마 주고 샀느냐고 물어보지는 못했다. 25곳을 들어갈 수 있는 패스를 갖고 딱 한 곳만 방문하는 것이 억울하기는 했지만, PIM 사람들이 우리를 위해 세심하게 신경을 써준 것 같아 고마웠다.

영화 '록키' 시리즈의 촬영지라서, 많은 사람들이 실베스터 스탤론 흉내를 내며 이 계단을 뛰어오른다. 그러나 단번에 뛰어 오르기는 쉽지 않다.

우리가 여러 미술관과 박물관 중에서 필라델피아 미술관을 행선지로 정한 것은 사실 가이드 분의 추천 때문이었다. 이 미술관은 미술관 자체보다 더 유명한 것이 건물 앞에 있는 '계단' 이라고 했다. 영화 '록키' 시리즈에서 실베스터 스탤론이 (그 유명한 주제가가 울려 퍼지는 가운데)

292

체력 훈련 삼아 오르내리던 계단이 바로 그곳이라는 것이다. 우리가 본 영화 속의 한 장면이 촬영된 곳을 직접 방문하는 일에 관심이 쏠리는 것을 보니, '겨울연가' 촬영지인 춘천에 몰려드는 일본인 관광객들의 심정도 이해가 됐다.

필라델피아 미술관에서는 '달리 특별전' 도 열리고 있었다. VIP 패스로는 입장이 안 될뿐더러 이미 당일치 티켓이 매진이어서 상설 전시실만 대충 돌아보고 나왔다. 교과서에 나오는 유명한 화가들의 작품이 많았지만, '교과서에 나오는 바로 그 작품' 은 별로 없었다.

스탤론이 뛰어다녔다는 그 넓은 계단에는 살바도르 달리의 초상화(워낙 유명한 그림이라서 자화상인줄 알았는데 이 글을 쓰기 위해 인터넷으로 확인해 보니 필립 할스만이라는 화가의 그림이었다)가 그려져 있었고, 수학여행을 온 듯한 학생들은 함성을 지르며 일제히 그 계단을 오르고 있었다. 또한 한 장애인은 그 긴 계단을 휠체어에 앉은 채로 한 칸씩 오르고 있기도 했다. 지나가던 많은 사람들이 도움을 주려 했지만, 그는 굵은 땀을 흘리며 사람들의 호의를 거절했다. 그는 일종의 '훈련' 을 하는 것처럼 보였는데, 상당히 위태로워 보여서 '묘기' 로까지 느껴졌다.

약속 시간인 6시에 맞추어서 토마스 제퍼슨 대학에 도착했다. 도착하기 전 우리 일행은 버스 안에서 작은 '내기' 를 하게 됐다. 저녁 6시부터 8시까지로 예정되어 있는 오늘의 행사가 과연 '저녁 식사' 를 포함하는 것이냐 아니냐에 대한 내기였다. 시간으로 볼 때에는

휠체어 다루는 솜씨가 '예술' 이었던 한 장애인

필경 만찬이 포함될 것 같은데, 이쪽 사람들은 계속해서 '리셉션' 이라는 표현을 썼기 때문이다.

일행 중 한 분은, 스탠딩 파티가 적당히 진행된 다음 자리를 옮겨서 만찬을 하게 될 가능성이 높다고 했다. 자신이 과거 미국에서 이와 비슷한 상황을 겪은 적이 있는데, 파티 현장에 놓여 있는 것들이 먹을거리의 전부인 줄 알고 열심히 먹었더니 곧이어 장소를 옮겨서 제대로 된 만찬을 갖더라는 것이다. 다른 사람들은, 그렇다면 일정표에 '디너' 라고 쓰지 왜 '리셉션' 이라고 썼겠느냐며 의문을 제기했다. 곧 정답이 밝혀질 이 논쟁은 결국 별도의 만찬이 있을 것이라 주장했던 분의 '선언' 으로 끝났다. "따로 밥을 안 주면, 내가 한국식당에 가서 쏘겠다"는 선언이었다.

이날 리셉션에는 우리 참관단을 포함하여 40여명이 참석했다. 필라델피아 지역에서 일하고 있는 한국인 의사들이 10여 분 오셨고, 나머지는 PIM 및 PIM 병원들에서 일하는 의사 및 관계자들이었다.

장장 두 시간에 걸쳐서, 선 채로, 거의 모든 참석자들과 한번씩은 돌아가면서 대화를 나누는 '영화에서나 보던 파티' 가 진행됐다. 대개 서너 명씩 그룹이 만들어지는데, 그들 모두가 한국인일 경우에는 한국어가, 단 한 사람이라도 미국인이 섞이면 모두가 영어로 이야기하는, 낯설고도 재미있는 경험이었다.

꽤 많은 음식들이 차려져 있었지만 우리는 '대충' 만 먹으면서 위장에 빈자리를 남겨 놓았다. 음식의 종류가 문제일 뿐, 어차피 저녁 식사는 따로 할것이니 말이다.

이윽고 8시가 되자, 모두가 약속이나 한 듯이 작별 인사를 나누기 시작했다. PIM 측이 준비한 간단한 기념품까지 하나씩 받고 기념촬영까지 마쳤지만, '디너' 를 위해 자리를 옮기자는 말을 꺼내는 사람은 아무도 없었다. 우리는 작별인사를 나눈 후 약속대로 '한국식당' 으로 자리를 옮겼다. 그리고 한국에서 흔히 그렇게 하듯 소주가 반주로 올라왔고, 노래방까지 들렀다.

한국인이 경영하는 그 노래방에는, 비록 필라델피아 시를 조금 벗어난 교외에 있기는 했지만, 웬만한 '신곡' 들도 다 준비돼 있었다. 한국 사람들처럼 노래 부르기 좋아하는 민족이 또 있을까?

결국 오늘도 자정을 넘겨서야 숙소로 돌아왔다. '학술' 활동(낮에는 학, 밤에는 술)을 열심히 한, 보람찬 하루였다.

필라델피아 VIP 패스

Medicine is a business, too!

2005년 5월 18일(수)

오늘의 첫 일정은 토마스 제퍼슨 대학병원(Thomas Jefferson University Hospital, 이하 TJUH)이다. 엄밀히 말하면 제퍼슨 신경과학병원(Jefferson Hospital for Neurosciences, 이하 JHN)이다. JHN은 TJUH 산하에 있는, 그러나 비교적 독립적으로 운영되는 뇌신경척추 전문병원인데, 위치는 TJUH 본관과 걸어서 5분 거리에 있다. TJUH는 토마스 제퍼슨 대학병원 시스템(Thomas Jefferson University Hospital System, 이하 TJUHS)에 속해 있는데, TJUHS는 TJUH, 감리교병원(Methodist Hospital Division), 감리교간호센터(Methodist Nursing Center), JHN 등으로 이루어져 있다. 토마스 제퍼슨 대학병원 시스템은 다른 네 개의 병원 연합과 함께 제퍼슨 헬스 시스템(Jefferson Health System, 이하 JHS)을 구성한다. JHS를 구성하는 다섯 개의 병원 연합은 앨버트 아인슈타인 헬스케어 네트워크(Albert Einstein Healthcare Network), 프랑크포드 헬스케어 시스템(Frankford Health Care System), 마지재활병원(Magee Rehabilitation), 메인 라인 헬스(Main Line Health), 그리고 TJUHS이다.

이렇게 나열해서는 도대체 무슨 이야기인지 감이 잡히지 않을 듯하니, 우선 도표를 하나 그려본다. 다음 페이지의 그림은 제퍼슨 헬스 시스템(JHS)이라는 병원 네트워크가 어떻게 구성되어 있는지를 보여주는 그림이다. 이 그림에서 알 수 있듯이, 우리 참관단이 방문한 JHN은, JHS를 구성하는 다섯 개의 네트워크 중 한 곳인 TJUHS에 속한 병원들 중 하나다.

우선, 가장 큰 조직인 JHS에 대해서 알아보자. JHS의 역사는 1995년, 토마스 제퍼슨 대학(대학병원이 아니라 '대학')과 '메인 라인 헬스 시스템'이 함께 내린 하나의 결정에서 시작된다. 토마스 제퍼슨 대학은 1824년에 의과대학이 설립되면서 그 역사가 시작된 대학으로, 의과대학 설립 이듬해인 1825년에 토마스 제퍼슨 대학병원이 설립됐다. 그로부터 170년이 지난 1995년, 토마스 제퍼슨 대학은 메인 라인 헬스 시스템과 대단히 중요한 사항에 합의하는데, 그것은 바로 토마스 제퍼슨 대학병원과 메인 라인 헬스 시스템을 합쳐서 하나의 병원 네트워크를 설립한다는 내용이다. JHS라 이름 붙여진 신설 법인은 비영리법인이며, JHS 설립과 동시에 토마스 제퍼슨 대학과 토마스 제퍼슨 대학병원은 별개의 법인으로 '분리' 됐다(물론 분리 이후에도 토마스 제퍼슨 의과대학은 토마스 제퍼슨 대학병원과 긴밀히 협력하고 있다). 이 두 개

Thomas Jefferson University Hospital System
- Thomas Jefferson University Hospital
- Methodist Hospital Division
- Methodist Nursing Center
- Ford Road Campus
- Jefferson Hospital for Neuroscience
- some satellites and a large ambulatory site

Albert Einstein Healthcare Network
- Albert Einstein Medical Center
- Germantown Community Health Services
- MossRehab
- Willowcrest(a center for subacute care)
- Belmont Behavioral Health

Frankford Health Care System
- Frankford Hospital
- Torresdale Hospital
- Bucks County Hospital
- Satellite outpatients sites

Main Line Health
- Bryn Mawr Hospital
- Bryn Mawr Rehab Hospital
- Lankenau Hospital
- Paoli Memorial Hospital
- Mid County Senior Services
- Wayne Center
- A number of ambulatory care satellites

Magee Rehabilitation
- Magee Rehabilitation Hospital
- Magee Riverfront Outpatient Center

제퍼슨 헬스 시스템(JHS)을 이루는 다섯 개의 병원 네트워크

의 조직이 합병하기로 결정한 직후 나머지 세 개의 병원 네트워크도 통합에
동의함으로써 JHS는 다섯 개의 병원 네트워크가 하나로 합쳐진 거대한 통합
조직으로 출범하게 됐다. '병원 네트워크들의 네트워크'를 이룬 셈이다.

어제 방문했던 PIM과의 관계는 어떨까? 이미 설명한 바와 같이, PIM은 필
라델피아 지역의 9개 주요 병원들이 외국인 환자에 대한 서비스 제공을 위해
공동으로 설립한 비영리법인이다. JHS에 속해 있는 병원들 중 TJUH와 모스
재활병원, 마지 재활병원 등은 PIM의 공동 설립자이기도 하다. 즉, 큰 그림
에서 보면 JHS는 외국인 환자에 대한 서비스 등 PIM이 담당하는 업무 영역
에 있어서는 PIM과 긴밀히 협력하고 있다는 뜻이 된다.

그렇다면, JHS 전체로 볼 때 그 규모는 어느 정도나 될까. 아래 그래프에서
보듯 JHS는 델라웨어 밸리(펜실베이니아 동남부와 뉴저지, 델라웨어를 통칭

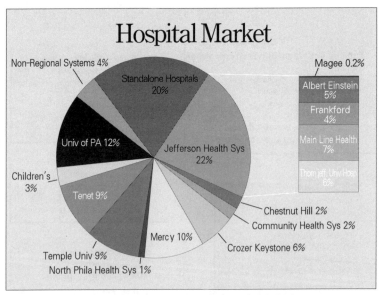

델라웨어 밸리 지역의 주요 병원 네트워크들의 시장 점유율

하여 부르는 말)의 전체 병원 시장 22%를 점유하는, 이 지역 최대의 병원 네트워크다. 2004년 기준으로 JHS의 매출은 약 27억 달러(2조7천억원), 순이익은 약 8천만 달러(8백억원)에 달한다. 우리나라 기준으로 보면 놀라움을 넘어서 상상하기조차 어려운 금액이지만, 보스턴에서 방문했던 '파트너즈'의 연 매출이 약 5조원이라는 사실을 이미 들었었기에, 대충 그 규모를 짐작할 수는 있다. 순이익률은 파트너즈와 비슷하게 약 3% 정도다.

사전 설명(사실은 사후에 알게 된 내용이지만)은 이쯤하고, 우리 참관단의 행적에 대한 기록을 시작해 보자. 우리는 오전 8시 50분, 약속 장소인 JHN 2층의 컨퍼런스 룸에 도착했다. 아침 식사를 준다는 이야기는 없었는데; 현장에 도착해 보니 빵과 음료가 준비되어 있었다. 지난 이틀 동안의 강행군에 지쳐서 호텔의 아침 식사 대신 '잠' 을 택했던 몇몇 사람들이 쾌재를 부르며 요기를 했다.

곧이어 등장한 분은 토마스 제퍼슨 대학병원 소화기내과의 한희원 교수였다. 서울의대를 61년에 졸업하고 64년에 도미한 한희원 교수는 "서울의대 동문 주소록에는 '이희원' 으로 되어 있을 것" 이라면서 웃는다. B형 간염과 간암 등 간 질환 분야의 '대가' 로, 가끔 한국에서 열리는 학회에 참석하기 때

파버 연구소 내부

문인지, 한국의 이 분야 교수님들의 이름들, 우리나라와 미국의 의료 수준의 차이, 건강보험 제도의 문제점 때문에 간 질환 치료와 관련하여 한국 의사들이 겪어야 하는 어려움 등

에 대한 이야기가 술술 흘러나온다.

화학색전술(chemoembolization)을 예로 들어 설명하는데, 한국에서 이 시술을 받는 환자들은 며칠 동안 입원을 해야 하고, 시술 후에는 10시간 동안 모래주머니 압박을 해야 하고, 하루 종일 구토에 시달려야 한다. 한 교수는 "미국에서도 1988년까지는 그랬다"는 말과 함께, 현재 미국에서는 아침에 화학색전술을 받은 환자가 저녁에 집으로 돌아간다고 설명했다. 압박 시간은 10시간이 아니라 '10분'이면 충분하다는 설명도 덧붙였다. B형 간염 치료에 있어서 우리나라 건강보험의 기준이 얼마나 '야박한지'에 대한 설명도 이어졌는데, 심사평가원에서 온 분이 참관단에 포함되지 않은 것이 안타까웠다. 그리고, 미국에서 일하며 '대가'의 반열에 오른 한국인 의사가 들려주는 이런 이야기를 들으면서 자랑스러움을 느껴야 하는 건지 부끄러움을 느껴야 하는 건지 애매했다.

다음 연자는 토마스 제퍼슨 의과대학 신경과 교수이자 파버 뇌과학 연구소(Farber Institute for Neurosciences) 소장인 샘 갠디 교수였다. 알츠하이머병의 세계적 권위자로, 말하자면 JHN의 '대표선수' 중 하나였다.

갠디 교수는 자신과 동료들이 알츠하이머병의 정복을 위해서 어떤 연구를 하고 있는지에 대해 자세한 설명을 했는데, 그의 차분하고도 논리적인 설명을 듣다보니 알츠하이머병의 정복도 아주 먼 훗날의 이야기는 아닌 듯하다는 느낌이 들었다. 갠디 교수는 파버 연구소에 대해서도 간단히 설명을 했는데, 이 연구소는 필라델피아 지역의 기업가인 잭 파버(Jack Farber)가 1천만 달러(100억원)를 기부함에 따라 지난 2002년에 설립된 연구소다. 설립된 지는 얼마 되지 않았지만, 알츠하이머병에 관한 한 세계 최고 수준의 연구 실적을 자랑하고 있다. 잭 파버가 뇌과학 분야 연구를 위해 거액을 기부한 것은 그의 장인과 장모가 각각 ALS (Amyotrophic Lateral Sclerosis, 흔히 루게릭병으로 알려진 질환)와 알츠하이머병으로 세상을 떠난 것이 인연이 됐다. 또한 기부금을 토마스 제퍼슨 대학에 낸 것은 그가 이 대학의 이사 직책을 오랫동안 맡아왔기 때문이다.

갠디 교수의 강연에 이어 우리는 토마스 제퍼슨 대학의 기술이전부(Office of Technology Transfer, 이하 OTT)를 책임지고 있는 캐서린 추(Katherine Chou) 부장의 강연을 들었다. OTT에서 담당하는 업무는 대학의 연구진들이 낸 학문적 성과들에 대해 상업적인 가치가 어느 정도 있는지를 평가하고 특허의 취득 및 보호와 관련된 각종 업무를 대행하며 실제로 상용화하는 과정에서 여러 기업들과 협력하는 모든 일들이었다. 필요한 경우에는 마케팅까지 직접 담당하기도 한다고 했다. 그녀는 현재 그곳에서 진행되고 있는 '산학협동' 의 사례들을 몇 가지 설명했는데, 그 내용들보다는 그런 업무를 전담하는 부서가 따로 존재한다는 사실 자체가 더욱 흥미로웠다. 그녀는 중국계 미국인이었는데, 유난히 목소리가 커서 '중국 사람이 제일 시끄럽다' 는 말을 실감할 수 있었다. 그녀는 "(아니라고 생각하는 사람들도 있지만) 의학도 분명히 하나의 산업이며, 그 사실을 부인할 수는 없다(Medicine is a business, too. You cannot avoid that!)" 는 말을 통해, 자신이 하고 있는 일에 대한 자부심을 드러내기도 했다.

토마스 제퍼슨 대학 측에서는 우리 참관단 모두에게 티셔츠와 텀블러(큰 컵)를 하나씩 선물했는데, '미국은 뭐든지 크다' 는 속설처럼, 그 사이즈가 대단히 컸다.

우리 참관단은 선물 가방을 하나씩 든 채로 파버 연구소와 JHN 곳곳을 돌아봤다. 2001년까지만 해도 토마스 제퍼슨 대학병원의 신경과/신경외과 분야는 특별히 내세울 것이 없었다는데, '100억원' 의 기부 이후 불과 몇 년 동안 연구 및 진료 분야에서 이루어진 발전상을 보면서 미국이 자랑하는 기부문화가 부러웠다.

감마나이프 등 신경외과 분야의 최소침습적(microinvasive) 수술이 특히

응급 상황 발생 시에 눌러야 하는 벨과 응급 상황 전용 전화

토마스 제퍼슨 대학병원 옥상의 헬리포트에 응급 환자 수송용 헬기가 내리는 모습.

앞서 있는 병원이었는데, 각 시술실마다 시술자의 손이 가장 잘 닿는 곳에 부착되어 있는 '코드 블루(code blue, 심폐소생술 등 응급상황)' 용 벨과 응급 상황 전용 전화가 눈에 띄었다(일상적으로 사용하는 전화는 오히려 한쪽 구석에 처박혀 있었다).

점심 식사는 TJUH 본관이라 할 수 있는 톰슨 빌딩 16층에 준비되어 있었다. 대형병원은 어디나 그렇듯 복잡한 연결통로를 거쳐서 도착했는데, 필라델피아 시내가 한눈에 들어오는 전망 좋은 방이었다. 모두가 창가에 서서 시내 구경을 시작하는 참에, 저 멀리서부터 헬기가 날아오기 시작했다. 바로 옆 건물 옥상에 마련된 헬리포트를 향해 고도를 낮추는 그 헬기는 환자 수송용 헬기였다. 어떤 환자인지 모르겠으나 아이스박스(로 보이는 상자)를 먼저 내린 다음 환자를 내린 것으로 보아 이식용 장기와 이식을 받을 환자가 함께 온 것이 아닌가 추측을 해봤다. 우리나라의 대형병원들에도 헬리포트는 흔히 마련되어 있지만, 실제로 사용되는 경우는 많지 않다. 심지어 모 대형병원 옥상에는 'H'라는 글자만 새겨져 있을 뿐, 옥상으로 갈 수 있는 통로가 비상용 '사다리' 뿐이라는 말도 들었었다. 여러 가지 여건이 우리와 크게 다르지만, 그리고 당연히 막대한 비용을 지불하기에 가능한 일이겠지만, 역시 부러운 생각이 들었다.

점심 식사를 위해 JHN과 TJUH 사이를 걸어서 왕복하는 길에 재미있는 건물이 하나 있었다. JHN과 TJUH 사이에는 TJUH 산하의 안과병원인 윌즈 안과병원(Wills Eye Hospital)이 있는데, 바로 그 건너편에 있는 건물이 시각장애인을 위한 각종 서비스를 제공하는 건물이었다. 건물 입구에는 시각장애인 편의센터(Associated Services for the Blind)라는 명칭이 새겨져 있었고,

윌즈 안과병원 건너편에 있는 시각장애인 편의센터

시각장애인 편의센터
의 일부인 시각장애인
을 위한 무료 도서관
입구

시내버스에 부착되
어 있는 펜실베이
니아 대학병원 안
과 광고

그 건물 일부는 시각장애인 및 여타 장애인을 위한 무료 도서관으로 활용되
고 있는 듯했다. 시간이 부족해서 그 센터와 윌즈 안과병원이 어떤 관계인지
는 확인하지 못했지만, 참으로 필요한 시설이 참으로 적절한 장소에 마련되
어 있다는 생각이 들었다.

　우연의 일치이겠지만, 시각장애인을 위한 도서관 모습을 막 카메라에 담
고 돌아서니 내 옆을 지나가는 시내버스에 부착되어 있는 광고가 눈에 들어
왔다. 펜실베이니아 대학병원의 안과를 홍보하는 광고였다.
　점심 식사 이후 몇 시간 동안 시내관광을 할 수 있는 여유가 주어졌다. 어제 받은 필라델피아 VIP 패스를 또 사용하고 싶기도 했지만, 필라델피아에서 가장 유명한 관광지라고 할 수 있는 독립기념관과 그 옆에 있는 '자유의 종'을 보러 가기로 했다.

독립기념관은 미국 정부가 탄생한 곳이라 할 수 있는데, 1776년 7월 4일, 13개 주 대표들이 모여 독립선언서를 승인한 장소이기 때문이다. 자유의 종은 유리로 둘러싸인 자유의 종 파빌리온(Liberty Bell Pavilion) 내부에 있는데, 기대했던 것보다 훨씬 그 크기가 작다. 독립선언서가 처음 낭독될 때 울렸던 이 종은 노예제도 폐지론자들이 자유의 상징으로 삼으면서 더욱 유명해졌다. 미국 곳곳을 돌면서 '순회 전시'를 하는 과정에서 깨졌다고 하며, 종의 균열이 심해진 1846년 이후로는 울린 적이 없다고 했다. 종에는 "이 땅의 모든 사람들에게 자유를 선포하라"(Proclaim liberty through all the land, to all the inhabitants thereof, 레위기 25:10)이라는 문구가 새겨져 있다.

오후 4시부터는 참관단에게 자유시간이 주어졌다. 7박 8일의 일정 중에서 거의 유일한 자유시간이다.

필라델피아에 있는 친구를 만나러 간 분도 있고, 델라웨어 강변으로 향한 사람도 있다. 그런데, 나를 비롯한 몇 사람은 따로 저녁 약속이 있었다. 바이오벤처 회사 VGX 파마슈티컬스(VGX Pharmaceuticals, 이하 VGX)의 CEO인 조셉 킴(한국명 김종)을 만나기로 한 것.

조셉 킴은 누구인가. 본지 제268호(2005년 5월 9일자)의 '청년의사가 만난 사람' 코너에서 인터뷰했던 재미 과학자로, 에이즈와 간염치료제 개발로 주목을 받고 있는 신생기업 VGX 파마슈티컬스 CEO다.

조셉 킴은 미 시사주간지 〈뉴스위크〉가 선정한 2005년 유망주(who's next?) 19인 가운데 한 사람으로 선정됐고, 뉴스위크 한국판에는 표지 모델로까지 등장한 인물이다. 1981년에 미국으로 이민을 왔고, MIT 학부에서 화

학공학과 경제학
을 공부했고, 펜실
베이니아 대학(U-
Penn) 대학원에
서 화학공학 박사
를, 와튼 스쿨(U-
Penn의 경영대학
원)에서 MBA를
취득했다. U-
Penn에서 만난 데
이빗 B. 와이너 교
수와 함께 VGX를
설립한 것은 지난
2000년이다.

VGX에서 개발
하고 있는 HIV치
료제는 현재 미국

'미래의 노벨상 수상자' 조셉 킴(왼쪽)과 기념촬영을 한 필자.

과 유럽에서 동시에 임상시험 중이고, C형간염 치료제는 1, 2단계임상이 동
시에 진행되고 있다. 두 치료제는 같은 작용원리를 갖고 있는데, 바이러스가
세포 내에서 복제를 시작한 후에 죽이는 기존 치료제와 달리 아예 바이러스
가 핵 안으로 들어가지 못하도록 RNA와 세포핵, 리보솜 수용체의 결합작용
을 차단하는 원리다. 제대로 성공할 경우 활용 범위는 무궁무진하다.

아직은 가야 할 길이 멀지만, 성공만 한다면 그는 부와 명예를 한꺼번에 얻
을 수 있지 싶다. 현재 미국에서 가장 잘 나가는 바이오벤처 회사는 에이즈 치
료제로 연간 1조원의 매출을 올리는 '길리어드 사이언스' 다. 시가 총액이 16

조원에 달하는 회사인데, 김 사장은 두 달 전 본지와의 인터뷰에서 "길리어드 사이언스의 첫 5년에 비해 우리가 앞서고 있다"고 웃으며 말했었다. 이제 5년 된 기업 VGX가 10년 후, 20년 후에는 과연 어떻게 변모할지 기대된다.

이날 저녁 식사 자리에는 VGX의 핵심 멤버 4명이 모였다. 모두 한국인이다. 조셉 킴 사장, 조셉 킴의 MBA 동기인 신응도(Ernest Shin) 부사장, 변호사인 박영근 부사장, 그리고 치과의사이자 사업가인 김병진(Bryan Kim) 이사. 우리 식으로 말하자면 이들 모두가 386세대였는데, 건강한 웃음 뒤에 무서운 저력이 엿보이는 멋진 청년들이었다. 델라웨어 강변의 펜스랜딩(Penn's Landing) 지역에 위치한 훌륭한 레스토랑 차트 하우스(Chart House)에서의 저녁 식사는 이들 때문에 대단히 유쾌했다.

세계 최고의 아동병원은 무엇이 다른가?

2005년 5월 19일(목)

필라델피아에서의 마지막 날이 밝았다. 오늘 오전에 방문할 병원은 필라델피아 아동병원(The Children's Hospital of Philadelphia, 이하 CHOP)이다. 아동전문병원이지만 9개 PIM 병원들 중에서도 가장 유명한 곳이다. 〈U.S. News & World Report〉지가 해마다 선정하는 미국 최고의 병원 리스트의 소아 진료 분야에서 최근 2년 동안 1위 자리를 지키고 있고, 〈Child〉라는 아동전문 잡지도 이 병원을 최근 3년째 미국 최고의 아동병원으로 꼽고 있기 때문이다.

CHOP 입구에 도착하니 맨 먼저 눈에 들어오는 것은 병원 곳곳에 부착되어 있는 '150주년 기념' 플래카드와 이 병원이 미국 최고의 아동병원에 선정됐음을 알리는 플래카드들이다. 말이 나온 김에 먼저 이 병원의 역사를 살펴보자.

CHOP은 올해로 개원 150주년을 맞는다. 병원 곳곳에는 이를 기념하는 플래카드며 페넌트 등이 걸려 있다.

〈U.S. News & World Report〉지에 의해 CHOP이 미국 최고의 아동병원으로 선정되었음을 알리는 광고판.

CHOP의 창설자는 프랜시스 루이스(Francis Lewis, M.D.)로, 그는 지난 1855년 런던의 아동병원을 돌아본 후 감명을 받아 필라델피아에도 이와 비슷한 병원을 만들고자 했다. 당시에는 소아 환자가 병원에 입원하는 일이 흔하지 않았던 때다. 어른용 병동에 입원한 영유아들이 원내 감염이나 부적절한 치료 등으로 인해 사망하는 일이 잦았기 때문이다. 루이스는 역시 의사였던 두 명의 친구(T. Hewson Bache & R. A. F. Penrose)를 설득하여 '공동개원' 형식으로 소아병원을 열었다. 1855년 11월 23일의 일이다. 개원 당시의 병상 수는 12개였다.

1866년과 1916년에 두 차례 이사를 했고, 1974년에는 지금의 자리로 다시 옮겨왔다. 병원 규모는 점차 커졌지만, 현재의 병상 수는 430병상으로, 명성에 비해서는 병상 수가 많지 않은 편이다. 하지만 전체 병상의 20% 정도가 중환자실이라는 점이 특이하다. 현재 연간 입원 환자는 23,000명, 외래 환자는 90만명 정도다. 연 매출은 2004년 기준으로 8억7천만달러(8,700억원)이며, 법인의 형태는 '물론' 비영리법인이다.

오랜 역사와 명성에 걸맞게, CHOP은 여러 분야에서 '최초'의 기록을 갖고 있다. MMR 백신, 소아마비 백신, 감마글로불린 등이 이곳에서 처음 개발되었고, 혈관성형술의 기본이 되는 Balloon Catheter가 처음 개발된 곳도 CHOP이다.

CHOP은 올해로 개원 150주년을 맞는다. 병원 곳곳에는 이를 기념하는 플래카드며 페넌트 등이 걸려 있다.

CHOP은 펜실베이니아 대학 캠퍼스 및 펜실베이니아 대학병원 바로 옆에 위치해 있다. 하지만 펜실베이니아 대학병원의 부속병원은 아니며, 펜실베이니아 의대의 학생 및 전공의들의 교육수련병원이기는 하다.

CHOP은 430병상을 가진 하나의 병원에 불과하지만, 그것만이 전부는 아니다. 지난 며칠 동안 살펴본 다른 병원들과 마찬가지로, CHOP도 거대한 하나의 병원 네트워크를 구성하고 있기 때문이다. 그러나 지금까지 살펴본 다른 병원들과 다른 점이 있다면, 네트워크 전체가 오로지 소아과 영역의 의료기관들로만 이루어져 있다는 사실이다. CHOP은 그 산하에 '아동 헬스케어 네트워크(A pediatric healthcare network)' 라는 이름으로, 9개의 전문 치료센터(그 중 4곳은 통원수술센터까지 갖추고 있음)와 27개의 소아과 클리닉('Kids First' 라는 동일한 이름을 사용한다), 4개의 헬스케어센터(환자교육, 예방 등 보건서비스를 주로 제공하는 기관)를 두고 있다. 이 모든 기관들은 필라델피아 및 '델라웨어 밸리' 지역에 위치해 있는데, 멀리 떨어진 곳에 있는 환자의 입원 진료를 위

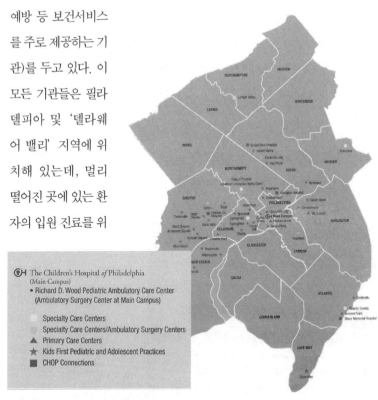

CHOP 산하의 아동 헬스케어 네트워크

해 4개의 다른 종합병원들과 도 협약을 맺고 있다. 이 지역 일대의 소아 환자는 모두 다 CHOP이 책임지고 있다고 해 도 과언이 아니다.

여기가 원래 CHOP 정문이 있던 곳인데, 신축 공사가 진행 중이다.

이와 같은 연계화와 별도로 '본원' 에 해당하는 CHOP만 해도 2000년 이후 급속한 성 장을 보이고 있다. 입원 환자 수는 4년만에 20% 이상 늘어났고, 외래 환자는 같은 기간 동안 30% 가까이 늘어났다. 연구비 수혜 실적은 2000년의 6천만달러(600억원)에서 2004년에 는 그 두 배인 1억2천만달러(1,200억원)가 됐다. 당연히 공간이 점차 부족해 졌고, 그에 따라 끊임없이 확장 공사가 진행되고 있다. CHOP의 오늘과 내일 에 대해 프리젠테이션을 해 준 개빈 커(Gavin Kerr) 부사장 겸 COO는 현재 진행중인 신축 및 증축 건물에 대한 설명을 한참 동안 하더니, "그래도 더 많 은 공간이 필요하다(Yet still more space is needed!)" 면서 '계획중' 인 건물 들에 대해서도 긴 설명을 덧붙인다.

실제로 'CHOP은 공사중' 이라고 표현해도 될 만큼 병원 곳곳에서는 건축 공사가 진행되고 있었다. 우리 참관단이 버스에서 내려 들어간 입구 또한 알 고 보니 후문이었다. 원래 정문이었던 곳은 신축 공사가 진행중이어서 대단 히 복잡했기 때문이다.

커 부사장의 프리젠테이션 중 매우 인상적이었던 부분은 '지속 가능한 발 전' 에 대한 부분이었다. 1992년 리우환경회의에서 채택한 '환경과 개발을 위한 리우 선언' 에 명시된 '지속 가능한 개발(sustainable development)' 을 연상시키는 표현이었는데, CHOP은 재정적으로나 물리적으로 장기적 관점을 갖고 지속 가능한 발전을 위해 노력한다는 것이다.

좀더 구체적으로 설명하자면, 먼저 재정적 측면에서는 정부 및 보험회사의 과도한 삭감(massive cut)에도 불구하고 지속적 성장이 가능하도록 노력한다는 뜻이다. 여기에는 임상적으로 유효한 가이드라인에 따라 적정 진료를 하는 것, 4% 정도의 순이익률을 유지하여 연구 및 교육 분야에 재투자하는 것, 전체 네트워크에 속한 모든 자원들을 효율적으로 활용하는 것 등의 구체적인 방안이 거론됐다.

또한 물리적인 측면에서는 진료와 연구를 위한 충분한 공간 확보, 의료진 및 연구자들이 가장 효율적으로 일할 수 있는 환경 조성, 친환경적 건축 등이 주요한 방안들인데, 특히 건물을 한번 지으면 30년 이상 사용해야 하므로 그 기간 중에 여러 가지 상황이 달라질 경우 그에 맞도록 쉽게 개조할 수 있도록 건물을 '융통성 있게' 디자인하는 데에까지 신경을 쓰고 있음이 흥미로웠다.

간단한 프리젠테이션을 들은 후 우리 참관단은 CHOP 곳곳을 돌아봤다. CHOP에서 가장 인상적인 부분은 크게 두 가지였다. 하나는 어린이들의 두

어린이들의 두려움을 없애 주는 CHOP 내부

CHOP 엘리베이터 내부의 장식

려움과 답답함을 줄이기 위한 다양한 시설들이었고, 다른 하나는 환자(및 보호자) 교육 프로그램이었다.

먼저 어린이들을 위한 배려는 병원 어디를 가도 발견할 수 있었다. 병원이라기보다는 커다란 놀이방에 온 것 같은 느낌이 들 정도여서, 기본적으로 어린이들이 병원에 왔을 때 두려움을 줄일 수 있도록 하는 방향으로 설계되었다는 말이 실감났다. 우선 건물 중앙부가 1층부터 천장까지 뻥 뚫려 있는데, 그 열린 공간에는 어린이들을 위한 각종 장식물들이 채워져 있었다. 특히 병동마다 존재하는 놀이방의 경우 중앙의 빈 공간으로 튀어나오게 설계되어 있어서 여러 가지 장식물들이 눈에 잘 들어오게 배치되어 있었다. 또한 의사들이 자기들에게 어떤 검사를 어떤 식으로 하는지 미리 알 수 있도록 장난감 의료기구들을 설치해 놓기도 했다. 심지어 엘리베이터 내부도 어린이들이 좋아하는 알록달록한 별 모양으로 장식해 놓고 있었다.

어린이들의 두려움을 없애 주는 CHOP 내부

어머니를 연상시키는 조형물과 움직이는 자동차가 아이들의 눈길을 잡아끈다.

코넬리 센터 안에 있는 두 개의 교육실 중 하나

　환자 교육을 위한 배려는 더욱 치밀했다. CHOP 8층에는 코넬리 센터 (The Connelly Resource Center for Family)라는 곳이 있는데, 이 곳은 부모들이 직접 자기 아이의 병에 관해서 찾아볼 수 있는 도서관, 중환자실에 입원한 아이들의 부모가 며칠 동안 무료로 지낼 수 있는 숙박 시설, 아이들의 부모들에게 교육을 시키는 교육실 등으로 구성되어 있다.

　이 센터가 만들어진 과정이 재미있다. CHOP에서는 1993년과 1994년에 아픈 아이들의 부모들을 대상으로 설문조사를 실시하여 무엇이 가장 필요한지를 물었고, 그 결과로 만들어진 것이 바로 이 코넬리 센터인 것이다.

　도서관에는 연간 2,300명 정도가 방문하고 있다고 하는데, 이곳에서 책을 빌려서 병실에서 읽을 수도 있고, 부모들이 집으로 가져갈 수도 있다. 인터넷 접속도 가능하고, 원하는 자료를 프린터로 출력할 수도 있다.

　중환자실에 입원해 있는 아이들의 부모를 위한 간단한 숙박 시설도 이 센터

코넬리 센터 안에 마련된 환아 가족용 숙소

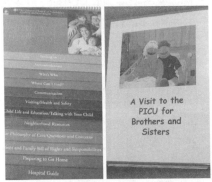

A Visit to the PICU for Brothers and Sisters

부모 및 형제 자매를 위한 안내 자료들

병동에 있는 놀이방 겸 교육실

안에 마련되어 있다. 5개의 방과 1개의 부엌이 있는데, 이것만으로는 부족하여 병원과 좀 떨어진 다른 곳에도 비슷한 시설을 추가로 마련해 놓았다고 했다.

이 센터의 하이라이트라고 할 수 있는 곳은 역시 교육실이다. 튜브로 음식을 먹이는 방법과 같은 비교적 간단한 처치부터 심폐소생술과 같은 복잡한 처치까지, 부모들이 알아야 할 다양한 정보들이 교육되는 곳이다. 두 개의 교실이 있는데, 진짜 아기와 비슷한 모양의 마네킹을 통해 부모를 연습시키고, 인형을 통해 아이들을 직접 교육하기도 한다. 교육을 담당하는 사람은 환자 교육에 대한 별도의 교육을 받은 간호사다.

환아나 가족들을 위한 교육이 코넬리 센터에서만 이루어지는 것은 아니다. 병동에도 이와 비슷한 시설들이 있는데, 환아 및 면회를 온 형제 자매들을 위한 놀이방 겸 교육실로 쓰이는 공간들이 마련되어 있다.

가족들을 위한 가이드북은 물론 비치되어 있으며, 환아의 어린 형제 자매들을 위해서도 별도의 교육용 책자와 인력이 준비되어 있다. 이들은 소아 환자의 가족들에 대한 지지와 배려가 환아 진료 못지 않게 중요한 일이라는 것을 너무도 잘 인지하고 있는 듯했다.

그 외에 인상적이었던 부분을 추가하자면, 중환자실도 환아 1명을 위한 공간이 별도로 분리되어 있다는 점을 들 수 있다. 일반 병실이야 미국 병원 대부분이 1인실 아니면 2인실인 것이 당연하지만, 중환자실까지 1인실(우리나라 병원의 중환자실에 있는 격리병실과 비슷하게 생겼다) 위주로 되어 있는 점은 놀라웠다. CHOP은 지난 1967년 미국에서 가장 먼저 소아중환자실을 설치한 것으로도 유명한데, 당시에는 12명의 환아가 하나의 커다란 방에 모여 있었지만 아이들의 두려움을 줄이는 차원에서 지금처럼 병실을 분리했다고 했다.

또한 아동병원이기 때문에 더 그런지 모르겠지만, 이 병원에서 환아나 부모들을 위해 만들어 놓은 각종 팜플렛들은 정말로 '아름답게' 디자인되어 있었다. 지금까지 세계 여러 나라의 병원들이 만든 훌륭한 팜플렛들을 많이 접해 보았지

디자인이 너무도 훌륭한 각종 팜플렛들 표지. 내부까지 보여줄 수 없는 것이 아쉬울 정도다.

서재필 기념관 전경

만, 적어도 디자인이나 사진 측면에서는 CHOP의 것이 단연 최고로 느껴졌다.

CHOP을 돌아보고 나니, 필라델피아에서의 마지막 일정이 남았다. 원래는 곧바로 클리블랜드로 이동하여 휴식을 취할 예정이었는데, 우리가 온다는 소식을 듣고 귀한 손님 한 분이 찾아와 '특별한 장소' 한 곳을 방문해 줄 것을 요청함에 따라 하루 전에 추가된 일정이다.

그 특별한 장소란 바로 필라델피아 교외에 있는 서재필 기념관이며, 우리를 찾아온 분은 서재필 기념관 및 서재필 기념재단의 운영을 책임지고 있는 정홍택 회장이다.

서재필. 이름은 누구나 알고 있지만, 우리나라 최초의 한글신문인 〈독립신문〉을 발간한 독립운동가이자 의사라는 정도의 빈약한 정보 외에 더 자세한 면모는 그리 널리 알려지지 않은 인물이다. 하지만 1시간 가까이 버스로 이동하여 도착한 서재필 기념관(서재필 박사가 미국에 망명해 1925년부터

1961년까지 25년간 살았던 집을 개조하여 1990년 개관했고, 2004년에 보수하여 재개관했다) 마당에서 정홍택 회장의 구수한 설명을 듣다 보니 그가 정말로 시대를 앞서간 '큰 인물'이었음을 깨닫게 된다.

서재필 기념관이 필라델피아시 정부가 지정한 사적지임을 알리는 팻말

우선 일반적으로 알려져 있는 서재필의 생애는 다음과 같다.

「1884년 12월 김옥균·홍영식(洪英植) 등과 갑신정변을 일으켜 18세의 젊은 나이로 병조참판 겸 정령관(正領官)이 되었으나 정변의 실패로 일본을 거쳐 1885년 미국으로 망명, 1889년 워싱턴대학에 입학하였다. 졸업 후 세균학을 연구하여 박사학위를 받고, 본국의 민씨 일파가 몰락하자 1896년 귀국후 중추원(中樞院)고문에 임명되었다. 정부예산을 얻어 〈독립신문〉을 발간하는 한편, 이상재(李商在)·이승만(李承晩) 등과 독립협회(獨立協會)를 결성하고 모화관(慕華館)을 인수·개축하여 독립회관으로 하였다. 1897년 영은문(迎恩門)을 헐고 그 자리에 독립문을 세웠으나 수구파(守舊派) 정부와 일부 외국인의 책동으로 다시 미국으로 추방되었다. 펜실베이니아에서 병원을 개업하고 있다가 3·1운동 소식을 전해 듣고 잡지 〈The Evening Ledger〉와 제휴, 한국문제를 세계 여론에 호소하는 한편 한인친우회(Friend of Korean)를 조직, 재미교포들을 결속하여 독립운동후원회를 만들었다.

그 후 상해임시정부와 긴밀한 연락을 취하며 외교위원장 자격으로 활약, 1922년 워싱턴군축회의에 독립을 청원하는 연판장을 제출하고, 1925년 호놀룰루의 범태평양회의에 한국대표로 참석, 일본의 침략을 폭로·규탄하였다.

1947년 미군정 장관 J.R. 하지의 초청으로 귀국, 미군정청고문(美軍政廳顧問)으로 있는 동안 국민의 추앙을 받았으나 이승만과의 불화 및 시국의 혼란함을 개탄하고 미국으로 돌아가 여생을 마쳤다. 미국에 있던 그의 유해는 전명운(田明雲)의사의 유해와 함께 1994년 4월 8일 서울 동작동 국립묘지에 안장되었다. 1977년 건국훈장 대한민국장이 추서되었다.」(출처 : 네이버 백과사전)

그러나 갑신정변 실패로 일가족이 몰살당한 이야기, 일본과 미국에서의 망명 생활, '천하의 역적'이 다시 귀국하여 관직에 복귀하게 된 과정, 국내에서의 독립운동, 그리고 다시 망명 생활, 해외에서의 독립운동, 해방공간에서의 활약, 대한민국의 초대 대통령이 될 뻔했으나 마지막 순간에 미국행 배에 몸을 실어야 했던 정치적 상황 등에 관한 자세한 사연들을 들으니, '박제된 역사 속의 인물'이었던 서재필 박사가 어느 대하드라마의 주인공처럼 생생한 모습으로 살아온다.

특히 〈독립신문〉의 발간이 당시 대단한 사회적 의미를 가진 사건이었다는 사실, 그리고 그가 한글학자 주시경의 스승으로 한글의 '띄어쓰기'를 처음 시도했다는 사실을 알고서는 온몸에 전율이 느껴질 정도였다. 지금은 너무도 당연한 한글 띄어쓰기의 제안과 〈독립신문〉의 발간이 세종대왕의 창제 이후 수백년 동안 전혀 발전이 없었던 한글이 획기적으로 발전하는 계기가 되었다는 사실을, 모국어를 정말로 사랑한다고 자부해 온 나도 이제서야 알게 된 것이다. 〈독립신문〉 발간은 특히 중요한 사회

서재필 박사가 미국에서 개원했을 당시 사용했던 명패

적 의미를 갖는데, 나라 안팎이 어떻게 돌아가는지가 실려 있는 한글 신문이 발간됨으로써 '상놈들이 유식한 사람이 되고 양반들이 까막눈이 되는(당시 대부분의 양반들은 언문이라 깔보며 한글을 배우지 않아 읽을 수조차 없었다)' 정보의 일대 역전이 일어났기 때문이다.

서재필의 영문 이름은 필립 제이슨(Philip Jaisohn)이다. 이곳에 오기 전에는 알지 못했던 그 이름을 들으니, '서재필'이라는 세 글자를 절묘하게 뒤집어서 자신의 영문 이름을 만드는 그의 탁월한 '언어 감각'이 느껴져서 미소가 나왔고, 원래 있는 성씨 '제이슨(Jason)'이 아니라 새로운 성씨 제이슨(Jaisohn)을 만들어 스스로 '시조(始祖)'가 된 데에서는 그의 한국인으로서의 자존심까지 느껴졌다.

기념관 내부에는 꽤 많은 유품과 사진들이 전시되어 있었는데, 독립운동가, 언론인, 의사, 외교관, 정치가, 실업가, 민중계몽가 등 그의 다양한 면모를 잘 전해주고 있었다.

피곤함에 찌들어서 조금은 귀찮은 마음으로 이곳을 찾았던 참관단 모두는 서재필이라는 인물에 대해 큰 감동을 받은 듯했다. 그리고 누가 먼저랄 것도 없이 "서재필 박사의 생애를 다룬 미니시리즈가 방송된다면 '대박'이 날 것"이라고 입을 모았다. 이런 곳이 있는지조차 몰랐던 가이드 역시 상기된 표정으로 "필라델피아를 찾는 한국인들을 꼭 이곳으로 모시고 와야겠다"고 말했다. 그리고 우리 일행은 이 기념관이 좀더 잘 꾸며지고 좀더 많은 사람들이 찾기를 바라는 마음에서 모두가 20달러에서 100달러까지 기부금을 냈다.

이로써 필라델피아에서의 사흘 동안의 일정이 모두 끝났다. 다음 방문지인 클리블랜드로 가기 위해 필라델피아 공항으로 이동했다. 또 1시간 가까이 비행기 출발이 지연된 끝에 탑승 수속이 시작됐다. 기내에 발을 들여놓는 순간 '어?' 하는 감탄사가 저절로 나왔다.

비행기라기보다는 '버스'에 가까웠기 때문이다. 승무원은 단 3명(기장, 부기장, 스튜어디스), 좌석은 56개에 불과했다. 그래도 1시간 정도의 비행 동안 음료수와 과자도 준다. 더 재미있는 것은 비행기에서 내릴 때였다. 출입문을 나서니 역시 수십 명밖에 안 되는 사람들이 한 줄로 서서 기다리고 있었다. 이 '에어버스'가 곧바로 어딘가로 날아가는 모양이었다. 어쩐지, 1명뿐인 스튜어디스가 과자 부스러기까지 열심히 치우더라니.

공항에서도 또 문제가 생겼다. 가이드가 도착하지 않은 것. 클리블랜드는 한국인 관광객이 거의 없는 곳이라 한국인 가이드가 아예 없기 때문에 시카고에 있는 가이드가 원정을 와야 하는데, 시카고의 날씨가 나빠서 비행기가 뜨지 못한 것이다. 다행히 버스 기사는 공항에 와 있어서 별로 낭패를 본 것은 없지만(사실 가이드 항공료, 숙박비, 인건비 등을 아끼게 되어 주최측으로서는 더 좋았다!), 버스도 없었더라면, 그리고 휴대전화도 없었더라면 얼마나 당황했을까 싶었다. 그러고 보니, 공교롭게도 우리가 방문하는 세 도시가 모두 한국인 가이드가 없는 도시였다. 보스턴의 가이드는 뉴욕에서 온 분이었고, 필라델피아의 가이드는 워싱턴 DC에서 온 분이었고, 클리블랜드의 가이드는 시카고에서 올 예정이었으니 말이다.

어쨌든 무사히 저녁식사를 하고 호텔에 도착함으로써 또 하루가 끝났다. 계속되는 강행군에 모두들 지쳐서인지, 오늘은 '야간보충수업'을 제안하는 사람이 아무도 없다.

급변하는 미국의 의료현장을 가다 (5-최종)

클리블랜드 클리닉, 호텔업에 진출?

2005년 5월 20일(금)

클리블랜드 클리닉을 방문하는 날이다. 세계적으로 명성이 높은 클리블랜드 클리닉은, 출발 전 우리 참관단이 가장 큰 궁금증을 품었던 곳 중의 하나다. 클리블랜드라는 소도시에 있는 병원이 어떻게 그렇게 유명해졌을까 하는 근본적인 호기심 때문이었다.

클리블랜드는 어떤 도시인가. 클리블랜드는 미국 중서부에 속하는 오대호 연안 지역에 있는 주 가운데 가장 동쪽에 있는 오하이오 주의 동북부에 위치해 있는데, 뉴욕과 시카고의 중간 지점에 있다. 오하이오 주는 오대호 중 이리 호(Lake Erie)에 인접해 있으며 면적의 대부분은 농장 지대다. 클리블랜드는 오하이오 주의 주도(州都)도 아니다. 주도는 약 71만의 인구를 가진 콜럼버스이며, 클리블랜드는 약 48만의 인구를 가진, 오하이오에서 두 번째로 큰 도시(클리블랜드 사람들은 지금도 스스로를 오하이오에서 가장 큰 도시라고 한다. 콜럼버스에 혼다자동차의 공장과 미국 본사가 들어선 1990년대 이전에는 확실히 가장 큰 도시였다)다. 광역권에 거주하는 사람들까

클리블랜드 인디언스 모자

지 포함한다고 해도 180만이 채 안 된다.

클리블랜드를 연고로 하는 프로야구단의 이름이 인디언스(Indians)이고 프로농구단의 이름이 '캐벌리어스(Cavaliers, 기병들이라는 뜻)'인 데에서 짐작할 수 있듯이, 클리블랜드는 18세기 후반 미국 개척시대에 인디언와 이주민 사이에 격전이 벌어졌던 곳이다.

참고로, 클리블랜드 인디언스는 아메리칸리그 중부지구에 소속된 팀으로, 1901년 창단했다. 팀 이름이 원래는 브롱코스(Broncos)였으며, 블루스(Blues), 냅스(Naps), 몰리 맥과이어스(Molly McGuires) 등 '이상한' 이름을 몇 년씩 사용하다가 1915년에 지금의 이름으로 바뀌었다. 인디언스라는 이름은 1890년대에 인디언 출신의 선수 루이스 소칼레식스가 지금 팀의 전신인 클리블랜드 스파이더스(Spiders, 이것도 좀 이상한 이름이기는 하다)에서 활약한 것을 기리기 위해 붙여졌다고 한다.

야구단 외의 역사를 보면, 클리블랜드는 1960년대까지만 해도 철강과 석탄 산업 등의 발달로 꽤 활기찬 도시였으나(석유왕 록펠러가 이곳 출신이다), 1969년의 쿠야호가(Cuyahoga) 강 화재와 전통적인 산업의 붕괴 이후 70년대에는 몰락했었다. 그러다가 1990년대 이후 다시 발전하기 시작하여 예전의 활기를 되찾아가는 중이다. 야구장과 미식축구장, 농구경기장 등도 모두 1990년대에 새로 건축됐고, 1995년에 개관한 '로큰롤 명예의 전당(Rock and Roll Hall of Fame and Museum)'은 이 도시의 명물이 되었다.

오전 7시 30분. 호텔을 출발했다. 엊그제 필라델피아에서 만났던 이대규 선생과 만나기로 한 약속장소는 '클리블랜드 클리닉 안에 있는' 인터콘티넨탈호텔 로비. 약속장소가 벌써 심상찮다. 병원 안에 호텔이, 그것도 '인터콘티넨탈'이라는 유명 호텔이 있다니!

이대규 선생은 약속장소를 정하면서, 클리블랜드에는 인터콘티넨탈호텔이 두 개 있으니 버스 기사에게 꼭 '클리블랜드 클리닉 안에 있는 인터콘티넨탈호텔'이라 말하라고 했었다(앞에서도 말했듯이, 클리블랜드에서는 가이드도 없이 움직이고 있다).

병원처럼 보이는 여러 개의 건물들이 줄지어 서 있는 한가운데에 인터콘티넨탈호텔이 있었다. 객실이 300개인 호텔치고는 건물이 좀 크다 했더니, 이 호텔의 정식 이름은 'InterContinental Hotel & Conference Center Cleveland' 다. 입구에 들어서니 여느 호텔들처럼 오늘 벌어질 각종 행사들의 이름이 적혀 있는데, 오늘의 가장 큰 행사는 오하이오주 의사회 정기총회다. 모르긴 해도, 클리블랜드에서 열리는 의학 학술대회는 대부분 이곳에서 열리지 않을까 싶었다.

이대규 선생은 호텔 현관에서 우리를 기다리고 있었다. 손에는 가운을 든 채. 반갑게 인사를 나눈 다음, 이대규 선생은 우리를 호텔 로비로 인도했다. 컨퍼런스 룸 중의 하나로 가는가 싶었는데, 그게 아니었다. 로비를 가로질러 반대편 출구로 나간다. 출구로 나서니 복도가 나타나는데, 그 복도에는 가운

클리블랜드 클리닉 안에 있는 인터콘티넨탈호텔

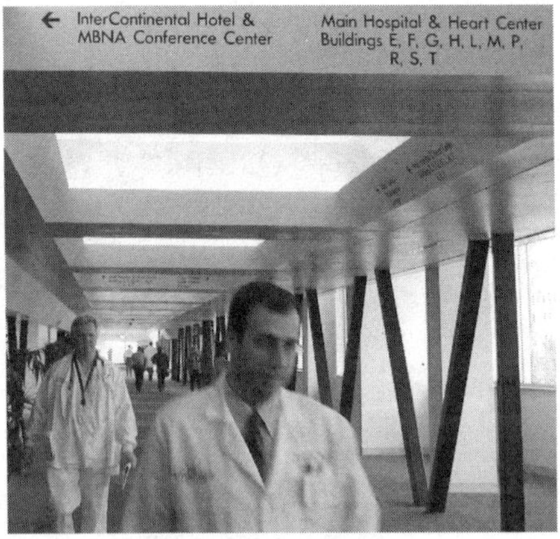
InterContinental Hotel &
MBNA Conference Center
Main Hospital & Heart Center
Buildings E, F, G, H, L, M, P, R, S, T
클리블랜드 클리닉과 인터콘티넨탈호텔 사이의 연결통로

을 입은 의사들이 몇 사람 지나가고 있었다. 대형 병원들에 가면 어디서나 볼 수 있는 '연결통로' 였다. 호텔과 병원이 연결통로로 이어져 있다!

오전에는 8시 30분부터 12시까지 세 개의 강연을 듣는다. 점심 식사 후에는 병원 곳곳을 간단히 돌아볼 예정이다. 약속된 컨퍼런스 룸에 들어가니 아직 연자는 도착해 있지 않은데 정면 스크린에는 태극기가 그려진 미국 우표가 비쳐지고 있다. 아마도 환영의 표시인 듯했다.

잠시 후, 클리블랜드 클리닉의 역사에 대해 설명해 줄 사람이 들어왔다. 클리블랜드 클리닉의 이사이면서 클리블랜드 클리닉 출판사(Cleveland Clinic Press)의 대표를 맡고 있는 존 클러프(Dr. John Clough)였다. 클러프는 여전히 스크린에 비쳐지고 있는 '태극기 우표' 에 대한 설명으로 환영 인사를 대신했다. 자신의 취미가 우표 수집인데, 한국에서 손님들이 온다고 해서 자신의 우표들 가운데 태극기가 그려진 것을 하나 골라왔다는 것이었다.

UNITED STATES POSTAGE
5
KOREA
5
CENTS
태극기가 도안된 미국 우표

클리블랜드 클리닉 병원(Cleveland Clinic Hospital, 이하 CCH)이 정식으로 개원한 것은 1924년이지만, 그 연

원은 19세기말로 거슬러 올라간다.

프랭크 위드(Frank J. Weed)라는 의사가 동료인 프랭크 번츠(Frank Bunts), 조지 크라일(George W. Crile)과 함께 클리블랜드 시내의 한 건물에서 환자를 보기 시작한 것은 1886년의 일이다. 이들은 클리블랜드에 있는 케이스 웨스턴 리저브 의대 교수들이었으니, 지금의 공동개원과는 그 형태가 좀 다르다고 할 수 있다.

1891년에 위드가 사망한 이후, 그 자리는 역시 그들의 동료인 윌리엄 로우어(William E. Lower)가 이어받고, 번츠, 크라일, 로우어 세 사람은 1921년까지 몇 차례 건물을 옮겨가면서 비슷한 형태의 클리닉을 계속한다.

지금과 같은 클리블랜드 클리닉에 대한 구상은 제1차 세계대전 중에 생겨난 것으로 기록되어 있다. 번츠, 크라일, 로우어는 모두 1차대전에 참전하여 프랑스와 스페인 등지에서 근무를 했었는데, 당시 야전병원에서 일하면서 만들어졌다는 클리블랜드 클리닉 창설의 기본 개념은 크게 세 가지였다. 팀 어프로치 (team approach), 월급제(salaried model), 상호보완적 기술 (complementary skills). 당시에도 꽤 큰 규모의 병원들이 많았던 만큼 '월급제' 자체가 새로운 것은 아니었지만, 당시의 클리블랜드 클리닉은 일종의 공동개원에 가까웠던 만큼 공동의 설립자들 스스로가 '봉직의' 로서의 지위를 선택했다는 점이 조금은 이채롭다.

어쨌든 이들은 1921년에 새로운 병원 모델을 만들기로 결심하고 클리블랜드 클리닉 재단(Cleveland Clinic Foundation, 이하 CCF)이라는 비영리법인을 설립한다. 이때부터 클리블랜드 클리닉의 역사가 본격적으로 시작되는 것이다. CCF는 세계 최초의 '비영리 그룹 프랙티스 병원' 이다.

CCF는 3년간의 준비를 거친 후 1924년에 클리블랜드 클리닉 병원(CCH)의 문을 연다. 지금도 남아 있는 이 건물은 당시에는 클리블랜드에서 가장 큰 건물이었다 한다.

CCH는 초창기에 큰 시련을 겪었다. 1929년에 큰 화재가 나서 무려 123명이 사망한 것이다. '클리블랜드 클리닉 참사'로 불리는 이 화재로 인한 사망자 중에는 당시 CCH의 원장을 맡고 있던 존 필립스(John Phillips)도 포함되어 있었다.

화재 이후 몰락할 뻔했던 이 병원을 되살린 일등 공신은 거액의 '임금채권'을 모두 새 병원 건립에 재투자한 병원 직원들이었다. 그리하여 CCH는 시련을 극복하고 1931년에 10층 짜리 새 건물을 지어 다시 문을 연다. 당시 병상수는 187개였다.

CCH의 초창기라고 스스로 분류하는 1954년까지 CCH는 꾸준히 성장을 거듭하여 1954년에는 75명의 의사가 근무할 정도로 규모가 커졌다.

CCH 및 CCF의 발전에 있어서 매우 중요한 시기는 1955년이다. 이들은 1955년부터 1996년까지의 42년 동안을 가리켜 'Board of Governors Era'라고 표현했다. 이게 무슨 말일까? 이를 이해하기 위해 당시부터 지금까지 유지되고 있는 CCF의 조직 구성을 살펴보자.

다음 페이지의 그림에서 보듯이 CCF는 이사회(Board of Trustee)와 CEO 사이에 'Board of Governors'라는 별도의 기구가 존재한다(앞으로는 'Board of Governors'를 편의상 '임원회의'라 부르기로 한다).

CCF의 임원회의에 대해 설명하기는 쉽지 않다. 미국의

1929년 '클리블랜드 클리닉 참사' 당시의 사진

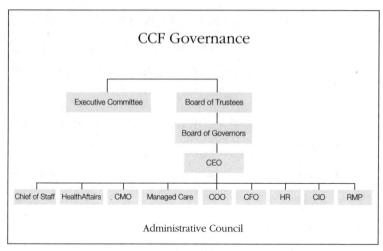

 내부 텍스트: CCF Governance / Executive Committee / Board of Trustees / Board of Governors / CEO / Chief of Staff / HealthAffairs / CMO / Managed Care / COO / CFO / HR / CIO / RMP / Administrative Council

CCF의 조직 구성

조직 문화가 기본적으로 우리와 다른 점도 있고, CCF의 조직 구성이 일반적인 기업 및 병원과 좀 다른 점도 있고, 설명을 영어로 들었기 때문에 완전히 이해하지 못한 탓도 있기 때문이다. 일반적으로 이사회는 상근 여부와 무관하게 등기 이사가 모두 참여하는 최고 의사결정기구이며, 임원회의는 이사회와 달리 상근 임원들만 참석하는 기구로 법률적으로 규정된 기구는 아니다. 그러나 우리나라의 임원회의가 일반적으로 CEO의 통제하에 놓여 있는 데 비해, CCF의 임원회의는 그림에서 보듯이 CEO보다 위에 놓여 있는 기구다. 일종의 집단지도체제와도 비슷하다고 할 수 있는 것이다. CCF가 '1955년 이후 좀더 민주적으로 운영되기 시작했다'고 스스로 밝히고 있는 점에서도 이를 유추해 볼 수 있다.

임원회의 시기에 CCF는 놀라운 발전을 이룩한다. 심장학을 비롯한 여러 임상 분야에서 비약적인 발전을 이루었고, 병상수가 엄청나게 늘어났을 뿐만 아니라 교육동(棟), 연구동, 응급실동 등 다양한 건물들이 지어져, 수많은 연결통로(이들은 skyway라고 부른다)들도 이 시기에 만들어졌다. 플로리다에 분원을 세운 것도 이 시기(1988)다. 특이한 점은 CCF가 이 시기에 여러 개의 호텔을 건립했다는 사실이다. 그 중에는 CCF가 직접 소유 및 경영을 하는 곳도 있고, 인터콘티넨털호텔 그룹 계열의 호텔을 CCF가 위탁 경영하는 곳도 있다.

현재 클리블랜드에 있는 호텔만 해도 3개로, CCF 소유의 Cleveland Clinic Guest House Hotel(객실 수 232)과 CCF가 경영만 하는 InterContinental Hotel(객실 수 300), InterContinental Suites Hotel(객실 수 163) 등 총 객실 수가 695개에 이른다(Suite라는 말은 객실 안에서 취사를 할 수 있다는 뜻). 연결통로로 이어진 인터콘티넨탈호텔 외에 나머지 2개 호텔과 병원 곳곳은 셔틀버스로 연결된다. 비영리법인인 CCF가 호텔업을 비롯한 여러 부대사업을 자유롭게 벌이고 있다는 점이 상당히 이채로웠다.

또 한 가지 특이한 점은 이 기간 동안 CCF의 경영을 책임진 CEO가 불과 네 사람밖에 안 된다는 사실이다. 모두 의사들인 이 네 명의 CEO는 각각 14년, 8년, 13년, 15년씩 재임했다(재임 기간을 더하면 42년이 넘는 것은 네 번째 CEO가 1996년 이후에도 8년 동안 CEO를 맡았기 때문이다). 유능한 사람을 뽑은 다음 적어도 10년 동안은 자신의 뜻을 펼칠 수 있도록 밀어주는 분위기임을 알 수 있다.

1997년부터 현재까지는 '체계화 및 통합의 시기(System and Consolidation Era)'로 구분된다. 이 시기는, 보스턴과 필라델피아의 대형 병원들이 그랬던 것과 마찬가지로, 통합화(integration)과 연계화(networking)를 이루는 시기였던 것이다. CCF는 이 시기에 CCH와는 별도로 6개 중소병원 또는 병원연합(병원 수로는 10개)을 합병하고, 12개의 통원치료센터를 합병했다. 또한 2억3천만달러(2,300억원)의 발전기금을 조성했고, 러너 연구소(Lerner Research Institute, 1999), 콜 안(眼)연구소(Cole Eye Institute, 1999), 터식 암센터(Taussig Cancer Center, 2000)도 새로 건립했

으며, 플로리다에
두 번째 분원도 세
웠다.

CCF 산하의 10개
중 소 병 원 들 은
'Cleveland Clinic
Health System(이
하 CCHS)'이라 불
리며, 12개의 통원
치 료 센 터 는
'Family Health &
Surgery Centers' 라고 불린다.

Cleveland Clinic Health System을 구성하는 10개 중소병원 및 병상수

CCH와 CCHS 병원들의 병상수를 모두 더하면 3,700개에 달한다. 전체 직원은 25,000명이며 그 중 2,500명이 의사다. CCHS에 속해 있는 2,500명의 '계약의사'들이 추가로 더 있다(플로리다에 있는 분원 두 곳은 제외한 수치다). CCF는 근로자 수를 기준으로 할 때 오하이오 주에서 세 번째로 큰 '기업'이며, 현재 연 매출은 약 38억달러(3조8천억원)에 달한다.

재미있는 것은 의사를 포함한 모든 직원들이 1년 단위로 계약을 갱신하는 시스템이라는 점이다. 심지어 CEO도 1년 단위로 재계약을 한단다(그럼에도 불구하고 대개 10년 이상 장기집권을 하다니!). 예외도 있는데, 'governor', 즉 임원회의에 속한 사람들은 5년의 임기가 보장된다. 그러나 재계약에 실패하는 사람이 그렇게 많지는 않다고 한다. 또한 이 병원의 의사들은 계약된 봉급 이외에는 어떠한 보너스도 받지 않는다. CCF 창립 당시의 기본 개념 세 가지 중 하나가 '월급제'였던 데에서 비롯된 전통인 듯하다. CCF 창립 당시에는(어쩌면 현재에도) 많은 병원들이 수익을 올리기 위해 불필요한 검사나

처치를 많이 했었던 것인지, 지금도 CCF는 '의사들은 월급만 받기 때문에 어떠한 불필요한 검사나 처치도 하지 않는다' 는 점을 자랑스럽게 내세우고 있다.

CCF가 '체계화 및 통합의 시기' 에 이룩한 성과 중 또 한 가지 특기할 만한 것은 '의과대학의 설립' 이다. 2002년의 일인데, 그 방식이 상당히 특이해서 관심을 끈다.

우리나라의 차병원이나 길병원이 소규모의 의과대학을 독립적으로 설립한 것과는 달리, CCF는 기존의 대학, 그것도 의과대학까지 이미 갖추고 있는 대학에다가 별도의 의과대학을 하나 더 추가하는 방식을 택한 것이다.

이 글의 서두에서 CCF의 창립자로 추앙 받고 있는 4명의 의사들이 케이스 웨스턴 리저브 의대 교수들이었다고 밝혔었다. 케이스 웨스턴 리저브 대학 (Case Western Reserve University, 이하 CWRU)은 1826년에 설립된, 클리블랜드에서 가장 오래된 사립대학이며, 1843년에 의과대학이 생겼다. 그런데, CCF는 이 대학에다가 별도의 의과대학을 더 만든 것이다. 이름하여

CCH 내에 있는 도서관

'The Cleveland Clinic Lerner College of Medicine of CWRU'. 이 의과대학의 정원은 불과 32명. 설립 취지는 평범한 임상 의사가 아니라 연구자(physician investigators)를 양성하는 것이다. 이 의과대학 홈페이지에는 '소수의 최정예 인재를 교육하여 생명과학 및 임상의학 분야의 의사 연구자로 만드는 것'이 이 대학의 사명이라고 분명히 명시되어 있다.

길고도 재미있는 CCF의 역사에 대한 강연 이후에는, CCH의 의무부원장 겸 CCF의 외국 환자 서비스 담당 부이사장인 윌리엄 러시흡트(William F. Ruschhaupt)의 강연이 이어졌다.

CCF는 그 산하에 국제센터(International Center)를 두고 있다. 이곳에서는 CCH에서 치료받기를 원하는 전세계 환자들에게 각종 편의를 제공하고 있다. 사전에 의무기록을 검토하여 가장 적절한 의사를 연결해 주거나 진료 후 의무기록을 원래의 주치의에게 보내주는 것은 기본이며, 통역이나 공항 픽업 서비스도 무료로 제공한다.

CCH 환자 중 외국인 환자가 차지하는 비율은 2~2.5%라고 했다. CCH 환자 중 80~85%는 오하이오 주 및 인접 주(인디애나, 웨스트버지니아, 노스캐롤라이나)에서 오며, 나머지 10% 정도는 미국의 다른 곳에서 원정을 오는 환자들이다.

CCF는 외국인 환자 유치를 위해 10개국에 해외 사무소를 두고 있다. 아르헨티나, 캐나다, 브라질, 도미니카 등 비교적 가까운 국가들 외에 그리스나 쿠웨이트에도 해외 사무소를 두고 있다.

러시흡트의 강연은 비교적 짧았고, 여느 병원들, 특히 PIM이 제공하는 서비스들과 대동소이했기 때문에 옮길 내용이 많지 않다. 그러나 그가 우리에게 '질의응답' 시간을 할애했기에, 몇 가지 궁금한 점을 추가로 물어볼 수 있었다(그의 답변 중 일부는 앞부분의 서술에 녹아 들어가 있기도 하다).

우선, CCF 계열의 10개 중소병원은 모두 '클리블랜드 클리닉   병원'이라는 이름을 사용하고 있는데, 질 관리는 어떻게 되고 있는지를 물었다.

인프라를 공유하고, 모니터링을 지속적으로 실시하며, 꾸준히 재교육을 실시함으로써 충분히 질 관리가 가능하다는 답변이 돌아왔다. 너무 원론적인 답변이 아닌가 하는 생각을 하는 참에 그가 덧붙인다. "개별 병원들의 모든 진료 실적이 '모두에게' 공개되기 때문에 질 관리는 저절로 되는 셈이다"라고.

미국의 많은 병원들은 의료사고의 발생까지를 포함한 모든 실적을 공개하는 것이 보통이다. 수술 등의 횟수와 성공률은 물론이고 의사들 개개인의 경력들도 모두 공개된다. 질 관리에 있어서 이보다 효과적인 방법이 있을까.

다음 질문은 '그렇게 많은 병원들을 합병하는 과정에서 저항은 없었는가'하는 것이었다. 답변은 "별로 없었다"는 것. 흑자를 보던 병원의 흑자는 늘어나고 적자를 보던 병원의 적자는 줄어들었다면서, CCF의 '능력'을 은근히 자랑하기도 한다.

'아주 뛰어난 의사를 거액을 주고 스카우트하는 일도 있는가'라는 질문에 대해서는, "아예 없지는 않지만, 별로 없다. 우리 병원에 몇몇 슈퍼스타들이 있기는 하지만, 우리는 그룹 프랙티스 위주의 병원이므로 모든 의사들의 역할이 똑같이 중요하다"고 답변했다.

마지막으로 한국 진출 가능성을 물었다. 그랬더니 그는 '절묘한' 답변을 했다.

"우리는 스타벅스가 되기는 싫습니다."

프로그램을 공유하는 동시에 리스크도 공유하는 좋은 파트너가 된다면 모를까, '이름만 빌려주는' 일은 결코 없으리라는 뜻이었다.

마지막 강연은 CCF의 전산 시스템에 대한 것으로, 전산 분야의 최고 책임자(CIO)인 마틴 해리스(Martin Harris)가 직접 우리에게 설명을 해 주었다. 그도 역시 의사였는데, CIO조차 의사인 것을 보니 '의사들이 경영하지만 의사들이 소유하지는 않는 병원' 이라는 기본 개념이 다시 한번 떠올랐다.

CCF는 지난 4~5년간 'e-클리블랜드 클리닉' 이라는 이름으로 병원의 전반적인 전산 시스템을 재정비했다. 이 시스템은 크게 네 가지로 구성되는데, My Practice, My Chart, My Consulting, My Monitoring 등이 그 요소다.

My Practice는 EMR을 말하는데, 이를 이용할 수 있는 의사의 수는 12,000명이라 했다.

My Chart는 환자에 대한 서비스로서 각각의 환자들이 자신의 질병과 관련된 여러 정보들을 찾아볼 수 있음은 물론이고 처방전 전달도 가능하다.

My Consulting은 인터넷으로 '2차 소견(second opinion)' 을 구해볼 수 있는 서비스인데, 환자가 자신의 모든 의무기록을 보낼 경우 CCH의 의사들이 그것을 면밀히 검토한 후 결과를 알려주는 방식이다. 이 서비스는 전세계 어디에서나 활용할 수 있는데, 물론 유료다. 1건의 의뢰에 대한 비용은 560달러(56만원)이며, 1년에 약 4,000~5,000명이 이 서비스를 이용하고 있다고 한다. 그들 중 42%가 오하이오 주에, 41%가 미국의 다른 지역에, 나머지 17%는 해외에 거주하는 사람들이다.

My Monitoring은 가정에 있는 환자가 지속적으로 자신의 몸 상태를 병원으로 전송하고 이를 모니터링 하는 시스템인데, 아직 실용화는 되지 않았지만 내년 7월부터는 가능해질 것이라 한다.

10년 연속 심장학 분야에서 1위를 했음을 알리는 광고판이 곳곳에 붙어 있다.

CCF 측이 마련해 준 점심 식사를 마치고 나서, 우리는 이대규 선생과 함께

334

병원 곳곳을 '간단히' 둘러 봤다. 병원 투어에 더 많은 시간을 할애하지 않은 것은 여러 가지 이유가 있다. 이미 미국의 유명 병원들을 돌아보았기 때문에 더 이상 '하드웨어'와 관련해서 특별한 것이 있지는 않으리라는 생각과 며칠 동안의 강행군으로 인한 피로 때문이기도 했고, 워낙 많은 건물들이(CCH만 해도 건물이 37개 동이나 있다) 늘어서 있기 때문에 엄두가 나지 않아서이기도 했다. 하지만 화사하고 따뜻한 분위기의

갤러리처럼 꾸며진 아름다운 복도

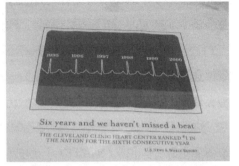

심장학 분야에서 1위를 할 때마다 기념 티셔츠를 만든다. 사진은 2000년에 만든 티셔츠

도서관, 곳곳에 붙어 있는 '#1 FOR 10 YEARS'라는 현수막〈U.S. News & World Report〉지는 CCH를 심장학 분야 최고 병원으로 10년 연속 선정했다. 종합순위는 미국 4위다), 갤러리처럼 꾸며진 아름다운 복도, 1위로 선정될 때마다 기념으로 제작한 티셔츠를 하나씩 액자에 넣어서 걸어놓은 모습 등은 오래 기억에 남을 듯했다.

클리블랜드 클리닉을 나와서 다시 버스에 오르니, 참관단 모두의 표정이 매우 홀가분해 보인다. 빡빡했던 일주일 동안의 일정이 사실상 모두 끝났기 때문이다.

몸은 대단히 피곤했지만, 그렇다고 해서 남은 시간을 그냥 보낼 수는 없다. 버스 기사에게 몇 시간 동안 어디에서 무엇을 하면 가장 좋을지 물었더니 '로큰롤 명예의 전당 & 박물관(Rock & Roll Hall of Fame & Museum)'을 가라고 권한다. 여행 가이드북에도 이곳이 '클리블랜드 최고의 볼거리'라고 되어 있었던 것이 생각나서 그의 권고를 따르기로 했다. 이리 호 호반에 위치한 연안에 위치한 박물관에 도착하니, 인심 좋게 생긴 중년의 백인 기사는 유효 기간이 며칠 남지 않은 것이라면서 입상권 10장을 내놓는다. 얼씨구나 하면서 받고 보니 1장에 20달러 짜리다. 200달러를 아꼈으니, 내일 팁을 줄 때 좀더 얹어줘야겠다는 생각을 한다.

로큰롤 박물관은 삼각뿔 형태의 건물 외벽을 유리로 장식해 놓은 인상적인 모습을 띠고 있었다. 비틀즈, 엘비스 프레슬리, 재니스 조플린 등 수없이 많은 록 스타들이 몸에 지녔던 다양한 물건들(악기, 의상, 편지, 안경, 신용카드, 신분증 등)이며 록 음악과 관련된 각종 자료들이 온 건물 안을 채우고 있

로큰롤 박물관 앞에서 기념촬영을 한 필자

었다(나는 존 레논이 썼던 동그란 은테 안경이 가장 갖고 싶었다). 다양한 음악들을 직접 들어볼 수도 있어서, 록 음악팬이라면 하루 종일을 보내도 지겹지 않게 꾸며져 있었다. 〈롤링스톤〉지 창간호를 이곳 아니면 어디에서 볼 수 있을까. 그 외에도 재미있는 물건들이 많았지만 사진 촬영이 금지된 곳이라서 카메라에 담지는 못했다.

그런데 왜 하필 클리블랜드에 로큰롤 박물관이 있을까? 이 박물관 앞에 서 있는 표지에는 로큰롤의 탄생지(Birthplace of Rock 'N' Roll)라고 적혀 있는데, 로큰롤이 클리블랜드에서 생겨났던가?

의문은 금세 풀렸다. 클리블랜드가 로큰롤 음악의 발상지라고 하면 틀린 말이지만, '로큰롤'이라는 용어의 발상지라고 할 때에는 진실이 된다. 이곳 출신의 앨런 프리드(Alan Freed)라는 디스크자키는 지난 1951년, 당시 인기를 끌기 시작하던 새로운 음악 장르를 가리켜 '로큰롤'이라는 이름을 붙여준 인물이다. '록 콘서트'라 불린 최초의 공연도 이곳 클리블랜드에서 1952년 3월 21일에 열렸다.

이 박물관 건립의 아이디어는 1983년에 한 레코드 회사 사장이 냈다. 이후 박물관 건립을 위한 비영리 재단이 설립됐고, 여러 기업과 전문가 및 시민들의 참여가 이어졌다. 원래 이 박물관이 건립되기로 예정됐던 곳은 뉴욕시였지만, 1985년에 클리블랜드 시 및 오하이오 주 정부가 박물관 유치에 뛰어들어 "클리블랜드가 로큰롤의 발상지"라는 점을 열심히 주장한 결과로 이 박물관은 클리블랜드에 건립됐다. 뉴욕에 세워진 것보다 관람객은 훨씬 적겠지만, '뉴욕에 있는 수많은 박물관 중 하나'보다는 '클리블랜드 최고의 볼거리'가 어쩌면 더 좋지 않을까 싶은 생각이 들었다.

저녁 식사는 스테이크를 먹었다. 미국에서 일주일을 머물렀지만 스테이크를 먹은 것은 이번이 유일했다. 역시 버스 기사가 추천해 준 '싸고 맛있는 집'이었는데, 정말로 사람이 많아서 한참을 기다린 후에야 고기를 썰 수 있었다.

'마지막 밤' 임에도 불구하고, 우리 일행 중 대부분은 '금요일 밤의 열기'를 포기하고 말았다. 누군가는 "청년의사가 주관하는 해외 참관단은 늘 이렇게 힘든 일정이냐?"고 묻기도 했다. 나는 대답했다, "그렇습니다"라고. 결국 이날 밤에는 단 네 사람만이 'night spot'을 찾아 나섰다.

워낙 작은 도시라서, 갈 수 있는 곳이 뻔했다. 우리는 '블루스의 집(House of Blues)'이라는 간판 아래에 유난히 많은 사람들이 몰려 있는 것을 발견했고, 그곳이 어떤 곳인지를 알아보았다. 블루스 공연만 관람하는 극장과 공연을 보면서 술도 마실 수 있는 바가 함께 있는 곳이었다. 공연을 보려 했지만 '매진'이어서, 어쩔 수 없이 바에 들어갔다. '로큰롤의 발상지'라는 자부심 때문일까, 공연의 수준은 예상했던 것보다 훨씬 높았다. 술값이 예상보다 훨씬 싸서 더 좋았다(맥주 1병에 5달러 정도).

들어갈 때에는 몰랐는데, 나오다 보니 그 극장 및 바에 딸린 기념품 가게가 있었다. 우리나라의 웬만한 국립 박물관보다 훨씬 다양한 종류의 기념품들이 잔뜩 쌓여 있어서 놀라웠다. 그곳에서 우리는, 술값보다 더 많은 돈을 지불했다.

이로써 짧지도 길지도 않은 '미국 선진의료참관단'의 모든 일정이 끝났다. 방문지들을 섭외하고 결정하는 과정, 항공편과 호텔 등을 수배하는 과정, 참여할 사람들을 모집하는 과정, 그리고 현지에서의 탐방 과정까지, 이 모든 과정이 쉽지 않았지만 보람있는 여행이었다고 자평한다. 처음에 기대했던 것보다 많은 것을 보고 듣고 느꼈기 때문이다.

한국의료의 앞날을 고민하는 많은 사람들에게 이 여행기가 작은 도움이 되었기를 바라면서, 이번 참관 행사가 성공적으로 진행될 수 있도록 도움을 주신 모든 분들께 감사드린다. 그리고 조만간 다시 꾸려질 다른 참관 행사에는 더 많은 분들이 함께 할 수 있기를 희망한다.

미국의료참관단,
미쳐 못 다한 이야기

이 글은 지난주까지 다섯 차례에 걸쳐 연재한 '급변하는 미국의 의료현장을 가다' 시리즈의 후기에 해당한다. 신문 지면으로 19면, 원고지로는 무려 300매 가까운 분량으로 '수다'를 떨어놓고 또 무슨 할말이 남았느냐고 할지 모르지만, 그럼에도 불구하고 굳이 후기를 써야 하는 까닭이 두 가지 있다.

가장 중요한 것은 오해를 막기 위해서이다. 기행문 형식을 취하다보니 우리 참관단이 방문하지 않은 곳에 대해서는 말할 기회가 없었는데, 그로 인해 자칫하면 이번에 소개된 몇몇 병원들의 사례가 곧 변화하는 미국 의료의 전부인 것으로 오인될 우려가 있다는 뜻이다.

이번 시리즈에 소개된 파트너즈 헬스케어 시스템, 제퍼슨 헬스 시스템, 필라델피아 아동병원 및 산하의 아동 헬스케어 네트워크, 클리블랜드 클리닉 헬스 시스템 등은 모두 한두 개의 대형병원을 중심으로 하여 여러 개의 중소병원과 클리닉 등이 연계된 형태를 띠고 있다. 구체적인 형태는 조금씩 차이가 있지만, 통합화(integration)과 연계화(networking)라는 큰 흐름에서 벗어나지 않는 것이다. 우리가 방문했던 병원들은 한결같이 수천 개의 병상과 수만 명의 직원을 거느리며 수십억 달러(수조원)의 연 매출을 올리는 곳들이다. 물론 정부 및 보험자와의 관계에서도 '파워'를 갖게 됐다.

그러나 여기에서 꼭 짚고 넘어가야 할 것은, 이와 같은 성공 사례만 있는 것이 아니라는 사실이다. 1990년대 중반 이후 유행처럼 번진 병원들간의 합병 중에는 엄청난 실패 사례도 있다. 대표적인 것이 UCSF 병원과 스탠포드 대학병원의 합병으로 탄생한 'UCSF 스탠포드 헬스케어(UCSF Stanford Health Care, 이하 UCSF 스탠포드)'다. 이들 두 대학은 지난 1997년 9월 1일을 기해 새로운 통합조직을 출범시켰지만, 채 2년을 버티지 못하고 1999년 8월에 '원상복귀' 결정을 내렸다. 2년 사이에 어떤 일이 있었을까?

합병 두 번째 해에 UCSF 스탠포드는 4,300만달러(430억원)의 적자를 기록했다. 합병 당시의 목표치와 비교하면 딱 1억달러(1,000억원) 만큼 모자라는 것이다. 첫해부터 합병 조직은 여러 가지 면에서 삐걱거리기 시작했고, 전체 직원 1만명 중 20%에 해당하는 2,000명을 정리해고하는 등 자구책을 마련했지만 역부족이었다. 물론 이 적자의 원인 중 절반은 변화된 의료정책 등 외부 요인에서 비롯된 것이라는 분석도 있지만(UCSF 스탠포드의 실패 원인을 분석한 논문도 여러 편 나왔다), 서로 다른 '문화'를 가진 두 개의 조직이 합병하면서 생긴 사람들 사이의 갈등이 가장 큰 요인으로 꼽히고 있다. 양쪽 사람들은 사사건건 충돌했고(우리나라에서 두 개의 조직이 합병했을 때 흔히 보았던 모든 치졸한 갈등들이 여기서도 똑같이 벌어졌다고 보면 된다), 결국 합병은 참담한 실패로 끝났다.

사실 이 두 병원의 합병은 합병 이전부터 치열한 찬반 논란이 있었다고 한다. 애매하게 떨어져 있는 거리(약 60km)도 문제였고, 두 개의 조직이 원래부터 여러 측면에서 라이벌 관계에 놓여 있는 점도 문제였다. 그래서 두 병원에게는 완전한 합병보다는 전략적 제휴 정도가 더 어울린다는 의견도 있었지만, 그것은 미국의 독점금지법에 위배되는 것이어서 결국 합병을 선택했었던 것이다.

실패 사례는 또 있다. 앨러게니 재단(Allegheny Health Education and Research Foundation, 이하 AHERF)이라는 병원연합은 무려 13억달러(1조 3천억원)에 달하는 천문학적 손실을 보고 파산하기도 했고, 그보다 작은 규모의 실패 사례는 더 많다. 이러한 사례들은 시류에 영합하여 세밀한 준비 없이 무작정 덩치만 키워서는 성공할 수 없음을 잘 보여준다. 성공 사례를 보고서 우리가 배워야 할 점이 많이 있겠지만, 실패 사례에서 우리가 배워야 할 점이 더 많지 않을까.

후기가 필요한 또 다른 이유는 병원과 호텔이 붙어 있는 사례가 많은 이유에 대한 설명을 빠뜨렸기 때문이다. 먼 곳에서 내원하는 환자 및 보호자의 편의를 위한 것도 이유이기는 하지만, 더 중요한 것은 재원일수를 줄이기 위한 목적이 숨어 있다. 우리나라에서는 며칠씩 입원해야 하는 항암치료나 간단한 수술 등을 미국 병원들은 외래에서 해결하는 경우가 많다. 아침에 항암제를 맞은 후 근처에 있는 호텔 방에 가서 수액을 맞으며 휴식을 취하기도 하고, 간단한 수술을 받은 후 며칠 동안 호텔에 머물면서 통원 치료를 하기도 한다. 호텔 숙박비가 입원료보다 저렴하냐고 묻는 사람이 있을까? 하루 입원하면 보통 1,000달러, 특급 호텔 숙박비라고 해야 대개 200~300달러다.

끝으로, 이 후기는 몇몇 독자들로 인해 쓰여졌음을 밝힌다. 미국에 있는 한 독자는 대형병원의 합병과 관련한 실패 사례들도 많음을 지적해 줬고, 한국에 있는 몇몇 독자들은 '병원과 호텔이 붙어 있는 특별한 이유가 있는지'를 질문해 주셨다. 지면을 빌어 감사드린다.

2005. 7. 11.

미국 노인의료시설 참관 후기

지난주와 이번주에 각 두 면씩을 할애하여 소개했듯이, 나는 지난 (2006 년) 3월 중순 미국 LA 시내에 있는 다양한 종류의 노인의료 관련시설들을 돌아봤다. 21명으로 구성된 '미국 노인의료시설 참관단' 과 함께였다. 짧은 기간 동안 여러 곳을 피상적으로 접하는 데에 그쳤지만, 적지 않은 정보와 교훈을 얻을 수 있었다. 연전에 일본의 노인병원 및 보건의료복지복합체를 둘러보았을 때의 느낌과는 또 달랐다.

일본에서 얻었던 주요한 수확들은 첫째 급속하게 진행되는 우리 사회의 고령화가 보건의료 분야에는 어떤 영향을 끼칠 것인지 예측할 수 있었던 것, 둘째 말로만 듣던 '보건의료복지복합체' 라는 것이 어떤 것인지 알 수 있었던 것, 셋째 다양한 건강 상태에 놓여 있는 노인들을 위해서는 중층적이고 다양한 형태의 시설 및 서비스가 제공되어야 한다는 것, 넷째 수요자인 노인의 눈높이에서 꼼꼼하게 생각하면 작은 변화를 통해 실질적인 도움을 줄 수 있다는 것 등이었다.

미국에서 보고 듣고 느낀 것도 이와 일맥상통하는 내용이 많기는 했다. 하지만 일본과도 구별되는 몇 가지 측면들이 있었다.

첫째는 소위 SNF(skilled nursing facility)가 대단히 중요한 역할을 하고 있다는 사실이었다. SNF는 우리가 일반적으로 생각하는 '너싱홈' 보다 조금 더 높은 수준의 의료 서비스가 제공되기는 하지만, 상주하는 의사는 없는 곳이다. 그러나 그 기능이나 위상의 측면에서 보면 우리나라의 노인병원과 오히려 비슷하다. 의료비가 워낙 비싼 특성에서 일부 기인하기는 하겠지만, 어텐딩 제도와 숙련된 보조 의료인력을 잘 활용하여 의료비를 절감하면서도 꼭 필요한 의료 서비스를 제공하는 시스템이 인상적이었다.

둘째는 그럼에도 불구하고 거의 모든 영역에서의 의학적 결정이 의사의 전문적인 판단을 거치도록 체계화되어 있는 사실이었다. 데이케어 센터에 일주일에 며칠을 갈 것인지, 어떤 환자가 SNF에 머물고 어떤 환자는 ADL 보조만 제공되는 주거 시설에 머물 것인지, 누구에게 어떤 요법을 적용할 것인지 등 모든 세부적인 사항들이 의사의 판단에 달려 있었다. 이 또한 불필요한 비용 지출을 줄이는 동시에 수요자에게 필요한 적절한 서비스를 제공하는 방편임은 물론이다.

셋째는 급성기 병원과 재활병원과 SNF와 데이케어 센터 등 여러 시설들의 역할과 기능이 완벽하게 나뉘어져 있다는 사실이었다. 특히 노인병학 분야에서 12년째 미국 1위를 차지하고 있는 UCLA 대학병원 노인병센터 병동의 단출함은 놀라움 그 자체였다. 세계 최고의 노인병원이 운영하고 있는 병상이 고작 17개밖에 안 된다는 사실이 시사하는 바는 매우 컸다. 의료전달체계가 사실상 와해되어 있는 우리 현실을 생각할 때 부럽지 않을 수 없었다.

넷째는 질병의 악화 예방과 노인들의 삶의 질 향상을 위한 다양한 교육 프로그램들이 진행되고 있다는 사실이었다. 또한 그 가족들을 위한 지원 시스템도 매우 잘 갖추어져 있었다. 대부분의 노인들이 만성질환을 가진 채 수십 년을 지낸다는 점을 고려할 때, 이런 프로그램의 중요성은 두말 할 나위가 없다.

다섯째는 의료기관 뿐만 아니라 SNF 등 관련 시설들에 대해서도 철저한 질 관리가 이루어지고 있다는 사실이었다. SNF는 캘리포니아에만 1,000개 이상 존재하며, 미국 전체로 볼 때는 150만 명이 SNF에서 생활하고 있다. 그리고 그 곳들에는 정부의 예산이 투입되고 있다. 어찌 보면 질 관리가 이루어지는 것이 당연한 일인 것이다. 하지만, 대학병원에 대한 질 관리조차 제대로 행해지지 않는 우리의 현실을 생각하면 부러운 일이다. 특히 캘리포니아 주 정부는 검사, 경찰, 의사, 간호사, 민간 전문가 등으로 구성된 감사 팀을 조직하여 불시에 SNF들을 방문하여 문제점을 발견하는 시스템도 이미 구축하고 있었다. 이 감사 팀은 회계 부정 등을 가려내는 것은 물론이고 의무기록 검토, 시설 검사, 환자들에 대한 학대나 방치 여부의 확인 등도 수행하고 있었다. 합리적인 규정을 만들고, 그 규정의 준수 여부를 철저히 감시하여 문제가 있는 곳에는 제재를 가하는 시스템이 있다는 것이야말로 미국이 선진국이라는 증거가 아닐까 싶었다.

마지막으로 인상적이었던 점은 역시 미국의 기부 및 자원봉사 문화였다. 우리가 방문했던 거의 모든 기관들의 현관에는 기부자들의 이름이 새겨진 명판 등이 붙어 있었으며, 후원자들의 기부금이 전체 운영비에서 차지하는 비중도 적지 않았다. 기업이나 부자들이 큰돈을 기부하는 것도 흔하지만, 평범한 시민들 또한 기부금을 내고 자원봉사를 하는 경우가 대단히 흔했다.

선진국이 되기 위해서는 국민소득의 증가 외에도 합리성과 공동체 의식 등 문화적인 측면의 발전이 병행돼야 함을 새삼 깨달은 여행이었다.

미국 노인의료시설 참관기 전문은 청년의사 제314호와 제315호에 실려 있다.

제 5 장

누워서 침 뱉기

집단 휴진이 전가의 보도인가?

나는 3년 전쯤에 이 지면에 '약대 6년제를 주장하는 분들에게 던지는 질문'이라는 제목의 칼럼을 썼었다. 정말로 궁금하여, 누군가의 대답을 기대하며 던졌던 질문은 다음 네 가지였다.

「첫째, 임상적 지식이 부족하여 복약지도를 원활하게 할 수 없다고 하는데, 지금까지 수십 년 동안 복약지도보다 훨씬 더 많은 임상적 지식이 필요할 듯한 '준 의사' 역할은 도대체 어떻게 수행해 온 것인지?

둘째, 약대에서 가르치는 내용이 현장의 약사에게 필요한 것과 동떨어져 있다고 하는데, 지금까지는 왜 그와 같은 문제점을 개선하지 못했는지? 그 간극을 줄이기 위해서 지금까지 약대 교수님들은 무엇을 했는지?

셋째, 요즘 거의 모든 기업들이 대졸 신입사원들의 실무 능력이 떨어진다고 아우성인데, 차제에 경영학과, 행정학과, 법학과, 신문방송학과, 전자공학과, 심리학과, 연극영화과 등 다른 여러 학과들도 6년제로 바꾸는 방안에 대해서는 어떻게 생각하는지?

넷째, 몇 년 전 의약분업 실시를 앞두고 약계가 부랴부랴 마련했던 '개업약사들에 대한 단기 임상약학 과정 개설'과 '2년제 임상약학대학원의 설립'등의 대책보다 2011년부터나 그 효과가 나타난다는 지금의 6년제 방안이 훨씬 좋은 방안이라고 생각하는지?」

그로부터 3년이 지나도록 누구도 이에 대한 답변을 해주지 않았기에, 나는

346

여전히 이것이 궁금하다. 아니, 오히려 새로운 궁금증까지 생겼다. 최근 교육부가 '2 + 4'라는 낯선 방식의 약대 6년제 방안을 발표했기 때문이다. 의대처럼 예과 2년 과정이 있는 것이 아니라 다른 학과를 2년 이상 다닌 사람에게 약대 응시 자격을 주는 방식이란다. 이에 의하면 지금(2005년) 중3 학생부터는 전문대학이든 방송통신대학이든 '대학 물'을 2년 이상 먹기만 하면 응시할 수 있는 '약학입문자격시험(PCAT)'과 대학별 선발 절차를 통과해야 약대에 진학할 수 있게 된다.

이것 참 신기한(!) 방식이라 아니할 수 없다. 어차피 약대가 4년제이기는 마찬가지인데, 기계공학과나 문예창작과를 2년 다니다 말고 약대에 가는 것과 고교 졸업 후 곧바로 가는 것 사이에는 어떤 차이가 있는 걸까? 이게 뭐 그리 훌륭한 제도라고 교육부는 숱한 반대에도 불구하고 이를 도입하는 것이며, 약계는 또 그토록 기뻐하는 것일까?

궁금하기도 하고 신기하기도 하지만, '공부 더 하겠다'는 것을 굳이 말릴 생각은 없다. 그들의 주장대로 국가경쟁력 강화와 국민건강 증진에 도움만 된다면, 8년제나 10년제를 도입한들 무슨 상관이리. 그러나, 2년을 더 공부한 결과가 원래의 임무를 더 잘 수행하는 것으로 나타나지 않고 본연의 역할이 아닌 것까지 해보려는 만용으로 이어지지 않을까 하는 우려를 지울 수 없다.

그런데, 더 궁금하고 더 신기한 일도 있다. 그것은 교육부 발표 이후 의협의 행보다. 이번 발표 직후 의협은 집단 휴진까지 거론하며 '전 회원 찬반투표'를 진행하고 있는데, 그 모양새가 상당히 이상해 보인다. 회원들의 찬반 의견을 물으면서 "휴진 여부는 임총을 열어서 신중히 결정한다"는 방침을 공표했기 때문이다. 뭐 신중을 기하는 것은 그렇다 쳐도, 지도부에 속하는 몇몇 인사들이 공공연하게 '진짜 휴진을 하지는 않을 것'이라 말하고 다니는 것은 도대체 뭔가? 그러면서 '정부 압박용'이라는데, 정부는 귀가 없나 눈이 없나 머리가 없나, 도대체 어느 부분에서 정부가 '압박감'을 느껴야 할지 모를 지경이다.

집행부는 또 "높은 투표율로 의사들의 단결된 힘을 당당히 보여주자"고 주장하고 있지만, 투표라는 것은 자신이 낸 의견이 집단 전체의 의사 결정에 어떤 식으로든 영향을 줄 수 있을 때 참여하고 싶은 마음이 생기는 법이다. 차라리 서명운동을 하지, 찬반투표는 왜 하는 건지 이해할 수가 없다. 투표율이 낮아도 망신이겠지만, 투표율과 무관하게 투표 이후 그 결과에 대한 해석이나 처리도 고민일 수밖에 없다. 만약 10%나 49%가 찬성하면 집행부는 뭐라고 말할 것이며, 51%나 90%가 찬성하면 어떻게 처리할 것인가? 상황이 여의치 않으면 투표율이나 찬성률을 아예 숨길 것인가?

전 회원 투표나 임시 대의원총회 등의 절차상의 신중함은 사실 없어도 된다. 생각의 신중함과 언행의 신중함이 의협 집행부에게 요구된다. 도박판에서도 '뻥카'는 어쩌다 통하는 것이며, 자주 시도하다가는 돈 잃고 바보 되기 십상이다.

2005. 8. 29.

이 찬반투표에서는 집단 휴진 찬성률이 61.09%로 나왔다. 그러나 '예상대로' 의협 집행부는 집단 휴진을 강행하지 않았다. 한편, 약학대학의 수업연한은 오는 2009년부터 6년으로 늘어날 예정이다.

5천만원짜리 연수교육?

'광고를 보면 세상이 보인다' 는 말이 있다. 흔히 들었던 이 말을, 지난달 (2003년 10월) 27일자 의협신보를 보면서 그야말로 실감했다.

이 신문에는 11개의 각종 연수교육 광고가 실려 있었는데, 그 면면이 조금 특이했다. 대한폐경학회 연수교육, 한양대 내과 연수강좌, 스트레스성 질환의 정신과적 약물 치료, 세브란스병원 당뇨병 연수강좌 등 '고전적인' 프로그램에 대한 광고는 단 4개뿐, 다른 7개의 광고는 '좀 다른' 것들이었으니 말이다.

각각의 광고들을 살펴보면, 비만체형의학에 관한 것, 카이로프랙틱에 관한 것, 복원의학에 관한 것, 보톡스에 관한 것이 각각 하나씩 있었고, 나머지 세 개는 모두 소위 '남성의학' 에 관한 것이었다.

나는 이 광고들을 접하고 여러 가지 의문점이 생겨났다. 첫 번째는 '등록비' 에 대한 것이다. 수강을 하려면 얼마를 내야 하는지 명기하지 않은 광고가 몇 있었고, 도저히 믿을 수 없을 만큼 큰 액수인 '5천만원' 을 등록비라고 표기해 놓은 광고도 있었기 때문이다.

담당자에게 전화로 문의하라고 되어 있기에 전화를 했더니, 친절한 답변이 금세 돌아왔다. 보톡스 강좌는 8시간에 150만원, 한 남성의학 강좌는 6시간에 200만원, 다른 남성의학 강좌는 기초과정 4시간에 110만원, 심화과정 7시간에 220만원이었다. 그리고 '혹시 오타가 아닐까' 싶었던 또 다른 남성의학 강좌의 등록비 5천만원도 진짜였다.

말이 쉬워 5천만원이지, 그건 웬만한 직장인들의 2년치 연봉이자 의과대학 6년 동안의 등록금 전체와 맞먹는 거액이다. 그 돈을 내고 과연 무엇을 배우는 것인지, 배우고 나면 '본전'은 언제 어떤 방식으로 뽑을 수 있는 건지, 실제로 5천만원을 투자(!)하는 사람이 있기는 한 것인지, 정말로 궁금했다.

두 번째 궁금증은 이런 식의 '교육'을 아무나(물론 제대로 된 기관이나 단체가 주최하는 경우도 있고, 그렇지 않더라도 나름의 지식이나 기술을 갖고 있는 분들이 교육을 담당하겠지만), 즉 특별한 공식적 절차 없이도 시행할 수 있는 것인지에 대한 것이다. 보습학원을 하나 차리려고 해도 신청서를 접수한 다음 현장조사를 받고 등록증을 교부 받아야 하는데, 국민 건강에 직결되는 의학 강좌에는 그런 절차가 필요 없는 것인지 궁금하다. 복지부든 의협이든 의학회든, 더 혼란스러워지기 전에 교통정리를 좀 해야 하지 않을까 싶다. 또한 강좌가 한번 열리면 적지 않은 금액의 수강료 수입을 주최측이 올릴 수 있는데, 그에 대한 세금 처리는 어떻게 하는지도 궁금하다.

세 번째 궁금증은 '이런 식으로 가면 한국 의료는 과연 어디로 갈 것인가' 하는 우려이다. 정상적인 방법으로는 적정 수준의 수익을 얻을 수 없는 저수가 체계가 지속되는 한, 의료전달체계의 확립이나 전문의 제도의 개혁이 수반되지 않는 한, 시대와 환경의 변화를 고려하지 않는 규제 일변도의 의료정책이 바뀌지 않는 한, 이런 류의 '경향'은 점점 더 심해질 것이 뻔하기 때문이다.

최근 며칠 동안 우리 신문사로는 수십 통의 문의전화가 걸려왔다. 바로 지난 주 커버스토리(제192호) '건식매장, 동네의원으로 들어오다' 때문인데, '광고성 기사'라고 항의성 전화를 걸어주신 딱 한 분을 빼고는 모두가 관련 업체 전화번호를 묻는 개원의들이었다.

많은 의사들이 의과대학에서는 가르치지 않는 것들에 오히려 더 관심을 기울이는 현실, 상당수 전문의들이 자신의 전문성을 살리지 못하고 있는 현실, 제대로 된 CME 과정도 없고 그 과정에 참여하여 신지식과 신기술을 배울 의욕도 생기지 않는 현실…. 의협신보의 광고를 보니 정말 우리 의료계의 현실이 보이긴 하는데, 그 현실은 어둡기만 하다.

연세대 국문과의 정과리 교수는 지난달(2003년 10월) 29일에 열린 '의과대학의 문학교육, 어떻게 할 것인가?'라는 심포지엄 주제발표에서 "(문학에서) 의사라는 직업을 가진 인물은 세상이 시키는 일을 '받들어' 하는 사람이 아니라 무언가를 '주도' 하는 인물로 그려진다. 그는 교사처럼 세상을 '이끄는' 사람이거나, 과학자처럼 세상을 '바꾸는' 사람이거나, 혹은 범죄자처럼 세상을 파괴하기 위해 무언가를 '꾸미는' 사람이다."라고 말했다.

문학작품 속에서는 그럴지 몰라도, 2003년 대한민국의 의사들은 '이끄는' 사람도 아니고 '바꾸는' 사람도 아니다. 뭔가를 '꾸미는' 몇몇 사람이 있을 뿐, 대다수의 의사들은 방향을 잃고 방황하고 있는 듯하다.

2003. 11. 3.

과연 본전은 뽑는 것일까?

누구나 직업은 속이지 못하는 법, 나는 어느 곳을 가든 종이로 된 신문이나 책에 집착하는 편이다. 해외여행이라도 가는 경우에는 대형 서점에 꼭 들르는 것은 물론, 호텔 로비에 놓여 있는 일간지도 찬찬히 뜯어보고 각종 판형의 정기간행물들도 유심히 살펴본다. 관광 가이드북 등 소책자도 눈길이 가는 대상이다. 그 나라 언어를 전혀 모르는 경우에도 종이의 질이나 디자인이나 기사와 광고의 배열, 제목의 크기 등을 볼 수 있으니, 나에게는 '공부' 의 대상이 된다. 이런 습성은 국내에서도 마찬가지다. 낯선 동네에 가면 그 지역에서 만들어지는 지역신문들을 뜯어보고, 관공서나 은행에 꽂혀 있는 그저 그런 매체들도 읽게 된다. 남들이 하는 것을 잘 보면, 벤치마킹의 대상으로 삼든 반면교사로 삼든 무언가 도움이 되기 마련이기 때문이다. 기사든 디자인이든 광고든, 다 마찬가지다.

기사나 디자인을 보면 그 매체의 수준을 알 수 있지만, 광고를 보면 그 매체의 수익모델과 독자층을 짐작할 수 있다. 특히 외국 매체들은 게재되는 광고의 종류가 우리와는 크게 다른 경우가 많아서, 어떤 광고가 어떤 크기로 몇 개나 실리는지를 보는 것이 재미있기도 하다.

그런 측면에서, 최근에 내가 우연히 보았던 지역신문 하나는 여러 가지를 생각하게 했다. 수도권의 어느 신도시에서 발행되는 타블로이드판형의 주간지로, 80쪽에 달하는 두툼한 신문이었다.

352

당연히 가장 먼저 보게 된 그 신문의 1면에는 모두 다섯 개의 중소형 광고들이 실려 있었는데, 놀랍게도 그것들 모두가 병의원 광고였다. 성형외과가 둘, 정신과 하나, 노인전문클리닉 하나, 치과병원 하나. 하지만 그게 전부가 아니었다. 내지 곳곳에도 의료기관 광고들이 실려 있었고, 광고를 게재한 '원장님'들이 집필한 의학정보나 칼럼들도 다수 있었다. 처음에는 그런가보다 했는데, 페이지를 넘길수록 '너무 많다' 싶은 생각이 들어서 개수를 세 보았다.

34쪽이었다! 전체 80쪽 가운데 34쪽이 의사, 한의사, 치과의사들이 게재한 광고 혹은 기사형 광고였다. 기사가 실려 있는 면도 있으니, 광고지면 중에서는 과반수 이상을 의료기관들이 차지하고 있었다.

광고주인 척 하면서 전화를 걸어보았다. 1면 광고 단가가 55만원이었다. 3개월 이상 계약할 경우에는 10% 정도 할인해 준다고도 했다. 눈에 잘 띄는 주요 지면은 이미 몇 달치 예약이 꽉 차 있어서, 광고를 하고 싶어도 하지 못할 정도였다. 의사들이 지역언론의 활성화에 기여하는 형국이라고나 할까.

모든 지역신문이 다 이렇지는 않을 것이다. 신도시라는 특성상 여러 의료기관들이 비슷한 시기에 개원하다보니 경쟁이 더 치열할 것이고, 그로 인해 빚어지는 국지적 현상일 것이다. 하지만 날로 심화되는 개원가의 경영난과 의사들 사이의 소득편차 증가와 밀접한 관련이 있을 것임을 짐작하기는 어렵지 않다.

하도 어려우니까 광고라도 하면 나아질까 하는 기대로, 혹은 남들은 광고를 하는데 나만 안 하면 더 어려워지지 않을까 하는 불안감으로, 지역신문이나 지하철이나 무료신문의 광고국에 전화를 거는 의사들이 자꾸 늘어나는 것이다. '과연 본전은 뽑는 것인지' 하는 의문을 품으면서도, 단속을 하지 않아서 그렇지 엄밀히 말하면 의료법에 저촉되는 광고를 싣는 것에 대한 우려를 하면서도, 매달 몇십만원에서 몇백만원씩의 광고비를 계속 지출할 수밖에 없는 의사들이 자꾸 늘어나는 것이다.

아직은, 적어도 의사들이 게재하는 광고들 중에는 심각한 과장이나 허위광고는 별로 없어 보인다. 의사들이 '돈을 내고' 기고하는 글의 내용도 대체로 검증된 것들이 많아 보인다. 하지만 이런 경향이 가속화되면 될수록 앞으로는 과대광고나 허위광고 등 의사집단 전체의 품위를 해치는 광고도 늘어날 것으로 우려된다. 근본적인 해결책은 의료체계 전반에 걸친 대수술이겠지만, 의료기관 광고를 양성화하는 동시에 불법적인 광고는 철저히 단속하는 조치가 시급하지 않을까 싶다.

의사들의 삶은 점점 더 피곤해지고 있는데, 어느 시사 주간지 최근호는 '변호사 주춤, 의사 약진'이라는 제목의 기사에서, 한국산업인력공단 부설 중앙고용정보원의 자료를 인용하여 '의사들의 소득이 2년 전보다 크게 늘어난 점이 무엇보다 두드러진다'고 보도하고 있다. 장담할 순 없지만, 그러한 통계가 나오는 주된 원인은 의사들의 소득이 점점 더 투명해지는 것과 전공의들의 임금 인상에 있을 것이다. 하지만 국민들은 그렇게 생각하지 않을 것이니, 더욱 답답해진다.

2004. 9. 13.

의사와 정치, 그리고 윤리

우리 의협이 정치세력화를 선언한 것은 지난 2001년 11월이다. 벌써 만 2년이 지났지만, 가시적인 성과는 고사하고 명확한 개념 및 방향 설정마저 아직 이루어지지 않은 느낌이다. 의협의 역량이 모자란 탓도 있겠지만, 더 근본적으로는 '의사와 정치' 사이에서 쉽사리 연관성을 발견하기 어렵기 때문이기도 할 것이다.

이런 우리에게 도움이 될 만한 글이 여기 있다.

「국민 대다수는 현재의 사회적 이슈들과 선거 등에 별 관심이 없으며, 의사나 의대생들도 마찬가지다. 의사들의 정치적 무관심은 사회 전반의 풍조와도 연관되어 있지만 직업적 특성 탓도 있다. 환자의 질병을 치료하는 일도 중요하지만, 실제로 사람들의 삶에 더 큰 영향을 주는 것은 다른 종류의 이슈들이다. 혼자 아이를 키우는 30세 여성에게 요로감염 치료보다 더 중요한 것은 일자리와 안전한 주거와 육아이며, 45세의 실직 노동자에게는 탈장 자체보다 건강보험에 가입되어 있지 않다는 것이 더 큰 문제이다. 우리가 정녕 환자들의 안녕을 위해 헌신하는 사람들이라면, 우리의 의무는 최선의 진료를 제공하는 것만으로 끝나는 것이 아니다. 다른 방법과 다른 형태와 다른 내용으로 대중의 더 나은 삶을 위한 정치적 변화에도 기여해야 할 의무가 있다.」

이것은 미국의사협회가 발행하는 〈Ethics Journal of the American Medical Association〉의 편집장 제프리 T. 쿨그렌이 2004년 1월호에 실은 권

두언의 일부다. 이 저널 최근호의 주제가 'Physician Activism' 이라서 이런 글을 쓴 것인데, 'activism' 이라는 단어의 사전적 의미는 '적극적 행동주의 (시위, 데모, 항의집회 등으로 정치적 혹은 다른 목적을 이루는 수단)' 이다. 좀 의역을 하자면, 이 저널의 이번 달 주제는 '의사들의 사회·정치적 활동' 쯤 되는 셈이다.

물론 의사들이 '행동'을 하는 이유 중에는 의사들 스스로를 위한 목적도 있다. 그에 대해 쿨그렌은 이렇게 쓰고 있다.

「환자들에 대한 의무에 더해, 우리는 우리의 전문가로서의 권리를 지킬 권리가 있다. 실제로 많은 의사들은 AMA나 주 의사회나 학회 등의 일원으로 이런 활동에 참여하고 있다. 이런 정치적 활동은 환자들을 위한 것과 좀 다르긴 하지만 꼭 필요하다. 사실 의료사고 보험의 위기는 의사들이 스스로를 지키지 못할 경우엔 생계 유지조차 어렵다는 걸 보여준다.」

하지만 이런 이야기가 다른 저널이 아니라 '윤리'에 관한 저널에서 다루어지고 있는 점은 이채롭다. 당연히 이 부분에 대한 언급이 이어진다.

「의사들의 적극적 행동은 때로 윤리적 갈등을 초래한다. 특히 환자 혹은 스스로를 위한 옹호가 의사의 다른 윤리적 의무와 충돌할 때는 딜레마가 생긴다. 때로는 이 두 가지가 완전히 상반된 쪽에 놓이기도 한다. 의사들은 그들의 전문적 지위로 인하여 공공정책의 수립에도 영향을 주기 때문에 사회 활동에 있어서도 높은 윤리적 기준을 지켜야 할 책임이 있다. (중략) 사실, 의사들의 행동은 매우 강력한 힘을 가진다. 이런 힘은 때로 많은 기회를 제공하지만, 윤리적 기준의 고양이 필요할 때에는 제한을 필요로 한다.」

정책수립에도 별다른 영향을 주지 못하고 윤리위원회는 여전히 허울뿐인 우리의 처지에서는 부러운 측면도 있지만, 권리와 책임을 동시에 추구하는 그네들의 견해는 분명 옳은 것이다.

이 저널에서는 또 '한국 의사들이 거리에 나선 이유'라는 제목의 글을 특집기사로 실었다. 몇 달 전 미국의사협회 윤리위원회가 본지에게 의뢰했던 원고이다. 우리의 치부를 외국에까지 드러낸 것을 두고 책망하는 분도 있을지 모르겠으나, 이 글이 의료개혁을 위한 한국 의사들의 활동에 대한 전세계 의사들의 관심과 지지를 불러일으키는 데에 일조하기를 바란다.

쿨그렌 편집장은 한국 의사들의 경험을 다룬 글에 대해 "한국의 우리 동료들이 보내온 '솔직하고도 혼란스러운, 그러나 한편으론 희망적인' 이야기"라고 논평했다.

또다시 정치의 계절이 돌아오고 있는 이 즈음, '의사와 정치는 별개' 라거나 '의사들의 정치세력화는 오로지 의협의 몫' 이라고 생각하는 분들에게, 'Physician Activism' 과 관련된 여러 주제들을 다룬 이 저널의 일독을 권하는 바다. AMA 홈페이지의 서브 사이트인 www.virtualmentor.org에서 별다른 절차 없이 전문을 읽을 수 있다.

2004. 1. 12.

'한국 의사들이 거리에 나선 이유' 전문은 청년의사 제203호에 실려 있다.

파업의 추억?

본지가 올해(2006년) 초부터 새로 시작한 코너 중에 '의심만만(醫心滿滿)'이라는 것이 있다. 의사들의 속마음을 엿보기 위해 기획된 이 코너가 만들어지는 방식은 좀 특이하다. 인터넷이나 이메일을 기반으로 실시되는 수많은 설문조사들이 주로 불특정 다수의 일회적 참여를 통해 이루어지는 반면, 이 코너는 '꾸준히' 참여하기로 미리 약속한 비교적 소수(768명)의 패널들에게만 이메일을 보내 답변을 구하는 형식을 취하고 있다. 이러한 모델 덕분에 매주 400명 안팎의 의사들의 의견이 취합되고 있고(평균 회신율이 50%를 넘는다), 이를 통해 우리는 부족하나마 전체 의사들의 생각을 미루어 짐작할 수 있다.

지난해 말, 본지가 이 코너를 기획하던 때에는 과연 적정한 수의 패널을 확보할 수 있을 것인지에 대한 자신이 없었다. 패널의 수와 평균적인 응답자 수가 최소한 각각 500명과 300명은 넘어야 설문조사의 결과가 조금이나마 의미를 가질 수 있을 텐데, 과연 그 정도의 의사들이 '매주' 번거로움을 감당하겠다고 할지 의문이었기 때문이다.

그러한 의구심 속에서, 일단은 이 코너를 만들고자 하는 취지와 설문조사의 진행 방식 등을 설명하는 편지를 작성했고, 그 편지를 본지가 이메일 주소를 확보하고 있는 3만5천여 명의 의사들에게 띄웠다. 패널 확보 목표는 1,000명으로 삼았고, 그 수가 500명 미만일 경우에는 이 코너를 포기하기로

358

결정해 두었었다.

그 편지에 적힌 '의심만만'의 취지는 이렇다. "인터넷이 보편화되면서 우리 의사들도 의사 전용 인터넷 사이트나 다른 포털 사이트들의 게시판에 많은 글을 올리고 있다. 하지만 적극적으로 의견 개진을 하는 분들과 소위 '목소리 큰 사람'의 의견이 상대적으로 크게 들리고, 침묵하는 다수의 목소리는 찾아보기가 어렵다. 특히 몇몇 의사 전용 인터넷 사이트의 게시판은 극소수 의사들의 스트레스 해소 공간으로 전락하여 순기능보다는 역기능이 더 많은 듯하다. 그래서, 평범한 의사들의 평균적인 생각을 알아보려 한다."

두 차례의 이메일 발송만으로 700명 이상의 의사들이 패널 참여를 승낙해 주셨고, 지금까지 20차례 가까이 각종 설문조사들이 실시됐다. 의료 현안과 관련된 질문들도 있었고 전혀 관련이 없는 질문들도 있었지만, 이러한 결과들이 계속 쌓일수록 한국 의사들의 중지(衆智)를 모으는 데 조금이나마 기여할 수 있을 것으로 기대한다. 한 가지 아쉬운 것은 전체 패널 가운데 공중보건의사의 비중이 너무 높은 반면 개원의들의 비중이 상대적으로 낮은 것이다(현재 공중보건의사로 일하고 있는 의사보다 개원의가 7배 가량 많은데, 패널 수는 공중보건의사가 조금 더 많다). 지금도 패널 참여의 문호는 열려 있으니, 본지 홈페이지(www.fromdoctor.com)를 통해 더 많은 개원의들이 신청해 주기를 희망한다.

아직은 초반이라 전반적인 의사들의 정서를 논하기는 이르지만, 몇 차례의 조사에서는 예상하지 못했던(즉 인터넷 게시판에서 읽을 수 있는 여론과는 다른) 결과가 나오기도 했다. 그런 면에서는 이 코너가 어느 정도 성공을 거두고 있다고 자평할 수도 있을 것이다.

한편, 이번 주에 소개된 설문조사는 지금까지 실시한 모든 설문조사들 가운데 가장 '재미있는' 결과가 도출되었다. 바로 의사들의 영화관람에 관한 것이었는데, 의사들이 평균적으로 두 달에 한 번 정도 영화관을 찾는다는 것은 별로 놀라울 것이 없었지만, 역대 한국영화 흥행순위 '탑 10' 가운데 8위에 불과(?)한 〈공동경비구역 JSA〉가 의사 사회에서는 최고의 흥행 영화로 꼽힌 사실은 매우 특이한 점이었다. 응답자 중 무려 75.8%가 이 영화를 극장에서 보았다고 답했는데, 이는 〈왕의 남자〉를 본 의사가 53.3%라는 점을 고려하면 놀라운 수치다.

우리는 의아해하면서 그 '원인'을 분석해 보려 애썼고, 마침내 '거의 확실한' 이유를 발견해 냈다. 그것은 이 영화의 개봉 날짜가 2000년 9월 9일이라는 사실이다. 의사들의 파업이 절정에 달했던 것이 그해 9월부터 11월까지이니, 영화의 상영 시기와 소위 의료대란이 벌어진 시기가 절묘하게 맞물리지 않는가.

6년 가까운 세월의 풍파와 바쁜 일상의 무게로 인해 많은 것들을 잊고 지내고 있지만, 돌이켜 생각하면 그 당시의 기억들이 새록새록 되살아난다. 하지만 그 때 가슴에 새겼던 다짐들을 얼마나 지키며 살아왔는지를 생각하면 부끄러움이 앞선다. 가운을 벗고 삼삼오오 〈공동경비구역 JSA〉를 보러 갔던 것만이 '파업의 추억'으로 남아서는 안 될 일인데 말이다.

2006. 5. 8.

모범답안이 정말 모범인가?

이제 곧 의협회장 선거가 치러진다. 아마도 여덟 명의 후보가 출마할 모양이다. 아직 공식적인 선거운동은 시작되지도 않았지만, 모든 후보들은 나름대로 자신이 당선돼야 하는 이유를 제시하며 표밭을 다지고 있다. 각 시도의 사회장 선거도 한창이다. 이미 선거가 치러진 곳도 있으며, 여러 시도에서 곧 새로운 시도의사회장을 뽑게 된다. 바야흐로 의료계의 선거철이라 할 만하다.

어떤 집단이든 지도자를 잘 선택하는 일의 중요성은 새삼 재론할 필요도 없다. 우리나라 축구 국가대표팀의 감독이 본프레레에서 아드보카트로 바뀌고 난 직후에 '감독 하나 바꿨을 뿐인데' 라는 말이 유행어가 됐던 것만 떠올려도 그렇다. 현대 사회가 복잡다단해지면서, 특히 큰 집단일수록, 지도자 개인이 해결할 수 있는 문제의 폭이 좁아졌다고는 하지만, 훌륭한 지도자 한 사람의 역할은 여전히 막중하다.

그런데 문제는 여러 후보자들 가운데 누가 정말로 괜찮은 재목인지를 알기가 쉽지 않다는 점이다. 〈티핑 포인트〉, 〈블링크〉 등의 베스트셀러를 집필함으로써 2005년 〈타임〉지가 선정한 '가장 영향력 있는 100인' 에도 선정된 바 있는 말콤 글래드웰은 '어떤 사람의 됨됨이를 알기 위해서는 단 2초만이 필요할 뿐' 이라고 주장하기도 했지만, 대부분의 유권자들은 후보자들과의 직접적인 만남이 전혀 없는 상태에서 선택을 해야 한다.

물론 미디어가 보완적인 역할을 한다. 여러 미디어들은, 대중이 선거에 관심이 있든 없든 마치 그것이 미디어의 숭고한 사명이라도 되는 양, 후보자들의 면면을 파헤치고 전달한다. 하지만 미디어를 통해 보여지는 후보들의 모습은 그들의 진면목이라 하기 어려운 측면이 있다. 선거에 임하는 후보들은 진작부터 공약과 인터뷰와 연설문을 준비하고, 나름대로 치밀하게 계산하여 준비한 '모범답안'만 앵무새처럼 반복하기 때문이다. 당연히 후보들 사이에 별다른 차이점도 발견되지 않는다.

'모범답안'이라는 단어는 이중적으로 쓰인다. 그야말로 모범적이고 바람직한 해결책이라는 의미로 쓰일 때도 있지만, 때로는 너무도 뻔하여 창의성이나 개성이 전혀 없는 진부한 원론에 불과하다는 의미로 쓰이는 것이다.

선거에 출마한 후보든 입사 시험을 치르는 지원자든, 누군가를 좀더 정확히 검증하기 위해서는 '모범답안' 이외의 답변을 이끌어내는 것이 필요하다. 근면함과 성실함을 최고의 미덕으로 평가하던 시대는 이미 오래 전에 지나갔다. 지금은 창의성을 가장 중요하게 생각하는 시대이며, 정보의 홍수 속에서 여러 정보들을 어떤 시각으로 바라보고 재구성하여 가치 있는 결과를 도출해 내느냐 하는 것이 중요한 시대이다.

이미 확립된 패턴에 따라 논리적으로 접근하는 것이 아니라 통찰력이나 창의성을 발휘하여 기발한 해결책을 찾는 방법을 지칭하는 '수평적 사고(lateral thinking)'라는 용어는 옥스퍼드 사전에 올라 있을 정도로 보편적인 용어가 됐다. 마이크로소프트를 비롯한 세계적 초일류 기업들은 신입사원을 뽑을 때에 '퍼즐'이라 부를 만한 황당무계한 문제들로 이루어진 시험을 치르기도 한다.

그런 의미에서 나는, 의협회장 선거에 출마한 후보들을 상대로 시험을 치르게 하고 싶다는 생각을 한다. 필기시험도 좋고 구두시험도 좋지만, 문제를 사전에 알려주지 않아야 함은 물론이고 참모들과 상의도 할 수 없도록 해야 한다. 의료계의 현안과 관련된 문제라면 아주 세부적이고 구체적인 질문을 던져야 할 것이며, 현안들과 전혀 관련이 없는 다양한 문제들도 당연히 출제되어야 할 것이다.

물론 이런 생각은 실현되지 못할 것이다. 선거관리규정에 어긋나는 것은 아닐지 몰라도 모든 후보들의 동의를 얻기가 어려울 것이기 때문이다. 하지만 후보자 초청 합동토론회 등의 형식을 통해 최소한의 검증은 시도해 볼 수 있을 것이다. 본지는 지난 두 차례의 의협회장 선거에서 후보자 초청 합동토론회를 개최한 경험을 살려, 이번에도 토론회를 개최할 예정이다. 준비된 모범답안 원고를 보고 읽는 것 대신, 후보자들의 능력과 철학의 편린이라도 드러낼 수 있도록 노력해 볼 생각이다. 회원들이 가장 묻고 싶은 질문이 무엇인지에 대한 사전 조사도 실시할 계획이다.

그런데 유감스러운 것은 선거관리위원회에서 이번에는 후보자 초청 토론회 개최를 엄격히 제한하려는 움직임을 보이고 있는 점이다. '후보자들에게 부담을 준다' 는 것이 이유인 듯한데, 미디어에 노출되는 토론회에 참가하는 부담을 견디지 못할 후보가 있다면 아예 출마 의지를 접는 편이 낫지 않을까. 선관위가 회원들의 '알 권리' 와 후보들의 '알릴 권리' 를 제한하는 일이 없기를 희망한다.

2006. 2. 6.

다행히 선관위는 후보자 초청 토론회 제한 방침을 철회했고, 청년의사는 2006년 2월 19일 여덟 후보자를 초청하여 토론회를 개최했다. 토론회 실황은 메디TV에 의해 다섯 차례 녹화중계됐다.

Always make new mistakes!

에스더 다이슨(Esther Dyson)이라는 미국 여성이 있다. 올해(2006년) 54세인 그녀는 전세계 컴퓨터업계에서 가장 영향력 있는 인물 중 하나로 꼽히며, '슈퍼우먼', '미국 컴퓨터업계의 사부' 등으로 불리는 여걸이다. 뛰어난 미래 예측력 때문에 '에스더가 눈길을 주면 반드시 성공한다'는 속설이 있을 정도라서, 신제품을 출시하는 업체들은 그녀의 눈과 귀를 잡기 위해 아우성이다.

그러나 그녀의 주된 직책은 컴퓨터 관련 계간지 〈릴리스 1.0(release 1.0)〉을 만드는 '에드벤처 홀딩스(EDventure Holdings)'의 대표일 뿐이다. 1년 구독료가 285달러인 잡지를 판매하는 회사의 매출이 그리 대단할 리는 없다. 비록 그 잡지를 월스트리트나 실리콘밸리의 주요 기업 총수들이 탐독한다고 해도, 그리고 그 회사가 2개의 IT 관련 컨퍼런스를 매년 개최하면서 부가적 수익을 올린다고 해도, '에드벤처 홀딩스'라는 회사는 하나의 '중소기업'에 불과하다.

하지만 그녀는 인터넷 도메인을 관리하는 비영리 국제기구 ICANN의 회장이며, 전자프론티어재단 부회장이며, 미국 국가정보기반위원회 위원이며, 산타페연구소, 동서문화연구소, 유라시아재단 등 유수한 연구소 및 재단의 집행위원도 맡고 있다.

그녀는 일찍이 PDA의 미래 등 IT 관련 분야의 발전상을 정확하게 예측했으며 〈릴리스 2.0〉이라는 제목의 저서를 출간하여 IT 발전으로 인한 미래 사회의 변화를 조망함으로써 '미래학자'라는 타이틀로 불리기까지 한다.

그녀를 유명하게 만드는 또 다른 요인 하나는 그녀가 늘 이야기하는 자신의 '모토'다. 그것은 우리말로 옮기면 '같은 실수를 되풀이하지 마라' 정도의 평범한 말이지만, 원문으로는 'Always make new mistakes'라는 참신한 문장이다.

그는 여러 인터뷰나 연설 등에서 이 표현을 쓰면서 부연 설명을 하곤 한다. 한 잡지 인터뷰에서는 기자가 그녀에게 "도대체 (벤처기업인들이) 반복하면 안 되는 실수란 어떤 것이 있는지 구체적으로 말해 달라"고 하자 이렇게 말했다.

"예를 들면 고객에게 과도하게 비싼 값을 청구하는 것이지요. 그게 실수처럼 보이지 않는다는 점은 알지만, 언젠가 그 사실을 알아차리게 될 고객들은 반드시 당신을 싫어하게 될 겁니다. 결코 해서는 안 되는 가장 큰 실수는, 당신이 단지 고객을 이용했을 뿐이라는 사실을 그들이 쉽게 잊을 것이라 생각하는 겁니다. 사람들의 기억은 꽤 오래 갑니다."

그녀는 1998년에 한 대학에서 행한 연설에서 이런 말도 했다. "같은 실수를 두 번 반복해서는 안 되지만, 모험을 두려워해서는 안 됩니다.", "동료들을 지지하고 사람들을 믿으십시오. 그렇게 할 필요가 없었다는 것을 나중에 알게 될 수도 있겠지만, 그들을 신뢰하지 않으면 당신은 아무 것도 깨달을 수 없습니다.", "당신이 하늘 아래 완전히 새로운 일을 처음으로 하게 되는 기회란 존재하지 않습니다. 하지만 당신이 무슨 일을 하든, 거기에서 당신은 교훈을 얻어야 합니다. 그래야 발전할 수 있습니다."

에스더 다이슨의 모토는 지금은 꽤나 보편화되어 심지어 '팬시용품'에까지 활용되고 있다. 수많은 고전적인 '명언'들과 마찬가지로 학생들의 공책이나 필통에 새겨지는가 하면, 그 모토가 적혀 있는 냉장고 자석도 있다. (사실은 우리 집 냉장고에도 하나 붙어 있다. 일본의 어느 가게에서 발견한 것인데, 당시에는 누가 한 말인지도 모르고 사 왔지만 나중에 알고 보니 그녀의 말이었다.)

에스더 다이슨의 모토를 새삼 떠올린 것은 본지와 대한개원의협의회가 공동으로 주최한 '제34대 의협회장선거 후보자 초청 토론회' 현장에서였다. 대부분의 질문들이 사전에 공개되지 않은 채 즉석에서 던져졌음에도 불구하고, 각 후보들의 답변은 너무도 매끄럽고 모범적이었다. 그러나 아쉬움도 컸다. 각 후보들의 답변 대부분이 한결같이 '표를 의식한' 것들이었기 때문이다.

모든 후보들은 회원들의 귀를 거슬리게 하는 답변을 하지 않기 위해 무던히도 애를 쓰는 모습이었다. 듣기 좋은 말이 꼭 몸에 좋은 것은 아닐 텐데 말이다. 한결같이 의료계의 요구들이 모두 정당하다고만 말했고, 의사들의 억울한 처지만을 역설했다. 지금까지 자신이나 의료계가 범했던 실수들을 인정하면서 거기에서 얻은 교훈이 무엇이었는지를 말하는 후보는 아무도 없었다. 그러면서 장밋빛 미래만을 약속했다. 때문에, 앞서 소개했던 에스더 다이슨의 말에 등장하는 '고객', '사람들' 등의 단어를 '국민', '회원'으로 바꾸어서 후보들에게 들려주고 싶은 마음이 들었다. 기억은 오래 지속된다.

2006. 2. 27.

그가 누워서 침을 뱉으면

대만 출신의 미국 기업가인 제럴드 수(Gerald Hsu) 이클레어(Eclare) 그룹 회장은 꽤나 유명한 사람이다. 1947년생인 그는 우선 미국 실리콘밸리에서 가장 높은 연봉을 받는 CEO로 알려져 있다. 또한 숱한 역경을 이겨내고 현재의 자리에 올랐다는 점에서도 유명하다.

그의 '화려한' 이력은 이렇다. 1960년대 말 단돈 700달러를 들고 도미했는데, 당시 그가 받은 토플 점수는 불과 430점으로 평범한 미국 대학의 입학 자격(550점)에 훨씬 못 미치는 수준이었다. 미국 생활 첫 9개월을 1,000개의 화장실을 청소하면서 보내다가 어렵게 아이오와대학에 들어갔지만 평점 미달로 퇴학을 당했다. 이후 각고의 노력으로 MIT를 비롯한 17개 대학 및 대학원에서 응용수학, 컴퓨터과학, 토목공학 등 다양한 학문을 공부했다. 1971년 290개 회사에 지원했으나 모두 낙방했으며, 1984년 이후 10개의 회사를 설립했지만 모두 실패했다. 그러나 1994년에 아반트(Avant)사를 설립하여 성공을 거두었고, 그는 이 회사를 2002년에 12억 달러(약 1조 2천억원)에 매각했다. 지금은 이클레어 그룹의 CEO다.

그를 더욱 유명하게 만드는 것은 '워커홀릭'이라 불러야 할 정도의 일에 대한 열정이다. 그는 무려 4년 동안 집에 가지 않고 회사 근처의 호텔에서 생활한 적도 있으며, 12년 동안 단 하루도 빼놓지 않고 근무한 기록(?)도 갖고 있다. 그 기간 동안 휴가는 물론 없었으며 주말에도 쉬지 않았다고 한다. 30

년 이상 하루 평균 16~17시간, 주당 100~110시간을 근무했다니, 보통 사람이 아닌 것만은 확실해 보인다. 그는 또한 독서광이기도 해서, 경영·경제·금융·마케팅 등 온갖 분야의 책을 1만권 이상 읽었다.

이 정도로 열심히 살면 누구든 성공할 수 있을 것처럼 느껴지지만, 그래도 사람들은 그에게 성공비결을 묻기 마련이다. '비결'을 묻는 질문에 대한 그의 답변은 지극히 평범하다. 주류 사회의 구성원인 백인들보다 3배 이상의 피땀을 쏟았다는 것이다. 하루 24시간을 3배로 활용하기 위해 "시간을 순수성(purity)을 갖고 쓴다"는 말도 했다. 어느 기자가 가족 내의 갈등은 없는지를 묻자 "많은 사람들이 집에 일찍 가더라도 텔레비전을 보며 시간을 설렁설렁 보내지 않는가. 나는 가족과의 시간도 효율적으로 쓰려고 애썼다. 짧은 시간이라도 가족들과 얼굴을 맞대고 대화의 질을 높이려고 집중했다"고 대답하기도 했다.

하지만, '노력하면 된다'는 뻔한 진리 외에 그가 말하는 또 다른 비결이 하나 있기는 하다. 그것은 "명예·권력·돈 가운데 한 가지만 선택하라"는 것이다. 하나를 얻음으로써 다른 것이 따라올 수는 있겠지만, 처음부터 두 가지 혹은 세 가지를 쫓아서는 어느 것도 얻을 수 없다는 말이다. 세 가지 가운데 어느 하나도 제대로 가지지 못하는 것이 대다수 사람들의 인생이지만, '약간의' 명예나 권력이나 돈이라도 얻으려면 '선택과 집중'의 전략이 필요하다.

최근 차기 의협회장으로 선출된 장동익 당선자에게 묻고 싶다. 명예와 권력과 돈 중에서 지금까지 무엇을 쫓아서 살아왔느냐고, 앞으로는 무엇을 쫓으며 살아가겠냐고 말이다.

장동익 당선자가 지금까지 무엇을 지향해 왔는지는 알 수 없으나, 알려진 바에 의하면 그는 적어도 '돈'의 측면에서는 남부러울 것이 없는 사람이다 (건강보험 청구 1위는 아무나 하는 것이 아니지 않은가). 그리고 의협회장이라는 '별 것 아닌' 권력도 누리게 됐다(고 치자).

하지만 회원들이 바라는 것은 돈 많은 의협회장도 아니고 작은 권력에 취하여 호가호위하는 의협회장은 더더욱 아니다. 굳이 고르자면, 명예를 누리는 의협회장을 바라는 것이다. 의협회장의 명예가 곧 의사 집단 전체의 명예와 직결되기 때문이다.

아직 임기를 시작하지도 않은 분에게 이런 이야기를 해서 안 됐지만, 장동익 당선자가 선거운동 기간에 보여준 모습은 솔직히 그리 명예로운 것은 아니었다. 아는 사람은 다 아는 이야기지만, "돈 많은 사람은 역시 다르다"는 냉소와 "돈 많은 사람이 왜 저러나" 하는 비판을 받을 만한 일을 적잖이 행했기 때문이다.

흔히 하는 말로 그는 이제 '공인'이 됐다. 일거수 일투족이 노출될 뿐만 아니라 외부로 드러나는 모든 면목들이 개인의 것이 아니라 의사들 모두의 것이 되는 부담을 지게 된 것이다. 그가 누워서 침을 뱉으면 우리들의 얼굴에 떨어질 것이고, 그의 체면이 깎이면 우리 모두의 얼굴이 붉어질 것이다. 부디 과욕을 버리고 명예를 추구하는, 인격의 향기를 지닌 리더가 되어주기를 간절히 바란다.

2006. 3. 27.

처음처럼

　지난 (2006년) 2월초에 나온 두산의 소주 '처음처럼' 이 소주 시장에 돌풍을 일으키고 있다. 6년 전에 두산이 내놓은 산(山)소주가 소주 시장 점유율 5%를 넘지 못했던 것에 비해, '처음처럼' 은 불과 몇 달만에 점유율 8%를 넘어 조만간 10%를 돌파할 전망이다.

　'처음처럼' 이 지금의 돌풍을 어디까지 이어갈지를 전망하기는 쉽지 않지만, 업계에서는 벌써부터 '처음처럼' 의 성공 비결이 무엇인지를 놓고 해석이 분분하다. 알칼리수를 술의 원료로 처음 사용함으로써 목 넘김을 부드럽게 했다는 것, 낮은 알코올 도수, 숙취 해소에 도움을 주는 성분 첨가, 가격 경쟁력 등이 성공 요인으로 꼽히고 있지만, 모르긴 해도 '처음처럼' 이라는 브랜드 자체와 독특한 서체 덕택도 적지는 않은 듯하다.

　두산의 소주병에 적혀 있는 '처음처럼' 이라는 글씨는 〈감옥으로부터의 사색〉으로 유명한 신영복 성공회대 교수의 작품이다. 신 교수는 '처음처럼' 이라는 제목의 짧은 시도 썼다. '처음으로 하늘을 만나는 어린 새처럼 / 처음으로 땅을 밟고 일어서는 새싹처럼 / 우리는 하루가 저무는 저녁 무렵에도 / 아침처럼 / 새봄처럼 / 처음처럼 / 다시 새날을 시작하고 있다' 라는. 그래서 두산 측에서 신영복 교수에게 일종의 저작권료를 지급하려 했지만 신 교수가 고사했고, 두산 측에서는 저작권료 대신 성공회대에 1억원의 장학금을 기탁했다는 일화도 알려져 있다.

370

소주가 잘 팔리니 두산 그룹 임직원들은 아예 술자리 건배 구호를 '처음처럼' 으로 바꾸었다는 이야기도 들린다. 두산의 한 직원이 회식 자리에서 '우정도 처음처럼, 사랑도 처음처럼, 술도 처음처럼' 이라는 구호를 외친 이후 그룹 전체로 퍼진 것이라 한다. 이 구호에서 나타나듯 '처음처럼' 이라는 말은 대단히 매력적인 말이다. '첫 경험' 이란 얼마나 설레는 일이던가. 첫사랑, 첫 키스, 첫 출근, 첫 출산, 첫 작품, 첫 환자 등등. 만약 소주 '처음처럼' 이 지금과 같은 상승세를 이어나가 '진로' 의 아성을 무너뜨리기라도 한다면, 아마도 '브랜드 네이밍' 이 얼마나 중요한지를 잘 보여주는 사례로 기록되지 않을까 싶다.

'처음처럼' 이라는 말은 곧 '초심을 잃지 말자' 는 뜻을 담고 있다. 너무나 흔한 말이지만 지키기는 쉽지 않은 것이 초심을 지키는 일일 것이다. 실제로 우리는 '초심을 잃지 않겠다' 는 다짐을 해 놓고서 오래지 않아 그 다짐을 헌신짝처럼 내팽개친 '높으신 분' 들을 많이 봐왔다. 그리고 우리들 스스로도, 많은 사람들 앞에서 공개적으로 약속하지 않았기에 비난을 덜 받았을 뿐, 초심을 기억하지 못한 경험들을 모두가 갖고 있을 것이다.

비록 변절하는 사람들이 많기는 하지만, '처음' 은 '나중' 을 예측할 수 있게 하는 바로미터이기도 하다. 때문에 취임사를 준비하는 일이 보통의 연설을 준비하는 것보다 훨씬 어려우며, 운동 경기에서는 모두가 기선을 제압하려 애쓴다. 높은 직책에 오른 사람이 처음으로 잡는 공식 일정이 무엇인가 하는 것은 그 사람의 소신과 철학을 상징적으로 보여주는 일이기도 하다. 정치인이나 고위 공직자들이 취임 후 첫 번째 일정으로 흔히 국립묘지 참배를 선택하는 것도 '선공후사' 와 '멸사봉공' 의 의지를 드러내고 싶기 때문일 것이다.

'처음' 에 대한 사람들의 기대가 큰 만큼 첫 단추가 잘못 끼워졌을 때의 낭패 혹은 실망감 또한 크기 마련이다. 의욕적으로 출범했던 의협 중앙윤리위원회가 '처음으로' 징계 조치를 내린 대상이 김용익·조홍준 교수였을 때, 많은 의사들이 두 교수에 대한 호 불호를 떠나서 당혹감을 느꼈던 것도 비슷한 이치이다. 모두들 아는 바와 같이, 의협 중앙윤리위원회는 그 이후 지금까지도 제 역할을 못하고 있다.

장동익 회장 집행부가 출범한 이후 처음으로 열린 상임이사회에서 의결한 사안이 회장 승용차를 에쿠스 리무진으로 바꾸는 것이었다는 사실이 알려지면서 일부 회원들의 비판이 일고 있다. 그러자 신임 집행부는 기존 차량이 12만Km나 주행한 탓에 수리비 견적이 585만원이 나올 만큼 차량 상태가 안 좋았다느니, 고쳐서 쓰다가 내년에 파는 것보다 지금 파는 것이 금전적으로 이익이라느니 하는 등의 해명을 하고 있다.

나는 대한의사협회 회장이 에쿠스 정도의 차량을 타고 다니는 것에는 아무런 문제가 없다고 생각한다. 많은 회원들도 그렇게 생각하리라 생각한다. 모르긴 해도 장동익 회장이 평소에 타고 다녔던 차량도 꽤 좋은 차였을 것이다.

그러나 내가, 그리고 많은 회원들이 곱지 않은 시선을 보내는 것은 그게 '첫 상임이사회'에서 결정됐기 때문이다. 매주 하는 회의이니 두 번째나 세 번째나 혹은 일곱 번째 회의에서 결정해도 되는 일이지 않은가. '처음처럼'이라는 말이 새 집행부의 상임이사회에는 적용되지 않기를 소망한다.

2006. 5. 15.

'만능 의사'들이 늘어난다

요즘 퀴즈 프로그램에 심심찮게 등장하는 시사용어 가운데 '컨버전스 (convergence)'와 '유비쿼터스(ubiquitous)'가 있다.

컨버전스는 '점차 한 점으로 집합함'을 뜻하는 단어로 수학에서는 '수렴'을 뜻한다. 하지만 최근에는 동종·이종 간의 통합이나 융합을 뜻하는 용어로 사용되고 있다. 휴대전화에 카메라나 MP3 플레이어가 내장되는 일, 은행이 보험업까지 겸하는 방카슈랑스의 출현, 신용카드에 교통카드나 신분증 기능이 더해지는 일, 건강 암 상해 화재 자동차 보험 등을 합친 통합보험 등이 그 사례들이다.

유비쿼터스는 '언제 어디서나 존재한다'는 뜻을 가진 라틴어에서 유래한 말이다. 이는 휴대전화, TV, 게임기, 휴대용 단말기, 카 네비게이터 등은 물론이고 냉장고, 안경, 침대, 보일러 등 PC가 아닌 (거의) 모든 기기들을 네트워크로 연결하여, 언제 어디서나 누구나 자유롭게 네트워크에 접속할 수 있는 정보통신 환경을 말한다. 최근 정부가 심혈을 기울이고 있는 'u 코리아 구상'의 'u'가 유비쿼터스를 뜻하는 말이며, 전자차트업체 메디다스의 새 이름 '유비케어'의 '유비'도 유비쿼터스를 뜻하는 말이다.

혹자는 컨버전스와 유비쿼터스라는 두 가지 용어가 곧 미래사회의 키워드라고도 한다. 서비스와 서비스, 산업과 산업 사이의 활발한 컨버전스가 사람들의 일상 생활 및 소비 패턴에 혁명적인 변화를 초래할 것으로 전망되기 때문이며, 모든 사물에(심지어 사람에게까지) 작은 칩이 깃들게 되는 유비쿼터스는 모든 사회 분야에 대한 새로운 패러다임을 만들어낼 것으로 예측되기 때문이다.

언뜻 듣기에는 과학소설에나 나오는 이야기처럼 들리지만, 이미 그 일부가 실생활에서 구현되고 있을 뿐만 아니라 우리나라를 비롯한 많은 나라들이 불과 수년 후까지 이러한 정보통신 인프라를 완성하기 위한 구체적 목표까지 세워놓고 있다. '먼 훗날의 가능성'이 아니라 '가까운 미래의 현실'인 셈이다.

이 새로운 유행어들을 자꾸 듣다가 문득 조금은 엉뚱한 생각이 들었다. 최근 의료계에서 벌어지고 있는 현상들에도 '컨버전스'와 '유비쿼터스'가 내포되어 있는 듯하다는 것이 그것이다.

먼저 떠오른 것은 전문과목이나 학회의 명칭을 바꾸려는 일련의 움직임이다. 방사선의학회는 영상의학회, 마취과는 마취통증의학과, 임상병리과는 진단검사의학과 등으로 이미 개명이 이루어졌고, 소아과를 소아청소년과로, 흉부외과를 흉부심장혈관외과로, 산부인과를 여성의학과 등으로 바꾸려는 시도도 진행되고 있다. 이에 더하여, 무척이나 긴 이름(소위 '돈 되는' 항목들을 다 갖다 붙인 듯한)의 학회들도 속속 새롭게 생겨나고 있다.

조금씩 그 명분은 다르지만, 기본적인 이유는 각 전문과목에서 다루는 영역이 과거에 비해 넓어졌다는 데에 있다. 최근 수십년 동안 의학은 줄기차게 세분화, 전문화의 길을 걸어왔지만, 최근에는 오히려 여러 분야들이 융합되거나 최소한 협력하는 방향으로 변화하고 있는 것이다.

점점 많은 의사들이 건강기능식품을 취급하기 시작하는 일도 넓게 보면 일종의 '컨버전스'라고 할 수 있을 것이고, 피부관리실이나 산후조리원 등을 동시에 운영하는 의료기관들이 늘어나는 것도 마찬가지로 해석할 수 있을 듯하다. 적법성 여부를 따지지 않는다면, 침을 놓는(IMS라고 부르기는 하

지만) 의사들이 늘어나고 CT나 MRI를 들여다보는 한의사들이 늘어나는 것
도 그에 해당할 것이다.

하지만 의료계에서 벌어지는 이런 현상들은 다른 분야의 컨버전스나 유비
쿼터스 경향과 결정적으로 다른 점이 있다. 과학기술의 발달에 따른 선진적
인 변화라기보다는 잘못된 제도와 내부 경쟁의 과열로 인한 '왜곡의 극치'
이기 때문이다.

세월의 변화에 따라 달라지는 환자들의 요구에 부응하기 위해, 날로 발전
하는 의학의 최신지견을 쫓아가기 위해, 질병이 아니라 '인간'을 다루어야
하기 때문에 의사들이 부단한 노력으로 자신의 외연을 확장하는 것이라면
얼마나 좋을까. 하지만 전문과목에 상관없이 '돈이 되는 것이면 무엇이든'
하는 의사들이 늘어나는, 그리하여 온갖 영역의 비보험 진료를 척척 수행할
수 있는 '만능 의사'들이 늘어나는 현상은, 분명히 디스토피아의 전조다.

2004. 11. 1.

상위 25%에 속하는
복지부의 '고해성사'

보건복지부는 지난 (2005년 6월) 15일, 지난해 부패방지위원회가 확인하고 자체 감사 등을 통해 밝혀낸 관행적 부조리에 취약한 5개 유형 11개 사례 및 대책을 발표했다.

복지부가 본부와 소속기관이 수행중인 200여가지 업무와 관련된 부조리를 분석한 결과에 따르면 ▲특정 협회나 기관, 단체 모임, 세미나 등에 출강하면서 50만원 이상의 강의료를 받는 사례 ▲근무시간에 대학 등에 지속적으로 출강하며 연가사용 및 신고를 하지 않는 사례 ▲관련 협회나 단체의 기념일 등에 유공자로 선정돼 금품을 받는 사례 ▲법인카드로 술값을 계산하는 등 업무추진비 남용 사례 ▲연구용역비로 지급된 돈을 연구와 관련 없는 물품 구입에 사용하는 사례 ▲각종 공사와 용역 및 물품구입 등과 관련하여 금품 또는 향응을 받는 사례 ▲의약품 구매시 특정 의약품을 지정하는 방식으로 사실상의 수의계약을 맺고 있는 사례 등 다양한 '부조리'들이 있어 왔다.

복지부는 이같은 부조리를 없애기 위한 대책도 발표하여 7월 1일부터 시행하기로 했다. 이 대책에 따르면 직무와 관련해 금품을 받은 경우 금품 액수에 관계없이 인사조치하고 해당 금품은 반환키로 했다. 또 법인카드와 업무추진비를 부적절하게 사용할 때는 해당 직원으로 하여금 금액을 전액 변상토록 했으며, 민원인들을 대상으로 부조리 감시 모니터링을 지속적으로 실시키로 했다.

그런데 복지부의 이번 발표에 대한 언론의 다양한 반응이 재미있었다. 우선, 외부기관에 의한 적발 사례가 포함된 비리유형을 발표하면서 사용한 '고해성사'라는 단어가 부적절하다는 지적이 있었다. "직원 스스로가 잘못을 고백한 것도 아니면서 고해성사 운운한 발표 역시 부조리했다"는 것이다. "복지부 '챙기기 달인들' 백태공개"라는 선정적 제목과 "교묘한 방법의 부조리를 통해 금품을 챙겨온 것으로 드러났다"는 문장으로 공무원들의 부패를 강조한 기자도 있었다.

반면 "용기 있는 '복지부 고해성사'"라는 제목의 칼럼을 통해 청렴을 강조하는 김근태 장관의 의지를 높이 평가한 기자도 있었다. 이 기자는 "더러운 속곳을 까발리는 용기는 높이 살만 하다"라는 다른 기자들의 반응을 소개하면서, 과거 불법 정치자금 수수에 대한 양심고백을 했던 김근태 장관이 드물게 신뢰할 정치인으로 꼽히고 있다는 말도 덧붙였다.

이 자료를 보면서 여러 가지 생각을 하게 된다. 보건복지부는 지난해 부패방지위원회 조사에서 대민 업무가 있는 32개 중앙부처 중 8번째로 청렴한 부처로 나타났다. 상위 25%에 속하는 부처가 이 정도이면, 하위 25%쯤에 해당하는 부처들의 실상은 어떨까? 뭐 사실 새삼스러울 것은 없는 발표이니, 차라리 앞으로 이런 부조리를 근절하겠다는 계획에 대해 박수를 보내야 할까? 강의료나 유공자 포상 등 여러 가지 명목으로 과다한 현금과 황금열쇠 등을 건넨 쪽에는 필경 의료계도 포함되어 있을 텐데, 그걸 부끄러워해야 하는 걸까? 의료계의 부조리에 대해 늘 비판과 처벌의 칼날을 세워 온 복지부 공무원들의 행동이 '하나도 나을 것이 없다'는 사실에 위안 혹은 경멸을 느껴야 하는 걸까?

나는 이번 발표를 보면서 의료계도 스스로를 돌아봐야 한다고 생각한다. 고해성사가 아니라 다른 입에 의해 굴욕적으로 폭로되어 왔을 뿐, 여전히 의료계에도 다양한 형태의 '관행적 부조리'가 만연해 있기 때문이다.

짧은 강연을 하고 나서 많은 강연료를 받는 공무원이, 연자가 아니라 청중으로 참석한 제약회사 주최의 학술행사를 다녀오면서 하지도 않은 강연료(흔히들 거마비라 하지만 제약회사들은 강연료 명목으로 회계 처리를 한다)를 받는 의사보다 특별히 더 부조리한가? 연구용역비를 받아서 그와 무관한 물품을 구입하는 공무원이, 형식상의 PMS(post marketing surveillance)를 해 주는 대가로 적정 수준 이상의 돈을 받는 의사보다 특별히 더 부조리한가? 그리고 그 많은 부조리를 조장하는(스스로는 억울하다고 항변할지 모르지만) 일부 제약회사들은 과연 일부 공무원들보다 덜 부조리한가? 그 많은 기자회견이며 기자간담회에 열심히 참석하여 보도자료는 안 챙겨도 '촌지' 라는 이름의 봉투는 꼭 챙기는 대부분의 전문지 기자들은 과연 복지부 공무원들보다 덜 부조리한가? 대체로 '관행적 부조리' 는 사법처리의 대상이 아니다. 의료계의 부조리 대부분도 사법처리의 대상은 아닐지 모른다. 그러나 그것은 자존(self dignity)의 문제로, 다른 모든 사고와 행동의 범주에 영향을 준다. 거창한 고해성사까지는 필요 없다. 그저 자신에게 좀더 떳떳해지면 된다.

2005. 6. 20.

대한의사협회 vs. 대한병원협회

의협과 병협이 또다시 갈등 관계에 접어들고 있다. 평소에도 사이가 좋은 편은 아니었지만, 이번에는 대립의 각이 좀더 날카롭다. 발단은 병협이 '의료기관단체 중앙회의 의료법상 법정단체화'를 주요골자로 하는 의료법 개정을 청원한 것이다. 쉽게 말해서 병협을 법정단체로 인정해 달라는 것이다.

병협의 주장은 이렇다. "약사법에는 약사단체 설립근거와 동시에 약업단체(제조, 수입, 판매업) 설립근거가 마련되어 있지만, 의료법에는 의료기관의 단체의 설립에 대한 법적 근거가 마련되어 있지 않아 형평성이 없다. 병협이 법정단체가 아니라는 이유로 각종 정부정책 결정과정에서 배제되어 소속 회원의 보호와 지도·감독 및 공익성 확보에 어려움이 많다. 병원에는 다양한 종사자가 근무하므로 특정 의료인단체에 소속될 수 없다. 의료시장 개방을 앞두고 경쟁력 제고를 위해 병협의 법정단체화와 병원산업 육성을 위한 제도적 뒷받침이 필요하다."

의협의 반박 논리는 이렇다. "약사법의 약업단체 설립규정은 임의규정에 불과하다. 어떤 법률도 전문가가 소속된 기관연합체의 강제가입을 규정하고 있지 않다. 모든 직역에서 보건의료단체의 난립으로 이어져, 우리나라 의료시장의 경쟁력이 약화될 것이다."

겉으로 드러난 공방은 이 정도이지만, 이 문제의 속내는 좀더 복잡하다. 우선 병협은 지금까지, 특히 의료대란 시기에 의협이 개원의들의 입장을 주로 대변해 온 것에 대해 불만 및 피해의식을 갖고 있다. 앞으로도 의협이라는 창구를 통해서는 자신들의 주장을 관철시키기 어려울 것으로 전망한다. 그래서 이제부터는 '독자노선'을 걷겠다는 것이다.

반면 의협은 이런 병협의 움직임을 상당히 경계하고 있다. 이미 전공의 수련 등과 관련해서 적지 않은 권한을 갖고 있는 병협이 법정단체가 되면, 언젠가는 병원에 소속된 의사들로부터 회비도 따로 걷고 수가 협상 등 정부와의 대화도 따로 하려 할지 모른다는 불안감 때문이다. 이렇게 되면 현재의 의협은 그야말로 개원의협의회로 전락하는 것이니, 의협의 반대는 당연한 일이다.

병협의 주장에도 일리 있는 부분이 있는 것은 사실이다. 하지만, 고개가 끄덕여지기보다는 코웃음이 나는 부분도 있는데, 그것은 '병원에는 다양한 종사자가 근무한다'는 대목과 '공익성 확보에 어려움이 많다'는 대목이다. 정색을 하고 질문을 던져 본다. 병협이 정녕 병원 경영자들의 이익이 아니라 병원에 근무하는 여러 종사자들의 이익을 위한 조직이었나? 병협이 정녕 '공익성'을 추구하는 조직이었나? 이름은 대한병원협회였지만 사실상 '대한병원경영자협회'와 다름없지 않았나?

병협의 입장도 충분히 이해는 된다. 최근 중소병원과 대학병원들이 경영난에 시달리고 있는 것도 잘 안다. 하지만 우아한 단어들로 포장된 병협의 이번 주장은 쉽게 수긍되지 않는다. 병협이 진정으로 병원 직원들과 국민을 위한 단체로 거듭나겠다는 것이라면 쌍수를 들어 환영하겠지만, 의료계를 분열시켜서라도 자신들만의 이익을 추구하겠다는 의도라면 모두의 힘을 모아 좌절시켜야 마땅한 일이다.

그러나 의협의 처지도 딱하기는 마찬가지다. 입버릇처럼 '단결이 중요하다'고 말은 했지만, 실제로 병협이나 병원에 소속된 의사들에 대해서는 상대적으로 소홀히 했던 것이 사실이기 때문이다. 병원급 이상 의료기관이 전체

진료비에서 차지하는 비중은 건강보험의 경우 약 1/3, 의료급여의 경우 약 3/5에 해당한다. 의사들의 숫자로 볼 때는 3분의 2 이상이 병원급 이상 의료기관에 속해 있다. 미우나 고우나 병협과는 동반자 관계를 유지하는 것이 의료계 전체를 위해 바람직한 일이지만, 그 대목에 있어서 의협이 '형님' 다운 태도를 견지하지 못한 것이 아닌지 반성해야 할 일이다.

의협과 병협 어느 쪽의 의사결정구조에도 끼지 못하는 평범한 의사들은 이번 갈등을 보며 착잡하고 불안할 수밖에 없다. 국회에서 어느 쪽의 손을 들어줄지는 모르겠지만, 그 결정과 무관하게 두 단체는 의료계의 발전을 위해, 또 건전한 의료제도의 확립과 국민건강의 증진을 위해 반드시 힘을 모아야 한다. 만약 두 단체가 서로 치고 받는다면, 그 사이에 많은 의사들이 양쪽 모두에게 등을 돌릴 것임을 명심해 주기 바란다.

2003. 4. 14.

병협은 2003년 8월에 '법정단체'가 됐다.

팔씨름으로 회장 뽑기

　지난 총선에서는 1인2표제가 처음으로 도입됐다. 선거 하면 으레 다수결이 떠오르고 단 1표라도 더 얻은 사람이 승자가 되는 방식에 익숙했던 우리 국민에게 조금은 낯선 방식이었지만, 낙선자에게 간 표가 사표(死票)가 되는 것을 막을 수 있다는 점과 지지하는 후보와 지지하는 정당이 다른 유권자에게 분명한 의사 표현의 기회를 준다는 점에서 큰 저항 없이 받아들여진 것으로 보인다.

　여러 명의 후보 가운데 딱 한 명에게 표를 던져 최다 득표자가 당선되는 제도가 단순다수결이다. 우리나라에서는 대선을 비롯한 대부분의 공식 선거에서 이 방식을 택하고 있다. 하지만 단순다수결이 불완전한 투표 방법이라는 비판도 만만찮다. 다수가 싫어하는 후보가 과반수에 훨씬 못 미치는 지지율로도 당선될 수 있기 때문이다. 실제로 그런 사례도 많이 있었다.

　대안으로 거론되는 다른 방법으로는 결선투표, 찬성투표, 선호투표, 점수투표 등이 있다. 결선투표는 비교적 자주 쓰이는 방법으로, 반드시 과반수 득표자가 나오도록 2회 이상의 투표를 하는 방법이다. 1, 2위 득표자만을 놓고 곧바로 결선투표를 하는 방법도 있고, 최하위 득표자를 한 사람씩 제외해 가면서 여러 번 투표를 반복하는 방법도 있다.

　찬성투표는 유권자는 마음에 드는 후보 모두에게 찬성표를 던지고, 가장 많은 찬성표를 얻은 후보가 당선되는 방법이다. 던질 수 있는 찬성표의 수를 미리 정할 수도 있고 그렇지 않을 수도 있다.

선호투표는 유권자가 모든 후보에게 순위를 매기는 방식이다. 1순위 과반수 득표자가 없으면 최하위 득표자를 탈락시키면서 그가 받은 2순위 지지표를 나머지 후보들에게 나눠주는 방식을 반복하는 방법이다.

점수투표는 여러 후보들에게 각각 점수를 매겨, 가장 많은 합계 점수를 얻는 후보가 당선되는 방법이다. 줄 수 있는 점수의 범위를 정하는 방법도 물론 다양하다. 복잡해 보이지만 전자투표 방식을 사용할 경우 간단히 집계가 된다.

이런 것들이 비교적 흔하고 실제로 어디에선가 사용되고 있는 방법들이지만, 그 외의 다른 방식도 얼마든지 만들어낼 수 있다. 미국의 대통령 선거에서 사용되는 선거인단 방식은 독특한 선거 방식의 대표적 예이기도 하다.

좀 더 독특한 방법 중에는 '전형위원회를 통한 선출'이라는 것도 있다. 바로 우리 병원협회가 임원을 선출하는 방법이다. 대학입시나 입사시험에서 주로 쓰이는 '전형(銓衡)'이라는 단어를 쓰는 것도 특이하고, 총 13명의 전형위원을 선출하는 방법도 특이하다. 기준이 아예 없는 것은 아니지만, 선거 당일까지 누가 전형위원인지 알 수도 없고 그 과정에 개별 회원들의 의견이 반영될 여지도 없다. 심지어 후보 등록 절차도 없어서, 이론적으로는 선거 당일에 '저요!' 하고 손만 들면 후보가 될 수 있다.

오래 전부터 이 무질서한 방법에 대한 비판이 있어 왔지만, 최근에도 똑같은 방식으로 새로운 병협회장이 탄생했다. 신임 유태전 회장이 자신의 임기 중에 임원 선출 방식을 바꿀 수 있도록 노력하겠다고 했으니, 다음에는 좀 모양이 갖춰진 선거를 기대해 볼 수도 있겠다.

병원을 경영하는 사람도 아니고 병원에 소속된 의사도 아닌 제삼자가 왜 남의 단체의 임원 선출 방식을 놓고 왈가왈부하느냐고 할지도 모르겠다. 병원협회를 '병원 오너들만의 이익단체'라고 규정한다면, 이 지적은 전적으로 옳다. 팔씨름으로 회장을 뽑든 사다리 타기로 회장을 뽑든 간여할 바가 아닌 것이다.

하지만, 병협은 스스로의 위상을 그렇게 규정하고 있지 않다. 오랫동안 노력하여 지난해 8월에 결실을 맺은 '병협 법정단체화'의 과정에서 병협이 주장한 바에 의하면 병협은 '국내 병원산업의 건전한 육성과 국민의 보건의료 수준 향상'을 위해 존재하는 단체이다. 개정의료법에도 '국민보건 향상에 기여하기 위해 전국적 조직을 가지는 단체를 설립할 수 있다'고 되어 있다.

물론 선거 방식이 세련되었다고 해서 훌륭한 임원이 선출되는 것도 아니고 그 단체가 훌륭해지는 것도 아니다. 이번 선거 결과가 잘못되었다는 뜻도 아니다. 하지만 이왕이면, 달라진 위상과 역할에 걸맞게 병협의 임원 선출 방식도 좀 달라졌으면 한다.

2004. 5. 17.

병협은 2006년 5월에도 똑같은 방식으로 새로운 회장을 선출했다. 2008년에는 달라질 수 있을까?

누가 우리를 불건전하게 만드는가

'보보스'라는 단어가 잠깐 유행하는가 싶더니, 금세 '웰빙'이라는 단어에 밀려난 느낌이다. 들어는 보았으나 그 정확한 의미를 잘 모르는 분들을 위해, 백과사전에 등재된 정의를 먼저 살펴보자.

「보보스 : 부르주아 보헤미안의 줄임말. 정보화시대의 개화된 엘리트로 보헤미안 또는 히피족의 자유로운 정신 및 문화적 반역성과 부르주아 자본가들의 물질적 야망을 함께 지닌 새로운 문화권력으로 정의된다. 겉으로 볼 때는 부르주아 같은 삶으로 보이지만 라이프스타일은 겉치레를 중시하는 부르주아와는 확연히 다르다.」

「웰빙 : 보보스족의 삶에서 더욱 발전하여 몸과 마음이 유기적으로 결합된 풍요롭고 아름다운 인생을 영위하자는 새로운 라이프스타일. 자연 속에서 생명력을 되찾았던 선조의 지혜와 전통에서 빌려온 이 삶의 방식은 보보스처럼 굳이 비싼 돈을 들이지 않더라도 누구나 충분히 맛볼 수 있는 삶이다. 웰빙족은 도심의 공해와 현대인의 바쁜 생활에서 벗어나 몸의 평화를 추구하고 패스트푸드보다는 유기농 야채와 곡식으로 만들어진 신선한 건강식을 섭취하고자 한다. 또 몇 만 원짜리 비싼 레스토랑 식사보다는 가벼운 생식을 즐기고, 그 값으로는 향긋한 스파 마사지나 발마사지를 즐긴다는 사고방식이다. 그리고 퇴근 후에도 헬스클럽이나 요가센터를 찾아 하루의 스트레스를 건전하게 날려버리는 것 또한 웰빙의 일환이다.」

보보스족도 못 되고 웰빙족과도 거리가 먼 처지이기에, 이런 설명을 들을 때 처음으로 떠오르는 감정은 '질투' 다. 보보스족이 되려면 일단 돈이 '꽤' 있어야 하므로 일단 불합격이고, 웰빙족은 '굳이 비싼 돈을 들이지 않더라도' 라는 구절에 현혹되어 '나도 한번' 하는 생각이 들기는 하지만, '스파', '발마사지', '헬스클럽', '요가센터' 등의 단어들 때문에 '먼 나라' 이야기가 되어 버린다.

이번 호(제211호) 기비스토리에서는 최근 급속히 퍼지고 있는 '모발검사' 를 다루었다. '질병이 없다는 점은 같아도 건강한 정도에는 차이가 있다' 는 말, 그럴듯하게 들린다. 아마 실제로도 그럴 것이다. 불과 얼마 전까지만 해도 병원 문턱이 너무 높아 아파도 병원에 가지 못하는 사람들이 많았었는데, 이제는 문턱이 너무 낮아져, '얼마나 건강한지', '더 건강하려면 어떻게 해야 하는지' 를 알기 위해서 병원을 찾는다. 그리고는 머리카락을 뽑아서 무슨 미네랄이 부족하고 무슨 영양소가 부족하다는 따위의 설명을 듣고, 기꺼이 적지 않은 돈을 지불한다.

의사들은 이 검사가 과연 유의미한 것인지 아닌지에 대한 확신도 없이, '사람들이 원하니까', 그리고 '돈벌이가 되니까', 사람들의 머리카락을 뽑고, 검사결과를 놓고 이런저런 조언을 한다. 본지는 그런 '현상' 을 쫓아서, '최대한 객관적으로' 수많은 의료기관들에서 벌어지고 있는 일들과 그와 관련된 논란을 '사실보도' 한다. 고발 기사도 아니고 경영 정보도 아닌 어정쩡한 기사를, 그것도 1면에 크게 싣는다. 신문을 만드는 사람이나 읽는 사람이나, 모발검사를 시행하고 있는 의사나 하지 않는 의사나, 모두 씁쓸한 양가감정에 사로잡힌다.

지난 일요일(2004년 3월 11일)에 열린 '대한여성비만노화방지학회' 창립총회 및 학술대회에는 무려 1,500명의 의사들이 몰렸다. 아무도 대놓고 비난하지는 않지만, 이 학회에 참석한 사람이나 참석하지 않은 사람이나, 모두 씁쓸한 양가감정에 사로잡힌다. 미국의 한 의과대학에서 노인학 교수로 재직중인 김도화 박사는 이 학회에 연자로 참석한 후, "노화방지와 관련해서는 한국이 미국보다 더 앞서 있는 것 같다"는 진담인지 뼈있는 농담인지 알 수 없는 소감을 밝혔다.

엊그제는 '아침형 병원'이 등장했다는 보도도 있었다. 서울 논현동의 한 치과에서 아침 7시에 진료를 시작한다는 내용이었다. 아침시간 진료 환자에게는 샌드위치와 샐러드 등 간단한 아침식사와 화장품, 면도기 등이 비치된 파우더 룸도 제공된단다. 어디 치과뿐이랴. 조만간 다른 의료기관에서도 야간진료를 넘어 새벽진료까지 등장할 판이다. 역시 씁쓸한 양가감정에 사로잡힌다.

웰빙의 기본은 휴식일 터인데, 일요일에는 노화방지학회에 참석해 보톡스 등속을 공부해야 하고, 평일에는 이른 아침부터 늦은 밤까지 병원을 지켜야 하는 한국의 의사들은….

이래저래 입맛이 영 쓴데, 건강보험공단은 자랑스럽게 보도자료를 뿌린다. 지난해 당기흑자가 무려 1조 5,000억원에 육박하는 것으로 나타났다고. 건강보험 재정은 건전화되고 있는지 모르지만, 그 와중에 우리의 의료문화와 우리 의사들의 삶은 점점 더 불건전해지고 있는 듯하다.

2004. 3. 15.

갑자기 늘어난 의사 1만 명

최근 국가인권위원회 김창국 위원장 등 직원 4명이 청와대로부터 '공개경고'를 받았다. 대통령의 사전허가 없이 국외출장을 다녀왔기 때문이다. 인권위는 즉각 기자회견을 자청하여 반발했는데, 그 이유는 "독립성을 침해받았다"는 것이었다.

'독립성'은 국가인권위원회가 가져야 할 가장 핵심적인 무기이며, 존립 근거이기도 하다. 때문에 인권위가 대통령 경고의 부당성을 공개적으로 성토했다는 사실 자체는, 적어도 표면적으로는, 신선하기도 하려니와 뿌듯하기까지 하다. 대통령은 물론 그 누구의 눈치도 보지 않으며 오로지 국민의 '인권'을 위해서만 복무하는 기관이 하나쯤 존재한다는 것, 그것은 눈물겹도록 반가운 일이다.

하지만 인권위가 자신들의 독립성이 침해받았다고 '처음으로' 주장하게 된 사태가 위원장 일행의 국외출장 사전허가 여부를 둘러싸고 불거졌다는 점에서, 이번 논란은 반갑기는커녕 오히려 서글픈 일이 아닐 수 없다. 국가 공권력에 의해 침탈 당한 어느 개인의 인권을 수호하는 과정에서 인권위가 대통령과 맞서 싸우고 있는 것이 아니라, 자신들이 대통령의 사전허가 없이 국외출장을 갈 수 있는 '독립성'을 쟁취하기 위해 눈을 부라리고 있으니 말이다.

이번 논쟁은 이처럼 본질과 비본질이 서로 자리를 바꾼 어처구니없는 사레이다. 국민들은 그들이 국외출장을 갈 때 사전허가를 받는 것이 필요한지 아닌지에 대해서는 관심이 없다. 대통령과 인권위 위원장이 싸움을 하든 담판을 짓든 알아서 결정을 보면 될 일이다. 그리고 본질에서 멀리 비켜난 이같은 논쟁을 벌일 열정과 정력을 아껴, 단 한 사람의 억울한 피해자라도 더 구제하는 일에 사용해야 마땅하다.

본말이 전도되어 서글픈 사례는 최근 의료계에서도 찾을 수 있다. 대한의사협회가 지난 (2002년) 10월 무렵부터 '8만 의사', '8만 회원'이라는 표현을 쓰고 있는 것이 그것이다. 지난 여름까지만 해도 분명히 의협이 만든 모든 문서에는 '7만 의사', '7만 회원'이라는 글자가 새겨져 있었는데, 이게 어찌 된 일일까? 의사들이 갑자기 왕창 늘어나기라도 한 것일까?

현재 의사 면허번호는 7만8,051번까지 발급되었다고 한다. 그리고 의협에 등록되어 있는 의사 수는 2001년 말을 기준으로 5만5,199명이라고 한다. 매년 2,500명 정도씩 회원이 늘어나고 있다고 하니, 아마도 지금쯤은 5만 8,000명 가량 될 듯하다. 따라서 엄밀히 말하자면 의협의 회원 수는 약 '6만'이고, 의사의 숫자도 많아야 '7만'인 것이다.

이런 사실을 몰랐을 리 없는 의협 집행부가 굳이 '8만'이라는 표현을 쓴 이유를 순전히 짐작으로 상상해 본다. 첫째, 회원들에게 '우리 동지들의 숫자가 이렇게 많으니 힘을 내자'고 격려하기 위해서. 둘째, 정부나 정치권 등 외부의 사람들에게 위압감을 주기 위해서. 셋째, 사람들에게 '의사가 너무 많다'는 느낌을 심어줌으로써 의대 정원을 줄여야 한다는 여론을 형성하기 위해서. 등등.

이유가 무엇이든, 그리고 실제 숫자가 얼마든, 의협이 회원 혹은 의사 수를 '8만'이라고 지칭하는 것 자체에 대해 지청구를 하고 싶지는 않다. 의협의 회원 수 부풀리기가 안쓰러워지는 이유는 다른 곳에 있다. 바로 지난 (2002년 11월) 21일, 건강보험공단 앞에서 열린 '의사폭행 규탄 시위'에 참가한

'회원'의 수가 40~50명에 불과하기 때문이며, 부족한 머릿수를 벌충하기 위해 투덜거리는 의협 직원 20여명을 '동원'해야만 했기 때문이다.

의협 집행부는 '8만'이나 되는 회원들의 참여 부족을 탓할지도 모른다. 도와주지는 않으면서 비판만 하는 회원들이 야속하게 느껴질지도 모른다. 하지만 지도자는 원래 외로운 법이다. 회원 숫자를 1만명 늘려서 부르는 일은 쉽지만 단 100명의 회원을 감화시키는 일은 무척 어려운 일이라는 사실을 겸허하게 받아들이고, 더욱 노력하길 바란다.

2002. 11. 25.

제**6**장

의료계의 문사철 (文史哲)

의료계의 문사철

　문사철(文史哲). 인문학의 기본인 문학, 사학, 철학을 일컫는 말로, '인문학' 이라는 단어와 동일시되다시피 하는 용어다. '문사철600' 이라는 말도 있는데, 이는 문학 서적 300권, 역사 서적 200권, 철학 서적 100권 정도를 읽으면 비로소 세상 돌아가는 것이 보이며, 자신이 누구인지 무엇을 해야 할지도 알 수 있게 된다는 뜻이다.

　얼마 전 화제가 된 뉴스 중의 하나가 이화여대 이인화 교수가 국문과에서 디지털 미디어학부로 옮겼다는 소식이었다. 국문학을 가르치던 교수가 게임 시나리오, 디지털 문화론을 강의하고 게임 시나리오 각색과 집필에 몰두한다고 하니, 세상의 변화를 실감케 한다. 그가 베스트셀러 작가이기도 하기에 더욱 화제가 된 이 뉴스는, 많은 사람들에 의해 여러 가지로 해석되고 있는 듯하다.

　인문학의 위기를 상징적으로 보여준다는 시각이 있는가 하면, 인문학도 변화하지 않으면 살아남지 못하는 것이 당연하므로 인문학 전공자들도 인문학 기피 현상을 남의 탓으로 돌릴 것이 아니라 스스로 변화의 노력을 기울여야 한다는 시각도 있다.

　창간 13주년 특집호를 만드느라 평소보다 좀더 많은 정력을 쏟다가 문득, 나는 두 달 전쯤 접했던 위의 뉴스가 떠올랐다. 아마도 이번 특집호를 위해 지난 13년 동안의 한국의료 역사를 되돌아보는 특집기사를 준비하면서, 또

지면 개편과 더불어 '옛날 신문을 읽다' 라는 새로운 코너를 준비하면서, 지난 13년 동안의 신문들을 오랫동안 들여다봤기 때문인 듯하다.

창간 13주년을 맞는 나의 기본적인 소회는 '청년의사가 의료계의 문사철인가?' 라는 질문, 그리고 '청년의사는 의료계의 문사철이어야 한다' 는 스스로의 대답이다.

문사철은 없어도 먹고사는 데에 지장이 없다. 바로 그 점 때문에 문사철을 전공해서는 밥벌이하기도 쉽지가 않다. 문사철은 종이와 활자로 이루어지는 전통적인 방식을 고수하고 있고, 바로 그 점 때문에 시대가 변하면서 점차 쇠퇴하고 있다. 그러나 문사철의 현실적 쇠락이 곧 문사철의 가치 하락을 뜻하는 것은 아니다. 문사철은 인류가 획득한 모든 지혜와 기술의 바탕이며, 인간을 더욱 인간답게 만들고 사회를 더욱 건전하게 만드는 눈에 보이지 않는 핵심 동력이다.

청년의사가 없다고 해서 우리 의료계와 우리 의료 문화가 특별히 달라질 것은 없을 것이다. 그리고 전통적인 종이 매체인 청년의사는 다른 모든 종이 매체들처럼 날이 갈수록 경영난에 시달리고 있다. 그러나 지금까지 청년의사는, 비록 문사철에 비견될 수 있을 만큼의 깊이와 넓이는 전혀 갖추지 못했지만, 척박한 우리 의료 문화 속에서 그 척박함에 대한 최소한의 저항을, 종이와 활자라는 무기를 들고 지속해 왔다고 자부한다. 그리고 앞으로도 그 저항을 계속해야 한다고 생각한다.

물론 쉽지 않을 것이다. 변화하는 시대상에 맞게 적절한 변신을 꾀해야 한다는 과제와, 시대가 달라져도 변하지 않는 보편 타당한 가치를 흔들리지 않고 지향해야 한다는 과제가 동시에 우리 앞에 놓여 있기 때문이다.

청년의사가 의료계의 문사철이 되어야 하는 좀더 구체적인 이유도 있다. 의학은 분명 과학이지만, 의료는 인문학이자 사회학이자 정치경제학이다. 한국의료가 지금 이 지경까지 위기에 몰려 있는 것도 그 원인(遠因)을 찾아

보면 의료의 이런 본질을 의사들이 깨닫지 못했기 때문이 아닐까. 13년 전에 청년의사를 처음 만들기 시작했던 의사들은, 당시에는 그렇게 인식하지 않았을지도 모르지만, 의학밖에 모른 채 평생을 진료실에 갇혀 있었던 선배 의사들의 전철을 밟고 싶지 않았던 사람들일 것이다.

청년의사는 창간 13주년을 맞아 다시 한번 동료 의사들에게 유혹의 손길을 내민다. 의사에게도 문사철이 중요하다고, 일주일에 30분씩만 시간을 내서 한국의료의 척박함과 천박함에 맞서 함께 저항해 보자고.

길게는 지난 13년 동안, 짧게는 주간지로의 전환 이후 5년 6개월 동안 본지를 아끼고 사랑해 주신 모든 독자들께 깊은 감사의 인사를 전한다.

2005. 6. 27.

면허증의 잉크는 다 말랐다

본지가 창간 12주년을 맞았다. 12년 전에 비해서는 물론이고 주간지로 재창간한 지난 2000년에 비해서도 장족의 발전을 했다는 축하의 인사를 건네는 분들이 많다.

적어도 외형적인 면만 볼 때는, 이런 인사를 받을 만하다. 창간 초기에는 두 달에 한 번 신문을 내는 것도 버거워했었지만 지금은 매주 40면을 안정적으로 발행하고 있고, 발행 부수나 매출액도 크게 늘었으니 말이다. 또한 12년 전에는 상근 직원이 딱 1명이었지만 지금은 월간지 팀까지 모두 포함하면 상근 인력만 45명이나 되는 '번듯한' 중소기업이 되었다.

하지만 이런 외적인 성장에도 불구하고, '청년의사'에 대한 불만의 목소리는 오히려 예전보다 크게 늘어난 것을 느낀다. 창간 초기의 '투박하지만 거침없었던' 청년의사만의 색채가 무뎌졌다는 비판 때문이다.

혹자는 '12년 전에 비해 영향력은 오히려 줄어든 것이 아닌가?'라는, 질타에 가까운 질문을 던지기도 했다. 미디어 자체의 영향력은 커졌을지 몰라도 '의사 사회를 바꾸는', 아니 바꾸지는 못하더라도 최소한 '의사 사회의 각성을 요구하는' 측면에서의 영향력은 오히려 축소되었다는 비판인데, 우리는 이를 겸허하게 인정할 수밖에 없다. '청년의사'는, 적어도 과거에는, 단순한 신문의 이름이 아니었기 때문이다.

청년의사는 12년 전에 '21세기 한국의료의 새 희망'이라 자처할 만큼 패기에 넘쳤었고, 한국의료의 개혁에 앞서 '한국의사의 반성'을 먼저 주장할 만큼 자아 비판에 적극적이었다. 바로 그 점 때문에 '면허증에 잉크도 안 마른' 햇병아리 의사들의 좌충우돌에 선배들은 격려를 보냈었고 동료들은 박수를 보냈었다. '청년의사'는 우리나라 의료의 왜곡된 모습을 의사들이 주체가 되어 바꾸어 보자는 선언적 구호인 동시에 선동적 주장이었던 것이다.

그러나 최근 몇 년 동안 청년의사의 NGO적 성격은 크게 퇴색했고, 그에 반비례하여 청년의사의 '기업적' 성격은 눈에 띄게 커졌다. 신문만 놓고 볼 때에도, '주장'의 비중이 줄고 '보도'의 비중이 대폭 늘었다. 전투력은 급격히 줄었고 대신 타협과 적응의 능력이 부쩍 향상됐다. 새로운 아젠다를 제기하는 빈도는 감소한 반면 남이 제기한 아젠다를 해설하거나 비판하는 빈도는 증가했다. 적극적 지지세력은 줄고 소극적 지원세력이 늘었는가 하면, 적극적 비토세력은 줄고 소극적 견제세력은 늘었다.

이런 모든 변화에 대해 우리는, 한편으로는 변명하고 한편으로는 반성한다. 동시에 미래에 대한 각오를 새롭게 다진다. '미디어'라는 것은 참으로 특이한 속성을 가진 편이라 어쩔 수 없었다는 변명, 그럴듯한 전문지 하나 없는 우리 의사 사회에 부족하지만 이만한 매체라도 하나 존재한다는 사실만으로도 의미가 있지 않느냐는 변명, 의사 사회를 넘어 의료계 바깥의 시민 사회에서까지 '의료계의 합리적 목소리'로서의 발언권을 인정받기 위해서 풀어야 할 숙제들이 너무도 많았다는 변명을 한다.

하지만 이런 변명들이 그야말로 변명에 불과하다는 것도 잘 안다. 아직은 이러한 변명들이 어느 정도 통할지 모르지만 앞으로는 그렇지 않을 것이라는 점도 잘 안다. 때문에 우리는 창간 12주년을 맞이하여, 마음을 새롭게 가다듬는 것이다.

12년 전에 청년의사를 탄생시켰던 주역들의 수는 30명 남짓이다. 물론 300여 명이 십시일반으로 종자돈을 모아 주기는 했었지만, 실제로 사무실에 모여 밥먹듯 밤을 샜던 사람들은 30명 남짓이다. 당시에 인턴, 레지던트, 공중보건의사였던 그들은 지금은 교수가 되고 원장이 되고 여러 개의 직함들을 갖게 됐다. 면허증의 잉크도 이제는 다 말랐고, 그야말로 우리 의사 사회의 '허리'가 됐다.

얼마 전에 그들이 다시 모여서 청년의사의 앞날과 한국의료의 미래에 대해 진지한 토론을 벌였다. 결론은 없었지만, 간단하면서도 중요한 두 가지 사실을 확인할 수 있었다. 12년 전보다 지금의 한국의료가 더 위기라는 분석이 하나였고, 12년 전에는 맨 주먹밖에 없었지만 지금은 그 동안 축적한 경험들이 있으니 위기 극복을 위한 노력을 과거보다는 좀더 세련되면서도 강력하게 펼칠 수 있으리라는 기대가 둘이었다. 아직은 마음이 앞설 뿐이지만, 조금씩 매너리즘에 빠져들던 우리들에게는 소중한 '주의환기'의 기회였다. '생일'이란 이래서 좋은 것인가 보다.

2004. 6. 21.

어떤 책을 읽지 않았습니까?

움베르토 에코의 산문집 〈미네르바 성냥갑〉에는 '우리는 얼마나 많은 책을 읽지 못했는가' 라는 제목의 에세이가 있다. 이탈리아에서 지식인들을 대상으로 '어떤 책을 읽지 않았는지' 에 대해 실시한 설문조사 결과에 관한 글이다.

에코는 "사실 보통 독자들은 일반적 상식으로는 반드시 읽었어야 하는 어떤 책을 읽지 못하였다는 고민에 언제나 사로잡혀 있다" 면서, 자신 또한 불멸의 작품들 중 상당수와 애정 어린 관계를 전혀 맺지 못했다고 고백하고 있다.

에코는 또한, 16,350편의 문학 작품들의 목록을 담고 있는 〈봄피아니 작품 사전〉의 예를 들면서, 그 목록이 이제까지 쓰인 모든 작품을 대표하는 것도 결코 아니지만, 작품 하나를 읽는 데에 평균 4일씩 걸린다고 가정할 경우 〈봄피아니 작품 사전〉에 실린 모든 작품을 읽으려면 무려 180년이 필요하다고 말한다. 그 누구도 중요한 작품을 모두 읽을 수는 없다는 것이다.

에코의 에세이는 이렇게 끝난다.

"독자들이여, 안심하시라. 열 권의 책을 읽든 같은 책을 열 번 읽든, 똑같이 교양 있는 사람이 될 수 있다. 단지 전혀 책을 읽지 않는 사람들이나 걱정해야 할 것이다. 하지만 바로 그렇기 때문에 그들은 이런 걱정을 전혀 하지 않는 유일한 사람들이다."

일본의 저널리스트 겸 저술가인 다치바나 다카시는 세계 최고의 독서가 중 하나로 손꼽히는 인물이다. 수만 권의 책을 보관하기 위하여 도서 보관용 건물을 짓고 책 정리하는 비서까지 고용한 그는 〈나는 이런 책을 읽어왔다〉라는 흥미로운 책에서 독서에 관한 자신의 생각들을 설파한다.

"책을 사는 데 돈을 아끼지 말라", "같은 테마의 책을 여러 권 읽어라", "책 읽을 때는 끊임없이 의심하라", "번역서를 읽다가 이해가 안되면 자책하지 말고 오역이 아닌지 의심하라", "고전이 무조건 좋은 책이라는 통념을 버려라", "산 책은 책꽂이에 꽂지 말고 책상 위에 쌓아 놓아라", "책은 좀 험하게 다루되 읽을 때 메모는 하지 마라", "조금 읽어보다 시시한 책은 내던져라" 등등.

그러면서 그는 "자, 보라구! 책 속에 모든 것이 있군. 책은 모두에게 이미 열려져 있지. 이래서 난 책을 사랑한다네!"라고 당당하게 말한다. 60대 후반인 그는 "이제 살 날이 얼마 남지 않았다는 초조감 때문에 더욱 지적 욕심이 높아졌다"는 고백을 통해, 하찮은 유희에 시간을 낭비하는 많은 사람들을 부끄럽게 만들기도 한다.

책을 읽는 데에 왕도는 없다. 모두에게 좋은 책이 존재한다는 것도 어불성설에 가깝다. 하지만, 본지는 이번에 새롭게 '책읽는 의사, 의사들의 책'이라는 캠페인을 시작하면서 추천도서 다섯 권을 선정했다. 앞으로 3개월마다 다섯 권씩을 지속적으로 선정하여, 전국의 주요 의학도서관 50여 곳에 기증하고, 의사와 의대생을 대상으로 독후감 공모도 실시할 예정이다.

몇 명의 선정위원들이 세상의 모든 책을 읽은 것도 아니고 평균적인 의사들의 머리 위에 올라앉아 있는 사람들도 아니기에, 이 추천도서 목록은 사실 아무런 의미가 없을 수도 있다.

그러나 이번 캠페인의 진짜 의의는 의사들이 흔히 갖고 있는 일종의 '콤플렉스'를 해소하는 계기를 마련해 보자는 데에 있다(나는 우리 의사들의 평균적인 독서량이 사실은 결코 적지 않다고 생각해 왔다). 또한 늘 마음을 먹으면서도 직접 실천하지는 못했던 '예비 독서가' 들을 자극하는 데에 있다(때로는 바람잡이가 필요하기에). 궁극적으로는 의사들의 정신세계가 넓고 깊어짐으로써, 환자들에게도 그 인격의 울림이 전해질 수 있기를 바란다.

의학 서적 외의 교양서적이 거의 전무하다시피 했던 우리의 의학도서관들에 1년에 40권씩의 양서를 기증할 수 있도록, 모두가 일상에 쫓겨 정신없이 살고 있는 의사 사회에 신선한 '책 바람' 을 불러일으킬 수 있도록 지원을 아끼지 않은 GSK 측에 감사의 인사를 전한다. 아울러 많은 의사 및 의대생들의 관심과 참여를 기대한다.

2004. 10. 11.

이 캠페인은 2006년 6월 현재까지 계속되고 있다. 지금까지 7차례에 걸쳐 35권의 추천 도서가 선정됐고, 참여 도서관의 수는 70여 곳으로 늘었다. 기증된 도서는 5천 권에 육박한다.

불량직업 외과의사

본지가 GSK와 함께 펼치고 있는 독서 캠페인 '책읽는 의사, 의사들의 책' 다섯 번째 시즌이 진행중이다. 매 분기마다 다섯 권씩의 책을 선정하여 전국의 70여 개 의학도서관에 각 2권씩 기증하는 동시에 의사와 의대생을 대상으로 독후감도 공모하는 행사다.

지금까지 다섯 분기가 지나는 동안 다양한 분야의 양서 25종이 추천도서로 선정됐고, 전국의 의학도서관에 기증된 책은 3천권이 넘는다. 최근 본지가 실시한 설문조사에 의하면 의사들의 평균 독서량이 일반 직장인들의 그것에 미치지 못하고 있는데, 이 캠페인이 의사 사회에 책 읽는 바람을 일으키기를 바라는 마음 간절하다.

다섯 번째 분기에 선정된 다섯 권의 추천 도서 중에 〈불량직업 잔혹사〉라는 책이 있다. '문명을 만든 밑바닥 직업의 역사' 라는 부제가 붙어 있는 이 책은 영국의 두 저널리스트가 공동으로 저술한 것으로, 더럽고 힘들고 위험하며 천시와 비난의 대상으로 꼽히던 '불량직업' 의 세계를 파헤친 교양 역사서이다. 역사를 만들어가는 당사자이지만 역사책에 이름을 올릴 가능성이 없는 대부분의 사람들, 흔히 '민초' 라고 불리는 사람들의 역사인 것이다.

도서선정위원들이 하고많은 책들 가운데 이 책을 굳이 추천 목록에 올린 이유는 무엇일까. 과거만 못하다고는 하지만 그래도 '높은 곳' 에 있는 의사들이, '낮은 곳' 으로도 시선을 돌릴 수 있는 넉넉함과 그늘진 곳에서 일하고 있는 이웃들을 배려할 수 있는 따뜻함과 자신이 누리고 있는 많은 것들에 대해 감사할 줄 아는 겸손함을 갖기를 바라기 때문일 것이다.

그런데 재미있는 것은 이 책에 등장하는 불량직업 중에 '외과의사(정확히는 이발외과의, barber surgeon)'도 포함되어 있는 점이다. 이 책에 의하면 중세의 외과의사들은 '칼조작 특허'를 취득한 이후 면도와 이발, 그리고 외과수술을 실시할 수 있었는데, 여러 가지 애로사항이 무척 많았다. 우선 환자가 별로 없어 생활비를 벌기가 어려웠으며, 의료사고로 인해 소송을 당할 위험이 있었고, 이발료 및 치료비 수금에 어려움을 겪어야만 했다. 또한 환자의 소변 샘플이 담긴 플라스크를 손에 쥔 채 냄새를 맡고 맛까지 봐가며 환자의 병을 진단해야 했으며, 톱과 칼과 바늘을 이용한 모든 수술은 무마취 상태에서 진행되었기에 수술 내내 환자의 비명과 몸부림을 견뎌야만 했다. 충분히 '불량직업'에 포함될 만한 자격을 갖추고 있었던 것이다.

외과의사의 이와 같은 지위는 근대 이후 급변했다. 현미경과 마취제와 항생제의 개발로 상징되는 현대의학이 의사, 특히 외과의사의 지위를 크게 높였기 때문이다. 실제로 대부분의 선진국에서 외과의사는 의사 중에서도 특별한 지위를 갖는다.

한국에서도 그랬다. 적어도 20년 전까지는. 외과는 의과대학 졸업생 중에서도 특히 우수한 사람들이 진출하는 분야였고, 외과의사들은 일반외과(general surgery)를 뜻하는 GS가 '위대한 외과의사(great surgeon)'의 약어라 호기 있게 주장했었다. 그리고 다른 분야를 전공한 의사들도 외과의사의 이런 자부심에 대해 굳이 토를 달지 않았었다.

그러나 불합리한 의료 정책이 오래 지속되는 동안, 상황은 달라졌다. 외과의사는 의료계 내의 대표적 '3D 업종(이는 불량직업의 다른 말이다)'이 되어버렸다. 외과를 전공하려는 의사는 점점 적어지고, 소신을 갖고 외과를 택한 많은 훌륭한 외과의사들께는 대단히 죄송한 말이지만, 외과는 상대적으로 덜 우수한 의사들이 선택하는 분야가 되어버렸다. 안타까운 일이다. 혹시라도 내가 외과 수술을 받아야만 하는 상황이 생길 때 과연 외과의사를 믿고 내 몸을 맡길 수 있을지 걱정스러운 것은 나 혼자만의 생각은 아닐 것이다.

최근 모 대학병원 수술실에서는 두 개의 차트가 바뀌어 두 명의 환자가 엉뚱한 수술을 받는 사건이 벌어졌다. 물론 나는 이 사건이 해당 병원의 몇몇 의사들이 '기본'을 지키지 않았기 때문에 생긴 예외적 사건임을 안다. 그러나 원인(遠因)을 찾아보면, 필경 외과의사에 대한 우리 사회의 푸대접이 도사리고 있을 것이 분명하다.

최근 의협이 실시한 설문조사에 따르면, 의대 진학을 희망하는 고등학생들이 가장 선호하는 전문과목이 외과(20.5%)로 나타났다. 내과(16.5%)나 소아과(10%)보다 높은 것은 물론이고 성형외과(1%)와는 비교도 안 될 만큼 높았다. 내가 의과대학에 다니던 10여 년 전에도 이런 현상은 비슷했다. 그러나 그때 외과의사를 꿈꾸던 동료들 중 상당수는 지금 다른 분야의 전문의가 되었고, 제도가 바뀌지 않는 한, 지금 외과의사를 꿈꾸는 청소년들 중 상당수도 나중엔 진로를 수정할 것이다. 외과의사가 진정 '그레이트 서전'이 될 수 있도록, 획기적인 지원책이 마련되었으면 한다.

2006. 1. 23.

연구하랴 노래부르랴 바쁜 의사들

　본지는 창간 직후부터 여러 가지 기획사업들을 진행해 왔다. 본지의 존재 이유가 우리 의료제도와 의료문화와 의학의 발전 및 의사 사회의 건전한 개혁에 있는 바, 신문의 발간만으로는 그 목적을 충분히 달성하기 어렵다고 생각했기 때문이다.

　다양한 형태의 기획사업들 중에는 몇 개의 시상 제도가 있다. 전공의와 의대생을 대상으로 각각 학술상과 봉사상을 수여하는 청년슈바이처상은 이미 5회까지 진행되었으며, 의사들이 자신이 진료한 환자를 소재로 쓴 수필에 대해 시상하는 한미수필문학상도 5년에 걸쳐 많은 작품들을 발굴했다. '책읽는 의사, 의사들의 책' 캠페인은 시상보다는 캠페인 자체에 방점이 찍히는 사업이기는 하지만, 매 분기마다 11명의 의사 · 의대생에게 작은 상패와 상금을 수여하고 있다.

　청년슈바이처상은 전공의 및 의대생만을 대상으로 하는 최초이자 유일한 학술/봉사상이다. 제정 당시에는 전공의나 의대생들이 과연 연구 및 봉사활동을 활발히 펼칠 수 있을까 싶은 우려가 있었던 것이 사실이지만, 해를 거듭할수록 그런 우려가 한낱 기우에 불과했다는 사실이 입증되고 있다.

　한미수필문학상 또한 소재와 분량의 제약에도 불구하고 매년 100편 내외의 작품이 응모되는 등 많은 의사들의 참여 속에 질적으로나 양적으로나 풍성한 결실을 맺고 있다. 특히 수상작 발표가 매년 신년호에 맞추어 이루어지기 때문에 '의료계의 신춘문예' 라는 위상도 다져가고 있다.

'책읽는 의사, 의사들의 책' 캠페인은 여섯 번째 시즌까지 진행되는 동안 총 30종의 다양한 양서들이 추천도서 목록에 올랐으며, 전국의 70여 개 의학 도서관에 기증된 책은 이미 4천권을 넘어섰다.

이러한 사업들에 이어, 본지는 두 가지 새로운 기획사업을 시작한다. 첫 번째는 '연강학술상' 의 제정이다. 연강재단의 후원으로 만들어진 이 상은 지난 1년 동안 한국의 의사들이 국내외 학술지에 게재한 논문 가운데 가장 뛰어난 것에 대해 시상하는 방식을 택했다.

의학 분야에는 이미 여러 개의 학술상이 존재하지만 모두가 '사람' 에 대한 시상이다. 따라서 평생에 걸쳐 많은 업적을 쌓은 원로들이 수상자로 선정되는 경우가 대부분이다. 그분들의 노고에 경의를 표하는 것도 물론 가치 있는 일이지만, 발군의 성과를 낸 청장년 연구자들을 격려하는 것도 필요한 일이라 생각한다.

'연구자는 논문으로 말한다' 는 말도 있지 않은가. 연강학술상의 제정을 계기로 더욱 훌륭한 의학 논문들이 우리나라 의사들에 의해 많이 쓰여지기를 기대한다. 다만 '제1저자의 연령이 만 50세 미만(논문이 게재된 학술지 발행일 기준)이어야 한다' 는 규정을 굳이 만듦으로 인해 50세 이상의 훌륭한 연구자들의 수상 기회가 박탈된 점은 아쉽다. 이러한 '역차별' 은 이 상의 수상자 중에서 미래의 노벨의학상 수상자가 배출되기를 바라는 마음 때문이니, 양해해 주시기 바란다.

두 번째는 '한국의사가요대전—아스트릭스 가요제' 의 개최다. 보령제약의 후원으로 열리는 이 행사는 전국의 모든 의사들을 대상으로 하는 노래경연대회이다. 5개 도시에서의 예선(예선은 모두 대학병원 구내에서 치러져, 환자들이 관객으로 참여하기를 기대하고 있다)을 거친 후 결선대회를 갖게 되는데, 이 행사를 통해 의사 사회의 숨은 재주꾼들이 많이 발굴되기를, 또한 이 행사가 침체되어 있는 의사 사회에 작은 활력소가 되기를 희망한다.

하지만 이 행사는 그저 즐기는 것에 그치지 않는다. 가요제 수상자들에게 수여되는 상금(결선 대상 상금은 1,000만원이다) 중 절반 및 기타 수익금을 모아서 청각장애 아동들의 인공와우 수술비로 기부할 예정이기 때문이다. 초대가수의 공연도 펼쳐질 이번 행사들을 위해 커다란 공간들을 확보해 놓았으니, 참가하는 '의사 가수' 들 외에도 많은 분들이 응원단으로, 관객으로, 후원자로 참여해 주셨으면 좋겠다.

상반된 성격의 이 두 가지 새로운 기획사업에 의사들의 많은 관심과 참여가 있기를 기대하며, 뜻깊은 사업의 진행을 가능하게 해 준 연강재단과 보령제약 측에 깊은 감사를 전한다.

2006. 4. 3.

가난한 백만장자를 추모하며

「나는 의사 면허를 받은 후부터 지금까지 돈은 적게 벌었지만 사는 모양은 백만장자처럼 살아왔다. 먹고 싶은 것 먹고, 하고 싶은 것 하고, 가고 싶은 데 다 가고, 보고 싶은 것 다 보면서 말이다. 휴가가 많은 것도 큰 장점이다. 휴가가 1년에 3개월 정도 되는데, 다 찾아먹을 수가 없을 정도다. 내가 3개월을 쉬어도 모든 것이 잘 돌아간다면 혹시 사람들이 나를 쓸모 없는 사람이라고 생각할까 두려워서도 다 쉴 수가 없다(웃음).」

이 말은 지난 (2006년 5월) 22일 타계한 고 이종욱 WHO 사무총장이 본지와의 인터뷰에서 했던 말들 가운데 일부다. 인터뷰가 행해졌던 시점은 2003년 6월. 그가 WHO 사무총장 당선자 신분일 때였다. 그는 당시 자신의 당선을 위해 노력해 준 국내의 여러 인사들에게 감사의 뜻을 전하기 위해 잠깐 귀국해 있는 상태였고, 짧은 일정 중에도 본지를 위해 인터뷰 시간을 할애해 주었었다.

그가 비록 정식으로 취임하기 이전이었다고는 하나, 1년 예산이 11억 달러에 달하는 국제기구의 수장으로서 국제사회에서 UN 사무총장과 동급의 대우를 받는다는 WHO 사무총장에 당선된 사람을 직접 만난다는 것은 쉽지 않은 일이다. 사실 본지는 당시 인터뷰 요청을 하면서도 그와의 대면이 성사될 가능성은 높지 않다고 생각했었다.

하지만 그는 이름도 처음 듣는 보잘것없는 매체와의 인터뷰에 기꺼이 응했고, 약속했던 30분을 넘겨 1시간 가까이 시간을 내주었다. 하루 종일 스케줄이 꽉 차 있는 상황이었지만, 아침 식사시간을 줄여서까지 말이다.

그는 왜 간단히 거절해 버릴 수도 있었을 본지와의 인터뷰에 응했을까? 그건 아마도 자신과 비슷한 길을 걷는 의사들이 앞으로 더 많이 생겨나기를 기대하는 마음 때문이었을 것이다.

의사들을 독자로 상정하고 진행된 인터뷰였기에, 질문과 대답들 중에는 다른 매체와의 인터뷰에서라면 나오지 않았을 내용이 많았다. 그는 이런 말을 했다.

「나는 기본적으로 돈 때문에 의사 생활을 한다는 것은 옳지 않다고 본다. 의사가 돈을 많이 번다고 해 봐야 사업하는 사람들과 비교하면 아무 것도 아니다. 의사는 정말로 그 일이 좋아야 할 수 있는 직업이다. 정말로 의사라는 직업을 좋아하는 사람이 의사가 돼야 하고, 의사가 된 후에는 의사가 할 수 있는 여러 가지 일들 중에서 정말로 자신이 하고 싶은 일을 해야 한다. 그것이 무엇이든. 간단하지 않은가.」

너무도 단순하여 오히려 실행하기 어려운 진리를 말하면서, 마치 반문을 하듯 말끝을 살짝 올리던 그의 모습이 눈에 선하다.

그가 고국의 동료 및 선후배 의사들에게 하고 싶은 이야기는 이런 것이었다.

「의사라는 직업은 세계 어느 나라에서도 고급 직업이며, 동시에 도덕적이고 윤리적인 직업이다. 사회적으로 존경받고 인정받을 때에 따라오는 게 안정된 생활이다. 그런데 우리가 너무 안정된 수입에만 급급해 데모하고 한다면, 안정된 수입이 확보되지 못하는 것 뿐 아니라 존경도 받지 못할 것이다. 대부분의 사람들은 평범한 의사로 살지 않는가. 평범한 의사들이 주변에서 존경받게 된다면 의사 집단 전체도 존경받을 수 있다.」

이렇게 말한 후 그는, 자신의 말이 자칫 한국의 의사들을 폄하하는 것으로 들릴 것을 우려했는지, 연이어 다음과 같이 덧붙였었다.

「WHO사무총장을 하는 것과 동네의원에서 환자를 진료하는 것은 똑같이 소중한 일이고 큰 보람도 느낄 수 있는 일이라고 생각한다. 우리 의사들이 자존심을 지키면서, 자신이 속한 사회에 기여하고 있다는 긍지를 느끼면서 살 수 있으면 좋겠다.」

그의 서거 소식은 많은 사람에게 큰 충격과 슬픔을 주었다. WHO의 홈페이지에 올라 있는 추도사에서 그는 "지시하기보다 모범을 보이는 사람, 유머를 좋아하는 사람, 남의 말을 잘 듣는 사람, 아는 게 많고 기억력이 좋은 사람"이라고 묘사되어 있다. 그가 선택하여 타고 다녔던 WHO 1호차가 1,500cc 승용차였다는 사실과 그가 늘 뒷좌석이 아니라 조수석에 앉았다는 사실은 예전부터 알려져 있다. 환경을 중요하게 생각하여 '하이브리드' 자동차를 선택했던 것이고 운전기사도 똑같은 WHO 직원일 뿐 자신의 부하는 아니라고 생각했기 때문이었다.

이번 호(제321호) 8~9면에 실린 권준욱 복지부 전염병관리팀장의 추모의 글에는 지금까지 널리 알려지지 않았던 그의 인간적 면모들이 더 많이 담겨 있다. 5년의 임기도 다 채우지 않은 채 61세의 청춘에 황급히 떠나버린 그가 원망스러울 만큼 안타깝다.

"환자가 아니라 지구를 상대로 질병을 어떻게 퇴치할 것인가를 거시적으로 생각하는 일은 상당히 재미있는 일"이라 말하던 그의 명복을 빈다.

2006. 5. 29.

故 이종욱 WHO 사무총장 인터뷰는 청년의사 제176호에, 그리고 그에 대한 추모의 글은 청년의사 제321호에 실려 있다.

덜 완벽하며 더 특별한 의학

얼마 전, 한 출판사로부터 한 가지 제안을 받았다. 의료에 관한 번역서 한 권을 출판할 예정인데, 의학용어의 사용 등에서 오류가 없는지 '감수'를 해 달라는 것이었다. 아울러 책머리에 실을 '추천의 말'도 써 달라고 했다.

아툴 가완디라는 외과의사가 쓴 책으로 원제는 〈Complications〉, 한국어 판 제목은 〈나는 고백한다, 현대의학을〉이었다. '불완전한 과학에 대한 한 외과의사의 노트'라는 부제도 붙어 있었다.

나는 두 가지 이유 때문에 별로 내키지가 않았다. 첫째는 아직 여러모로 부족한 점이 많은 나로서는 '감수'니 '추천'이니 하는 일을 드러내놓고 한다는 것은 얼굴이 화끈거리는 일이기 때문이다. 둘째는 제목에서 짐작되는 책의 내용이 현대의학의 치부(恥部)를 파헤치는 것인 듯하여, '추천'하고 싶은 마음이 생길지 여부가 불확실했기 때문이다. '서평'을 쓰라는 것도 아니고 추천사를 쓰라는 것인데, 책을 읽은 다음에 추천하고 싶은 마음이 전혀 생기지 않는다면 참으로 낭패가 아닌가.

이미 책을 세 번이나 읽었다는 출판사 대표는 매우 자세하게 책의 내용을 설명하며 간청을 했고, 나는 수락을 했다. 다양한 이력을 가진 현직 외과 레지던트로 〈뉴요커〉라는 유명 잡지의 의학 및 과학 담당 고정 필자로 활약하고 있는 저자가 쓴 서문을 읽으며, 그에 대한 신뢰가 생겼기 때문이었다.

결론부터 말하자면, 이 책은 추천할 만했다. 그것도 매우 적극적으로. 그리고 의사와 의사 아닌 사람 모두에게.

이 책은 현대의학의 한계를 과장하여 들추어냄으로써 일반인들의 불신과 불안을 증폭시키지 않으며, 의사를 과학을 빙자하여 부당한 권력을 휘두르는 사람으로 매도하지 않는다. 다만 현대의학이 '불확실성'을 본질적으로 내포하고 있다는 것, 그리고 그 불확실성 때문에 어떤 '피치 못할 일들'이 벌어지는지, 그 한계를 극복하기 위해서 의사와 환자와 국가는 무엇을 이해해야 하고 어떤 대책을 마련해야 하는지를 담담하게 해설하고 있다.

물론 그 불확실성은 여러 가지 다른 상황에서 각기 다른 모습으로 구현된다. 의사가 안 되었더라면 작가로 성공했지 싶을 정도로 글솜씨가 좋은 저자는 8년 동안의 길지 않은 임상 경험 속에서 의학의 불확실성이 '극적으로' 표현된 순간들을 그야말로 절묘하게 포착하고 있다. 드라마 'ER'을 일반인도 재미있게 보지만 의사들이 더 큰 재미를 느낄 수 있는 것처럼, 이 책의 많은 부분은 의사에게 특별한 감흥을 줄 수 있을 듯하다. '임상'을 경험하기 전의 의학도들에게 미리 의학의 본질적 특성을 이해시키는 데에도 유용한 교재가 될 듯하다.

바로 지난 주말에 몇몇 신문들이 이 책에 대한 지면을 할애했기에, 여기서 구체적인 내용을 소개하지는 않는다. 그저 이 책에서 가장 '인상적이었던' 몇 부분을 인용함으로써 여러 의사들의 독서욕을 자극해 보려 한다.

「의학은 오늘날 우리 삶 속에 깊숙이 들어와 있음에도 여전히 많은 부분 감추어져 있고, 또 종종 곡해되고 있다. 의학은 보기보다 덜 완벽하며, 동시에 보기보다 더 특별하다.」

「의사들은 섬처럼 고립된 세계, 피와 검사, 배 째고 가슴 연 사람들 틈에서 산다. 우리는 당장 현재는 아픈 사람들 속에 멀쩡하게 돌아다니는 몇 안 되는 건강인들이다. 그래서 다른 이들의 경험세계에 조화되지 못하고 겉돌기 쉬우며 때로는 바깥 문명세계의 가치기준에 대해서 이질감을 느끼기도 한다.

(중략) 혼자 병원에서 환자들을 돌보다 보면 위에서 암덩어리를 잘라내는 느낌, 기껏 수술에 성공해 놓고 폐렴으로 환자를 잃은 기분, 환자 가족들의 힐난조 질문에 답할 때나 의보 수가를 받으려고 보험사들과 싸우는 심정이 어떤 것인가를 잘 아는 이들이 주변에 하나도 없다는 데서 오는 외로움을 뼈저리게 느끼게 된다.」

「환자들을 그렇게 곤고하게 하고, 의사들을 그렇게 곤혹스럽게 하며, 그들이 올리는 청구서를 지불하는 의료복지 당국의 골치를 아프게 하는 의학적 난국의 중심에 불확실성이 자리잡고 있다. (중략) 의사로서 환자들을 돌보다 보면 아는 것보다 알지 못하는 것과 싸우는 일이 더 많음을 깨닫게 된다. 의학의 기저에는 여전히 불확실성이 자리잡고 있으며, 과연 그러한 불확실성에 어떻게 대처할 것인가가 바로 환자나 의사 모두 지혜를 발휘해야 할 부분이다.」

2003. 6. 16.

여행 준비에 관해서

다음은 다치바나 다카시의 책 〈사색기행〉의 서론에 등장하는 글이다.

「인간의 육신이 결국 그 사람이 과거에 먹은 것들로 이루어져 있듯이, 인간의 지성은 그 사람의 뇌가 과거에 먹은 지적 양식으로 이루어져 있으며, 인간의 감성은 그 사람의 가슴이 과거에 먹은 감성의 양식으로 이루어져 있는 것이다.

모든 사람의 현재는 결국 그 사람의 과거의 집대성이다. 그 사람이 일찍이 읽고 보고 듣고 생각하고 느낀 모든 것, 누군가와 나눈 인상적인 대화의 전부, 마음속에서 자문자답한 모든 것이 그 사람의 가장 본질적인 현존재를 구성한다. 숙고한 끝에 했던, 혹은 깊은 생각 없이 했던 모든 행동, 그리고 그 행동들에서 얻은 결말에 반성과 성찰을 보탠 모든 것, 혹은 획득된 다양한 반사반응이 그 사람의 행동 패턴을 만들어 간다. (중략)

일상성에 지배되는 패턴화된 행동(routine)의 반복에서는 새로운 것이 아무 것도 생겨나지 않는다. 지성도 감성도 그저 잠들어 있을 뿐이고, 의욕적인 행동도 생겨나지 않는 것이다. 인간의 뇌는 知 · 情 · 意 모든 면에서, 일상화된 것은 의식 위로 올리지 않고 처리할 수 있도록 되어 있다. 그리고 그렇게 처리된 것은 기억도 되지 않게끔 되어 있다. 의식 위로 올라가 기억에 남는 것은 '색다름(novelty)' 의 요소가 있는 것뿐이다.

여행은 일상성의 탈피 그 자체이므로 그 과정에서 얻은 모든 자극이 '색다름'의 요소를 가지며, 따라서 기억이 되는 동시에 그 사람의 개성과 지·정·의 시스템에 독창적인 각인을 새겨 나간다. 그러므로 여행에서 경험하는 모든 일들이 그 사람을 바꾸어 나간다. 그 사람을 고쳐서 새롭게 만들어 나간다. 여행 전과 여행 후의 그 사람이 같은 사람일 수 없다.」

나는 뚜렷한 취미가 없는 사람이다. '깊이'보다는 '넓이'를 추구하는 편이기에 직업도 저널리스트를 택했겠지만, 그런 성향은 취미생활에서도 여지없이 드러난다. 뚜렷한 취미는 없는 반면 '희미한' 취미는 매우 많다. 여행도 나의 수많은 취미 가운데 하나라고 할 수 있는데, 좀더 엄밀히 말하면 나의 취미는 '여행'이라기보다는 '여행 준비'에 가깝다. 준비와 계획 없이 떠나는 여행이 진정한 여행이라고 말하는 사람들도 있지만, 나는 여행 자체보다도 여행을 준비하는 과정을 즐긴다.

출장을 빼면 여행(적어도 사흘 이상의 일정을 잡는 여행)을 갈 수 있는 기회는 기껏해야 1년에 한두 번이지만, 그 준비는 1년 내내 가능하다. 가장 중요한 것이 '어디를 갈 것인가'를 결정하는 것인데, 그것을 정하려면 이 넓은 세상 곳곳에 어떤 문명과 자연이 있는지를 두루 살펴야 한다. 이런 저런 책을 읽고 지도를 바라보고 인터넷을 뒤진다. 가기로 마음을 정한 곳들이 생기면, 그 다음에는 떠날 시기를 고민한다. 올해 연말 혹은 내년 여름 하는 식이다.

목적지와 시기를 대충 정하고 나면 더 할 일이 많아진다. 가고자 하는 지역에 관한 정보를 모아야 하기 때문이다. 그 지역의 역사와 문화를 살펴보는 것은 물론이고 그곳에서 맛보아야 할 음식이나 특이한 상점 등도 검색한다. 대부분의 여행을 가이드 없이 다니기 때문에, 해외여행일 경우 그 나라의 언어도 공부한다. 경험적으로 볼 때, 3개월 정도의 기간 동안 짬짬이 책과 테이프 등으로 독학을 하면, 그곳에서의 여행이 여러모로 훨씬 즐거워진다.

출발일이 한두 달 앞으로 다가오면 그 때부터는 가격 대비 효용이 가장 높은 숙박시설도 찾고 현지의 교통 체계도 연구한다. 물론 현지의 지도도 열심히 들여다본다. 그리고 내가 머물게 될 며칠 동안 그곳에서 벌어지는 각종 공연이나 운동경기나 전시회나 축제 등에 관한 정보도 수집한다.

최종적으로는 이렇게 얻은 많은 정보들 가운데 일정과 주머니 사정이 허락하는 선에서 구체적인 '실행 계획'을 짠다. 정작 여행지에 도착해서는 그 계획이 수정되는 경우가 다반사지만, 그건 아무래도 상관없다. 어디에 가든 미처 예상하지 못했던 수많은 일들이 벌어지기 마련이고, 그것이야말로 여행의 참맛이니까.

이렇게 쓰고 보니, '여행 준비 중독증' 환자처럼 보일지도 모르겠다. 하지만 내가 이 일에 투자하는 시간은 하루 평균 10분이나 20분 정도에 불과하다. 다른 어떤 취미 생활을 하려 해도 이 정도의 노력이야 해야 하지 않은가.

여행의 효용이란 지극히 주관적인 것이니, 좋은 여행 나쁜 여행이 따로 있지는 않을 터다. 하지만 귀중한 시간과 비용을 들이는 여행이니, 이왕이면 '준비'를 하고 떠날 때에 그 만큼 많은 것을 얻을 수 있을 듯하다. 다치바나 다카시의 문장을 하나 더 인용한다. '여행은, 인생이라고 바꿔 말해도 좋겠지만, 결국 만남이다.'

2005. 7. 25.

없는 병도 만든다니!

'Disease mongering' 이라는 용어를 들어 보셨는지?

각 질병마다 그에 상응하는 알약이 하나씩 존재하는 것은 별로 이상할 것이 없지만, 반대로 새로운 알약이 하나씩 나올 때마다 이에 상응하여 새로운 질병이 하나씩 생기는 경우도 있다. 후자의 경우는 점점 더 늘고 있는데, 이러한 현상을 가리키는 용어가 바로 'disease mongering' 이다. 'Monger' 라는 단어는 영어사전에 '(시시한 일을) 세상에 퍼뜨리는 사람' 이라고 되어 있다.

최근에 출간된 〈없는 병도 만든다(외르크 블레흐 지음, 배진아 옮김, 생각의 나무)〉는 시간이 흐를수록 점점 더 심화되고 있는 소위 '의료화(medicalization)' 를 비판하는 책이다. '의료화' 는 쉽게 말해 굳이 그럴 필요가 없는 아주 평범한 일상사까지 의학의 관리대상이 되는 현상을 말한다.

의사라면 누구나, 그리고 오래 전에 의학을 공부한 사람일수록 더 크게 느끼겠지만, 과거에는 의료의 영역이 아니었던 부분들이 점점 더 의료의 영역에 편입되고 있는 것이 현실이다. 골다공증, 발기부전, 탈모, 우울증, 과민성대장 증후군, 주의력결핍과잉행동장애 등의 '질병' 에서 보듯, 그리 멀지 않은 과거에는 자연스러운 현상 혹은 적어도 병적인 상태는 아니었던 증상들까지 이제는 멀쩡한 진단명이 붙어 있고 값비싼 치료제들도 나와 있으니 말이다.

이 책에서는 건강한 사람을 환자로 만드는 주범으로 제약회사들을 꼽고 있다. 또한 의사들(특히 대학교수들)과 언론(특히 의학 저널리스트)은, 비록 적극적 범의(犯意)를 품지는 않았다 하더라도, 공범으로 지목되고 있다. 고혈압이나 고콜레스테롤혈증의 기준치를 조금 수정함으로써 수천만 혹은 수억 명의 환자를 더 확보할 수 있게 되는 과정들, 바로 이 순간에도 제약회사들이 열을 올리고 있는 '질병 인식(disease awareness)' 캠페인이 대중에 미치는 영향에 관한 서술들을 읽어 내려가다 보면, 대부분의 독자들은 제약회사 및 그에 놀아나는 의사들에 대해 상당한 불신을 가질 수밖에 없을 듯하다.

하지만 이 책은 현대의학의 효용을 완전히 부정하는 몇몇 반(反)의학 서적들과는 다르다. 저널리스트인 저자는 스스로 제약산업이나 현대의학에 반대하는 사람이 아니라고 밝히고 있는데, 실제로 그가 쓴 문장들의 행간 어디에도 현대의학에 대한 맹목적 부정은 없다. 다만 점점 더 심화되는 '의료화'가 몇몇 경우에는 거의 맹목적 수준에 도달해 있음을 우려하고 있을 뿐이다.

이 책을 읽는 한국의 독자들이 어떤 생각을 할지 궁금하다. 의학적 지식이 없는 일반인들에게는 필요 이상의 불신을 심어줄 수도 있겠다 싶기도 하지만, 의사들이 읽을 경우에는 재미도 있고 생각해 볼 부분도 많은 책이다. 그리고 의사들을 못 잡아먹어서 안달이 난 사람들이 이 책을 읽는다면 좀 씁쓸한 기분을 느낄 수도 있겠다. 다국적 제약회사들과 선진국 의사들이 하고 있는 '짓'들에 비하면 우리나라 의사들의 '소심함'이 오히려 초라하게 보일 수도 있기 때문이다.

하지만 이 책은 반드시 비판적으로 읽어야 한다. 이 책에서 부정적으로 바라보고 있는 사례 중 상당수는 '삶의 질 향상'이라는 긍정적 측면도 동시에 갖고 있기 때문이다. 비아그라나 프로페시아가 '사기'라고 단언할 수 있을까? 비록 지금은 부작용 때문에 한풀 꺾였지만, 여성 호르몬의 투여가 여성들에게 삶의 활력을 선사했다는 사실 자체를 부정할 수 있을까? 수시로 MRI

를 찍어 정상임을 확인해야만 직성이 풀리는 사람들이 존재한다고 해서 건강검진이 비용대비 효과가 없다고 주장할 수 있을까?

그렇지는 않을 것이다. 모든 분야가 다 그렇듯, '적절한 수준'을 유지할 수만 있다면 지금껏 인류가 이룩했고 앞으로 더 발전시킬 의학적 진보가 인류를 위해 분명히 커다란 기여를 할 수 있을 것이다.

디스토피아를 다룬 소설 〈멋진 신세계〉를 쓴 올더스 헉슬리는 이미 수십 년 전에 "건강한 인간이리고는 더 이상 단 한 사람도 남아 있을 수 없을 만큼 의학이 진보했다"고 말했지만, 나는 여전히 의학이 더 진보해야 한다고 믿는다.

영화 '미션 임파서블' 속편에서는 가상의 한 제약회사가 '악의 축'으로 설정되었다. 그리고 이 책 〈없는 병도 만든다〉에서는 실재하는 거의 모든 유명 제약회사들이 '음모적 집단'으로 그려지고 있다. 이런 비판과 감시가 있기에 의학의 기형적 진화를 조금은 막을 수 있기도 할 것이다.

2004. 8. 16.

백남준을 화폐 도안으로

설날 연휴에 TV를 보던 중 '백남준 타계' 라는 속보가 자막으로 흐르는 것을 보았다. 그 순간 저절로 탄식이 나왔다. 몇 년만 더 살아 주었더라면, 그래서 세계 최초의 '백남준 미술관' 개관 행사에 참석할 수 있었더라면 얼마나 좋았을까 하는 생각 때문이었다.

나는 운 좋게도 백남준의 작품을 꽤 많이 '실물로' 보았다. 스물 살 무렵 과천에 있는 국립현대미술관에서 본 것이 처음이었고, 이후 프랑스와 미국 등 외국에서도 몇 작품을 보았다. 광주 비엔날레에서 본 것과 서울 시내의 몇몇 대형 건물과 미술관에 전시되어 있는 소품들까지 포함하면 스무 점 가까이 된다. 물론 사진이나 TV 화면으로는 더 많은 작품들을 보았다. 현대 미술에 조예가 깊은 것은 아니지만, 그의 작품을 볼 때마다 나는 그의 기발한, 그리고 자유로운 상상력에 경의를 표했었다.

10여 년 전, 나는 난생 처음 외국 여행이라는 것을 해 보았다. 그때 프랑스의 국립현대미술관 격인 퐁피두센터에서는 '경계를 넘어(Off Limits)' 라는 주제의 대규모 전시회가 열리고 있었다. 백남준이 세계적인 작가라는 사실은 그 전부터 익히 알고 있었지만, 그 전시회를 돌아본 후에는 그가 나의 예단(?)보다 훨씬 더 유명하고 훨씬 더 존경받는 작가임을 알 수 있었다. 그의 작품들이 그야말로 '융숭한 대접' 을 받으며 전시되고 있었기 때문이다.

같은 여행에서, 유명한 미술관 하나가 얼마나 그럴듯한 관광 상품이 되는

지, 그리고 유명한 예술가 하나가 '국가 브랜드' 제고에 얼마나 큰 역할을 하는지도 보았다. 심지어 작은 미술관 하나가 소도시 하나쯤은 충분히 먹여 살릴 수도 있다는 사실도 알 수 있었다.

그때부터 나는 백남준 미술관이 하루 속히 한국 땅에 만들어지기를 기원해 왔다. 들어주는 이는 별로 없었지만, 한동안은 틈만 나면 백남준 미술관 타령을 하기도 했다. 다행히 백남준 미술관 건립 계획은 지난 2002년에 구체화되어 이르면 내년(2007년) 가을 그 모습을 드러낼 전망이다. 모르긴 해도 백남준 미술관 때문에 한국을 찾는 외국인들도 적지는 않을 터다.

이제 와서 이야기지만, 지난해(2005년) 가을 본지 자매지인 CURO에서는 백남준 인터뷰를 추진했었다. 우여곡절 끝에 성사 직전까지 갔지만 결국 플로리다 행 비행기는 타지 못했다. 그의 건강 상태가 좋지 않았던 것이 가장 큰 이유였다. 어쩌면 백남준 '최후의 인터뷰'를 직접 할 수도 있었다는 생각을 하니 더욱 아쉬움이 크게 남는다.

백남준은 갔다. 그 자신의 아이디어는 아니었을지 몰라도, 장례식장에서의 마지막 퍼포먼스를 통해 우리에게 웃음과 눈물을 동시에 주면서 영원히 떠났다. 장례식에 참석한 사람들 모두는 그들의 넥타이를 가위로 싹둑 자르는 것으로 그에게 경의를 표했다. 백남준이 40여 년 전 그의 정신적 스승 존 케이지의 넥타이를 잘랐던 것을 기리는 행위였다.

그런데 백남준의 장례식 관련 보도를 보면서 한 가지 아쉬운 생각이 들었다. 뉴욕 총영사 외에는 우리 정부 대표가 아무도 참석하지 않았기 때문이었다. 비록 경기도에서 조문단을 파견했고 유홍준 문화재청장이 개인 자격으로 참석하기는 했지만, 우리 정부가 좀 무심했던 것이 아닌가 싶다.

나는 헛된 상상을 해 본다. 대한민국 대통령이 이틀이나 사흘쯤 모든 일정을 취소하고 뉴욕으로 날아가 백남준 장례식에 참석하는 상상 말이다. 전세계에서 조사(弔辭)를 하고 싶다는 요청이 쇄도하여 이를 정중히 거절하느라

유가족들이 애를 먹었다고는 하지만, 설마 우리 대통령의 요청까지 거절했을까. 대통령이 직접 참석하여 조사를 읽고 검정 넥타이를 잘랐더라면, 모르긴 해도 그 장면은 100개국쯤의 뉴스에 등장했을 것이다.

다른 상상도 해 본다. 백남준의 얼굴이나 그의 작품이 우리 지폐에 등장하는 상상이다. 새로운 화폐 디자인을 놓고 말도 많고 탈도 많더니 결국 '모델'들은 그대로 두고 도안만 바꾸는 것으로 방침이 정해졌는데, 참신함도 없고 예술성도 없는 듯하여 실망스럽다. 생존해 있는 인물이라 백남준은 후보에도 못 올랐던 것 같은데, 이제 영면하셨으니 '기본 자격'은 생긴 셈 아닌가. 1993년에 프랑스에서는 새 50프랑 지폐에 '어린 왕자'와 생텍쥐페리를 집어넣어 호평을 받았었다. 그의 사망 50주기가 되는 해였다. 그 외에도 예술가를 화폐 도안에 활용하는 나라는 많다.

그러나 아직은 언감생심. 우리 대통령이나 고위 공직자들이 이런 '센스'를 가졌을 리가 없다. 국민들은 점점 더 세련되어 가는데, 지도자들은 여전히 참 촌스럽다.

2006. 2. 13.

'효자동 이발사'를
의사의 시각에서 보다

최근에 개봉된 영화 '효자동 이발사'를 재미있게 봤다. 60년대 초부터 70년대 말까지 암울했던 시대적 배경을 관통하는 '효자동 이발사'는 역사의 격랑 속에서 앞장서지도 않고 비껴나 있지도 않은 채, 그저 평범한 삶을 살았던 어느 소시민의 삶을 그린 영화다. 배운 것도 가진 것도 없는 동네 이발사가 우연히 대통령의 전속 이발사가 되면서 겪는 일들은 남다르다고 할 수 있겠지만, 주인공이 자신에게 닥쳐온 상황에 대처하는 방식은 그야말로 평범하다. 그 시대에 그런 처지라면 누구라도 그러했을 법한 방식. 사실주의와 우화를 오가는(리얼리티가 아주 없는 장면도 없지만 그렇다고 리얼리티가 살아 있는 장면도 거의 없는) 이 영화를 가리켜 어느 기자는 '험한 시대를 묵묵히 감내하고 살아낸 아버지에게 바치는 헌사 같은 영화'라고도 표현했다.

이 영화에는 의사와 관련된 장면이 몇 군데 나온다. 스토리의 주된 흐름과는 무관하지만, 의사의 시각에서 보면 '더 재미있거나 혹은 덜 재미있는' 장면들이다.

첫째, 하필 4·19가 일어난 날 출산을 하게 된 아내를 손수레에 태우고 병원으로 향하던 주인공이 시위대를 만나는 장면이다. 총성이 난무하는 시위 현장에서 어느 학생이 주인공에게 말한다. "선생님, 도와주십시오, 선생님! 애국청년이 피를 흘리고 있습니다. 선생님! 도와주십시오!" 주인공은 당황하여 외친다. "저기 가운을 보고 오해하시는 모양인데, 전 의사가 아니에요."

　모르긴 해도, 당시의 의사들은 누구든 '피 흘리는 애국청년' 을 성심껏 치료해 주었을 것이다. 애국청년 아니라 매국청년이라 해도 치료해 주는 사람들이니, 애국청년을 외면했을 리는 없을 것이다. 80년에도 그랬고 87년에도 그랬고 90년대에도 가끔씩은 그랬을 것이다. 또한, 영화 속에는 나오지 않지만 4 · 19 시위대 속에는 의사도 있었고 의대생도 있었다. 의대생 중 한 사람은 총탄에 유명을 달리하기도 했다. 친구였던 그의 죽음을 안타까워하며 해마다 4월 19일이면 아무도 모르게 수유리에 다녀오는 어느 노(老)의사도 떠올랐다.

　둘째, 간첩들이 설사병에 걸려 잡히게 되고, 그로 인해 설사병에 걸린 사람들이 간첩과 내통했다는 이유로 '기관' 에 끌려가는 장면에서 등장하는 '마루구스 병' 이라는 질환이다. '마루구스 병' 이 무엇인지, 요즘 용어로는 어떤 질병을 말하는 건지 고민할 필요는 없다. 이것은 '마르크스' 에서 따온 허구의 질병이기 때문이다. 장난기 많은 작가의 재치라 하겠지만, 여전히 '이념이 중요한' 시대를 살고 있는 우리이기에, '마루구스 병' 이라는 단어는 새삼스럽게 다가온다.

　셋째, 설사병에 걸린 사람들을 마구 잡아들이는 정부에 항거하는 '민주의사회' 의 등장이다. 성명서를 발표하는 장면 따위는 없지만, "사회에서 명망이 높은 의사들로 구성된 민주의사회가 마루구스 병 환자들이 간첩과 접선했다고 보는 것은 옳지 않다고 발표했다" 는 내용이 대통령에게 보고되는 장면이 있다. 대통령은 '스무 명 남짓' 된다는 민주의사회 회원들을 '쓸어버리라' 고 지시한다. 지금 있는 '민주의사회' 와는 무관하고, 그 당시에도 실재하지 않았던 가상의 단체이지만, 민주화 과정에서 나름대로 여러 가지 역할을 수행했던 의사들의 '활약' 을 생각하면 리얼리티가 아주 없지는 않은 장면이지 싶다.

넷째, 고문 후유증으로 걸을 수 없게 된 아들을 다시 걷게 만들기 위해 주인공이 전국의 '명의'들을 찾아다니는 장면이다. 한의사도 등장하고 점쟁이도 등장하고 산 속의 도인도 등장하는데, 정작 의사는 등장하지 않는다. 당시에는 건강보험도 없었고 의사도 워낙 귀했던 시절이니 일면 이해는 되지만, 그럼에도 불구하고 약간의 아쉬움은 남는다. 건강에 관한 문제는 당연히 의사와 상의해야 하는 건데, 그 전에 우선 '신비의 명약'부터 찾는 우리 의료문화의 단면이 드러나 있는 장면 같아서다.

15세 이상 관람가 등급이고, 등급을 떠나 가족이 함께 볼 수 있는 흔하지 않은 영화이니, 한번쯤 관람해 보는 것도 나쁘지 않겠다. 영화를 보면 설사병 환자가 "혹 마루구스 병인가요?"라고 물어도 당황하지 않을 수 있다는 장점도 있다.

2004. 5. 10.

의사와 파일럿의 공통점

최근에 유명 시나리오 작가 한 분과 만날 일이 있었다. 원래 친분이 있는 분인데다가 매우 오랜만에 만난 것이라, 우리가 주고받은 것은 지극히 개인적인(주로 어떻게 인생을 즐길 것인가 하는) 대화들과 아주 많은 술잔이었다.

이런 저런 이야기들 중에 그분이 자신의 처남 이야기를 꺼냈다. 모 민간 항공사 소속의 파일럿인 처남이 매우 부럽다는 것이 골자였다. 비교적 높은 연봉을 받고 여유 시간이 많은 편이고 세계 곳곳을 공짜로 여행할 수 있다는 장점을 누린다는 것도 부러운 이유들이지만, 가장 결정적인 이유는 '별로 하는 일이 없다' 는 것이었다.

파일럿이 하는 일이 별로 없다는 말이 잘 이해가 가지 않는다고 하니, 그분은 처남에게 들은 이야기를 옮기기 시작했다. "요즘은 워낙 모든 것이 컴퓨터에 의해 자동으로 작동되기 때문에, 파일럿이 하는 일이라곤 '열쇠 꽂아서 시동 걸고, 시동 끄고 열쇠 뽑는 것뿐' 이라더라. 비행시간 내내 승무원들하고 잡담이나 하며 보낸다더라."

물론 많이 부풀려진 말일 게다. 정기적으로 매우 까다로운 건강검진을 통과해야 하고, 수백 개에 달하는 계기판을 체크해야 하고, 지극히 불규칙한 생활을 견뎌야 하는 스트레스는 결코 적지 않을 것이니 말이다.

그럼에도 불구하고, 우리는 열심히 맞장구를 치며 파일럿을 부러워했다.

어쨌거나, 앞에 나열한 장점들 또한 사실이기 때문이다.

잠시 후 다른 곳으로 화제가 옮아갔는데, 이번에는 병원 이야기였다.

"우리 애가 감기에 걸려서 동네 소아과엘 갔는데 말야, 의사가 아이를 진찰한 다음에 갑자기 나에게 잠깐 앉아 보라는 거야. 얼굴 색이 이상하다나 뭐라나. 나는 멀쩡했으니까, 이 양반이 무슨 사기를 치려고 이러나 생각했지. 근데, 의사가 아주 심각한 얼굴로 피검사를 해 보자고 하더라구. 나중에 보니까 간 수치가 천이 넘게 나온 거야. 30이 정상이래매?"

대충 추론해 보니 원인이 명확하지 않은 급성 전격성 간염이었던 듯했다. 그분은 큰 병원으로 전원되어 2주 가량 입원 치료를 받았고, 다행히 건강을 되찾을 수 있었다.

"죽을 뻔한 거라던데, 사실이냐?"

그분은 농담처럼 이야기했지만, 자신이 상상조차 못했던 숨은 질병을 찾아낸 그 의사의 예리함에 대한 놀라움과 고마움이 가득 담긴 목소리였다. 최근의 일이라 아직 변변히 사례도 못했다며, 언젠가 시간을 내서 한번 찾아가야겠다고 덧붙이기도 했다.

어쨌든 건강이 회복되어 다행이라고, 벌써 40대 중반이니 앞으로는 건강에도 신경 좀 쓰라고 말하던 중에 문득, 한 가지 생각이 떠올랐다. 의사와 파일럿 사이에 공통점이 꽤 있다는 사실이다. 매우 긴 시간을 투자해야 하고 늘 새로운 것을 공부해야 한다는 점, 높은 소득을 올린다는 점, 작은 실수가 다른 사람의 생명을 앗아갈 수 있기 때문에 철두철미해야 한다는 점. 그리고 매우 중요한 공통점 하나 더. 언뜻 보기에는 별로 어렵지도 대단하지도 않아 보이는 일을 하지만, 결정적인 순간에는 누구도 대신할 수 없는 중요한 판단을 내려야 한다는 점.

특히 일차 진료를 담당하는 의사가 '주로' 하는 일은 어깨너머로 대충 배우면 누구나 할 수 있는 일처럼 보인다. 머리가 아프면 두통약 주고 배가 아프면 소화제 주는 일은 누구나 할 수 있어 보이고, 실제로 '의사 흉내'를 곧잘 내는 사람들도 많다. 하지만 평범한 두통과 뇌종양에 의한 두통을 가려내는 일, 단순한 속쓰림과 위암에 의한 증상을 가려내는 일은 분명 아무나 못한다. 99명의 가벼운 환자들의 문제를 해결하는 것보다 1명의 위중한 환자를 찾아내는 일이 어쩌면 더 어려운 일이다. 마치 파일럿이 평소에는 시동이나 켜고 끄더라도 기체 이상이나 기상 악화 등의 위기 상황이 닥쳤을 때 진가를 발휘하는 것처럼 말이다.

나는 그분에게 이런 이야기들을 했고, 그분도 전적으로 공감했다. 그리고 파일럿에게, 또 의사들에게 이 사회가 기꺼이 정당한 대가를 지불해야 한다는 데에 동의했다.

상대가 유명 시나리오 작가였으니, 나는 여기서 한 가지 제안을 했다. 의사가 주인공으로 등장하는, 단순히 직업 설정만 의사인 것이 아니라 의사로서의 삶의 모습이 치열하게 드러나는 작품을 하나 써 보시라고 말이다. 내용만 좋으면 아마 의사협회에서도 적극적으로 지원을 할 것이다, 나라도 나서서 의사들 상대로 투자유치를 받아보겠다, 비정상적으로 멀어진 의사와 국민 사이를 좀 가깝게 하는 일에 도움이 될 것이다, 등등의 감언이설도 늘어놓았다.

그분은 그저 빙그레 웃을 뿐이었지만, 정말 그런 영화 한편 만들어지기를 바라는 내 마음은 무척이나 간절했다.

2003. 5. 12.

「종합병원 시즌2」를 기대하며

다음달(2005년 11월) 7일, 의협은 '한국의사 100주년 맞이 기념 콘서트'를 코엑스 오디토리움 홀에서 개최한다. 정신과 전문의인 김창기, 의사를 아내로 둔 김창완, 그리고 신효범 등 세 사람의 가수가 출연할 예정이다.

그런데 나는 얼마 전 이 콘서트의 개최를 알리는 광고를 보고 조금 의아한 생각이 들었었다. 의협 창립 100주년은 아직 3년이나 남은 일이기 때문이었다. 광고 문안을 자세히 보니 '100주년 사업수행 기금모금을 위한' 행사라고 되어 있었다. 의협은 이 콘서트를 시작으로 각종 기념사업을 본격적으로 추진할 것이라 한다.

기념비적 행사를 준비하느라 애쓰고 있는 분들에게 굳이 시비를 걸고자 하는 마음은 없지만, 진짜 100주년을 3년이나 남겨둔 시점에 열리는 콘서트를 두고 '100주년 맞이 기념 콘서트'라 이름 붙인 것은 좀 우습다. 2008년에는 기념 콘서트가 없는 것인지, 아니면 콘서트 대신 음악회나 리사이틀을 개최할 것인지, 그것도 아니면 100주년 기념 콘서트를 여러 번 하게 되는 것인지 궁금하다.

각설하고 본론을 말하자. 나는 한국의사 100주년을 맞아 멋진 의학 드라마를 만드는 프로젝트를 추진해 보자고 제안한다. 컨벤션센터 등을 갖춘 웅장한 의협회관을 새로 짓는 것도 좋고 역사 편찬이나 학술대회 개최 등도 좋지만, 그건 아무래도 의사사회 내부의 자축 이벤트일 뿐이다. 물론 의협은

428

'국민과 함께 하는 의사상 구현'을 위해서도 다양한 사업을 펼칠 계획을 갖고 있지만, 모르긴 해도 몇 번의 행사를 통해 소기의 목적을 달성하기는 쉽지 않을 터다.

문화방송이 드라마 「종합병원」을 방영하기 시작한 것은 1994년 4월이다. 국내에서는 최초의, 그리고 어쩌면 아직까지는 유일한 본격 의학드라마인 「종합병원」은 숱한 화제를 뿌리며 1996년 3월까지 2년 동안 전파를 탔다. 이재룡, 신은경, 전도연, 김지수, 전광렬, 홍리나, 구본승 등 여러 배우들이 이 드라마를 통해 스타가 됐고, 리얼리티를 높이기 위해 6개월 동안 한 대학병원 응급실에서 기거하기까지 했던 신인작가 최완규는 지금 최고의 작가 반열에 올라 있다(그는 「올인」, 「허준」 등의 드라마를 집필했다).

그로부터 10년이 흐르는 동안 국내에서는 제대로 된 의학 드라마가 제작되지 않았다고 할 수 있다. 물론 병원을 배경으로 하거나 의사가 주역으로 나오는 드라마는 적지 않았으나, 그건 '본격'도 아니고 '정통'도 아니었다.

하지만 병원은 세상의 모든 공간들 중에서 가장 드라마틱한 공간이다. 그러기에 외국에서도 의학 드라마는 여러 편이 만들어졌고, 그것들 중 상당수는 국내에도 방영됐다. 특히 최근에는 외국에서 만들어진 의학 드라마들이 대거 몰려오고 있다. 얼마 전에는 미국 드라마 「메디컬 인베스티게이션」과 「하우스」, 그리고 일본 드라마 「닥터 고토의 진료소」가 케이블TV를 통해 방송됐고, 그 유명한 「ER」도 최근 한 케이블 채널을 통해 다시 방송되기 시작했다.

게다가 이달 하순에는 무려 세 개의 의학드라마가 방송되기 시작한다. 미국 ABC 방송사를 8년만에 흑자로 돌려놓았다는 「그레이 아나토미」가 KBS에서 방영되고, 미국 NBC가 이미 '시즌 4'까지 제작한 의학 시트콤 「스크럽스」와 미국 CBS가 1993년부터 8년간 방영한 의학 추리극 「닥터슬론」도 케이블TV를 통해 우리 국민들에게 다가온다.

나는 이처럼 갑자기 외국에서 만든 의학 드라마가 쏟아져 들어오는 현상의 바탕에는 국내에서 오랫동안 의학 드라마가 만들어지지 않은 사실이 깔려 있다고 생각한다. 이미 우리 영화나 드라마는 국내는 물론 아시아 전체를 사로잡을 만큼의 경쟁력을 갖고 있다. 그래서 과거에 비해 TV 외화 시리즈는 별로 인기가 없다. 따라서 외국 드라마를 수입하는 쪽에서는 국내에는 없는 색다른 것을 노리게 되고, 그 결과로 의학 드라마들이 선택되고 있는 것이다.

나는 요즘 가장 인기 있는 드라마 「장밋빛 인생」의 한 장면을 보면서 참 마음이 아팠다. 아내 최진실의 병세가 위중하다는 말을 들은 남편 손현주가 의사의 멱살을 잡고 명패를 내던지는 등 행패를 부리는 장면 말이다. 그런 상황에 처한 환자나 보호자의 처지를 충분히 이해하기는 하지만, 나 또한 의사인지라, 그런 '험한 꼴'을 당하는 의사에게 감정이 이입되자 억울하기도 하고 답답하기도 했다. 일반 시민들의 무의식 속에 저 장면이 어떻게 각인될까 싶은 걱정도 들었다.

만약 이 장면이 「종합병원」의 한 장면이었다면, 의사라는 직업의 무게와 고통을 표현하기 위한 좋은 도구로 쓰였을 것이다. 「종합병원 시즌2」가 기다려지는 것은 그런 까닭이다. 의사들의 평판이 워낙 나빠 방송국이 주저한다면, 의료계가 제작비를 지원하면 어떨까. 드라마 제작의 여러 분야에(심지어 연기까지도) 참여할 수 있는 재주꾼 의사들은 많다. 10년 전에 「종합병원」 제작에 관여했던 나도 미력이나마 보태고 싶다. 「종합병원 시즌2」가 아시아 전역에 방송되어 '한국의학의 한류'를 불러일으키는 것은 정녕 꿈일까?

2005. 10. 24.

430

비교된다, BBC와 KBS

최근 영국에서는 학교 급식을 둘러싼 커다란 논란이 있었다. 그 논란은 BBC가 방송하는 인기 프로그램 「제이미의 학교 만찬(Jamie's School Dinner)」이 불러일으킨 것이다. 제이미 올리버(Jamie Oliver)라는 이름의 요리사가 진행하는 이 프로그램은 (직접 보지 못해서 정확히는 모르겠지만) 과거 우리나라 TV에서 방영됐던 「느낌표」의 한 코너 '하자 하자'와 일맥상통하는 것인 듯하다. 아이들이 학교에서 먹는 음식에 관한 내용을 방송하던 이 프로그램은 얼마 전 한 가지 충격적인 사실을 폭로했는데, 그것은 아이들의 한 끼 급식에 쓰여지는 돈이 불과 37펜스(약 700원)에 불과하다는 사실이다. 그 식사가 싸구려 감자튀김 등 소위 '정크 푸드'로 이루어진 부실한 것이었음은 당연하다.

제이미는 이 문제의 해결을 위한 캠페인을 시작했고, 영국 국민들의 큰 호응을 얻었다. 이미 심장병이나 암으로 인한 영국인들의 사망 중 3분의 1이 잘못된 식사에서 비롯된다는 사실과, 현재 영국의 청소년 가운데 비만 혹은 과체중의 비율이 30% 이상에 달한다는 점이 시한폭탄과도 같은 심각한 문제라는 사실이 영국인들 사이에 널리 퍼졌다. 영국의사협회를 비롯한 128개 단체는 이 문제의 해결을 위한 연합체를 구성하기도 했다.

제이미는 지난 (2005년) 3월말, 27만여 명이 서명한 탄원서를 토니 블레어 수상에게 전달했고, 영국 정부는 바로 다음날 긴급 대책을 내놓았다. 그것은

2억2천만 파운드(약 4천4백억원)를 '즉시' 투입하여 아이들의 한 끼 부식비를 50펜스(약 1,000원) 수준으로 끌어올린다는 것과, 추가로 6천만 파운드(약 1천2백억원)를 출연하여 학생 급식 수준의 향상과 관리를 위한 특별기금을 만든다는 것이다.

이 논란의 파장이 얼마나 컸던지, 〈란셋〉 최근호도 편집자 칼럼에서 이를 언급했다. 그 칼럼에는 "제이미야말로 음식과 영양에 대해 헌신한 혁명적인 요리사로, 박수를 받아 마땅하다. 보건의료인들은 그를 본받아야 한다. 그들만의 동맹에서 벗어나 사회 속으로 들어가야 하며, 그것이 곧 공중보건이 제 역할을 하게 되는 길이다"라고 쓰여 있다.

이를 접하면서 몇 가지 생각을 하게 된다. 우선 얼마 전에 우리나라에서 불거졌던 불량급식 파문이 떠오른다. 그게 비단 우리나라만의 문제가 아니라는 사실에서 오는 위안도 없지는 않지만, 잠시 동안 떠들썩하게 호들갑을 떨다가 조금만 시간이 흐르면 아무 것도 개선되지 않은 채 잊혀지는 우리나라와 달리 즉각적인 개선 노력이 정부 및 민간 차원에서 진행되는 영국에 대한 부러운 마음이 더 크다.

또한 이러한 문제에 대한 의료계의 관심을 촉구하는 글이 〈란셋〉 정도 되는 저널의 서두에 실린다는 점, 그리고 영국의사협회가 128개 단체 중 맨 먼저 거론될 정도(BBC의 공식 홈페이지에서 실제로 그랬다)로 의사들이 사회적 '행동'을 하고 있다는 점이 부럽다.

내가 영국에서 벌어진 급식 관련 논란에 대해 알게 된 것은 지난 (2005년 4월) 13일인데, 바로 그날 저녁 뉴스에는 '학교 급식비 대폭 삭감 파장'이라는 제목의 뉴스가 나왔다. 경제난의 여파로 서울에서 급식지원을 신청한 학생은 지난해보다 1만 2,000명이 늘었지만 지원 대상은 오히려 2만 4,000명이 줄었다는 내용이었다. 이는 국가사업이었던 급식지원사업이 지방자치단체로 이양되면서 국고지원이 전액 삭감됐기 때문이라 했다. 지난해 서울시의 급식지원 예산은 국고 67억원, 교육청 189억원 등 모두 273억원이었지만 올해는 국고지원액 67억원 전액이 없어지면서 22%나 급감했다고 했다. 서울시에서는 '예산 확보가 어렵다' 는 지겨운 말만 반복하고 있었다.

안타까운 것은 정부의 무관심만이 아니다. 학교 급식이나 청소년의 영양 문제를 좀더 강력하게 제기하지 않는 언론이나 의료계 등 관련 분야 전문가들도 각성해야 한다. 지난번의 불량 급식 파문도 사실 네티즌들이 문제의 급식을 사진으로 찍어 인터넷에 올리면서 시작됐던 것일 뿐, 언론이나 전문가들이 한 역할은 거의 없다고 해도 과언이 아니다.

특히 언론에 대한 이런 불만은 같은 날 KBS 9시 뉴스에서 방송한 다른 기사를 보면서 아예 체념으로 바뀌었다. '연속기획—말기암' 이라는 시리즈의 세 번째 편이었는데, 기사라기보다는 노골적인 광고에 가까웠기 때문이다. 기자는 "암에 걸리면 건강보험은 얼마 되지 않는다", "암보험만이 유일한 해결책", "미리미리 암보험에 드는 것이 현명한 선택" 이라 역설하면서, "30살 이상 성인 가운데 40%인 770만명만 암보험에 가입해" 있는 현실을 안타까워했다. 필경 '세계' 로비를 했을 듯한 '생명보험협회' 관계자도 화면에 등장하여 '광고' 를 거들었다. 이게 홈쇼핑 채널도 아닌 공영방송이 할 짓인가 싶다. 영국과 한국의 차이인가, 아니면 BBC와 KBS의 차이인가?

2005. 4. 18.

'동반자살' vs. 'murder-suicide'

제헌절에 전해진 뉴스 하나가 많은 사람들에게 큰 충격을 줬다. 생활고를 비관한 34세의 주부가 세 자녀와 함께 투신 자살한 사건이 그것이다.

이 사건은 뜨거운 사회적 논란을 불러일으키고 있다. '오죽하면 그랬겠느냐'는 의견, 빈곤층에 대한 사회적 배려가 부족하다는 의견, 어린 자녀들의 생명까지 마음대로 빼앗은 것은 명백한 '살인'이라는 의견들이 쏟아졌고, 급기야는 '성장이냐 분배냐'라는 거창한 주제로 논쟁이 옮아가는 듯하다.

현재의 우리 사회에서 성장과 분배 중 어느 쪽이 더 우선적 가치여야 하는가 하는 질문에 한마디로 답할 수는 없다. 어느 쪽이든 한 가지에만 치우쳐서는 모두가 불행해질 것이므로 두 가지 가치를 동시에 추구해야 한다는, 다소 공허한 이상주의처럼 들리는 원론을 말할 수밖에 없다. 우리 사회가 선택할 수 있는 것은 51대 49냐, 거꾸로 49대 51이냐 하는 문제가 아닐까 싶다. 최대한 양보한다 해도 60대 40이냐 40대 60이냐 정도일 뿐이라는 말이다.

혹시 이런 논쟁의 전개에 참고자료가 될까 하는 마음에, 지금으로부터 딱 한 달 전에 우연히 읽은 CNN 기사 한 편을 소개하고자 한다.

이야기는 30년 전으로 거슬러 올라간다. 한국전쟁에 참전한 경험이 있으며 모 대학에서 경비원으로 일하던 한 중년 남자가 자신의 아내와 다섯 자녀를 권총으로 살해한 후 자신도 목숨을 끊는 사건이 미국에서 발생한다. 그의 자녀는 모두 여섯이었는데, 딸 하나만 유일하게 참화를 피한다. 당시 열다섯 살이었던 그녀는 끔찍한 사건이 발생하던 순간에 병원에 입원해 있었기 때문에 생명을 건졌는데, 그녀가 병원에 입원해 있었던 이유는 아버지의 구타 때문이었다.

테레사 오리어리(Teresa O' Leary)라는 이름의 이 소녀는 사건 이후 30년을 주로 병원에서 지냈다. 커다란 충격 때문에 열 다섯 살에서 정신적 성장이 멈춰버린 그녀는 꾸준한 정신과 치료를 받으며 다양한 사회 체험 프로그램에도 참여했지만 정상적인 사회인으로 살아갈 수는 없었다. 나중에는 정신과 약 장기 복용에 따른 부작용으로 만성 신부전에 빠졌고, 일주일에 세 번씩 혈액투석을 받아야만 했다.

결국 그녀는 사건발생 30년을 하루 앞둔 지난 (2003년) 6월 9일, 더 이상 투석을 받지 않겠다고 결정했고, 6월 19일에 45년간의 생을 마감했다. 그녀의 사망으로 인해 많은 미국인들은 30년 전의 엽기적인 사건을 떠올렸고, CNN에서는 그녀의 삶을 상세히 소개하는 기사를 썼다.

이 이야기는 물론 엄청난 비극이지만, 사건의 엽기성 자체보다 더욱 놀라운 것은 피해 당사자인 한 소녀에게 무려 30년 동안 베풀어졌던 미국 사회의 '배려'이다. 그녀는 적절한 치료를 받았고, 많은 친구들도 사귀었고, '용서'가 무엇인지를 사람들에게 일깨워주었고, 결국 평화롭게 생을 마칠 수 있었다. 그녀는 '천국'에 가서 오래 못 만났던 친구들과 가족들을 만날 기대를 하며 마지막 날들을 보냈다.

바로 얼마 전에 어머니의 손에 의해 죽임을 당한 세 아이들 중 하나가 살아남았더라면, 우리 사회에서 그 아이가 어떤 삶을 살았을 것이며 우리 사회가 그 아이에게 무엇을 해 주었을 것인가를 생각하면 가슴이 콱 막힌다.

자식은 부모의 소유물이 아니라고 목소리를 높이고 싶다가도, 아이들만 이 세상에 남기고 가기 싫었던 그 어머니를 모질게 나무랄 수는 없다는 주장에도 고개가 끄덕여진다. 우리 사회가 얼마나 약자에 대한 배려가 없는 곳인지를 너무 잘 알기에 말이다.

어느 쪽이 옳을까? 미국처럼 '잘 사는 나라'가 되어야 사회안전망도 제대로 갖추어질 수 있으니 '성장'에 우선을 둬야 할까, 아니면 점점 늘어나는 빈부의 격차를 줄이기 위해 '분배'에 우선을 둬야 할까.

우리나라의 비정한 어머니가 남긴 메모에는 '아이들에게 미안하다. 살기가 싫다. 죽고 싶다. 안면도에 묻어주세요.'라고 적혀 있었고, 미국의 비정한 아버지가 남긴 유서에는 '나는 아내를 사랑하고 아이들을 사랑한다. 그들 없이는 살 수 없다. 그래서 나는 그들을 데리고 간다.'라고 적혀 있었다.

사족을 달자면, 이번 사건을 대부분의 언론이 '동반자살'이라고 표현한 것은 옳지 않은 듯하다. 영어에는 'joint suicide(혹은 double suicide)' 외에 'murder—suicide'라는 표현이 있다. '살인자살'이든 '타살자살'이든, 우리도 동반자살과 구별해서 뭔가 다른 용어를 써야 할 것 같다. 전후 사정이야 어떻든, 아이들은 분명히 '살해'된 것이니 말이다.

2003. 8. 4.

436

새로운 조직이 필요하다

의료와 관련된 사안이 언론에 다루어지는 빈도가 과거에 비해 크게 늘었다. 건강상식이나 첨단의학에 대한 소개도 늘었고, 정부의 의료정책이나 의료계의 잘못된 관행에 대한 비판은 더욱 늘었다. 전자는 소득이 높아지면서 건강에 대한 사회적 관심이 증대된 결과일 것이고, 후자는 의료대란과 건강보험 재정파탄 이후 의료에 대한 국민들의 관심과 불만이 증폭된 때문일 것이다.

의학적 지식을 전달하는 부분은 일단 논외로 하고, 제도와 관련된 부분에서만 생각해 보자. 의료제도와 관련된 보도가 늘어나는 것은 적어도 이론적으로는 매우 바람직한 일이다. 우리 국민들이 의료의 본질적 특성이나 우리 의료제도의 실상과 문제점을 잘 이해하게 되면 현재의 위기 상황을 타개하는 데에 큰 도움이 될 것이니 말이다.

그러나 현실이 꼭 그런 것만은 아니다. 환자—의사 관계를 악화시키고 의료 문화 개선을 방해하고 여론을 잘못된 방향으로 유도하는 보도도 비일비재하니 말이다. 의사들은 이런 사례를 접할 때마다 언론을 욕한다. 언론의 무지를 탓하고 언론이 불순한 의도로 의사들을 매도한다고 비난한다. 물론 그런 경우도 많지만, 의사이자 언론인이기도 한 내가 볼 때에는 상황이 이렇게 된 한 가지 다른 이유가 더 있다.

그 이유가 무엇인지를 알려면 거꾸로 언론에 자주 등장하는 인물이 어떤 사람들인지, 어떤 이유로 인해 그들이 자주 등장하는지를 살펴보면 된다. 기자나 PD들에게는 가장 자주 접촉하는 '취재원(取材源)'이기도 한 그들은 크게 세 부류로, 보건복지부 관료를 비롯한 정부측 관계자들, 건강연대를 비롯한 시민단체 관계자들, 그리고 의사들이다.

논란이 있는 내용을 보도함에 있어서 양측의 주장을 모두 전달하는 것은 매우 기본적인 원칙이다. 거기에 객관적이고 중립적인 입장까지 추가로 인용할 수 있으면 더 좋다. 위에서 언급한 것처럼 세 부류의 견해를 묻는 경우, 시민단체가 당연히 '객관적'인 위치에 놓이는 것은 말할 것도 없다. 하지만 적어도 현재는, 그리고 적어도 의료문제에 있어서는, 시민단체를 '중립'으로 분류해서는 정확한 분류가 아니다. 언론에서도 이 사실을 잘 알고 있다. 하지만 언론에서는 그 특성상 '중간자'를 찾을 수밖에 없고, 그 과정에서 선택되는 것이 주로 건강연대 아니면 인의협인 것이다. 그리하여, 전체적인 보도 내용이 편향될 가능성은 높아진다.

물론 때로는 '청년의사'가 중간자의 역할을 담당한다. 하지만 '청년의사'는 그 외형이 사람들이 모인 '단체'가 아니라 '언론사'이다. 따라서 나를 비롯한 몇몇 사람들이 개인 자격으로 방송에 출연하거나 기자들의 인터뷰에 응하기는 하지만, 이런 역할을 본격적으로 수행하기에는 적절한 곳이 못 된다.

적지 않은 언론인들이 '청년의사회'라는 단체가 비교적 객관적인 시각을 갖고 있다고 생각하여 본지에 연락을 취하지만, '청년의사'라는 신문만 존재한다는 사실을 알고는 실망하곤 한다. 그들은 꼭 진보적인 시각을 요구하는 것이 아니라 의사들 중에서 '집단 이기주의'에 매몰되지 않은 신선한 의사들을 찾는 것이다.

새로운 '조직'의 필요성은 그래서 생겨난다. 내가 가장 많이 받는 전화 가운데 하나는 언론사로부터 걸려오는 것이다. 대부분의 주문은 '비교적 객관

438

적으로 의료 문제에 대해 코멘트 해 줄 사람'을 알려 달라는 것이다. 물론 의사들 중에 그런 사람이 적지 않지만, 모두가 개별적 존재로 흩어져 있기 때문에 찾기도 쉽지 않을뿐더러 찾는다 해도 언론에서 취재원으로 삼기가 마땅치 않다. '번듯한' 직함이 없기 때문이다.

의사협회 내에는 홍보실이 있고 공보이사가 있으며, 산하에 국민의학지식향상위원회라는 기구도 있다. 크고 작은 학회들이 수없이 많이 있으며, 다양한 목적을 가진 의사들의 모임도 매우 많다. 하지만 이들 모두의 목소리는 이미 '이기적인 주장'으로 낙인찍힌 상태이다. '콩으로 메주를 쑨다'고 해도 믿지를 않는 것이다.

때문에, 이제는 언론과 정부와 국민이 믿음을 가지고 경청할 수 있는 새로운 의료계의 대안세력을 형성해야 한다. '콩으로 메주를 쑨다'는 같은 이야기를 하더라도 '누가' 하느냐에 따라 그 반응은 달라지기 마련이다. 늦었지만 지금부터라도 시작해야 한다. 시작이 어렵지, 일단 시작만 되면 그렇게 어려운 일이 아닐 수도 있다. 국민의 신뢰를 받을 수 있는 새로운 조직을 만드는 일이 쉽지는 않겠지만, 의협을 국민으로부터 신뢰받는 조직으로 바꾸는 일보다는 훨씬 쉬울 것이다. 크기는 중요하지 않다. 돈도 중요하지 않다. 문제는 사람이다.

2003. 2. 24.

정부인가 시민단체인가

언론을 비롯한 공식적인 토론의 장에서나 술자리를 비롯한 비공식적인 토론의 장에서나, 요즘 우리 사회의 가장 큰 화두는 '성매매특별법'과 '고교등급제'다. 상당히 민감한 문제여서 말 한마디 잘못 했다가는 욕바가지를 쓰기 십상인 것은 둘 다 마찬가지이지만, 몇 가지 언급하려 한다.

우선 성매매특별법에 관해서다. 마녀사냥의 대상이 될까 하는 두려움에 (혹자는 '마녀들의 사냥'이 두렵다고도 하더라만) 미리 밝히지만, 나는 성매매를 옹호하고 싶은 마음이 추호도 없다. 그러나 최근에 벌어지고 있는 현상에는 좀 기묘한 구석이 있다.

맨 먼저 마음에 들지 않는 것은 성매매특별법이 국회에서 '만장일치'로 통과됐다는 사실이다. 지금이 독립운동을 하는 시기도 아니고 이번 국회가 제헌국회도 아닐진대, 소위 OECD 국가라는 곳의 국회가 국민 생활에 이렇게나 직접적인 영향을 주는 법안을 '만장일치'로 통과시켰다는 것이 좀 씁쓸하다. 이런저런 이유들로 인하여 이 법안에 반대하는 국회의원이 없지는 않았을 텐데, 반대 의견을 냈다가는 졸지에 포주들과 결탁한 인물 아니면 오입쟁이로 치부되는 강압적(?) 분위기가 조성되는 현실이 싫은 것이다.

또한 성매매특별법처럼 결과적으로 개인의 자유를 제한하는 법안은 보수적인 정파가 지지를 보내고 진보적인 정파가 그렇지 않은 것이 일반적인 상식인데, 이미 발효가 된 지금 각 정당들이 보이고 있는 태도는 정반대인 점도 좀 특이하다. 학창 시절에 배운 보수와 진보의 고전적인 구별법이 우리나라에서는 왜 통하지 않는 것일까. 아무래도 사회학적 혹은 정치학적 분석 대상이 아닌가 싶다.

하지만 뭐니뭐니해도 가장 안타까운 것은 현 정부의 형편없는 미래예측 능력이다. 들리는 소문에 의하면 성매매특별법 발효가 우리나라 경제에 미치는 악영향이 예상 밖으로 심각한 것으로 나타나, 청와대가 발칵 뒤집어졌다고 한다. 연전의 접대비 제한 조치보다 그 파장이 몇 배나 커서, 유통업계, 금융계, 화장품 및 의류업계, 여행 및 숙박업계 등 여러 분야가 전전긍긍하고 있다는 이야기도 들린다.

소위 유흥산업의 규모가 이렇게 컸던가 하는 점에서 놀라고, 바로 그렇기 때문에 성매매특별법이 필요하겠다 싶은 생각도 들지만, 명분을 중시하는 성균관 유림이 아니라 국가를 경영하는 지도자들이 이렇게 앞날을 내다보지 못해서야 자격이 있겠는가 말이다. 나라의 체면이 있지 이제 와서 법안을 수정하기도 어렵고 경기침체의 심화를 보고만 있기도 어려운 진퇴양난의 상황을 자초한 어리석음이 안타깝다.

성매매특별법의 가장 중요한 목적이 성매매 여성들의 인권 보호인지 가정의 평화 유지인지 국민 건강의 향상인지 모르겠지만, 성매매의 근절이(정말 근절된다면) 이혼율 증가나 성도덕 붕괴나 에이즈 확산을 막을 수 있을지 아니면 또다른 사회문제를 유발할지 예측할 능력도 없지만, 이 문제가 지금 이 시기에 이 정도의 국가적 소모(어떤 종류든)를 감수할 만큼 중요하고도 시급한 문제인가 하는 점은 의문이다.

이미 수많은 성매매특별법 찬성론자들의 비난이 들리는 듯하지만, 앞에서 말했듯이 굳이 나누자면 나 또한 찬성론자이다. 최소 100만명으로 추산되는 성매매 여성들이 좀더 건전한 분야에서 생산적 노동에 종사하게 되기를, 표면적으로는 너무나 봉건적이면서 실제로는 너무도 음란했던 한국 사회의 성문화가 그 모순적 표리부동에서 벗어나기를 희망한다. 그러나 이 정부가 과연 그러한 문화적 천이(遷移)를 선도할 만큼의 추동력과 예측력과 문제해결 능력을 갖고 있는지는 극히 의심스럽다.

고교등급제 논란에서도 정부의 무능함은 여지없이 드러나고 있다. 사립대학들이 강남권 학생들에게 특혜를 준 것이 천인공노할 만행이라 치더라도, 고등학교들이 학생들 대다수에게 '수' 혹은 '공동 1등' 이라는 평가를 내린 것 또한 터무니없기 이를 데 없는 짓이다. 당연히 정부는 이 두 가지 병폐를 모두 치유하기 위한 접근을 해야 한다. 그런데 정부와 열린우리당은 '고교등급제, 본고사, 기여입학제의 금지' 라는 3불(三不) 원칙을 아예 법제화하는 방안을 대책으로 내놓았다. 한 가지를 얻기 위해 다른 한 가지를 의도적으로 무시하는 것은 시민단체나 할 일이지 정부가 할 일은 아니다. 차라리 추첨으로 합격 여부를 가리는 방안은 어떤가. 공평하기로 따지면 그게 최고 아닌가?

2004. 10. 18.

한국어의 '긍정적 혼탁'을 바라며

지난 (2003년 10월) 9일은 한글날이었다. 여러 가지 기념 행사들이 있었지만, 특히 눈에 띈 것은 통합신당 소속 국회의원들이 한글 명패를 들고 국회 본회의장에 들어가려다 실패한 일이었다. 이미 꽤 오래 전부터 자주 논란이 되었던 일이지만, 우리나라 국민의 대표 이름을 우리 글자로 쓰자고 하는 '당연한' 주장이 국회에서는 아직도 받아들여지지 않고 있는 것이다.

대부분의 언론 매체들은 한글날과 관련된 다양한 기사를 일제히 실었다. 아마도 1년 동안 보도되는 한글 관련 기사의 절반쯤은 한글날 당일에 쏟아지는 게 아닌가 싶을 정도였다. 내용도 대개 비슷하여, 작년이나 재작년 한글날에 썼던 것을 재활용하는 듯한 느낌마저 들었다. 한글이 얼마나 우수한가, 한글이 얼마나 파괴되고 있는가, 한글이 얼마나 푸대접받고 있는가, 간판이나 상품 이름에 얼마나 많은 외국어와 국적불명의 말들이 난무하는가 등등.

그러나 아쉬운 것은 이런 상황을 개선하기 위해서 무엇을 할 것인가에 대한 언급이 별로 없었던 점이다. '국가 차원의' 혹은 '국민적' 노력이 필요하다는 원론이 있었을 뿐이고, 기껏 각론으로 제시된 것이 한글날을 다시 공휴일로 지정해야 한다는 주장 정도였으니 말이다.

그러나 나는, 한국어와 한글에 대해 각별한 애정을 품고 있다고 자부하는 한 사람으로서, 한국어의 '혼탁' 자체를 크게 걱정할 필요가 없다고 생각한다. 흔히들 한국어가 '오염' 혹은 '파괴' 되고 있다고 표현하지만, 한자어를 포함한 외래어가 섞이는 것이나 인터넷 등에서 기존의 표기법과 다른 표기법이 혼용되는 것은 사실 자연스러운 일이다. 어느 나라에서든 사전에 등재되는 단어의 수효는 지속적으로 늘어나는 법이고, 기존에 쓰던 말들의 용례가 바뀌는 것도 흔한 일이다.

미국에서 새로 등장한 비속어나 약어는 눈에 불을 켜고 알고자 하면서 한국인들은 늘 같은 단어만을 말하며 살아야 한다고 생각하는 것이 오히려 이상하지 않은가. 미국인들의 달라진 발음을 가리켜서는 '생생한 본토 영어'라고 하면서 우리 젊은이들의 언어축약에 대해 눈살을 찌푸리는 것은 일종의 사대주의 아닌가. 사회성과 자의성은 언어의 본질적 특성들이며, 달라지지 않는 언어는 이미 죽은 언어이다.

오히려 반드시 짚고 넘어가야 할 것은 우리 국민들의 한국어 실력이 날로 떨어지고 있다는 사실이다. 이건 혼탁(좋게 말하면 풍요나 세련이다)과는 전혀 다른 차원의 문제다. 적정한 수준의 한국어 실력이 되는 사람이 즐기는 '언어유희'는 감정을 풍부하게 하고 다양한 표현을 가능하게 하는 긍정적 측면이 있지만, 제대로 된 한국어를 아예 모르는 것은 부끄럽고 측은한 일이다. 다시 말해서 한국어의 '긍정적 혼탁'이라는 것은 정확히 구사할 수 있는 어휘의 수효가 늘어난다는 전제하에서만 가능하다는 것이다.

즉 한국어의 오염이나 파괴를 걱정해야 하는 것이 아니라 '고급' 한국어를 사용할 줄 아는 한국인이 줄어드는 것을 걱정해야 한다는 말이다. 맞춤법과 띄어쓰기를 제대로 아는 사람이 드물고, '중등 교육을 정상적으로 받았으면 마땅히 알아야 할' 단어나 표현을 아예 이해하지 못하는 사람이 부지기수인 현실을 개선해야 한다.

따라서 지식인들이 쉽게 말하는 '국가적 차원의 노력'은 당연히 국어 교육의 개선에 집중되어야 한다. 입시 준비용 국어 교육이 아니라 기본적인 교양을 배양하는 도구로서의 국어 교육이 이루어져야 한다. 논리적으로 말을 하고 논리적으로 글을 쓰는 훈련을 시켜야 한다.

그리고 반드시 한문 교육을 대폭 강화해야 한다. 우리 단어의 태반이 한자어임에도 불구하고 한문 교육을 사실상 포기하고 있는 현재의 교육 과정은 시간이 갈수록 심각한 부작용을 초래할 가능성이 높다. 영어권에서 학생들에게 라틴어를 가르치는 것처럼, 한국어를 더 잘 이해시키기 위해서는 반드시 적절한 한문 교육을 시행해야 한다.

또한 한문 교육은 한국어를 살리기 위해서뿐만 아니라, 국가 경쟁력 제고를 위해서도 필요하다. 정도의 차이는 있지만 전세계에서 20억 가까운 사람들이 한자를 사용하고 있기 때문이다.

마지막으로, 한글날을 공휴일로 지정해야 한다거나 한국어의 오염이 정말 걱정된다고 말하는 사람들에게 꼭 묻고 싶은 게 있다. "국어사전은 가끔 펼쳐 보십니까?"

2003. 10. 13.

틀리라고 내는 문제

수능시험 언어영역 17번 문제 때문에 세상이 시끄럽다. 애초에 3번만 정답이라고 발표됐는데 '5번도 정답일 수 있다'는 주장이 나오면서 논쟁이 시발됐고, 교육당국이 복수정답을 인정함으로써 증폭됐다. 최초로 문제를 제기한 서울대 교수의 딸도 올해 수능을 봤고 5번을 썼다는 사실이 알려진 이후에는 공방의 성격이 더욱 복잡해지고 있다.

나는 수능과는 아무런 이해관계가 없는 사람이지만, '언어영역'에 속하는 직업을 가진 탓에, 일련의 공방들을 유심히 지켜봤다. 그랬더니, 사람들이 벌이고 있는 논쟁은 크게 세 갈래 정도로 나눌 수 있었다.

첫 번째는 문제 자체에 대한 것이다. 3번만이 정답이냐 3번과 5번이 모두 정답이냐 하는 시비 말이다(5번만이 정답이라는 주장은 거의 없었다). 백석의 시와 테세우스 신화가 나란히 지문에 등장했기 때문에, 혹자는 백석의 문학 전체를 분석하고 다른 혹자는 그리스 신화 전체를 해석하며 논쟁에 나섰다. 수험생의 기분으로 문제를 들여다 본 내 눈에는 3번이 정답으로 더 합당해 보이긴 했지만, 신화라고는 거의 읽지 않은 내가 내세울 수 있는 그럴듯한 논거는 없다.

두 번째 갈래는 '원칙'에 대한 것이다. 교육당국이 5번도 정답으로 인정하게 된 가장 큰 이유가 문제 자체의 오류 때문이라기보다는 5번을 쓴 수험생이 44만 명이나 된다는 사실 때문이 아니냐는 비판이 그것이다. 다수결의 원칙은 선거나 TV 오락 프로그램에서나 통용되는 것이지 시험에 적용되어서는 곤란하다는 주장인 것이다. 나는 이 주장에 동의한다. 5번을 쓴 수험생이 몇 없었다고 해도 애초에 '매력적인 오답'으로 불렸던 5번이 복수정답으로 인정될 수 있었을까? 객관식 시험에서 정답 시비가 생기는 것은 흔한 일인데, 명백한 오류가 없음에도 불구하고 '정답은 하나'라는 원칙을 깬 것은 유감이다. 안 그래도 '목소리 큰 놈이 이긴다'는 말이 통하는 나라에서, '우기면 된다'는 또 하나의 나쁜 선례를 남겼다는 생각이다. "앞으로는 '확실한 정답 또는 우기면 정답으로 인정될 수 있는 문항을 고르시오'라고 출제하라"는 어느 네티즌의 빈정거림은 이번 논란만을 두고 하는 이야기는 아닌 듯했다. 처음으로 문제를 제기한 서울대 교수가 '사심'에서 그랬는지 '양심'에서 그랬는지에 대한 논란도 팽팽하지만, 그 부분은 어차피 명확히 규명할 수 없는 것이니 논외로 한다.

세 번째 갈래는 공교육 자체의 문제점에 대한 해묵은 논란이다. 가장 어려운 주제이기에 가장 소모적으로 흐르고 있는 이 논란은 굳이 그 내용을 옮기지 않아도 될 것이다. 모두가 지겹도록 들어온 이야기이니 말이다.

한편, 논쟁에 등장한 무수히 많은 언사들 중에서 몇몇은 특히 나의 관심을 끌었다. 일면 재미있기도 했지만, 황당하고 걱정스러운 느낌이 훨씬 컸다.

우선 5번도 정답이라는 주장의 근거로 사용된 '다른 모든 문제의 정답률은 60~70%인데 이 문제의 정답률은 유독 14%밖에 안 된다'는 지적이다. 수능 문제 모두의 정답률이 60~70%라는 게 정확한 사실인지는 모르겠으나, 그게 바람직하다는 주장에는 할말을 잃는다. 나의 상식으로는 시험을 치르는 가장 중요한 목적은 능력을 변별하기 위함이다. 당연히 어려운 문제도 있어야 하고 쉬운 문제도 있어야 하고, 오답을 유도하는 함정도 있어야 한다. 수능 세대의 수학(修學) 능력이 떨어진다는 이야기가 여기저기서 들리는 이유가 바로 여기에 있는 것은 아닐까 하는 생각마저 들었다. '왕년에 공부 깨나 했던 자'의 자만인지 모르겠으나, 공부를 열심히 하는 이유는 '틀리라고 내는 문제' 까지 맞춰 보겠다는 욕심 때문이 아니던가.

또 하나 황당했던 주장은 '교과서에 나오지 않는 지문이 절반이나 되는 것이 공교육을 피폐하게 한다' 거나 '폭넓은 독서를 유도하기 위해서라지만, 폭넓은 독서를 할 수 있는 시간적 여유가 없다' 라는 항변이다. 과목 이름은 '국어' 이고 시험지에는 '언어영역' 이라고 적혀 있지만 실제로 측정하고자 하는 것은 '논리적 사고능력' 임을 망각한 궤변이다. 최근의 국어 시험은 예전처럼 '암기형' 문제 위주가 아닌 것으로 알고 있다. 시험 자체만을 위해서라면 교과서에 나오는 문장을 전혀 사용하지 않은들 대수랴. 그야말로 '최소한' 의 공교육을 위해서 '절반씩이나' 교과서에 나오는 문장을 활용하는 것인데, 그걸 비난하는 사람은 도대체 수능을 얼마나 더 쉽게 출제해야 만족할 것인지 궁금하다.

확실한 것은, 공교육 붕괴가 사교육 비대화를 초래한 것이지 거꾸로가 아니라는 사실이다. 문득 의과대학 시절에 받아보았던 현란하고도 난해한, 때로는 신기하기까지 했던 시험문제들이 떠오른다. 물론 구체적 내용이야 다 잊었지만.

2003. 12. 8.

선견지명 혹은 백일몽

Genetocracy : 유전자 귀족. 독특하게 귀중한 유전자를 물려받았거나 혹은 성공적으로 유전자를 이식 또는 조작한 엘리트. / Clinical Trial Scandals : 임상 실험 추문. 약품 개발자들이 좋은 결과를 낼 것 같은 유전자를 가진 사람들을 골라내어 임상 실험에 참여시킴으로써 표본집단을 왜곡하는 비윤리적 행동. / Do-It-Yourself Genetics : 자가 제작 유전학. 암시장을 기웃거리며 자기 자신의 유전자를 조작하는 행위. / Scanosis : 스캔 노이로제. 새로운 의료 스크리닝 및 영상 기술에 중독되어 각종 최신 진단법에 막대한 돈을 지불하는 신종 건강염려증. / Screenside Manner : 스크린 다루는 솜씨. '환자 다루는 솜씨(bedside manner)'에 해당하는 원격 의료 시대의 개념으로, 스크린을 통해 환자와 의사 소통하는 법.

이런 용어가 있었나 하고 고개를 갸우뚱거리지 마시라. 이 용어들은 '마케팅의 노스트라다무스'로 칭송 받는 페이스 팝콘(Faith Popcorn)과 마케팅 및 광고 전문가 애덤 한프트(Adam Hanft)가 공동으로 저술한 〈미래생활사전〉이라는 책에 실린 '새로 나올 용어'의 예들이니 말이다.

최근 번역 출간된 이 책은 '사전'의 형식을 띤 미래 예측서로, 위에서 예를 든 것과 같은 '앞으로 생겨날' 용어뿐만 아니라 이미 등장하여 조금씩 사회성을 획득하고 있는 용어나 현재의 의미보다 훨씬 더 중요한, 혹은 전혀 다른 의미를 갖게 될 용어들이 잔뜩 나열되어 있다.

모두 35개의 장(章)으로 구성되어 있는데, 그 중 제3장 '생물학과 생명공학' 과 제18장 '건강과 의학' 에는 의사들이 특히 흥미롭게 읽을 수 있는 내용들이 다수 포함되어 있다. 다음은 이미 등장한 용어들의 사례다.

Skyrad : 자외선이 피부 유형에 따른 허용치에 도달하면 색깔이 변하는 소형 조사량 측정기로, 안전하고도 적절한 선탠을 할 수 있도록 돕는 장치. / Reverse Geometry Lenses : 역기하렌즈. 각막에 부드럽게 압력을 가해 시력교정수술과 유사한 효과를 얻는 신종 콘택트렌즈. / PEPSI : 양자 에코 평면분광 영상(Proton Echo-Planar Spectroscopic Imaging)의 약어로 MRI보다 32배 빠른 새로운 종류의 뇌 촬영술. / Ductal Lavage : 카테터를 이용해 유선 세포를 떼어내 관찰하는 혁신적인 유방암 진단 방법. / DNA Vaccines : 전통적인 백신 투여 방법을 대체할 수 있는 통증이 없는 백신으로, 샴푸나 스프레이, 음식 등을 통해 투여된 다음 항원 역할을 하게 될 DNA. / Abzyme : 항체효소. 특정한 항체의 속성을 지닌 효소. / Patient Poaching : 환자 밀렵. 국제적으로 벌어지고 있는 병원들 간의 부유한 환자 모시기 경쟁. / Vanity Financing : 허영의 금융. 금융기관들이 성형수술을 위한 자금을 대출해 주는 상품. / Counter-Detailing : 역디테일링. 새롭게 등장하고 있는 비용 절감 노력으로, 저가약품목록과 성분명 처방의 복음을 전파하여 제약회사들의 디테일링 판매를 무력화시키는 것. / Orthorexia : 건강한 음식만을 먹고 지방이나 방부제 소금 등의 섭취를 피하려는 강박에 가까운 집착.

내용상으로는 전혀 의료와 무관하지만 의학용어가 차용된 새로운 용어들도 있다. 이런 것들이다.

Storage Alzheimer' s : 하드 드라이브 파손, 저장 매체 파괴 등 잘 저장되어 있다고 생각되는 데이터가 실제로는 영구적으로 보존되지 않는 데서 오는 문제. / Commute Cancer : 출퇴근병. 스트레스, 생산성 손실, 가족과 보낼 시간의 상실 등 출퇴근 시간이 길어짐으로 인해 발생하는 모든 해악. /

Driving Miss Daisy Syndrome : 능력을 잃었으면서도 운전대를 잡는 노인들 때문에 빚어지는 도로상의 위기 현상.

황당무계하게 들리는 것들도 있지만, 이 용어들 중 상당수는 언젠가 실제로 사전에까지 등재될 것으로 보인다. 하루하루를 고민하고 다음 주와 다음 달을 걱정하며 살 수밖에 없는 것이 인간이지만, 그럴수록 필요한 것이 '긴 호흡'이 아닌가 싶다.

미래를 준비하는 실용적 차원에서든 고단한 현실을 잠시 잊는 몽상의 차원에서든, '나름대로 근거 있는' 미래 예측서 한 권쯤 읽어보는 것도 나쁘지 않으리라는 생각에서 소개해 봤다.

2003. 12. 29.

마취과학에 대한 모독

의학사(史)에서, 공식적인 마취제의 탄생은 1846년 10월 16일로 기록되고 있다. 윌리엄 모턴이라는 사람이 매사추세츠 종합병원(MGH)의 강당에서 공개적으로 시행한 외과 수술에서 에테르를 이용한 마취에 성공한 것이 그 날이기 때문이다.

하지만 여기에는 잘 알려지지 않은 뒷이야기들이 있다. 주요 등장인물은 세 사람으로, 호레이스 웰스, 윌리엄 모턴, 그리고 찰스 잭슨이 그들이다.

모턴의 시연이 있기 2년 전인 1844년, 치과의사였던 웰스는 당시 '웃음가스'로 불리며 오락거리로 이용되던 일산화질소를 흡입해 본 이후, 친구를 찾아가 자신의 사랑니를 뽑아달라고 부탁을 했다. 시술 전에 웃음가스를 다시 흡입했음은 물론이다.

몇 번의 실험 후에 그는 당시 최고의 병원이었던 MGH의 외과 의사 워렌을 찾아간다. 워렌은 학생들을 모아놓고 웰스에게 실제로 발치 과정을 시연해 보도록 했다. 발치는 성공적으로 이루어졌지만 환자가 마지막 순간에 이상한 소리를 지르는 통에 웰스는 거짓말쟁이가 되었다(환자는 나중에, 자기는 전혀 고통을 느끼지 못했는데 왜 그런 소리를 냈는지 모르겠다고 말했다).

웰스는 낙담했지만, 이 사실을 전해들은 그의 동료 모턴은 떼돈을 벌 수 있겠다는 생각에 행동을 개시했다. 그는 먼저 유명한 화학자였던 잭슨에게 일산화질소의 공급을 부탁했고, 잭슨은 일산화질소는 없지만 황화 에테르에도 일산화질소 못지 않은 환자 진정 효과가 있음을 알려 주었다.

의학을 공부했으나 의사는 아니었던 모턴은 여러 차례의 실험을 거쳐 웰스가 했던 것처럼 MGH의 워렌을 찾아갔고, 역시 공개적으로 시술할 기회를 얻게 된다. 모턴이 시연에 성공한 날이 바로 1846년 10월 16일인 것이다(지금도 남아 있는 그 강당은 현재 '에테르돔' 이라 불린다).

모턴은 여기서 '꼼수' 를 부린다. 에테르는 누구나 쉽게 만들 수 있고 구할 수 있었기에 돈이 되지 않으므로, 몇몇 물질을 첨가하여 에테르 냄새를 감춘 다음 '레테온' 이라는 새로운 이름까지 붙여서 미국 특허를 따낸 것이다.

그러나, 모턴이 영웅으로 추앙받으며 떼돈까지 벌게 될 처지에 놓이자 잭슨과 웰스가 가만있지 않았다. 잭슨은 에테르의 마취 기능을 발견한 사람이 자신이라고 주장하기 시작했고, 웰스는 일산화질소를 마취제로 사용하자는 제안을 처음 한 사람이 자신이며 모턴과 잭슨이 에테르를 마취제로 사용할 생각을 하도록 만든 사람도 자신이라고 주장하고 나섰다.

이후 레테온이 곧 에테르라는 사실이 밝혀지면서 특허는 취소됐고, 세 사람은 탐욕과 질투 속에서 서로를 공격하며 법정 다툼까지 벌였다. 이들 세 사람의 분쟁은 장장 수천 쪽에 이르는 기록으로 남아 있다.

결국 웰스는 자신의 몸을 마취한 다음 다리의 대동맥을 끊어 자살했고, 모턴은 센트럴파크의 호수에 몸을 날려 자살했다. 잭슨은 7년 동안 정신병원에 수용되어 있다가 죽었다. 모두 욕심이 너무 과했던 탓이다.

지난 (2006년 6월) 8일, 이용섭 행정자치부장관이 어느 강연에서 "노무현 대통령은 수술을 잘 하는 외과의사이지만 마취를 안 하기 때문에 환자들이 오지 않는다"고 말했다고 한다. 그는 또 "쉬운 일을 놔두고 어렵고 힘든 길을 가는 참여정부의 진정성을 많은 사람들이 이해 못하고 있다"면서, "노 대통령은 진정 환자를 위하는 길을 생각해 고통스럽더라도 견딜 수 있는 사람에

게는 마취를 하지 않지만 사람들은 이를 잘 이해하지 못하고 있다"고 말했다
고 한다.

자신을 장관에 임명한 대통령을 향한 일편단심은 갸륵하지만, 그가 사용
한 비유는 대단히 부적절한 것이다. 정치적 관점에서도 그렇지만 의학적 관
점에서는 더 그렇다.

우선 마취 없이 행하는 수술이 얼마나 고통스러운 것인지 이 장관은 전혀
모르는 듯하디. 마취제의 개발 이전에는 '수술을 받아야 한다'는 말만 듣고
스스로 목숨을 끊는 사람이 종종 있을 만큼 외과 수술이 공포 그 자체였으며,
수술 도중에 극심한 통증을 이기지 못하고 죽는 환자도 흔히 있었다.

다음으로, 마취를 하지 않는 것을 두고 '진정 환자를 위하는 길'이라 표현
한 것은 곧 마취는 환자에게 해로운 일이라는 뜻이 되는데, 이는 마취과학에
대한 모독이자 마취에 대한 일반인들의 오해와 편견을 부추기는 망언이다.

의학적 견지에서, 마취제를 마다하고 굳이 통증을 견뎌야 할 이유는 전혀
없다. 수술과 무관한 통증도 마찬가지다. 한때는 진통제를 아끼는 의사들이
적지 않았으나, 의사는 환자의 통증 조절을 위해 최대한의 배려를 해야 한다
는 것이 현재의 정설이다. 마취통증의학회에서 이 장관의 발언에 대해 엄중
히 항의해야 하지 않을까 싶다.

2006. 6. 12.

겨울 가면 봄 온다

을유년 새해가 밝았다. 새해를 맞이한다는 것은 언제나 가슴 두근거리는 일이지만, 이번 원단은 특히 더 그렇다. 지나간 2004년이 특히 혼란스럽고 고통스러운 한 해였기 때문이다.

아무리 사업 수완이 뛰어난 사람이라도 '불경기'를 이길 수는 없다는 말이 있다. 모두가 각오했던 것보다 훨씬 심각했던 불경기는 많은 사람들로 하여금 지갑과 함께 마음까지 닫아버리게 했다. 거기에 더해 대통령 탄핵과 행정수도 이전을 둘러싼 대립과 혼란은 이 나라에 대한 애정마저 식게 만들었다.

의사들에게도 지난 2004년이 재미없기는 마찬가지였다. 연이어 들려오는 의사들의 자살 소식이 마음을 무겁게 했고, 건강보험이 사상 최대의 흑자를 냈다는 소식에 기운이 빠졌다. 100/100 등 갈수록 교묘해지는 의료비 통제의 수단들에 진저리가 났고, 한방병원에서도 CT를 사용할 수 있다는 취지의 행정법원 판결에 분통이 터졌다. 외국병원이 들어온다느니 세계 최고의 암 센터를 건립한다느니 하는 요란한 풍문 속에, 돈 몇 푼 더 벌기 위해 좋지도 않은 외제 백신을 환자에게 권유하는 몰염치한 의사들이라는 오명을 뒤집어써야 했다.

변화하는 시대 상황에 발빠르게 적응하여 새로운 간판을 내거는 동료 의사들의 행보를 바라보면서 '저게 옳은 것인가?' 하는 의문을 품는 동시에

'더 늦기 전에 나도 저 길을?' 하고 고민해야 하는 의사들의 심정은 착잡했다. 평일에는 교과서 대신 급여 및 심사기준을 더 열심히 들여다봐야 하는 처지에 좌절했고, 휴일에는 특급 호텔에서 맛없는 도시락을 먹으면서 '돈 되는 신기술'을 배워야 하는 현실이 서글펐다. 도끼눈을 뜨고 달려드는 환자나 보호자들의 억센 기운에 짓눌리기도 했고, 툭하면 언론에 등장하는 몇몇 미꾸라지들의 범법행위에 얼굴이 화끈거리기도 했다. 적개심과 자기모멸과 자기합리화가 하루에도 몇 번씩 머릿속을 어지럽혔다.

해가 바뀐다고 해서 상황이 달라질 것 같지도 않다. 경기 전망은 여전히 어둡고, 이미 최악의 수준인 의사—환자 관계가 좋아질 기미도 없다. 얼마 후에는 또 3천여명의 의사가 늘어날 것이고, 자고 일어나면 옆 건물에 또 하나의 의료기관이 나타나는 일도 반복될 것이다. 보람을 느끼는 시간은 줄어들고 후회를 곱씹는 시간은 늘어날지도 모른다.

하지만 이렇게 비관만 하고 있을 수는 없다. 현재를 포기하는 것은 선택일지 몰라도 미래를 포기하는 것은 죄악이기 때문이다.

개인적 차원에서 가장 좋은 버팀목은 의사라는 직업이 천직이라는 사실, 그러므로 의사에게 주어진 숙명과도 같은 책무를 묵묵히 실행에 옮기는 것 자체가 더없이 소중하다는 평범한 사실을 되새기는 일이다. 알아주는 이 없음을 억울하게 생각하지 말고 자기 자신이 스스로에게 상을 내리면 된다. 스스로에게 상을 주고 싶은 생각이 솟아날 만큼 자신을 잘 다스리면 그것으로 충분한 것이다.

그러나 이런 자기최면은, 스트레스 해소에는 도움이 될지 몰라도, 변화와 발전을 위한 동력이 되지는 못한다. 때문에 의사들 개개인의 사회적 각성이 필요하고, 그 각성을 점진적인 발전으로 전화(轉化)시킬 수 있는 의료계 차원의 노력이 필요하고, 그 발전의 더딘 속도를 오랫동안 견뎌낼 수 있는 인내가 필요하다.

며칠 전, 황우석 교수와 점심 식사를 함께 했다. 그가 얼마나 많은 고통(정작 본인은 그 고통들에 별로 개의치 않는 것처럼 보였지만)을 오랫동안 감내해 왔는지는 이미 널리 알려진 바 있다. 하지만 한 시간 남짓한 그와의 대화를 통해 나는, 그가 그 모든 고통을 어떤 생각으로 이겨냈는지, 그리고 지금 그에게 쏟아지고 있는 세계적 관심에서 비롯되는 부담감을 어떻게 떨쳐버리고 있는지를 단편적으로나마 알아낼 수 있었다.

"스트레스 해소는 어떻게 하시냐?"는 물음에 황우석 교수는 이렇게 말했다.

"남들은 오장육부를 가졌지만, 저는 오장칠부를 가졌습니다. 남들에게는 없는 '스트레스 해소부'가 하나 더 있기 때문이지요."

그는 이렇게 농담을 던지며 밝게 웃고 말았지만, 오늘의 그를 있게 한 진짜 원동력은 당연히 따로 있을 것이다. 그건 아마도 집념과 끈기, 그리고 사명감이 아니었을까.

그를 만난 후, 나는 일곱 글자까지 입력할 수 있는 나의 휴대전화 초기 화면에 쓰여져 있는 글을 이렇게 바꿨다, '겨울가면봄온다'라고. 2005년이 우리 모두에게 '봄'이기를 희망해 본다.

2005. 1. 3.

당시에는 황우석 교수의 말이 매우 매력적인 농담으로 들렸지만, 지금 생각해 보면 조금은 어처구니가 없다. 그는 이미 너무 많은 봄을 미리 누려서, 앞으로는 다시 봄을 맞지 못할지도 모른다.

언젠가 부를 賞春曲을 위하여

　내가 신년호 이 지면에 쓴 칼럼 '겨울 가면 봄 온다'에 대해, 독자 한 분이 장문의 편지를 보내왔다. 제목이 '봄 오면 좋을까?' 였던 그 편지의 내용을 요약하면 다음과 같다.

　「겨울(고난)은 싫고 봄(행복)은 좋으니, '겨울 가면 봄 온다' 는 말에 위안을 얻는 것은 당연할지 모른다. 그러나 그것은 문제의 진정한 해결 방법이 아니다. 왜냐하면 우리의 욕심과 관련이 있기 때문이다. 지금이 과연 겨울인지를 따져보자. 우리가 어렵다고는 하지만, 정말 어려웠던 과거에 비하면 너무도 풍족하게 살고 있다. 과거에 이렇게 살았더라면 '갑부' 소리를 들었을 만큼 많은 것을 누리고 있지만, 우리는 여전히 뭔가 부족하고, 남이 나보다 잘 산다는 생각이 들면 배가 아프다. 지금이 겨울이 아니라 여름인데도 불구하고 마음이 얼어붙어 있는 것은 아닐까? 만일 겨울이라면 봄이 오기는 오는 걸까? 만일 봄이 온다면 그 봄은 얼마나 오래 갈까? 우리가 너무 많은 것을 요구하고 있는 것은 아닐까? 그래서 필요 이상으로 고민과 걱정을 하는 것은 아닐까? 사실은 별 것 아닌데, 주위 사람들이 웅성거리니 같이 불안해하는 것은 아닐까?」

　편지를 보내신 분은 자신을 '하루에 15명 내외의 환자를 보는, 애들 등록금 낼 때가 되면 얼굴에 핏기가 가시고 손이 부들부들 떨리는' 개원의라고 소개했다. 또한, 본인의 이야기는 의사들에게만 해당되는 이야기가 아니라 모든 사람들에게 똑같이 해당되는 것 같다는 말을 덧붙였다. 의사로서 여러 환자들을 접하다 보면, 상당수의 질병이 '과욕'에서 비롯되는 듯하다는 말과 함께.

우선 나는 이 분의 의견에 대체로 공감한다. 애초에 내가 사용했던 '겨울'이나 '봄'이라는 말이 꼭 경제적 수입의 과다나 물질적 풍요의 유무를 뜻한 것은 아니었지만, 많은 불행의 씨앗이 과도한 욕심에서 비롯된다는 취지 자체에는 전적으로 동의한다. 아울러, 이유야 어찌됐든, 의사 아닌 다른 수많은 사람들도 지금 현재 의사들이 겪는 어려움보다 결코 작지 않은 고통을 겪고 있다는 점도 상기하고 싶다.

하지만, 지금 한국의료가 겨울인 것은 분명하다. 의사들이 돈을 못 벌어서 겨울인 것도 아니요, 모두가 못 살던 과거에 비해 의료 서비스의 질적·양적 수준이 떨어져서 겨울인 것도 아니다. 합리적이지 않은 의료제도, 경제 수준에 어울리지 않게 낙후된 의료문화, 의약분업이라고 하는 커다란 정책변화에 따른 후유증, 시대 변화에 걸맞은 의사 사회의 변화 부재 등 여러 가지 요인들이 복합적으로 작용한 결과, 과거에는 존재하지 않았던 문제들이 새롭게 불거지고 과거에는 고민할 여력이 없었던 숙제들이 뒤늦게 부각되고 있는 것이다.

최근 MBC '시사매거진 2580'이 비의료인에 의해 지방흡입 시술이 행해지는 현장을 고발하면서 지나치게 선정적인 보도를 했다는 논란이 거세게 일고 있다. 무릎을 꿇은 채 기자의 바짓가랑이를 붙잡고 '살려달라'고 애원하는 의사의 모습이 여과 없이 방송됐기 때문이다.

이에 대한 견해는 사람마다 다르겠으나, '불법을 저지른 의사도 잘못했고 인권을 무시한 방송사도 잘못했다'는 의견이 가장 많은 듯하다. 의협도 대처하기가 매우 난감했는지, 해당 회원에 대해서 중징계 방침을 밝히는 동시에 MBC에 대해서는 '철저한 응징'을 다짐하고 나섰다.

나는 이번 사건이 한국의료가 혹독한 '겨울'을 지나고 있음을 웅변하는 사례라고 생각한다. 전문의 과잉 배출과 그로 인한 전문성 발휘 기회 박탈, 낮은 보험수가에 따른 비보험진료 개발 경쟁, 의사의 재교육 시스템 부재, 현실과 유리된 의료관계 법률, 건강보험료 인상에는 반대하면서 성형수술이나 살을 빼기 위해서는 몇백만 원을 기꺼이 지출하는 사람들의 개인주의, 평소엔 자본주의의 첨단을 걷다가 특정한 순간에만 사회주의자가 되는 국민들의 이중적 태도, 그리고 그로 인해 빚어지는 보는 현상적 문제들을 의사들의 책임으로 전가시키는 사회 분위기 등이 모두 이번 사건 안에 절묘하게 녹아 있지 않은가.

겨울 가면 봄이 온다. 자연의 섭리가 제대로 작동하는 한 그것은 진실이다. 하지만 지금 우리에게 닥친 겨울은 일종의 '인재(人災)'이므로, 봄이 오도록 만들기 위한 '사람'의 노력이 있어야 한다. 의사가 돈을 더 많이 벌고 의사의 목에 힘이 더 들어가는 봄은 오지도 않을 것이고 와야 할 당위도 없다. 하지만 의사가 정당한 노동을 하고 그에 합당한 대접을 받는 합리적 시스템이 작동하는 봄은 반드시 와야 한다. 그 봄날의 햇살은 모든 사람에게 비칠 것이기 때문이다.

2005. 1. 17.

460

매화향기

고등학생 시절, 특별활동으로 서예를 했었다. 공립학교의 특별활동이란 게 으레 그렇듯, 서예를 했다기보다는 먹을 갈고 붓으로 글씨를 쓰는 시늉만 했다고 하는 편이 더 정확하다.

그리다시피 하면서 썼던 작품(?) 중에 지금까지 남아 있는 건 딱 한 개다. 발표횐지 뭔지 때문에 반 강제로 표구까지 했기 때문에 아직 버리지 않았을 뿐, 작품성은 물론 전혀 없는 것이다.

그 액자에 쓰여져 있는 글귀는 '桐千年老恒藏曲 / 梅一生寒不賣香' 이다. 풀이하자면 '오동나무는 천년을 살았으나 그 노래를 항상 숨기고 있고, 매화는 일생을 추위 속에서 보내지만 그 향기를 팔지 않는다' 정도가 되겠다. 아마도 서예반 선생님이 정해주셨던 것 같다. 지금 생각하면 고등학생 수준에서 이해하기는 무척이나 어려운 문장이었던 것 같은데, 나름대로 '선비의 지조'를 표현한 것이라고 막연히 생각했던 기억이 어렴풋하다.

아주 오랫동안 잊고 있던 이 글귀가 오늘 뉴스에 등장했다. 옥중에서 자살한 고 안상영 부산시장의 일기에 '梅一生寒不賣香' 이라는 글이 적혀 있었던 것이다. 그는 수감 초기인 지난해(2003년) 10월 19일에 이 글을 썼고, 약 100여일 후인 지난 (2004년 2월) 4일 새벽에 스스로 목숨을 끊었다.

나는 고인에 대해 거의 아는 바가 없고, 그의 죽음이 정치적 타살인지 부패관료의 비참한 최후인지 제대로 가늠할 정보도 가진 바 없다. 하지만, '매화'

처럼 평생을 산다는 것이 얼마나 힘든 일인지를 새삼스럽게 확인하게 된다.

이 글귀는 조선 중기의 관료 신흠(申欽, 1566~1628)의 수필집 〈야언(野言)〉에 나오는 것이다. 신흠은 소위 뼈대있는 가문 출신으로 스무 살에 과거에 급제하여 관료가 되어, 40년 넘게 공직에 있었던 인물이다. 광해군 때에 유배생활을 한 적이 있지만, 선조 임금과 사돈지간이었으며 인조 재위시에는 우의정, 좌의정, 영의정을 모두 지내기도 했다. 그는 또한 조선시대 4대 문장가로 꼽히기도 한다.

그의 이력이 화려하기 때문인지 아니면 '매화'의 이미지가 워낙 고고하기 때문인지, 이 글귀는 지금까지도 비교적 자주 차용되고 있다. 이 말을 썼던 유명인 중에는 JP도 있는데, 그는 이 문장을 인용하면서 "행여나 한고(寒苦)를 용케 견디어 만천하의 신춘에 청향(淸香)을 내어뿜는 날이 온다면 나도 그것을 절대로 팔지 않을 것이다. 가다듬어 송두리째 역사에 바칠지언정…"이라고 말했었다. 그가 40대였던 70년대 후반의 일이다. 그로부터 30년이 지난 지금, 그가 무슨 청향을 가다듬어 어떻게 역사에 바쳤는지는 도무지 알 수가 없지만 말이다.

매화를 동경하며 스스로 목숨을 끊은 한 관료의 죽음을 목도하면서, 굳이 정치적 해석을 하고 싶은 마음은 없다. 다만, 오동나무나 매화의 미덕이 꼭 중세의 선비나 현대의 관료 혹은 정치인에게만 필요한 것은 아니다 싶은 생각을 한다. 그건 의사에게도, 법조인에게도, 기자에게도, 기업인에게도, 아니 어느 누구에게도 똑같이 필요한 것일 게다. 절개 따위의 고루한 표현 대신 자존(自尊)이라 할 수도 있을 것이고 프로페셔널리즘이라 할 수도 있을 것이니 말이다.

특히 한국의 의사들은 지금 매화처럼 살기가 무척 어렵다. 그러나 조금 미화하여 말하자면, 잘못된 의료제도 때문에 갖가지 고통과 유혹에 시달리지만 환자의 안녕을 최우선적으로 생각하며 묵묵히 자신의 천직(天職)을 수행

하고 있는 대다수 선량한 의사들이야말로 매화의 덕목을 몸으로 실천하고
있는 사람들이 아닌가 싶다. 진료 현장을 떠난 지 벌써 5년이 된 사람으로서,
오늘도 환자와 함께 울고 웃고 있는 선후배, 동료 의사들에게 존경을 보낸다.

  우연의 일치이지만 아이러니컬하다고 생각되는 사실이 있어 덧붙인다. 오
동나무와 매화의 절개를 노래한 상촌(象村) 신흠 선생은 문화관광부가 선정
한 2월의 문화 인물이다.

2004. 2. 9.

존재하지 않는 시간

최근 한 광고가 눈에 띄었다. 별다른 비주얼 없이 제법 긴 카피로만 이루어진 SK텔레콤의 광고였다. 보신 분들이 많겠지만, 내용을 소개해 본다.

「'언제 한번' 이란 시간은 존재하지 않습니다. / 이런 약속 지켜보신 적이 있으십니까? 언제 한번 저녁이나 함께 합시다. / 언제 한번 술이나 한잔 합시다. / 언제 한번 차나 한잔 합시다. / 언제 한번 만납시다. / 언제 한번 모시겠습니다. / 언제 한번 찾아뵙겠습니다. / 언제 한번 다시 오겠습니다. / 언제 한번 연락드리겠습니다. // 언제부터인가 우리들의 입에 붙어버린 말 '언제 한번' / 오늘은 또 몇 번이나 그런 인사를 하셨습니까. / 악수를 하면서, 전화를 끊으면서, 메일을 끝내면서. / 아내에게, 아들딸에게, 부모님께, 선생님께, / 친구에게, 선배에게, 후배에게, / 직장 동료에게, 거래처 파트너에게... // '언제 한번' 은 오지 않습니다. / '오늘 저녁약속' 있느냐고 물어보십시오. / '이번 주말' 이 한가한지 알아보십시오. / 아니, '지금' 만날 수 없겠느냐고 말해보십시오. / '사랑' 과 '진심' 이 담긴 인사라면, / '언제 한번' 이라고 말하지 않습니다. / 사랑은 미루는 것이 아닙니다.〉

사람의 감성을 자극할 목적으로 치밀하게 계산된 카피에 마음을 덜컥 빼앗기는 일이 썩 유쾌한 일은 아니지만, 이 광고에는 속절없이 당하고 말았다. 이미 SK텔레콤의 고객이기 망정이지, 충동적으로 휴대전화 번호를 바꿀 뻔했다.

464

곰곰이 생각해 본다. 나는 지금까지 살아오면서 도대체 몇 번이나 '언제 한번'이라는 존재하지 않는 시각을 정해 약속을 했을까. 지키지 못할 것을 예감하면서, 혹은 처음부터 지킬 마음이라곤 전혀 없으면서, 무책임하게 공수표를 날렸을까. 물론 듣는 사람의 대부분도 입에 발린 말임을 알고 흘려 버렸을 것으로 짐작하지만, 혹시 내가 말한 '언제 한번'을 실제로 기다리고 있는 사람이 몇몇이라도 있다면, 참으로 죄송스런 일이다.

이 광고를 보면서 앞으로는 '언제 한번'이라는 말을 웬만하면 하지 말아야겠다고 생각했지만, 입에 붙은 관용구를 단숨에 떨쳐버리는 일은 쉽지 않았다. 불과 몇 시간 후 '전화를 끊으면서' 어느 '선생님께' '언제 한번 찾아뵙겠습니다'라고 말하고 있는 스스로를 발견했으니 말이다.

'언제 한번'이라는 말은 참 편안하다. 상대방에게 냉정함을 숨길 수 있는 동시에 자기 자신에게는 아무런 속박을 가하지 않기 때문이다. 가능성을 닫아 버림으로써 오는 상실감이나 죄의식도 없다. 때문에 이 말은 타인에게 뿐만 아니라 자기 자신에게도 매우 유용한 표현이다. 마음속으로 '언제 한번 ~해야지' 하는 다짐을 해 보지 않은 사람이 누가 있을까.

그러나 이 말은 그렇게 편안하고 유용한 대신, 세상을 바꾸는 힘이 없다. 작심삼일에 그치더라도 '지금 당장' 시작하면 삼일 동안은 변화가 일어나지만, '언제 한번 ~하리라'고 생각하고 넘어가는 것만으로는 어떤 변화도 일어나지 않으니 말이다.

이런 생각을 하다보니, 지금 한국의료가 처해 있는 위기의 원인(遠因) 중에는 의사집단 전체가 오랫동안 '언제 한번'이라는 편리한 회피로 일관해 온 탓도 있겠다 싶은 생각이 든다. 아무도 'No'라고 이야기하지는 않았지만, 지금 당장 해결하기 어렵다는 이유로 막연한 '다음'으로 미루어 온 일이 무척 많지 않은가.

의약분업 문제는 삼십 몇 년을 미루기만 하다가 직격탄을 맞은 대표적 사레이고, 의료일원화나 의사 사회 자정이나 전문의 제도 개선이나 의료분쟁 조정방안 등은 아직 터지지 않은 오래된 시한폭탄이다. 노인의료 문제나 의료시장 개방 등은 최근 들어 급부상하고 있는 '거대한' 이슈지만 의료계의 대응은 '언제 한번 논의를 해 봐야 할 텐데' 수준에 머무르고 있을 뿐이다. 의사들이 흔히 '적'으로 생각하는 많은 사람들(구체적으로 나열할 필요는 없으리라)은 이런 문제들에 대해 너무도 치열한 고민과 대비를 하고 있음을 생각하면, 안타까울 따름이다.

어느덧 또 연말이다. 평소에는 좀 '뜬금없어서' 연락하지 못했던 분들에게도 자연스럽게 인사를 전할 수 있는 시기이니, '언제 한번'이라고 말하며 미루었던 일들을 실행에 옮겨 보는 것도 좋겠다. 그리고 혹 연말연시에 조금이라도 여유를 '만들어서', 우리 의료의 당면 과제들에 대한 자료들을 차분히 검토해 볼 수 있으면 더욱 좋겠다.

2003. 12. 15.

차라리 밥 공장을 지어라

저자 | 박재영
(medicaljounalist@yahooo.com)

발행인 | 이왕준
디자인 | 김태린
표지 디자인 | 우순식

(주)청년의사
주소 | 121-854 서울시 마포구 신수동 99-1 루튼빌딩 2층
전화 | (02) 2646-0852
FAX | (02) 2643-0852
전자우편 | webmaster@fromdoctor.com
홈페이지 | www.fromdoctor.com
출판등록 | 1999년 9월 13일 제11-195호

초판 1쇄인쇄 | 2006년 6월 15일
초판 1쇄발행 | 2006년 6월 20일

ISBN | 89-91232-08-6
정가 | 13,000원